Internationale Käsekunde

Gerhard Kielwein
Hans Kurt Luh

»Wir schreiben
ein Käsebuch«
Geleitwort
von Oskar Farny
Vorwort
von Klaus Besser

Mit einem Ratgeber
»Welcher Wein zu
welchem Käse?«,
exquisiten Käse-
rezepten und
einem Käselexikon

Seewald Verlag
Stuttgart

Internationale Käsekunde

Geschichte – Geheimnisse – Genüsse

Alle Rechte vorbehalten
© Seewald Verlag
Dr. Heinrich Seewald GmbH & Co.
Stuttgart-Degerloch 1979
Schutzumschlag und Einband
von Creativ Shop München
Adolf und Angelika Bachmann
Karten von Eckart Munz
Reproduktionen: Graphische
Kunstanstalt Willy Berger
Stuttgart. Satz und Druck:
Augsburger Druckhaus, Augsburg
Gebunden bei Hans Klotz KG,
Augsburg. Printed in Germany
ISBN 3 512 00540 3

Geleitwort

Die ernährungsbewußten Verbraucher unserer Tage haben das uralte Nahrungsmittel Käse wieder entdeckt. Der Deutsche verbraucht nach neuester Umfrage nicht nur mehr Käse als früher, sondern ist auch qualitätsbewußter geworden. An der Spitze der Beliebtheitsskala steht – wie kürzlich eine Verbraucherbefragung ergab – der charaktervolle und traditionsreiche Emmentaler neben internationalen Spezialitäten. Die Verbraucher erkennen, daß der aus dem einmaligen Naturprodukt »Milch« durch natürliche Umwandlungsprozesse bereitete Käse nicht nur ein Nahrungsmittel, sondern auch ein Genußmittel mit einer kaum zu überbietenden Fülle optischer und geschmacklicher Nuancen ist.

Das Buch von Kielwein und Luh ist das erste seiner Art im deutschsprachigen Raum und schildert das Phänomen Käse sowohl in seiner historischen Dimension wie auch in seiner Bedeutung für eine ausgeglichene und vollwertige Ernährung. Es zeigt auf, daß Käseessen zum Vergnügen und Ernährung zum Genuß werden kann. Dieses Hausbuch lehrt den informationshungrigen Käsefreund, wie man hervorragende Käse von guten und diese von nur dürftigen unterscheidet. Das Buch will aus Käsefreunden Käseliebhaber und Käsekenner machen und dem noch Unerfahrenen soll der Zugang zur weiten Welt der Käse und zur harmonischen Verbindung der beiden Naturprodukte »Käse und Wein« geebnet werden.

Den Autoren müssen wir bestätigen, daß sie Spürsinn und hohen Sachverstand für Thema und Thematik ihrer Arbeit besitzen. Sie haben sich damit um die Milchwirtschaft verdient gemacht.

Dr. h. c. Farny

Ehemaliger Präsident des Verbandes der deutschen Milchwirtschaft und Vizepräsident des internationalen Milchwirtschaftsverbandes

Alles Käse

Freudig überrascht habe ich dieses Buch gelesen: Wieder wurde eine klaffende Bildungslücke geschlossen. Wir wissen jetzt, was alles Käse ist, wo er herkommt und wie man ihn verwendet. Unser Käsehorizont hat sich erweitert. Zumindest in bezug auf das Produkt aus Schaf-, Kuh- oder Ziegenmilch dürfen wir endlich sagen: Wir sind vollmundige Bürger im Reiche Lukulls geworden.

Wie oft habe ich mich gefragt, warum es an unseren Universitäten keine Lehrstühle für Gastronomie und kulinarische Wissenschaften gibt – nicht einmal einen für die Geschichte der einzigen, wirklichen Notwendigkeit im menschlichen Leben, des Essens. Jeder muß essen, und so finde ich es geradezu ungeheuerlich, daß die jungen Menschen von heute zwar allen möglichen Unsinn erlernen, mit dem sie später gar nichts anfangen können, wie zum Beispiel mit der Soziologie, daß sie aber über die Geschichte und Natur jener Tätigkeit, die mit dem Essen zusammenhängt, praktisch noch im Mittelalter leben, das heißt, im Stande absoluten Unwissens.

Woran mag das liegen?

Gewiß zunächst am Hochmut der klassischen Philosophen, die allein das Denken wichtig nahmen, ohne auch nur zu ahnen, welch enormen Einfluß ihr schlechtes Essen auf ihre Philosophie hatte. Schopenhauer wäre gewiß nie jener Pessimist geworden, als der er endete, hätte er seine Mahlzeiten in einem französischen Gourmet-Tempel eingenommen. Vermutlich hat er auch nur sehr mittelmäßigen Wein getrunken, und gewiß waren ihm die Käseplatten unserer westlichen Nachbarn fremd. Kein Wunder also, daß seine Weltsicht pessimistisch ausfiel.

Die Historiker halte ich geradezu für Kriminelle: Für sie besteht die Geschichte der Menschheit vorwiegend aus Kriegen, aus Feldherren und Generalen, aus Staatsverträgen, aus schwachsinnigen Politikern, nicht aber aus normalen Menschen, die morgens frühstücken, mittags und abends speisen und dazu auch noch trinken. Ich lasse auch nicht die Entschuldigung gelten, die höchstens die Archäologen für sich in Anspruch nehmen könnten, daß nämlich unter den zahllosen Ausgrabungen keine kompletten Menüs aus altgriechischer, römischer oder ägyptischer Zeit gefunden wurden, keine versteinerten Jakobsmuscheln mit Weißweinsauce, keine Pommes frites und keine griechisch-ägyptisch-römischen Weichkäse à la Camembert. Diesen Mangel lasse ich nicht als Ausrede zu: Die Historiker verfügen hinreichend über Quellen aus alten Texten, um ein wahrheitsgetreues Welt-Bild der Ernährung geben zu können. Wo bleiben die Doktorarbeiten über die Geschichte der Muschel-Zubereitung, des Grill-Steaks, der Taubenbrust oder der Seewölfe? Wo findet man ein Buch über die erregende Geschichte des Labskaus und der Spätzle? Gewiß, die Gastrosophen, die Amateur-Koch-Schriftsteller haben das Gebiet ein wenig beackert – aber die Historiker? Sie schreiben lieber ungenießbare Schwarten über Marx und Engels als über Escoffier und Walterspiel, obwohl doch eines absolut sicher ist: Jene haben weitaus weniger zum Glück der Menschheit beigetragen als diese.

Es ist schon ein Trauerspiel, daß zum Beispiel der Erfinder des Käses – und es muß ihn ja geben! – im Dunkel der Geschichte verblieben ist. Lediglich die Amerikaner haben da eine Ausnahme gemacht. Sie stifteten in den zwanziger Jahren ein paar tausend Dollar, damit im Städtchen Vimoutiers (Orne) in der Normandie die Erfinderin des Camemberts ein Denkmal bekommen konnte. Doch wo bleiben die Denkmäler für die Erfinder des Tilsiter Käses, des Emmentalers, des Brie, des Bleu, des Roquefort oder des Stilton? Wer hat sie geehrt, wer hat ihre Geschichte aufgeschrieben?

Wie wollen sich die Geschichts-Professoren Europas für ihre unverzeihliche Unterlassungssünde entschuldigen? Ist es etwa so, wie mir einer von ihnen nach der zweiten Flasche Wein anvertraute:

»Wir haben so viel Käse geschrieben, daß wir vom Käse die Nase voll haben«?

Hier nun aber ist sie endlich, die erste deutsche Geschichte des internationalen Käses. Es ist eine spannende Lektüre für jeden, der noch nicht die Nase voll hat und dem noch nicht der Mund gestopft wurde. Hier erfährt man alles über jenes so harmlos erscheinende Naturprodukt, das alle Sinne anspricht, das Gefühl, den Geschmack, die Nase und sogar das Auge. Käse wird mit allen Sinnen genossen, und dieses Buch versetzt jeden Käse-Liebhaber in den Stand, ein sehender, schmeckender und riechender Kenner zu werden.

Auch eines der bedrückendsten Käse-Probleme wird in diesem Buch gelöst: Wir wissen jetzt, wie die Löcher in den Emmentaler Käse kommen. Kurt Tucholsky wußte es im Jahr 1928 noch nicht. Sie werden nämlich nicht von Schweizer Artilleristen hineingeschossen – aber lesen Sie doch lieber selbst.

Dank zolle ich den Autoren dieses wahrhaft wissenschaftlichen Käsewerkes für die Bestätigung dessen, was ich immer erahnt habe, aber nie begründen konnte: Wer täglich etwas Käse (ca. 100 g) ißt und dazu einen edlen Rotwein trinkt, bleibt von Depressionen verschont. Käse und Wein wirken nachhaltiger und sind außerdem noch gesünder als alle Anti-Depressiva.

Welch wichtiges Buch also! Lassen Sie es, lieber Leser, liebe Leserin, auf der Zunge zergehen. Sie werden nach dieser Lektüre glücklicher sein als nach manchem Roman, auch wenn er – ganz großer Käse ist.

Klaus Besser

»Wir schreiben ein Käsebuch«

Dieser Satz, auf einer fröhlichen Gartengesellschaft an der Käsetheke spontan geäußert, stand am Anfang einer intensiven Arbeit an dem Buch, das jetzt vor Ihnen liegt; er stand gleichzeitig am Ende einer schier endlosen Kette von Erfahrungen im Umgang mit Käseliebhabern, Käseherstellern, Käseverkäufern und Restaurant-Kellnern. Eine Initialzündung mit Folgen. Der Hunger nach gediegener und schnell greifbarer Information über alles, was Käse betrifft, war offensichtlich groß und – ungestillt. Mit diesem Buch möchten wir ihn stillen!

Über das Inhaltsverzeichnis und das Lexikon-Register hinaus geben wir dem geneigten Leser hier einige Hinweise, welche die Steckbriefe und den Wein-Ratgeber angehen.

Die Steckbriefe haben wir unter dem Gesichtspunkt der weiten Verbreitung, der großen Bedeutung und dem ausgeprägten Charakter eines Käses ausgewählt. Die uns selbst auferlegte Beschränkung auf eine Auswahl wirklich großer und spezifischer Namen in der Käsewelt ist also eine bewußte Entscheidung. Sollten Sie in den Steckbriefen und im Register etwas für Sie Wichtiges vergebens suchen, so schreiben Sie uns bitte. Wir informieren Sie gern über den Rahmen dieses Buches hinaus.

Die im Text, den Steckbriefen und dem Kapitel »Käse und Wein« gebotenen Weinempfehlungen sind mit Fachleuten abgestimmt, die von Käse und Wein viel verstehen und die Harmonie beider in der richtigen Zuordnung zu werten wissen.

Übrigens, – in vielen »anstrengenden« Versuchen sahen wir uns praktisch bestätigt: Man kann mehrere Weine mit dem jeweiligen Käse seiner Wahl kombinieren. Wobei die Ausnahme die Regel bestätigt: Es gibt nämlich einige Idealkombinationen, die nicht zu übertreffen sind. Auch das ist in dieser Käsekunde – zu Ihrem eigenen Wohl und dem Ihrer Gäste – verläßlich vermerkt.

So zeigen Ihnen die zahlreichen Empfehlungen einen ebenso vielseitigen wie exakt abgesicherten Weg zum beispielhaften Zusammenspiel dieser beiden lebenden und belebenden Spitzenleistungen der Tischkultur: Käse und Wein.

In diesem Geiste wünschen wir Ihnen Genuß und Freude an beidem und – an diesem Buch.

Leihgestern,
im Mai 1979

Gerhard Kielwein
Hans Kurt Luh

Gouda und Edamer aus den Niederlanden
(Foto: Niederländisches Büro für Milcherzeugnisse)

Käse
hat Geschichte

Von der Käsekunst in der Antike,
im Mittelalter und in unserer Zeit.
Der Käse im Leben der Völker

Wann der Käse »erfunden oder entdeckt« wurde, ist eine Frage, die wohl für immer unbeantwortet bleibt. Die Spuren zu den ersten Beobachtungen gehen 6000 Jahre in die Menschheitsgeschichte zurück. In Töpfen, die sich als Grabbeigaben im Grab des Horus-aha, eines ägyptischen Königs der 1. Dynastie (ca. 3000 bis 2780 v. Chr.), befanden, wurde das damalige Volksnahrungsmittel Käse durch chemische Analysen nachgewiesen. Die Ägypter, die die Gottheit zunächst in Pflanzen, später in Tieren sahen (so wurde der König als Verkörperung des Himmelsgottes Horus in Falkengestalt dargestellt) und sie erst später mit menschlichen Wesen identifizierten, statteten die Grabanlagen großzügig aus.

Von der Käsekunst
in der Antike

Bevor Käse allgemein als Nahrungsmittel Verbreitung fand, hatte er schon regelmäßig zum königlichen Reiseproviant gehört.

Auf die Milchverarbeitung weisen auch Reliefs hin, die unter anderem auf Gefäßen Melkszenen (um 2500 v. Chr.) darstellen. Wenngleich wohl niemals herauszufinden sein wird, wann von der Milch domestizierter Tiere zum erstenmal Käse gemacht wurde, so gibt es doch sichere Indizien dafür, daß in Thessalien und Mazedonien um 6500 bis 5000 v. Chr. bereits Vieh gemolken wurde. Über allen interessanten Einzelheiten dazu liegt jedoch der dichte Schleier frühgeschichtlichen Geheimnisses. Sicher wissen wir indessen heute, daß die gelochten Töpfe aus der Bronzezeit (3000 bis 1000 v. Chr.) bei der Käseherstellung verwendet wurden. Auch haben sich verschiedentlich Darstellungen von Milchvieh auf Höhlenzeichnungen aus der Zeit von 5500 bis 2000 v. Chr. erhalten.

Zu jener Zeit war die Sahara noch gutes Weideland, auf dem ein tüchtiges Hirtenvolk sein Auskommen fand, von dem man aber nicht weiß, woher es kam und wohin es zog. Überhaupt spielten Wanderbewegungen auch schon zu dieser Zeit eine Rolle bei der Verbreitung der Kenntnisse des Käsens. Es liegt nahe, daß indo-europäische Stämme auf der Suche nach einer sicheren Nahrungsgrundlage aus den asiatischen Steppen über das Dnjepr-Tal auf den Balkan und nach Nordeuropa gelangten und ihre Käsereikenntnisse dorthin brachten. Es ist jedoch auch nicht auszuschließen, daß die dort ansässigen Stämme bereits vorher wußten, wie man Milch verarbeitet.

Um 5000 v. Chr. soll eine größere Wanderwelle über den süddeutschen Raum gegangen sein und den Mittelrhein überschritten haben. Die Basken zum Beispiel, das einzige vor-indogermanische Volk, das auf dem Kontinent verblieben war, kannten bereits eigene Wörter für »Käse« und »Molke«.

Einige Aufschlüsse über die alte Zeit bringt uns auch die Bibel in Hinweisen auf den Käse als ein wichtiges Nahrungsmittel.

Im 1. Buch Samuel (Verse 17 bis 18) schickt Isai seinen Sohn David zu seinen drei im Kampf mit den Philistern liegenden Brüdern mit den Worten: »Nimm für deine Brüder ... diese zehn Brote und lauf ins Heer zu deinen Brüdern, und diese zehn frischen Käse und bringe sie dem Hauptmann.«

Ein weiterer Hinweis findet sich im Buch Jonas.

Was mögen dies für Käse gewesen sein? Wahrscheinlich sehr wässrige, flache Käse, die in Körbchen getrocknet wurden, denn in anderen Übersetzungen ist von »Milchscheiben« die Rede. Aber auch harte Käse muß es gegeben haben, denn in einem Theaterstück, drei Jahrhunderte vor unserer Zeitrechnung geschrieben, findet sich der Satz: »Bringe ein Dutzend Fleischspieße, einen Fleischhaken und einen kleinen Käseschaber.« Davon weiß Taylor zu berichten. Es muß also schon früh eine hohe Käsekunst bestanden haben. Selbst Käse aus der Nordtürkei (Bithynien), der als Handelsware ins Land kam, war in Palästina bekannt.

Das Alte Testament, während vieler Jahrhunderte entstanden und um 100 v. Chr. abgeschlossen, ist auch von vielen Sagen anderer Länder und Kulturen durchsetzt. Im Buch Hiob lesen wir (10.10) in der Klage an Gott wegen der schweren Heimsuchung:
»Hast du mich nicht hingegossen wie Milch und wie Käse lassen gerinnen?«

Als man David und dem Volk zur Stärkung verschiedene Lebensmittel bringt, ist auch Käse dabei. Die Stelle in der Lutherübersetzung lautet bei Samuel (2. Buch, 17, Verse 27 bis 29):
»Da David gen Manahain gekommen war, da brachten Sobi ... und Machir ... Weizen, Gerste, Mehl, geröstete Körner, Bohnen, Linsen, Grütze, Honig, Butter, Schafe und Rinderkäse zu David und dem Volk.«

Als der Homo sapiens herausgefunden hatte, daß Milch bei bestimmten Temperaturen nach einiger Zeit gerinnt, die Molke sich vom Bruch trennt und man die Entwässerung dadurch beschleunigen kann, daß man die geronnene Milch in Flechtkörbe oder gelochte Behälter füllt, entschied er sich vermutlich zunächst für Sauermilchkäse. Die Gerinnung wurde von den Mongolen dergestalt angeregt, daß sie die benutzten Fässer nicht auswuschen, damit die darin befindlichen Bakterien die Milch rascher säuerten.

Die Entdeckung des Labs muß man mehr einem Zufall als Bacchus oder Pan zuschreiben. Ein Araber, der mit seiner Karawane durch die Wüste zog, stellte verdutzt fest, daß die in einem getrockneten Schafmagen – damals übliches Transportgerät für Getränke – mitgeführte Milch unter dem Einfluß der sonnengewärmten Luft und durch das ständige Schütteln unterwegs geronnen war. Er gehörte somit zu den Pionieren des Labkäsens. Versuche mit Kälbermägen folgten dann auch andernorts, wo immer der Mensch Milch zur Verfügung hatte. Auch Pflanzen- und Gemüsesäfte wurden eingesetzt, und schließlich hat sich die moderne Chemie der Sache angenommen und ihre Dienste angeboten.

Glaubt man indessen der Mythologie, dann war es Aristeus, der Sohn Apollos, der die Käsekunst sozusagen erfunden hat – und damit sind wir auch schon bei den alten Griechen.

Griechenland

In dieser antiken Kultur war der Käse nicht nur bekannt, sondern hatte sich in allen Volksschichten als beliebtes Nahrungsmittel durchgesetzt. Hippokrates, der um das Jahr 460 v. Chr. auf der Insel Kos geborene Wissenschaftler und Arzt (»Eid des Hippokrates«) kannte bereits Ziegenkäse, Aristoteles erwähnte einen Phrygischen Käse aus Ziegen- oder Schafmilch, der Stuten- oder Eselmilch beigemischt wurde. Das Lab kam von den Mägen junger Rehe. Xenophon, um 430 v. Chr. in Attica geborener Schriftsteller, schreibt über einen Ziegenkäse, der in Achaia im Peloponnes seit Jahrhunderten bekannt war. Ein recht scharfer Käse (oxygalaktinos tyros) wurde in Pergamon gemacht. Galen oder Galenus, der 129 n. Chr. in Pergamon geboren wurde, 162 nach Rom ging und Leibarzt Mark Aurels wurde, beklagte, daß dieser heimatliche Käse am römischen Hof nicht bekannt war. Lykurgos, der mythische Gesetzgeber Spartas, schrieb nach etlichen Fernreisen eine völlig reformierte Staats- und Gesellschaftsordnung. Zu den sozialen Reformen gehörte auch das Gemeinschaftsessen, zu dem die Bewohner verpflichtet wurden und zu dem sie ausdrücklich neben anderen erwähnten Speisen jeweils eine Portion Käse mitbringen mußten.

Im 5. vorchristlichen Jahrhundert entwickelte sich die Küchenkunst. In Athen gab es Käsekuchen (staititas), Käsetörtchen (euchylos) und Käsegerichte mit Honig. Auch Soßen mit Blut, Honig, Salz, Pfeffer, Kümmel, Essig und Milch wurden angesetzt. Zum Symposion, einem Gastmahl in Art eines Soupers, wurde Käse serviert. Gerührt wurde der Bruch mit Feigenbaumzweigen, die auch gleichzeitig die Gerinnung bewirkten. Dies wird heutzutage nur noch auf Mallorca gemacht.

Homer, der Ende des 8. Jahrhunderts v. Chr. im ionischen Kleinasien lebte, schilderte einen Hartkäse, den die Krieger in Wein rieben und in der Schlacht vor Troja tranken. Auch von der Rolle, die Käse bei kultischen Handlungen spielte, hinterließ Homer Zeugnis. Die Pythagoreer, die vom 6. bis 4. Jahrhundert v. Chr. sittlichen, religiösen, wissenschaftlichen und politischen Zielen nachstrebten, legten Käse als Opfergabe fest, um die Götter gnädig zu stimmen. Der Priester von Athenia verbot es den Menschen gänzlich, Käse zu essen. Bei den Kretern waren Käse, und zwar in Form kleiner, flacher Scheiben (Diskus!), als Opfergaben üblich.

In Hypata, im ostgriechischen Thessalien, waren Frischkäse so berühmt, daß sich unternehmungslustige Mittelsmänner auf die Beine machten, um sie zu beschaffen. Ein anderer berühmter Ort war die Sonneninsel Samos, die wir wegen ihrer süffigen Südweine kennen. Hier bereitete man eine Art heißen Käsekuchen: Käse wurde mit Honig und Weizenmehl zerstampft und zusammen aufgekocht. In Lydien war ein Käsegericht beliebt, das auf die Einflüsse der damaligen sogenannten griechischen Küche zurückging: aus Fleisch, Brotkrumen, Käse, Anis und fetter Brühe bereitet.

Der nördlich des Schwarzen Meers siedelnde Reiterstamm der Skythen (7. Jahrhundert v. Chr.) kannte schon Käse, dessen Spuren in Pelzbeuteln gefunden wurde, die aus vereisten Gräbern freigelegt werden konnten.

Auch andere Reitervölker, wie Kirgisen und Kalmücken, stellten Käse her, und die Tataren machten Kumyß aus Stutenmilch. Der Dichter Aischylos nannte die Skythen »Roßkäsespeiser«, und der Arzt Hippokrates und sein Zeitgenosse Herodot (etwa 490 v. Chr. geboren), ein bekannter Geschichtsschreiber, haben beschrieben, wie Stutenmilch dickgelegt wurde. Überhaupt verdanken wir literarischen Quellen unsere Kenntnisse über die alte Milchwirtschaft und die Verarbeitungstechniken sowie über Käsesorten und Verzehrgewohnheiten.

Von der Göttin Artemis wird berichtet, sie habe einmal für die Götter einen Käse aus Löwenmilch bereitet.

Odyssee und Ilias enthalten mehrere Erwähnungen. Die meistzitierte Stelle steht im 11. Gesang der Ilias:

»Hierin mengte das Weib ...
pramnischen Wein für die Männer
und rieb mit eherner Raspel Ziegenkäse darauf.«

Über die Käseherstellung erfahren wir aus der Odyssee, daß der Melker die Milch gerinnen ließ, zusammenballte und die geronnene Milch in Flechtkörbe schichtete.

Auch als Zaubertrank spielte Käse eine Rolle:

»Und sie setzte die Männer auf prächtige
Sessel und Throne,
Mengte geriebenen Käse mit Honig in das Gericht,
damit sie der Heimat gänzlich vergäßen.«

Die Dame, die so leichtfertig vorging, war die Zauberin Kirke, Tochter des Helios, die einige der Kundschafter, die Odysseus ausgesandt hatte, kurzerhand in Schweine verwandelte. Einer aber, durch ein Kraut aus der Hand des Hermes immun geworden, erwirkte von Kirke, daß sie die Gefährten in Menschen zurückverwandelte, und »becircte« das zauberhafte Frauenzimmer seinerseits so, daß es für ein Jahr seine Geliebte wurde.

Auch in der Zeit nach Homer finden sich bedeutende literarische Belege, die über die weite Verbreitung von Käse Zeugnis ablegen. Aristophanes (450 bis 387 v. Chr.) läßt in einem seiner Stücke (»Die Frösche«) über einen Gast klagen:

»Da ist er, der verfluchte Schuft,
der neulich bei uns eingekehrt und
sechzehn Laib Brot uns aufgefressen ...
Und obendrein die zwanzig Kreuzerwürstchen
all’ miteinander! ...
Und all den Knoblauch! ...
Ja, und vom Pökelfleisch hab’ ich noch nichts
gesagt,
Oh weh! und von dem frischen Käs’,
den er mir samt den Körben hat verschluckt.
Und als ich ihm die Zeche machte, ...

da riß er aus und nahm das Tischtuch mit.«

Ob dem Zechpreller die enggeflochtenen Weidenkörbchen gut bekommen sind, wird in der Komödie nicht weiter verfolgt.

Handelsware, tägliche Nahrung, Delikatesse, Opfergabe, Aphrodisiakum, bei Dichtern und Göttern gleichermaßen beliebt, so stellt sich uns der Käse bei den alten Griechen und auch später, wie wir sehen werden, bei den Römern dar. Mal kurz erwähnt, ein andermal ausführlich beschrieben und besungen.

Der um 315 v. Chr. in Sizilien geborene Theokrit begründete die bukolische Dichtung mit Idyllen und Schäferstücken. In seinen bukolischen Dichtungen, die in einer geordneten Welt spielen, beklagt er den verlorengegangenen Naturzustand.

»Eine Ziege bezahl ich dem kalydonischen Schiffer,
...zusamt dem größten Käse von Geißmilch«,
ist in einem seiner idyllischen Gedichte zu lesen.

In einem grotesk-humoristisch stilisierten Ständchen wirbt der Kyklop Polyphem um die Nymphe Galateia:

»Komm heraus, Galateia!
Und bist du heraus, so vergiß auch,
so wie ich, der am Strand hier sitzet,
nach Hause zu kehren.
Weide die Herde zusammen mit mir und
weide die Schafe.
Gieße das bittere Lab in die Milch
und presse die Käse!«

Der sizilische Käse, um den es sich hierbei handeln muß, war meist ein Frischkäse von runder Form, den die Griechen auch zu Ehren vaterländischer Götter zum Bestandteil ihrer Festmahle machten.

Bei den in Nordafrika lebenden Griechen war Käse ebenso verbreitet wie in der altrömischen Epoche. Die Numidier, die das Gebiet des heutigen Algerien bewohnten, waren ebenso leidenschaftliche Käseesser wie die alten Äthiopier:

»Niemals fehlte es an Fleisch und an süßer Milch und an Käse« (Odyssee, 4. Gesang).

Mit Fragen der Fütterung, der Milchqualität und der Käsebereitung befaßte sich Aristoteles eingehend in seiner »Tierkunde«, mit der er auch noch für die Römer eine unumstrittene Autorität blieb. Als bestes Lab galt ihm Hirschlab, aber auch Lab aus Kälber- und Zickenmägen, aus Blüten und Säften verschiedener Pflanzen, unter anderem des Feigenbaums, waren zu jener Zeit gebräuchlich.

Neben der öfter erwähnten Schaf- und Ziegenmilch war die als ergiebig geschätzte Kuhmilch für die Käsegewinnung gefragt. Der Käse, der in jeglicher Konsistenz als tyrós bezeichnet wurde, wurde überwiegend in enggeflochtenen Körben aus Weiden und Binsen gereift, aus denen die Molke leicht abfließen konnte.

Ziegenkäse wurde meist frisch verzehrt. Die Milch anderer Tiere wurde für feste Käse verwendet und für solche, die durch alle möglichen Zutaten – wie Pfeffer, Kräuter, Pinienkerne – oder besondere Verfahren – wie Salzbad, Essigbad, Süßmostbad, Räuchern – geschmacklich veredelt und haltbar gemacht wurden. Aufgrund dieser Mitteilungen wissen wir auch, daß schon sehr früh Lakekäse hergestellt wurden.

Aber nicht nur einheimische, sondern auch importierte Käse bereicherten die Tafel der Griechen. Ob es nun der tägliche Familientisch war oder ein festliches Hochzeitsmahl: In vielen Gerichten fand sich Käse mit der uns schon bekannten Käseraspel als Würze beigemengt oder als Dessert. Auch Käsegebäck mit Zusatz von Honig, Feigen, Anis und Sesam, veredelt mit Wein, liebten sie. Und Käsesalat, mit Zwiebeln und Gewürzen angemacht, war eines von vielen überlieferten Käsegerichten der griechischen Küche.

Platon (427 bis 347 v. Chr.) nennt Käse in seinem Staatsroman »Politeia« im Zusammenhang mit anderen Genüssen, die die Bewohner in der Stadt haben sollen:

»Und nähren werden sie sich, indem sie aus der Gerste Graupen bereiten und aus dem Weizen Mehl und dies kneten und backen und so die schönsten Kuchen und Brot auf Rohr und reinen Baumblättern vorlegen und selbst mit ihren Kindern schmausen, auf Streu von Taxus und Myrten gelagert, Wein dazu trinkend und bekränzt den Göttern lobsingend, und werden sehr vergnüglich einander beiwohnen, ohne über ihr Vermögen hinaus Kinder zu erzeugen aus Furcht vor Armut oder Krieg... Ich vergaß, daß sie auch Zukost haben werden, Salz ja gewiß und Oliven und Käse und Zwiebeln und Kohl...«

Der Austausch der Güter soll auf dem Marktplatz (Agora) erfolgen, auf dem es damals bereits feste Regeln und Aufsichten gab und wo für den Verkauf griechischer Frischkäse ein besonderer Teil reserviert war. Es ist sicher, daß die Griechen, die schließlich rund ums Mittelmeer festsaßen, auch die Kunst der Käserei weiterentwickelten und nach Sizilien, Süditalien und über Marseille (das, als Massilia um 600 v. Chr. von kleinasiatischen Griechen gegründet, ein bedeutender griechischer Handelsplatz wurde) auch nach Frankreich trugen. Sklaven, die in großer Zahl aus Griechenland ins antike Rom verkauft wurden, brachten die technischen Fertigkeiten und technologischen Kenntnisse der Käserei mit. Als die traditionellen Gebiete mit hoher Käsekultur, Sizilien und Süditalien, dem Imperium Romanum einverleibt wurden, war auch ein einheitlicher Binnenmarkt erreicht.

Das antike Rom

Da das Griechische noch lange Zeit die Sprache der Gebildeten blieb, wurde auch die reiche Literatur über die Käseherstellung, die von Griechenland herüberkam und die geheimnisvoll gehüteten und von Generation zu Generation weitergegebenen Rezepte nicht einmal berücksichtigte, optimal ausgewertet. In der schöngeistigen Literatur brachte es nun der Käse gar zum Kosewort!

Vergil (70 bis 19 v. Chr.) schreibt im 1. Hirtengedicht, das Dank und Huldigung für Octavian ausdrückt, die einladenden Worte des flötespielenden Tityrus an seinen Freund:

> »Konntest du wenigstens diese Nacht
> noch ruhen bei mir hier,
> da auf dem grünen Laube;
> wir haben köstliche Äpfel,
> weiche Kastanien
> und auch frischen Käse in Fülle.«

Vergil, der durch seine Theokrit nachempfundenen »Bucolica« in Rom Berühmtheit erlangt hatte, schrieb auf die Aufforderung des Mäcenas, der junge Talente förderte, ein Gedicht über den Landbau in vier Büchern, dem wir folgende vielzitierte Verse entnehmen:

> »Was frühmorgens gemolken und tagsüber,
> preßt man noch spät
> am Abend zu Quark, was im Dämmer
> gemolken

I David ad fratres tuos in castra, eis hos panes et caseos dato, ac vide si recte agant. 1. Re. 17.

Isaias schickt seinen Sohn David in das Lager
Sauls und gibt ihm Brot und Käse mit.
Stich von H. Cork nach Martinus Hemshark, 1541
(Aus: Deutsche Molkereizeitung Kempten)

bei sinkender Sonne,
Früh gehts fort, im Käskorb bringts der Hirt
in die Städte.
Oder man salzt es ein wenig
und hebt es auf für den Winter.«
Hier erfahren wir also etwas über die rasche Ver-
marktung der frischen Käse und die Bemühungen,
Haltbares für die Winterzeit zu erzielen.

Auch Ovid und Martial haben den Käse gerühmt,
Cato berichtet von einem Käsekuchen und anderen
in Rom beliebten Käsegerichten, die die römische
von der griechischen Küche übernommen hatte.
Kochbücher enthielten bereits leckere Käsesalate,
und die Bäcker verwendeten in vielen Backwaren
ebenfalls Käse. Die Tafeln waren stets mit Frischkäsen, zu denen Feigen gegessen wurden, reich be-

stückt. Auch Cicero und Plinius schrieben über den Käsereichtum im Lande.

Die häufige Erwähnung ausländischer Käse, die aus den beherrschten Provinzen nach Rom kamen, läßt auf einen regen Handel mit einem variantenreichen Sortiment schließen. Es ist aber auch nicht auszuschließen, daß Käse, wie in späteren Jahrhunderten üblich, eine Naturalabgabe war. Der praktizierende Landwirt Columella gab um 60 n. Chr. ein Buch über Landbau heraus, in dem er ausführlich über Käse schreibt. Er erwähnt auch das Räuchern mit Apfelbaumholz, was in Rom zur Geschmacksverbesserung und optischen Schönung der Käse praktiziert wurde.

Gelegentlich wurde Käse über Strohfeuer geräuchert. Columella beschreibt die verwendeten Geräte und die Methode des Erwärmens der Milch vor dem Dicklegen. Lakekäse, die in Salzlauge gefestigt wurden, sowie verschiedene Würzungen wie Einlegen in Most oder das zeitweilige Einsetzen von Pinienzapfen in die zum Käsen bestimmte Milch waren ebenso üblich wie das Würzen mit Schnittlauch, Pfefferkraut und Thymian.

Da man wegen des Klimas in Italien und auf dem Balkan unter den damaligen Verhältnissen die Milch nicht aufbewahren konnte, war der Weg zur Umwandlung in Käse vorgezeichnet. Käse war im alten Rom Volksnahrung und neben Rosinen und Oliven eherner Bestandteil des militärischen Proviants. Die Athleten gaben dem Käse als Fitmacher denselben Rang, den heute das Steak hat. Feinschmecker schätzten ihn ebenso wie das einfache Volk. Auf den Straßen der Ewigen Stadt wurden alle erreichbaren Spezialitäten angeboten. Auch Zubereitungen waren populär, so ein Käsekuchen mit Namen Glycinas, der mit einem Zusatz von süßem Wein und Olivenöl gebacken wurde, dann der *Tunai* und ein Gebräu aus Zwiebeln, Koriander, Trauben, Silphium, Thymian, Essig und erwärmtem Käse, alles – bon appétit! – abgerundet mit Schweineblut und kräftig gestampft.

Über die Herstellung von Weichkäse gab bereits Marcus Terrentius Varro (geb. 116 v. Chr.) in seinem Werk »De re rustica« ein Rezept für die Hausfrau bekannt:

»Am besten ist die Kuhmilch, die weder vom Anfang noch vom Ende der Laktationszeit kommt. Aus ihr sollte man Käse machen. Sehr nahrhaft, aber am schwersten zu verdauen ist Käse aus Schafmilch. Genau umgekehrt verhält es sich mit Ziegenmilch. Die Käseherstellung beginnt im frühen Sommer.«

Varro empfahl, Lab von Kaninchen oder jungen Ziegen zu nehmen, da es besser sei als das von Schafen. Auch ein Extrakt vom Feigenbaum oder Essig hielt er für geeignet.

Junius Moderatus Columella, ein bedeutender Agrarschriftsteller des ersten nachchristlichen Jahrhunderts, beschrieb einen Käse, den die Römer unter Zusatz von Thymian oder ähnlichen Kräutern bereiteten.

Auch über einen Handkäse, der längere Zeit in Salzwasser eingelegt und dann mit dem Holz von Apfelbäumen geräuchert wurde, schreibt Columella. Ebenso über einen Hartkäse, der mit frischer Milch erzeugt und mit dem Lab von Ziegen oder Schafen, aber auch mit den Blüten von Felddisteln, Saflorsamen oder Milch der Feigenbaumrinde dickgelegt wurde. Die weitere Behandlung dieses Käses bis hin zur Reifung hat viel Ähnlichkeit mit der Emmentalerherstellung und könnte ein Vorläufer dieses Käses aus den Alpen sein.

Kelten und Germanen

Die Kelten stiegen um 400 v. Chr. über die Alpen in die Po-Ebene hinab, mit deren Bewohnern sie schon lange Zeit Handel getrieben hatten. Als sie der einladenden Landschaft ansichtig wurden, gab es für sie nur einen Entschluß: Hier bleiben wir!

Das Kulturvolk der Etrusker, das diesen fruchtbaren Landstrich bewohnte, wurde von den mit ihren extrem langen und zudem noch strohgelb gefärbten Haaren ganz furchterregend wirkenden Eindringlingen, die vorzugsweise nackt ihre Gegner im Kampf ansprangen, völlig besiegt und aus ihrer Heimat vertrieben. Die Kelten ließen sich entschlossen nieder, dehnten ihr Siedlungsgebiet bis zu den südlichen Alpenseen aus und bedrohten, nach Süden vorstoßend, später auch Rom, das gerade dabei war, als prospektive Großmacht erste Gehversuche zu machen, und sich an der Vernichtung des Etruskervolkes, das damit aus der Geschichte verschwand, maßgeblich beteiligte. Später wurden

Ein Kässtecher, ein hölzerne Uhren-Verkäufer,
ein Aschensammler in Wien
(Aus: Deutsche Molkereizeitung Kempten)

dann auch noch die »Barbaren« in Gallia cisalpina vernichtet.

Folgt man dem Historiker Polybios, dann war das Leben der keltischen Stämme primitiv: »Da sie auf der Streu schliefen, in der Hauptsache Fleisch aßen und keine andere Tätigkeit trieben als Krieg und Landbau, war ihr Dasein sehr einfach« (zitiert nach Herm).

Andere Quellen indes berichten von einer gutentwickelten, allerdings regional sehr unterschiedlichen Käsereitechnik bei den Kelten. Dies läßt sich zwar schon aus dem Hinweis des Polybios auf die Landwirtschaft folgern, ohne die es keine Grundlage für Viehwirtschaft und Milchveredelung gibt. Andererseits hatten die Kelten auch technische Weiterentwicklungen erreicht, die in unser Metier passen. Sie kannten bereits das Sieb und gelten nach dem ältesten Beleg (Plinius) als Erfinder des aus Holzdauben gefertigten Fasses zur Weinaufbewahrung.

Es ist überdies undenkbar, daß ein so vitaler Volksstamm die Vorkenntnisse der von ihnen besiegten Stämme verkümmern ließ. Einige geographische Namen in Südtirol sind mit Sicherheit kelti-

schen Ursprungs, und zwar solche von Tälern und Alpen. Außerdem wird von rätischem Käse als Handelsware berichtet. Auch der tragische Tod des Kaisers Antoninus Pius (138 bis 161) ist überliefert, der sich an caseus alpinus buchstäblich überfraß und daran starb.

Wie die Kunst der Käseherstellung in die Schweiz gelangte, ist nicht mit letzter Sicherheit zu sagen, jedoch kommen hierfür drei Wege in Frage. Eine Möglichkeit waren wandernde Stämme, die von den Römern aus der Lombardei vertrieben wurden, denn Bologna, Bergamo und Mailand waren Keltenstädte. Ein anderer Weg kann aus Südfrankreich durch das Tal der Rhône in die Schweiz geführt haben. Schließlich ist es naheliegend, daß die Käsekunst aus Schwaben herüberkam, wo Cäsar im Jahre 58 v. Chr. das Heer des Germanenführers Ariovist schlug, welcher sich daraufhin über den Rhein zurückzog. Im 4. Band seines »Gallischen Kriegs« schreibt Caesar (100 bis 44 v. Chr.) über die germanischen Stämme: »Ihre Nahrung bestand überwiegend aus Milch, Käse und Fleisch.« Zumindest hatten die Römer die Hände im Spiel.

Die Germanen entwickelten mit ihrem Käse wenig Raffinesse. Nachdem sie das Gerinnen saurer Milch beobachtet hatten (Dickmilch stand bei unseren Ahnen grauer Vorzeit auf jedem Küchenzettel), sahen sie eine Chance, durch mehr haltbare Lebensmittel einer möglichen Hungersnot besser vorzubeugen. Die ersten Käse der Germanen glichen einer fetten und weichen Quarkmasse, denn der Rahm wurde nicht abgeschöpft. Diese wurde in durchlöcherte Tongefäße gefüllt, aus denen die Molke ablief. Gefäße dieser Art finden heute noch im Schweizer Jura Verwendung.

Das Käsewasser diente zunächst nur den Armen als labender Trunk, wurde aber dann auch von den Wohlhabenden als vermeintliches Heilgetränk begehrt. Lab aus Kälbermägen zum Dicklegen der Milch wurde erst später entdeckt. Dann wurden dem Quarkkäse auch Kräuter, Haselnüsse, Salz und Pfeffer beigegeben. Aber auch nach dem Kennenlernen des Labs spielten bei den mittel- und nordeuropäischen Stämmen die Sauermilchkäse eine dominierende Rolle. Was Tacitus später in der »Germania« darüber schreibt, ist wegen Auslegungsdifferenzen nicht genau genug. Fest steht, daß die auf Vorratshaltung angewiesenen Germanen, die auch Hausviehhaltung betrieben, Käseerzeuger und -verbraucher waren.

Vom Mittelalter bis in unsere Zeit

Nach der römischen Kaiserzeit wurde die Käsetradition im Ostgotenreich fortgeführt. Käse mußte neben anderen Nahrungsmitteln an den königlichen Hof von Ravenna geliefert werden. Auch durch kriegerische Zeiten wurden die Kenntnisse des Käsens weitergetragen, denn der Alltag veränderte sich unter den Goten und den Langobarden nicht grundlegend, und die Kontinuität blieb bis zum Karolingerreich erhalten. Kaiser Karl d. Gr., der als großer Käsefreund galt, schrieb für die Käseherstellung ausdrücklich peinlichste Sauberkeit vor.

In dieser Zeit wurde Käse noch in Stein- und Lehmbehältern bereitet. Erst die Mönche in den Klöstern, die mit der Ausbreitung des Christentums allenthalben entstanden, benutzten schwere und teure Kupferkessel, die sie auch an käseerzeugende Bauern ausliehen. Als Leihgebühr mußten die Bauern eine bestimmte Anzahl Käse abgeben.

Die Klöster entwickelten sich schließlich zu dominierenden Zentren kultureller Schöpferkraft. Die Klosterbrüder sammelten Literatur, pflegten Kranke, bestellten die Felder, kümmerten sich um das Vieh, kelterten Wein, produzierten Schnäpse und Liköre und erfanden berühmte Käse.

Auch der aufblühende Tauschhandel war der Verbreitung der Käsereikenntnisse förderlich, und die Sortenvielfalt auch heute noch hergestellter Käse nahm ihren Anfang in dieser Zeit: Um das Jahr 1000 wurde der *Schabziger* erstmals erwähnt, 1070 die *Roquefort*-Bereitung, 1115 der *Gruyère*, 1150 der englische *Chester*, 1185 der französische *Gruyère*. Um 1200 erfahren wir aus den Quellen erstmals etwas über den *Grana* (*Parmesan*) und *Gorgonzola*, den *Sbrinz*, den Schweizer *Emmentaler*, den *Taleggio* und den *Pecorino*, über die *Filatakäse* und einen *Handkäse,* der in Bayern hergestellt wurde. Etliche dieser Käse gehen auf die Römer zurück oder sind noch älter.

Die Expeditionen der handeltreibenden und plündernden Wikinger hatten für die Entwicklung der Käsekunst schließlich auch ihr Gutes: Expeditionen unter Knut dem Großen (1016) brachten die Kenntnisse der Käser aus Skandinavien ins Baltikum, nach England, in die Normandie, an die Wolga und an das Schwarze Meer sowie nach Byzanz. Auch die Kreuzzüge förderten den Austausch neuer Käsegenüsse und die Verbreitung der Herstellungstechniken in vorher unberührte Gebiete.

Die Städte, die die Rolle von Handelszentren spielten, und die Länder, die in der Schiffahrt führend waren, trugen die Kunde um die Welt. Neue Sorten wurden entdeckt, die Produktionsmengen mußten durch den wachsenden Nachfragemarkt der Städte erhöht werden. Immer deutlicher schied sich die Welt in solche Länder, die sowohl gutes Vieh und fette Weidegebiete hatten als auch See- und Binnenhäfen, und in solche, die nicht mit diesen Vorzügen gesegnet waren. Erstere konnten auch Käse machen, der längere Transportwege ohne Qualitätsverluste ertrug, und sie konnten sich sichere Exportmärkte aufbauen. Die anderen waren darauf festgelegt, ihre zwar schmackhaften, aber leicht verderblichen Käse zu produzieren.

Im Mittelalter werden urkundliche Erwähnungen wieder zahlreicher. 1282 wird erstmals der *Appenzeller* genannt, 1400 mußten 5000 Appenzeller Käse als Zinsleistung an das Kloster St. Gallen abgeliefert werden. In allen Alpenländern nahm nun die Käseherstellung einen Aufschwung, was die Regierungen und gekrönten Häupter veranlaßte, Qualitäts-, Herkunfts-, Warenzeichen und andere Regulierungen zu erlassen.

Nach der Entwicklung des *Roquefort* entstanden in Frankreich zahlreiche Weichkäse, so die Urformen des *Brie*, des *Camembert* und der *Maroilles*. Bereits das Jahr 1184 sah die Niederländer auf dem Pariser Markt vertreten. *Gouda* und *Edamer* eroberten die Weltmärkte, beide vom Verbraucher meist nur als »*Holländer*« gekauft. Die *Cheddar-Käse*, die ein Gewicht von bis zu 60 kg erreichen, wurden nachweislich bereits 1635 erzeugt, während Zisterzienser den *Wensleydale* austüftelten.

In den deutschen Landschaften wurde um das Jahr 1000 mit der Nachahmung großer ausländischer Käse, namentlich des *Parmesan*, begonnen. Ost- und Westpreußen, ab dem 13. Jahrhundert auch Holstein, erzeugten Käse. In Norwegen überwogen zu der Zeit die Sauermilchkäse, auf Island wurde um 1000 ein *Gamalost* erwähnt. Auch Finnland, Schweden und Dänemark reihten sich jetzt in die Gruppe der käseerzeugenden Länder ein, Käse wurde von vielen Klöstern als Zins (der Zehnte) genommen. Harte und haltbare Käse wurden ein häufiges Handelsgut.

In der Schweiz, in Frankreich und Holland entstanden regelmäßige Käsemärkte für ganz bestimmte Sorten. Die mittelalterliche Tradition ist heute noch an jedem Freitag im holländischen Alkmaar lebendig, wenngleich touristische Zielsetzungen vor sachlichen stehen dürften. Immerhin besteht die Käseträgerzunft seit 1622.

Der *Emmentaler* wurde im 15. Jahrhundert erstmals in Urkunden erwähnt. Lange Zeit galt es als ausgemacht, daß nur auf der Alm ein guter »Schweizer« zu machen sei; 1815 widerlegte Effinger dieses Vorurteil und gründete im Kanton Bern die erste Talkäserei. Etwa zur gleichen Zeit begann E. von Fellenberg auf seinem Gut Hofwil *Emmen-*

taler herzustellen. 1840 führte die Statistik bereits 120 und um 1900 über 750 solcher Käsereien auf. Dieser rasche Wandel beruhte nicht nur auf der Belebung des Handels in der nachnapoleonischen Zeit, sondern auch auf den besseren Voraussetzungen, die die Talkäsereien gegenüber den Almen aufzuweisen hatten: günstigere Verkehrswege und größere Käsekessel.

Die Einrichtung dieser Käsereien war geradezu primitiv. In einer Ecke des Raumes, der als Käseküche diente, war eine offene Feuerstelle, über der ein an einer Winde hängender Kupferkessel hin und her bewegt wurde. Gerührt wurde mit dem Tanngrotzli, und die richtige Temperatur wurde durch Eintauchen des Ellbogens ermittelt. Wässriger Extrakt von Kälbermägen wurde zum Dicklegen verwendet. Als Labzeit wurde die Zeit angenommen, die zum wiederholten Aufsagen des Vaterunsers nötig war. Zum Pressen der geformten Käselaibe wurden diese mit Steinen beschwert.

Ferdinand Cohn war der erste, der darauf hinwies, daß das Reifen der Käse zum Teil dem Wirken von Mikroorganismen zuzuschreiben ist. Das 19. Jahrhundert brachte durch wissenschaftliche Beiträge von Pasteur, Liebig, Metchnikow und Tyndall der Käserei wertvolle Unterstützung. Starterkulturen und Lab wurden in Labors hergestellt, und die Geheimnisse um Reifung, Geschmacksbildung und Aromaentwicklung wurden nach und nach enträtselt. Was früher verschwiegen als Geheimnis von Generation zu Generation weitergegeben wurde, wurde nun offen gehandelt, was seine Vorteile hatte: Die industrielle Käseherstellung profitiert von diesem Wissen und kann somit eine gleichmäßige Produktionsqualität erreichen.

Aber auch in den heutigen automatisch gesteuerten Großkäsereien ist die Kunst des Käsers nicht gänzlich überflüssig geworden, auch wenn nicht zu leugnen ist, daß durch die Massenerzeugung der so viel individuellere Käse vom Bauernhof, vom Kloster oder von der Alm in diesem Konkurrenzkampf immer mehr an Terrain verliert. Und das hat seine Schattenseiten, was von Hunderttausenden Käsegourmets ebenso bedauert wird wie vom »Käsepapst« Androuët aus Paris.

Schweizer Käser – Pioniere in Amerika

Die Geschichte speziell des *Emmentalers* wäre aber unvollständig, würde man die Beziehungen zu Amerika, und hier speziell zu Wisconsin, außer acht lassen. Im frühen 19. Jahrhundert war die Schweiz in sehr schwierigen wirtschaftlichen Verhältnissen. Stagnation, Arbeitslosigkeit und Unternehmenszusammenbrüche waren an der Tagesordnung. Der Kanton Glarus versuchte mit den Problemen in der Weise fertig zu werden, daß er in den USA eine Kolonie gründete. Die vorausgesandten »Quartiermacher« befanden das Sugar River Valley im Green County für besonders geeignet: hügelige und zerklüftete Landschaft, die noch am ehesten an die heimatliche Schweiz erinnerte. Nach dem Kauf von vorerst 1200 acres Land kamen im August 1845 nach einer viermonatigen Reise die ersten Siedler und gründeten New Glarus. 1846 wurden die ersten Kühe über den Atlantik verschifft, und das noch in der alten Heimat gewonnene Lab aus Kälbermägen, gesalzen und somit konserviert, reiste gleich mit.

Einer der ersten Käse, den die Schweizer in den USA machten, war der *Schabzieger* (*Glarnischer Schabzieger* wurde seit 1252 im Glarner Land hergestellt), der in Form eines Kuchens aus halbfetter Milch gemacht wurde. Den Rahm verwendete man für Butter. 1868 wurde in der weizenreichen neuen Heimat die erste Käsefabrik gegründet, die sich auf die Herstellung von *Limburger* spezialisierte. Ein Jahr später baute Mister Gerber eine Fabrik für Schweizer Hartkäse.

Allgäuer Käse-Tradition

Auf dem Kontinent, der als Heimstätte aller großen Käse gelten darf, ging die Entwicklung selbstverständlich weiter. So nahm man im Allgäu die Tradition der geistlichen und weltlichen Standesherren auf, die auf ihren Gütern und Alpen zur Selbstversorgung und zur Abgeltung von Grund- und Lehensaufgaben (Käsgilt) aus dem Mittelalter heraus regelmäßig Käse hergestellt hatten. Hier und in kleinen primitiven bäuerlichen Hauskäsereien wurden Hartkäse in runder Form und verschiedener Größe (*Bergkäse*), später ein viereckiger, back-

steinförmiger Käse (*Zweigewärmter*) und *Zieger* (ein Sauermilchkäse, *Alemannenkäse*) hergestellt. Die Überschüsse waren gering und wurden gegen andere Waren getauscht oder auf dem Wochenmarkt (Schranne) zum Verkauf angeboten.

Erst gegen Ende des 18. Jahrhunderts traten Käsehändler auf, die die Käse übergebietlich vermarkteten, so Xaver Stadler aus Großholz bei Lindenberg, der 1780 den Handel mit *Alpkäse* begann, vorher einen Roßhandel und eine Strohhutfabrikation betrieben hatte. Die Zeit von 1800 bis etwa 1820 brachte dem von der Welt abgeschlossenen Allgäu eine schwere Krise, in der sich die Bauern nur durch gewerbliche Heimarbeit neben der kargen Landwirtschaft am Leben halten konnten. Als 1808 in Bayern die Abschaffung der Leibeigenschaft und die Befreiung der Bauern vom Flurzwang gesetzlich eingeführt wurden, ging es aufwärts. Um 1815 wurde die Milch mehrerer Bauernbetriebe vielfach in gemeinsamen Hauskäsereien verarbeitet, jedoch blieb die Qualität gering. Auch die erste Herstellung *Emmentaler Alpenkäses* durch einen Schweizer Senn sprengte die regionalen Fesseln noch nicht.

In der nächsten Phase, die bis etwa 1887 dauerte, wurden *Emmentaler*- und *Limburger*-Fabrikation im Allgäu eingeführt, was jedoch keiner Einführung neuer Sorten gleichkam, sondern eine Verbesserung der altbekannten *Bergkäse* und *Zweigewärmten* bedeutete. Als Josef Aurel Stadler 1821 Schweizer Sennen nach Weiler holte, um *Emmentaler* in Talkäsereien herzustellen, kam es zu weiteren Käsereigründungen mit allerdings noch sehr einfacher Ausstattung. Der erste echte *Emmentaler* im Allgäu wurde 1827 von dem Schweizer Senn Johann Althaus aus Lauperswyl gemacht. Dieser stellte in Blaichach einen *Emmentaler* von über 80 kg Gewicht her. 1829 unternahm Karl Hirnbein eine Reise zum Studium der Weichkäserei im damals noch holländischen Limburg und verbuchte mit der Herstellung dieser Käse, die eine größere Ausbeute, rascheren Umschlag und billigere Käsereieinrichtungen als Vorteile hatten, einen achtbaren Erfolg. Zwischen 1820 und 1840 wurden von Bauern, Sennen und Handelsfirmen zahlreiche Bauernhaus-Sennereien und einige Käsehütten gebaut.

Das Allgäu war nun drauf und dran, die Käseküche Deutschlands zu werden. Aber die Rückschläge blieben nicht aus. Guter Absatz machte träge, die Qualität ließ nach. Andererseits konnten die angestiegenen Mengen nicht mehr mit den bisherigen Transportmitteln, wie Floß und Fuhrwerk, bewältigt werden. 1844 kam eine schwere Absatzkrise, Händler mußten aufgeben, Sennereien wurden geschlossen.

Erst mit der Eisenbahn (1853) kam wieder eine Wende, die Absätze stiegen sprunghaft an, die Käseerzeugung stieg von 1852 bis 1876 von etwas mehr als 70 000 Zentnern auf etwa 470 000 Zentner an. Es entstanden neue Hauskäsereien und Sennen, die Käsereiwirtschaft wanderte weiter nach Norden in den Raum um Memmingen und schließlich bis zur Donau. Stolz zeigte die Firma Schnetzer eine 1865 auf einer Ausstellung in Paris errungene Goldmünze, ebenso stolz registrierte man das Fluktuieren von ca. 1115 Talsennereien (1885) im Oberland, wo vorwiegend Rundkäse hergestellt wurden. Im Winter 1874/75 kreierten die Brüder Kramer in Wertach eine ganz neue Käsesorte, den *Weißlacker*, einige Jahre später führte die schon erwähnte Firma Schnetzer die *Münsterkäse* aus dem Oberelsaß ein. Beide Käse liefen gut, als 1878 eine zehnjährige Wirtschaftskrise erneut zuschlug. Um mehr Butter verkaufen zu können, nahm man bei der Käseherstellung Qualitätsverluste in Kauf, was natürlich für den Absatz keine Empfehlung war. So wurde der *Limburger* mit immer weniger Fettanteilen hergestellt, bis er bei 10 % Fett i. Tr. angelangt war. Zu mager, um dem Verbraucher noch zu schmecken.

Der Weg aus der Talsohle wurde durch die nun einsetzende industrielle Milchverarbeitung, durch wissenschaftliche Erforschungen der Milch und eine gezielte Ausbildung milchwirtschaftlicher Fachleute schließlich geschafft. 1892 stellte Karl Hoefelmayr

Ein Frantzösischer Bawer.
Iß ist ein Frantzösischer Bawr /
Ein wilder tropff sicht mechtig sawr.
Sein sin steht im gen Marckt zulauffen
Sein Genß und Käse zuverkauffen.
Holzschnitt von Jost Amman, um 1575
(Aus: Deutsche Molkereizeitung Kempten)

29

»So, da wäre Ihr Frühstück, wie üblich . . . zwei Sous für
den Käse, drei für die Zeitung – er ist ganz schön
kräftig heut' früh! . . .«
»Ja, der Gruyère . . . scheint mir dafür schon recht alt!
(spricht für sich) Früher packte einem der Händler
frischen Käse in eine alte Zeitung, heute verkauft er
überständigen Käse in einer druckfrischen Zeitung . . . wo
bleibt da der Ausgleich?!« Honoré Daumier (1808–1879)
in »La Caricature«

erstmals *Camembert* im Allgäu her, die Kulturen
hatte er in Frankreich selektiert und weiterentwik-
kelt. 1901 wurde die *Tilsiter*-Käserei eingeführt.
Nach den Rückschlägen, die die Zwangswirtschaft
im Ersten Weltkrieg noch einmal brachte, konsoli-
dierte sich nach 1924 die Allgäuer Käsewirtschaft
durch eine gezielte Strukturverbesserung.

In den Jahren nach dem Zweiten Weltkrieg nahm
die Allgäuer Käsewirtschaft einen steilen Aufschwung, der durch die nach 1950 einsetzenden Ra-
tionalisierungsmaßnahmen stark gefördert wurde.

Die Käserei ist ein arbeitsaufwendiger Prozeß. Ar-
beitskräfte waren knapp und teuer geworden, so
daß sich auch die Käsereiwirtschaft der Mechanisierung und Automatisierung zuwenden mußte. Voraussetzung hierfür war die Schaffung von Großbetrieben. Von den 1950 im Allgäu vorhandenen 476
Emmentaler-Käsereien existieren heute nur noch
32. Neu erbaut wurden jedoch elf Käsewerke, für
deren Errichtung der Staat beträchtliche finanzielle
Zuschüsse gewährte. Die Umstellung auf Großbetriebe hat sich bewährt. Heute werden im Allgäu

doppelt so viele *Emmentaler*laibe hergestellt wie 1950.

Die Allgäuer *Emmentaler*-Wirtschaft hat für die Zukunft nicht nur die Entscheidung zu treffen, ob man auch weiterhin den *Emmentaler* aus naturbelassener Rohmilch herstellen will, sondern sie hat auch zu entscheiden, ob man auf den rindengereiften *Emmentaler* zugunsten der schnell umsetzbaren foliengereiften Ware verzichten will. Gewiß, die Kasse muß stimmen, jedoch darf der Käsefreund hoffen, daß die jahrhundertealte Kulturleistung nicht zerstört wird, die in dem aus Rohmilch hergestellten und in der Rinde gereiften Laibkäse ihren Ausdruck findet.

»Holländereien« in Schleswig-Holstein

Über die anderen Käsegebiete Deutschlands gibt es im 19. Jahrhundert weniger bewegende Nachrichten. Im mittleren und östlichen Land erlebten die Sauermilchkäse wie *Harzer*, *Bauernhandkäse*, *Mainzer* und *Olmützer Quargel* einen kräftigen Aufschwung, der auch heute nicht gefährdet ist. In Schleswig-Holstein, wo eingewanderte Holländer im 18. Jahrhundert eine bodenständige Milch- und Käsewirtschaft (»Holländereien«) aufgebaut hatten, nahmen Schnittkäse die erste Stelle ein.

Käsekummer der Angelsachsen

In einer Zeit, als die Deutschen viele ausländische Käse übernahmen, blieb auch außerhalb der Grenzen die Entwicklung nicht stehen. Käse kamen auf und verschwanden wieder, weil der gängige Geschmack ihrer überdrüssig wurde. Zu diesen zählt der englische *Suffolk*, den im 17. Jahrhundert sogar die wenig verwöhnten Gaumen der Dienstboten verweigerten. Ähnlich mies muß es um den *Essex* gestanden haben, der in einem Gedicht verspottet wurde:

> »Die mich machten, waren unhöflich,
> denn sie machten mich härter als den Teufel.
> Messer werden mich nicht schneiden,

> Feuer wird mich nicht weichkriegen.
> Die Hunde bellen mich an,
> aber essen werden sie mich nicht.«

Einen aufschlußreichen Bericht über die Käseherstellung im Mittelalter hat uns ein reisefreudiger Engländer namens Andrew Boorde hinterlassen. In dem 1542 geschriebenen Buch »A Compedyous Regyment or a Dyetary of Helth« beschreibt er die vier damals geläufigen Käsesorten, nämlich grünen, harten, weichen und sogenannten »spermyse« cheese, also Käse, der nicht mit Magenlab eines Tieres, sondern mit dem Saft einer Pflanze dickgelegt worden war. Neben dem Galium verum, volkstümlich in England als »Käselab« bekannt, dürfte für den kulturgeschichtlich Interessierten die Geschichte der Pinguicula vulgaris, besser bekannt als Fettkraut, von Bedeutung sein. Bei den Bauern hieß diese Pflanze nur ganz einfach »Earning Grass«, wobei hier das englische »earn« in seiner alten Bedeutung als »Milch gerinnen lassen« (vgl. rennet – Lab) steht.

Der erwähnte grüne Käse ist natürlich nichts anderes als ein junger Käse und keineswegs ein mit Kräutern veredelter wie der köstliche *Sage Derby*, aber auch kein Grünschimmelkäse wie der majestätische *Stilton*.

Shakespeare (1564 bis 1616 ?) hat verschiedentlich in seinen Bühnenstücken die in England so beliebten warmen Käsegerichte erwähnt. Wer denkt hierbei nicht an das von den Walisern so geschätzte »Welsh Rarebit«! Wenn Bardolph in den »Lustigen Weibern von Windsor« den *Slender* »You Banbury Cheese« nennt, hatte er sicher kein Lob im Sinn, denn der Käse aus Banbury war in England als ausgesprochen dürftig bekannt. Über Welsh Rarebit, das schon vor Shakespeare ein Faible der Waliser war, erzählte Boorde folgende nette Geschichte:

»Als Gottvater den heiligen Petrus zum Torwächter des Himmels gemacht hatte, trug er ihm in seiner Güte auf, auch denen, die es eigentlich nicht verdienten, das Tor in sein Himmelreich zu öffnen. Eines Tages war eine größere Gruppe Waliser beisammen, die mit ihrem lauten Geplapper den Anderssprachigen auf die Nerven gingen. Wie sollte man sie wenigstens eine Zeitlang loswerden? Sankt Petrus wußte rasche Abhilfe. Er ging etliche Schritte vor das Himmelstor und rief zweimal ganz laut ›Cause Babe! Cause Babe!‹, was gleichbedeutend ist mit ›Welsh Rarebit‹. Als die Walliser das hörten, rannten sie allesamt durch das Tor aus dem Himmel. Petrus aber verschloß das Himmelstor ganz schnell von innen und war die Quälgeister los.«

Historisch belegt ist eine Begebenheit um Englands Königin Viktoria (1837 bis 1901). Anläßlich ihrer Hochzeit bereiteten die Bauern in Somerset einen Käse aus dem Tagesgemelk von 800 Kühen, der das Gewicht von 453 kg gehabt haben soll. Wegen seiner imponierenden Größe von etwa 3 Metern im Durchmesser erbaten sie das seltene Stück noch einmal leihweise zurück, um es auf Ausstellungen zu zeigen. Als sie nach Abschluß dieser Kampagne den Riesenkäse wieder an die Königin abliefern wollten, verweigerte sie die Annahme, und ein langwährender Streit nahm seinen Anfang.

Einen ähnlich repräsentativen Käse machten im Jahre 1801 die amerikanischen Käser in Cheshire (Mass.) für ihren siegreichen und populären Präsidenten Jefferson. Die Lokalzeitung von Boston veröffentlichte aus diesem Anlaß eine Ballade! Indes, die amerikanische Sucht nach Gigantischem gebar noch riesigere Exemplare: einen fast vier Tonnen schweren Käse zur Nationalen Messe in Toronto!

Seine Majestät – Le fromage

Nicht alle Völker ließen dem Käse (wie melodisch klingt dagegen »fromage«) so früh und so anhaltend höchste Wertschätzung zukommen wie die Franzosen. In vielen anderen Ländern, so auch bei uns und in England, galt er weniger als Fleischerzeugnisse und wurde durchweg als Nahrung der kleinen Leute eingestuft. Als plebejisch gar galten Käsetoasts. Mrs. Gatskell etwa läßt in »Wives and Daughters« sagen: »Brot und Käse? Ißt Mr. Gibson etwa Käse?« – und nach dem unschuldsvollen Einwurf Mollys, ihr Vater liebe alle Käsegerichte, insbesondere auch warme: »Oh, wir müssen ihn davon heilen. Ich könnte den Geruch von Käse nicht ertragen.«

In einem anderen Buch, »French Life«, das ebenfalls vor mehr als 100 Jahren erschien, beschreibt dieselbe Autorin, wie zu einem französischen Dessert neben den »quatre mendifants« (Studentenfut-

ter), nämlich Nüssen, Mandeln, Trauben und Feigen, ein Stück *Gruyère* unter einer Glasglocke serviert wurde – welch ein armseliges Dessert!

Nun, die englische Dame mit der feinen Nase hat im Leben viel verpaßt, auch wenn sie wohl nur wenige Käse kennen (bzw. riechen) lernte. Interessant ist in dem Zusammenhang, daß der französische Schriftsteller Alexandre Dumas etwa zur gleichen Zeit ein großes Kochbuch schrieb, in dem er als »bedeutendste Käse« *Brie, Holländer, Gruyère, Livarot, Maroilles, Camembert, Roquefort* und *Parmesan* aufzählte, einige andere von damals schon hoher Geltung aber gar nicht erwähnte.

Zu den wenigen erwähnenswerten literarischen Äußerungen über Käse zählt auch, was Emile Zola (1840 bis 1902) hinterlassen hat:

»Ein gigantischer *Cantal*, der mit einer Axt aufgehackt schien, stand neben einem goldfarbenen *Chester* und einem Schweizer *Emmentaler*, der aussah wie das Rad eines römischen Streitwagens. Da waren holländische *Edamer*, rund und blutrot, und *Port-Saluts* in einer Reihe aufgestellt wie Soldaten bei einer Parade. Drei *Briekäse*, Seite an Seite plaziert, ließen an die Mondphasen denken; zwei von ihnen, sehr trockene, waren bernsteinfarben und vollreif, und der dritte . . . war cremig und lief davon, als ob ihn keine Schranke aufhalten könne. Und all die Zeit über schauten die majestätischen *Roqueforts* durch das kristallklare Glas ihrer Hüllen mit königlicher Verachtung auf die anderen herab.«

Asien und Amerika

Schon in alter Zeit wurde im Industal, später nach der Ansiedlung indo-europäischer Stämme auch im Gangestal, Milchvieh gehalten. Die Milch wurde teilweise auch verkäst, die Käse durften aber nach der Hindureligion, nach der die Kuh ein heiliges Tier ist, nicht verzehrt werden und dienten nur als Opfergabe für die Götter. In anderen Gebieten wird auf die Milchverarbeitung teils aus religiösen, teils aber auch aus ethischen oder praktischen Gründen verzichtet. Es gibt Menschen, die es für unmoralisch halten, dem Jungvieh die Milch wegzunehmen, andere wiederum können Geruch und Geschmack der Milch nicht ertragen. Überall dort auf der Erde, wo andere Proteinträger zur Verfügung

La Laitière – Das Milchmädchen
Unbekannter Künstler, 19. Jahrhundert, Cabinet des
Estampes, Musée Carnavalet Paris
(Foto: Luh)

standen, wurde der Nährwert der Milch nicht sonderlich hoch geschätzt. Landschaften, die eine intensive Bodennutzung erforderten, schieden als Weideland aus, das Milchvieh wurde als Zugtier benutzt. Die Chinesen konzentrierten sich vollends auf Reis und betrachteten die Milch allzeit als ein krankhaftes Sekret, das man von der menschlichen Ernährung tunlichst fernhielt. Die auch in Westeuropa immer beliebter werdende chinesische Kochkunst, die leichte und variantenreiche Gerichte zu bereiten weiß, kennt bis heute keinerlei Käseprodukte, und Chinarestaurants servieren auch nach wie vor nicht dieses ihnen so verdächtige Erzeugnis.

Immer wieder haben Völkerwanderungen diese Grenzen verwischt und die Einstellung zu Milch und Käse gewandelt. Unberührt davon blieb lediglich der amerikanische Doppelkontinent, der erst nach dem Kommen der Europäer den Käse kennenlernte und heute allenthalben zu schätzen weiß.

Käse und Wein

Die Kulturgeschichte der Käse, hier nur mosaikartig aufgeblättert, ist wechselhaft und lebendig, so wie jeder gute Käse und sein geselliger Begleiter, der Wein – denn dies haben beide gemeinsam: Sie stammen wesenhaft aus einem einzigen Rohstoff, sie entwickeln Leben und Reife und wollen im Zustand der Vollreife (à point !!) genossen werden.

Es gibt unter den Käsen Grand-Seigneurs, Majestäten und Könige, die in der Gunst der Gourmets ganz oben stehen, aber es gibt auch ein großes Heer vorzüglicher Varianten, die unserer täglichen Wertschätzung gewiß sein können.

Allgäuer Braunvieh auf saftiger Weide
(Foto: Landesvereinigung der Bayerischen Milchwirtschaft, München)

Käse
hat
Geheimnisse

Aller Käse Anfang
ist die Milch

»Und der Herr sprach: . . .ich bin herniedergefahren, daß ich sie errette von der Ägypter Hand und sie ausführe aus diesem Lande in ein gutes und weites Land, in ein Land, darin Milch und Honig fließt« (2. Mose 3, 7 und 8).

Seit biblischen Zeiten gelten Milch und Honig als Inbegriff für Fruchtbarkeit und Wohlstand. Das Besondere an diesen beiden Stoffen ist nämlich, daß sie die einzigen sind, die die Natur als fertige Nahrungsmittel hervorbringt. Die fleißigen Arbeitsbienen sammeln den Nektar von den Blüten und verwandeln ihn in Honig, der dem Bienenvolk in Notzeiten zur Nahrung dienen soll. In den Milchdrüsen von Schaf, Ziege und Kuh werden die aus den Pflanzen der Wiesen und Weiden stammenden Rohstoffe in Milch umgewandelt, die dann von den hungrigen Jungen begierig gesogen wird. Überall dort, wo die Menschen es verstanden haben, an der Ernte der Bienen und der Milchtiere teilzuhaben, bildeten sich Kristallisationspunkte menschlicher Kultur. Die kulturelle Entwicklung des Mittelmeerraumes zeigt, wie prägend die »Ausbeutung« der Milchtiere hier gewirkt hat.

Säugetiere nennen wir die Tiere, deren Mütter, sobald sie geboren haben, in besonderen Drüsen einen Saft absondern, der von den Jungen abgesaugt wird. Diese Drüsen waren entwicklungsgeschichtlich gesehen ursprünglich Schweißdrüsen, die sich erst im Laufe von Jahrmillionen zu einem höchst komplizierten Organ umbildeten. Bei den alten Römern wurde die Brust der Frau, aber auch die Milchdrüse der Tiere als »Mamma« bezeichnet, ein Wort, das die Mediziner heute noch verwenden und das in der Kindersprache im übertragenen Sinne im Wort Mama wieder auftaucht.

Die Milchdrüsen

Lange Zeit, bevor die Menschen die Bühne der Erdgeschichte betraten, hatte die Geschichte der Milch schon begonnen. Vor etwa 200 Millionen Jahren, als die Riesensaurier die Erde beherrschten, unternahm die Natur ihren ersten Versuch mit der Milch. Bei kleinen eidechsenähnlichen Tieren bildeten sich auf der Bauchseite primitive Drüsen aus, die zu bestimmten Zeiten einen Saft absonderten, der von den Jungen abgeleckt wurde. Während die Natur das mißlungene Experiment mit den Riesensauriern, die wohl die kleinen Eidechsen gar nicht zur Kenntnis nahmen, abbrach, setzte der Siegeszug der Säugetiere ein. Im Laufe der erdgeschichtlichen Entwicklung der Säugetiere wurde die Milchdrüse zu einem immer komplizierteren, hormonell und nervös gesteuerten Organ, bei dem zu unterscheiden ist zwischen einem milchbildenden und einem milchabführenden Teil sowie dem Drüsenausgang, der als Zitze bezeichnet wird.

Je nach Tierart variiert die Zahl der Milchdrüsen und der dazugehörigen Zitzen. Die Mindestzahl ist zwei, wie bei der Frau, der Stute, dem Schaf, der Ziege oder auch bei der Elefantenkuh. Die Milchkuh besitzt vier Milchdrüsen, andere Tiere noch mehr. So etwa sind beim Borstenigel in Madagaskar 22 Milchdrüsen paarig angelegt. Auch der Sitz der Milchdrüse ist unterschiedlich. Bei den Affen, den Elefanten und den Fledermäusen sitzt das Drüsenpaar wie auch bei der Frau an der Brust, die Milchdrüsen von Schaf, Ziege, Kuh und Stute finden sich dagegen zwischen den Hinterschenkeln. Einen besonderen Ort haben sich die Milchdrüsen beim Sumpfbiber ausgesucht, sie sind auf dem Rücken angelegt.

Kuh, Schaf und Ziege werden von den Menschen nicht zuletzt deshalb als Melktiere gehalten, weil ihre Zitze nur eine einzige relativ unempfindliche Öffnung besitzt und sie sich somit gut melken lassen. Die Stute entläßt die Milch durch zwei Drüsenöffnungen. Die Milchdrüsen der Frau sowie die der Fleischfresser besitzen jeweils zahlreiche Milchausführungsgänge.

Gebildet wird die Milch in den sogenannten Alveolen, das sind kugelförmige, von Drüsenzellen gebildete und nur mikroskopisch sichtbare Hohlkörper. In jeder Drüsenzelle können alle Stoffe der Milch aufgebaut werden. Die Bausteine der Milchinhaltsstoffe werden über die Blutbahn an die Drüsenzellen herangeführt und in der Zelle selbst zu

Milcheiweiß, Milchfett und Milchzucker zusammengefügt. Andere Stoffe der Milch, wie die Salze, treten direkt aus dem Blut in den Innenraum der Alveolen über.

Eine gute Milchkuh mit einer Tagesleistung von etwa 30 kg Milch synthetisiert in ihren Alveolarzellen rund 990 g reines Eiweiß, 1200 g Butterfett und 1400 g Milchzucker. Für eine so große Aufbauleistung müssen etwa 12 000 Liter Blut durch die Milchdrüse fließen, damit genügend Milchbausteine in den Alveolarzellen angehäuft werden können.

Wenn wir heute von einer rentablen Milchkuh im Jahr 4000 bis 5000 Liter Milch erwarten, so dürfen wir nicht vergessen, daß noch zu Beginn unseres Jahrhunderts die jährliche Milchleistung einer Kuh weniger als 2000 Liter betrug. Die in der Zwischenzeit erzielte enorme Steigerung der Produktivität ist das Ergebnis intensiver züchterischer Bemühungen. Da die Kapazität der einzelnen Drüsenzellen jedoch beschränkt ist, zielte die züchterische Erhöhung der Milchleistung auf eine Vermehrung des milchbildenden Gewebes und damit der Milchdrüse selbst. Die Vermehrung dieser Gewebe wurde so weit getrieben, daß die Alveolarzellen aller vier Euterviertel einer Hochleistungskuh aneinandergereiht eine Fläche von 120 Quadratmetern bedecken würden.

Die Bausteine der Milch

Für den Aufbau der Milcheiweiße dienen Aminosäuren; Fette werden aus Essig- und Propionsäure aufgebaut. Der Milchzucker (Laktose) entsteht aus Traubenzucker, wobei ein Teil des Traubenzuckers vorher in Galaktose übergeführt wird.

Die genannten Bausteine der Milchinhaltsstoffe müssen der Nahrung der Milchtiere entnommen und den Alveolarzellen zugeführt werden, wobei manchmal noch ein Umbau stattfindet. Die Wiederkäuer bedienen sich bei der Beschaffung dieser Bausteine im Vormagen (Pansen) bestimmter Bakterien und anderer Kleinlebewesen als »Hilfstruppen«. Die Nahrungsstoffe werden nämlich von den Verdauungssäften nicht einfach gespalten, um dann im Darm in die Blutbahn übertreten zu können, sondern sie werden zunächst im Pansen durch die dort lebenden Kleinlebewesen umgesetzt, so daß

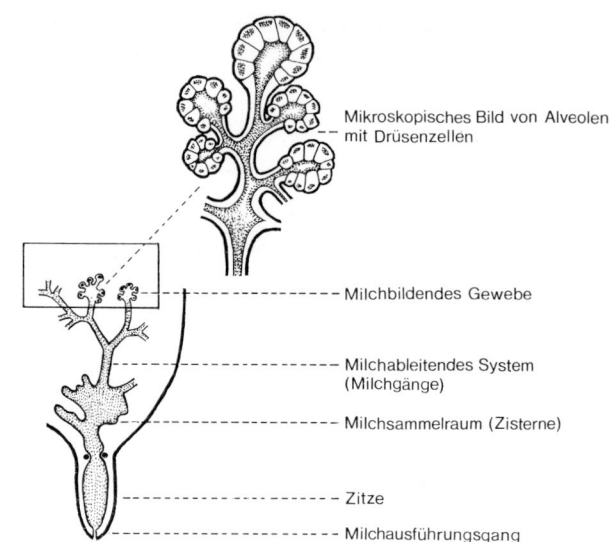

Mikroskopisches Bild von Alveolen
mit Drüsenzellen

Milchbildendes Gewebe

Milchableitendes System
(Milchgänge)

Milchsammelraum (Zisterne)

Zitze

Milchausführungsgang

aus weniger wertvollen Stoffen hochwertige aufgebaut werden können. So wird die Zellulose aufgeschlossen, und die für die Ernährung des Menschen weniger wertvollen Aminosäuren der Pflanzen werden in hochwertige umgewandelt, die dann in der Milchdrüse zu Milcheiweiß zusammengefügt werden können. Wenn wir gelegentlich Berichte über kostspielige Versuche zur Gewinnung von Eiweiß mittels Bakterienkulturen lesen, sollten wir bedenken, daß die Natur dieses Problem schon lange im Pansen der Milchtiere gelöst hat.

Der billigste und einfachste Weg zu hochwertigem tierischen Eiweiß führt über den Magen von Schaf, Kuh und Ziege. Diese Tiere wandeln die in den Pflanzen gespeicherte Sonnenenergie am rationellsten in Nahrungsstoffe um und produzieren über die Milch am wirtschaftlichsten hochwertiges tierisches Eiweiß aus minderwertigem Pflanzeneiweiß. So gelingt eine Ausnutzung der Pflanzeneiweiße über die Milchkuh mit einem Wirkungsgrad von 40 bis 55 Prozent, bei der Rindermast jedoch nur zu 9 bis 15 Prozent und bei der Schweinemast zu 8 bis 22 Prozent. Angesichts des großen Eiweißmangels in der Welt ist die Erzeugung von tierischem Eiweiß über die Mast ein kostspieliger Luxus. Der Eiweißmangel der Welt läßt sich nur über eine Intensivierung der Milchviehhaltung ausgleichen. Folgende Zahlenangaben mögen dies illustrieren: Um innerhalb eines Jahres über die Schweinemast 100 kg für den Menschen verwertbares Eiweiß zu erzeugen, sind 1,6 Hektar landwirtschaftliche Nutzfläche notwendig, bei der Erzeugung der entsprechenden Menge an hochwertigem Milcheiweiß über die Kuh jedoch nur 0,7 Hektar.

Nur elf der zahlreichen Säugetierarten der Erde liefern dem Menschen Milch für seine Ernährung. Größere wirtschaftliche Bedeutung kommt nur der Milchgewinnung von Kuh, Schaf, Ziege und Büffel zu. Die Milch der restlichen sieben Tierarten ist nur von örtlicher Bedeutung. Während Schaf und Ziege in den wärmeren Ländern den Vorzug haben, ist der eigentliche Milchlieferant der gemäßigten Zonen das Rind.

Die Milchviehhaltung hat sich in den letzten Jahrzehnten zu einem hohen Stand entwickelt, was zum einen auf der Züchtung von Hochleistungstieren und zum anderen auf der Einführung des Maschinenmelkens beruht. Diese Entwicklung bescherte uns gigantische Milchmengen, aber auch Probleme, die nicht zuletzt die Käseherstellung betreffen. So fehlen beispielsweise heute in der Milch oft die natürlichen Milchsäurebakterien, so daß die Käsereimilch künstlich mit Bakterienkulturen beimpft werden muß.

Die stoffliche Zusammensetzung der Milch soll dem Jungtier für einige Zeit eine vollwertige Nahrung geben, was voraussetzt, daß die Milch alle Stoffe enthält, die ein Säugetier und auch wir Menschen nicht nur zur Aufrechterhaltung des Lebens, sondern auch zum Wachstum benötigen. Neben den Grundelementen der Ernährung – Eiweiß, Fett und Kohlenhydrate – finden sich in der Milch Mineralstoffe, Spurenelemente, Vitamine, Enzyme und natürlich auch Wasser. Die Anteile der einzelnen Komponenten an der Milchzusammensetzung sind bei den einzelnen Tierarten sehr unterschiedlich.

Unter den Milcharten, die den Menschen zur Nahrung dienen, fallen bei der Rentiermilch der niedrige Wassergehalt und der hohe Fett- und Eiweißgehalt auf. Diese Milch enthält mehr Fett als Kondensmilch! Allerdings übersteigt die Jahresleistung einer Renkuh kaum 50 Liter Milch. Auch entspricht der Geschmack der Rentiermilch nicht ganz unseren Vorstellungen von Milch. Die Lappen verarbeiten die Rentiermilch zu einem sehr haltbaren Käse, den sie *Pohccovuosta* (in Norwegen und Schweden *Renost*) nennen.

Die Milch von Ziege und Kuh ist wie die Muttermilch wenig gehaltvoll. Die Schafmilch dagegen ist schon wesentlich konzentrierter und daher beim Käsen auch ergiebiger. Viel Wasser, dagegen wenig Eiweiß und Fett enthält die Milch der Eselin. Vielleicht war dies der Grund dafür, daß diese Milch im antiken Griechenland den Damen als Badewasser diente, während die Schafmilch verkäst und die stark zuckerhaltige Stutenmilch zu einem alkoholischen Getränk vergoren wurde.

Zusammensetzung verschiedener Milcharten, die dem Menschen als Nahrungsmittel dienen

| | Prozent | | | |
	Wasser	Fett	Eiweiß	Milchzucker
Rentier	66,9	16,9	11,5	2,8
Elch	78,5	10,0	8,4	3,8
Schaf	80,7	7,4	5,5	4,8
Yak	82,7	6,5	5,8	4,6
Wasserbüffel	82,8	7,4	3,6	5,5
Lama	83,8	2,4	7,3	6,0
Kamel	86,4	4,5	3,6	5,0
Ziege	86,8	4,5	2,9	4,1
Kuh	87,3	3,7	3,4	4,8
Mensch	87,6	3,8	1,0	7,0
Stute	88,8	1,9	2,5	6,2
Esel	91,5	0,6	1,4	6,1

Beim Verkäsen wurde die Milch von Schaf, Ziege und Kuh gegenüber der Eselmilch wegen des unterschiedlichen Wassergehalts und der unterschiedlichen Eiweißzusammensetzung der beiden Milcharten bevorzugt.

Das Milcheiweiß ist keineswegs ein einheitlicher Stoff, sondern es besteht aus zahlreichen Komponenten, die sich in zwei große Gruppen einteilen lassen. Die Eiweiße – besser nennen wir sie Proteine – der einen Gruppe nennt man Kaseine (deutsch: Käsestoff), die der anderen Gruppe Molkenproteine oder Molkeneiweiße. Je nachdem, ob in Milch die Kaseine oder die Molkeneiweiße (Albumine und Globuline) überwiegen, spricht man von einer Kasein- oder Albuminmilch. Da bei der Käseherstellung in der Regel nur die Eiweißkomponente Kasein Verwendung findet, die Molkeneiweiße jedoch mit der Molke ablaufen, eignet sich zur Käseherstellung besonders gut Kaseinmilch.

Viel Kasein enthält die Milch der Wiederkäuer (Schaf 4,6 Prozent, Kuh 2,8 Prozent und Ziege 2,5

Holländische Melkerin
Stich von Aelbert Cruyp (1620–1691)

Prozent), weniger dagegen die der Stute (1,3 Prozent) und der Eselin (0,7 Prozent). Außerordentlich gering ist der Anteil an Kasein (0,4 Prozent) bei der Frauenmilch. Ungeachtet dessen wurden doch Versuche unternommen, Frauenmilch zu verkäsen. Im vergangenen Jahrhundert stellte der Physiologe und Diplomat im Dienst der englischen Krone, Paul Bert, aus Frauenmilch Käse her, die er einigen vertrauten Freunden und Gelehrten servierte. Der Käse mit seinem klar-weißen Teig soll köstlich geschmeckt haben. Der Legende nach soll auch Attila solchen Käse gekannt haben.

Der Wiederkäuermagen, der sich aus mehreren Teilmägen zusammensetzt, kann nicht nur im Pansen ernährungsphysiologisch minderwertige Pflanzeneiweiße mit Hilfe von Kleinlebewesen in hochwertige Eiweißbausteine (Aminosäuren) umwandeln. In einem anderen Teilmagen – dem Labmagen – sondert er auch ein Enzym ab, das Kasein

ausfällen und für die Verdauung vorbereiten kann. Der Magen anderer Tiere – ebenso wie der des Menschen – besitzt dieses Enzym, das Labenzym oder auch einfach Lab genannt wird, nicht. Bei der Käseherstellung wird die im Labmagen des jungen Wiederkäuers stattfindende Ausfällung von Kasein nachvollzogen, um den Käsestoff von der flüssigen Milch abtrennen zu können. Der Vorgang des Auslabens gehört zu den interessantesten Experimenten, die man mit Milch durchführen kann. Gibt man zu etwas Milch nur einige Tropfen eines verdünnten Extraktes aus dem Labmagen eines Kalbes und stellt diese Milch dann an einen warmen Ort (Temperatur etwa 30°C), dann kann man beobachten, daß etwa 30 Minuten später die Milch plötzlich ihren flüssigen Charakter verliert und erstarrt. Wartet man dann noch einige Zeit und zerteilt die geronnene Masse (auch »Dickete« genannt), dann kann man feststellen, daß sich Wasser von der weißen, geronnenen Masse abzuscheiden beginnt. Die Abtrennung des Käsestoffes Kasein von der wasserklaren oder leicht gelblichen Molke ist ein Vorgang, der sich an tausenden Orten täglich wiederholt, sei es in einer *Camembert*-Käserei in der Normandie, einem Käsekessel auf der Alm, wo aus der würzigen Milch der Gebirgskühe *Bergkäse* bereitet wird, sei es im Appenzellerland, wo man den kernigen *Appenzeller* produziert, oder auch auf einem holländischen Bauernhof, wo Mutter und Tochter gemeinsam nach überlieferten Rezepten den *Gouda* herstellen. Wo immer Menschen Milch in Käse verwandeln, ist fast stets das Lab im Spiel.

Lange Zeit war unbekannt, warum das Labenzym die Ausfällung des Kaseins bewirkt. Man wußte nur, daß das Labenzym Kasein irgendwie verändert, d. h. zum Parakasein (»falsches« Kasein) macht, das in Gegenwart von Calzium (in einem Liter Milch 1,2 g) nicht mehr in der Schwebe bleibt, sondern ausfällt. Heute, nachdem die Zusammensetzung des Kaseins genau bekannt ist, kann das Geheimnis der Labfällung erklärt werden, ohne daß der Vorgang selbst etwas von seiner Faszination verliert.

Kasein ist, wie wir seit 1939 durch die Untersuchungen von *Mellander* wissen, kein einheitliches Eiweiß. Der Forscher unterschied damals nach Auftrennung des Kaseins im elektrischen Feld (Elektrophorese) zwischen drei Fraktionen. Von diesen drei Fraktionen werden heute jedoch nur noch zwei als Kaseine anerkannt, von der dritten Fraktion weiß man, daß sie nur ein beim Abbau einer anderen Fraktion entstehendes Spaltprodukt ist. Mit der Zeit stellte man fest, daß die zwei Fraktionen des Kaseins sich in weitere Unterfraktionen aufteilen lassen. Besonders interessante Ergebnisse erbrachte die Erforschung einer Kaseinfraktion, die die Wissenschaft alpha-Kasein nennt. Man stellte nämlich fest, daß dieses Kasein aus zwei Hauptkomponenten besteht, von denen die eine in calziumhaltigem Wasser nicht, die andere jedoch gut gelöst werden kann. Mit der Entdeckung dieser beiden Komponenten des alpha-Kaseins war man dem Geheimnis der Labfällung schon sehr nahegekommen, besonders als man dann noch entdeckte, daß die in Gegenwart von Calzium lösbare – kappa-Kasein genannte – Komponente nach Einwirkung von Lab diese Eigenschaft verliert.

Weidemelkstand in der Normandie. Die normannischen Kühe bleiben das ganze Jahr auf der Weide

(Foto: Luh)

Das Ganze spielt sich nun folgendermaßen ab: Kasein liegt in der Milch in Form von sehr kleinen, mehr oder weniger kugelförmigen Gebilden vor, die in der Molke schweben. Diese Körperchen – Mizellen genannt – sind zusammengesetzt aus den verschiedenen Kaseinfraktionen. Umgeben wird das Gebilde vom kappa-Kasein, das es vor dem Ausfällen schützt. Wirkt nun auf das kappa-Kasein ein Labenzym ein, dann verliert es seine oben beschriebene Löslichkeit und damit auch seine Schutzfunktion für die Kaseinkörperchen. Dies hat zur Folge, daß die Milch gerinnt.

Milch, Lab und Feuer: Die Grundelemente der Käseherstellung

»Käse sind frische oder in verschiedenen Graden der Reife befindliche Erzeugnisse, die aus dickgelegter Käsereimilch hergestellt sind.« Diese einfache Definition der deutschen Käseverordnung (Fassung vom Jahre 1976) erfaßt alle Käsesorten der Welt, denn das Prinzip der Herstellung ist bei allen Käsen gleich oder sehr ähnlich. Für Pierre Androuët, den gewichtigen Maître Fromager und Käsepapst Frankreichs, ist Käse »konzentrierte, verfestigte Milch«.

Lab und Feuer

Um Milch konzentrieren zu können, muß der in ihr enthaltene Käsestoff (Kasein) von den flüssigen Bestandteilen getrennt werden. Dies erreicht man durch »Dicklegen« der Milch und Abtrennen des Käsewassers (Molke) vom ausgefällten Kasein. Milch kann auf zweierlei Weise dickgelegt werden: Entweder durch das Zusammenwirken von Lab und Feuer, das heißt durch Erwärmen von Milch, der Lab zugesetzt wurde, oder durch Sauerwerden. Das durch Lab ausgefällte Kasein wird als »Bruch« bezeichnet. Die so bereiteten Käse heißen Labkäse. Zu diesen zählt man den *Emmentaler*, den *Tilsiter*, den *Camembert*, den *Brie*, den *Romadur*, um nur einige typische Vertreter zu nennen. Als Lab verwendet man in den Käsereien auch heute noch vielfach den Extrakt aus Kälbermägen. Da und dort wird aber auch das teure Kälberlab schon durch Labenzyme, die von Bakterien gebildet werden, ersetzt, ohne daß dabei die Qualität der Käse eine Einbuße erfahren würde. Man kann aber auch Pflanzenextrakte als Lab verwenden. Hierzu sind nicht nur der im Altertum gebräuchliche Saft des Feigenbaumes und die Blütenblätter von Disteln, sondern auch das bei uns häufig vorkommende echte Labkraut (Galium verum) geeignet. Labkräuter wurden in Griechenland schon im Altertum von den Hirten zu Sieben verflochten, durch die sie dann die Milch gossen, um sie zum Gerinnen zu bringen. Die geheimnisvolle Wirkkraft der Labkräuter dürfte wohl Anlaß für eine im früheren Mittelalter entstandene Legende gewesen sein. Dem duftigen und weichen Labkraut sagt man nach, es habe das Stroh geliefert, das die heilige Jungfrau in die Krippe legte, um das Christuskind darauf zu betten. Das »Unser Frauen-Bettstroh« wurde hochverehrt. So bildete es auch Raffael auf seinem Gemälde »Madonna della casa alba« ab.

Käsestoff Quark

Wie bereits erwähnt, kann Milch auch durch Säuerung dickgelegt werden. In diesem Falle führen Bakterien (Milchsäurebakterien) den Milchzucker in Milchsäure über. Der dann in der sauer gewordenen Milch abgeschiedene Käsestoff wird Quark genannt. Dieser kann entweder in frischer oder leicht gereifter Form verzehrt werden. Man kann ihn aber auch zu Sauermilchkäsen weiterverarbeiten, zu denen der Handkäse, der Kochkäse und noch einige Käsesorten mehr gehören.

Die »Käsewerdung«

Sobald die Milch dickgelegt ist, beginnt der eigentli-

Labzugabe bei der Camembert-Herstellung
(Foto: Sopexa)

che Käsereivorgang. Zunächst gilt es, die gallertige Masse der geronnenen Milch zu zerkleinern. Hierzu bedient man sich der sogenannten Harfen, mit denen die »Dickete« verschnitten wird. Das nun entstehende Bruchkorn wird je nach Käsesorte mehr oder weniger stark bearbeitet, das heißt, durch unterschiedlich langes Rühren des Molke-Milchgemisches wird das Bruchkorn auf die bestimmte Größe und Festigkeit gebracht. Sobald der Bruch die erwünschten Eigenschaften besitzt, trennt man ihn von der umgebenden Molke und bringt ihn in Formen, in denen das weitere Ablaufen der Molke durch Pressen verstärkt wird. Durch Bestreuen der gepreßten Käse mit Salz oder durch Einlegen in eine Salzlösung wird weitere Molke entzogen und eine Verfestigung der Rinde erreicht. Nach dem Salzen läßt man die Käse trocknen und dann bei unterschiedlichen Temperaturen reifen. Mikroorganismen schließen den Käsestoff und die sonstigen Inhaltsstoffe bei der Reifung auf.

Durch die Wahl von unterschiedlichen Temperaturen beim Ausfällen des Käsestoffes, durch Variation der Abmessungen und Gewichte der Käse, durch die verschiedene Intensität des Pressens, durch den Grad der Salzung und nicht zuletzt durch die Art und Dauer der Reifung ist es möglich, eine Vielzahl sehr unterschiedlicher Käsesorten herzustellen. Ob aus Milch ein *Camembert*, ein *Roquefort* oder ein *Bergkäse* wird, hängt nur von der entsprechenden kunstvollen Modifikation der einzelnen

technologischen Vorgänge und vom Zusatz spezifischer Bakterien- oder Schimmelpilzkulturen ab.

Ein Gang durch eine moderne Käserei zeigt uns eine hochentwickelte, oft vollautomatisierte und auch elektronisch gesteuerte Einrichtung, die nichts mehr gemein hat mit dem geheimnisvollen Walten in einer alten Käseküche. Indes, alle technische Entwicklung hat am Prinzip des Käsens nichts geändert, denn nur die oft beschwerliche und anstrengende Handarbeit des Menschen wurde von der Maschine übernommen. Auch in den modernen Käsewerken spielt sich die »Käsewerdung« so ab, wie sie vor nahezu 2000 Jahren von Columella empfohlen wurde.

»De re rustica«, VIII. Kapitel, 7. Buch, von Lucius Junius Moderatus Columella, ca. 62 n. Chr.

»Casei quoque faciendi non erit omittenda cura, utique longinquis regionibus, ubi mulctram devehere non expedit. Is porro si tenui liquore conficitur, quam celerrime vendendus est, dum adhuc viridis succum retinet; si pingui et opimo, longiorem patitur custodiam. Sed lacte fieri debet sincero et quam recentissimo. Nam requitum vel aqua mixtum celeriter acorem concipit. Id plerumque cogi agni aut haedi coagulo; quamvis possit et agrestis cardui flore conduci, et seminibus eneci, nec minus ficulneo lacte, quod emittit arbor, si eius virentem saucies corticem. Verum optimus caseus est, qui exiguum medicaminis habet. Minimum autem coagulum recipit sinum lactis argentei pondus denarii. Nec dubium quin fici ramulis glaciatus caseus iucundissime sapiat.

Sed mulctra, cum est repleta lacte, non sine tepore aliquo debet esse. Nec tamen admovenda est flammis, ut quibusdam placet, sed haud procul igne constituenda, et confestim cum concrevit liquor, in fiscellas aut in calathos vel formas tranferendus est. Nam maxime refert primo quoque tempore serum percolari et a concreta materia separari. Quam ob causam rustici nec patiuntur quidem sua sponte pigro humore defluere, sed cum paulo solidior caseus factus est, pondera superponunt, quibus exprimatur serum: deinde ut formis aut calathis exemptus est, opaco ac frigido loco, ne possit vitiari: quamvis mundissimis tabulis componitur, aspergitur tritis salibus, ut exudet acidum liquorem: atque ubi duratus est, vehementius premitur, ut conspissetur. Et rursus torrido sale contingitur, rursusque ponderibus condensatur. Hoc cum per dies novem factum est, aqua dulci abluitur, et sub umbra cratibus in hoc factis ita ordinatur, ne alter alterum caseus contingat, et ut modice siccetur.«

»In abgelegenen Gebieten, wo man die Milch nicht verkaufen kann, sollte man die Herstellung von Käse nicht vernachlässigen. Wird er jedoch aus dünner Milch hergestellt, so muß er so schnell als möglich verkauft werden, solange er noch frisch und saftig ist. Bei Verwendung dicker und fetter Milch ist er zu einer langen Lagerung geeignet. Die Milch muß aber gesund und möglichst frisch sein, denn eine Milch, die längere Zeit gestanden hat oder die mit Wasser vermischt wurde, wird schnell sauer. Meistens verwendet man zum Dicklegen der Milch Lab von einem Lamm oder einem Kitz, man kann aber auch die Blüten der Ackerdistel, die Samen der Färberdistel und ebenso jenen Saft verwenden, der vom Feigenbaum abläuft, wenn man seine grüne Rinde ritzt. Der Käse wird dann am besten, wenn er nur wenig Lab enthält. Man muß aber für eine Wanne Milch mindestens soviel Lab verwenden, wie dem Gewicht eines Silberdenars entspricht. Darüber besteht kein Zweifel, daß der unter Verwendung von Feigenzweigen hergestellte Käse am ergötzlichsten schmeckt.

Wenn die Wanne mit Milch gefüllt ist, dann muß sie lauwarm gehalten werden. Man soll sie jedoch nicht, wie einige glauben empfehlen zu müssen, direkt dem Feuer aussetzen, sondern sie in der Nähe des Feuers aufstellen. Sobald die Milch geronnen ist, gießt man sie in geflochtene Körbe, Schalen oder Formen. Sehr wichtig ist, daß die Molke schnell abläuft und sich von der festen Masse trennt. Aus diesem Grund geben sich die Bauern nicht damit zufrieden, daß die Molke langsam von selbst abläuft. Sobald der Käse etwas fest geworden ist, beschweren sie ihn mit Gewichten, die die Molke auspressen. Die aus den Formen oder Schalen herausgenommenen Käse werden dann an einem schattigen, kühlen Ort, wo sie nicht verderben können, auf möglichst saubere Bretter gelegt und mit gemahlenem Salz bestreut, das die saure Molke

herauszieht. Wenn der Käse hart geworden ist, wird er sehr stark gepreßt, um ihm seine Form zu geben. Dann wird er wieder mit trockenem Salz bestreut. Nachdem man ihn etwa neun Tage mit Gewichten beschwert hat, wird er mit sauberem Wasser abgewaschen und im Schatten auf besonderen Horden so abgelegt, daß kein Käse den anderen berühren kann und daß er gemächlich trocknet.«
(Ins Deutsche übertragen von G. Kielwein 1978.)

Saftige Weiden – Würzige Milch

Milch, die zum Käsen verarbeitet werden soll, muß besonders gut sein. Nicht umsonst entwickelte sich die Käserei vorwiegend dort, wo den Kühen auf saftigen Weiden ein besonders kraftvolles Futter angeboten wird, wie etwa in der Normandie, in der holländischen und deutschen Tiefebene, in den Alpen oder in den südlichen und nördlichen Voralpenregionen. Die botanische Zusammensetzung der Weiden ist für das Aroma der Käse von allergrößter Bedeutung. Die Bergwiesen der Urlaubslandschaften im Allgäu, in Österreich und in der Schweiz erfreuen mit ihrer bunten Blumenpracht, ihrem saftigen Grün und ihrem würzigen Duft nicht nur den Wanderer, sondern sie sind auch für die Bergkühe ein üppig gedeckter Tisch, auf dem sie den Rohstoff für eine kräftige und würzige Milch finden, deren Aroma durch die Kunst der Käser in den Käsen entfaltet wird.

Käsereifung

Ohne die Mitwirkung von Mikroorganismen – Bakterien, Schimmelpilze und Hefen – kann kein Käse entstehen. Bei den Sauermilchkäsen treten die Bakterien schon beim Dicklegen in Aktion. Man überläßt heute das Säuern der warmgelagerten Milch nicht mehr dem Zufall, sondern man gibt ihr Bakterienkulturen zu, für die die Käser den bildhaften Namen »Säurewecker« verwenden. Mit dem Zusatz dieser Kulturen erreicht man, daß die Säuerung relativ schnell abläuft und daß keine unangenehmen Aromastoffe gebildet werden.

Wie der »Säurewecker« funktioniert

Während der Lagerung der beimpften Milch bei etwa 21 °C beginnen die Bakterien sehr schnell mit ihrer Vermehrung; nach 8 bis 12 Stunden beträgt dann die Bakterienzahl in einem Kubikzentimeter Milch etwa zehn Millionen (im Liter also zehn Milliarden). Jetzt verlangsamt sich die zunächst stürmisch verlaufende Vermehrung der Milchsäurebakterien, ihr Stoffwechsel stellt sich um. Der Milchzucker wird nun nicht mehr vollständig in Energie umgesetzt, sondern das beim Milchzuckerabbau entstehende Zwischenprodukt Brenztraubensäure wird durch ein spezifisches Ferment in Milchsäure umgewandelt und in die Milch abgegeben.

Man fragt sich: Warum beschreiten die Milchsäurebakterien einen energie-ökonomisch wenig sinnvollen Stoffwechselweg, warum geben sie unvollständig abgebaute und daher noch weiter verwertbare Stoffe an ihre Umgebung ab? Für die Milchsäurebakterien ist jedoch die Milchsäure, so wie es zunächst den Anschein hat, kein Abfallprodukt, sondern eine Waffe gegen ihre Nährstoffkonkurrenten, die gefräßigen Fäulnisbakterien. Milchsäure ist für diese Bakterien ein tödliches Gift. Damit erfüllt die Milchsäure auch bei der Herstellung von Sauermilchkäse zwei Aufgaben: die Ausfällung des Käsestoffes und den Schutz der fertigen Käse – wenigstens für einige Zeit – vor dem Verderb.

Die Milchsäurebakterien am Werk

Bei der Labkäsebereitung geht man entweder von frischer oder nur leicht vorgereifter Milch aus, das heißt, man läßt nur einen schwachen Bakterienstoffwechsel in der Milch zu. Beim Herstellen mancher Käse mischt man auch frische mit vorgereifter Milch. Auf keinen Fall darf in der Kesselmilch jedoch bereits eine stärkere Säuerung eingetreten sein, ehe sie unter dem Zusammenspiel von Lab und Wärme dickgelegt wird.

Frischer, noch nicht gereifter Labkäse ist von fester Konsistenz, fade im Geschmack und sehr schwer verdaulich. Erst wenn diese konzentrierte und verfestigte Milch eine Umwandlung durch Mikroorganismen erfährt, sie also reift, bildet sich der spezifische Charakter eines Käses aus. Wir unter-

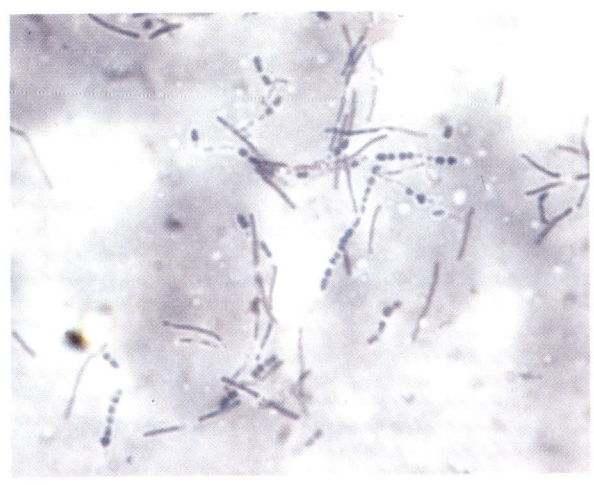

Milchsäurelangstäbchen (Laktobazillen) und Milchsäurestreptokokken für die Käsereikultur – mikroskopische Aufnahme (gefärbt, Vergrößerung ca. 1000 fach)   (Foto: Kielwein-Daun)

scheiden bei der Reifung der Labkäse zwischen der am Anfang stehenden und oft schon im Kessel oder auf der Presse beginnenden Milchsäuregärung und der eigentlichen Käsereifung durch Umsetzung der Eiweiße, Fette und anderer Milchinhaltsstoffe.

Bei der Milchsäuregärung der Labkäse wird der noch im Bruch verbliebene Rest an Milchzucker durch verschiedene Arten von Milchsäurebakterien zu Milchsäure umgesetzt. Wird der Bruch noch in der Molke oder als zusammengewachsener Bruchkuchen nachgewärmt, dann beginnt die Milchsäurebildung schon zu diesem Zeitpunkt. In der Regel jedoch setzt die Milchsäuregärung mehr oder weniger stark während des Pressens ein und dauert danach noch einige Zeit an.

Während beim Säuern der Milch zur Quarkgewinnung nur wenige Arten Milchsäurebakterien beteiligt sind, wird die Milchsäuregärung der Labkäse durch eine Vielzahl solcher Bakterien ausgelöst. Manche dieser Bakterien vermehren sich verstärkt bei niedrigen Temperaturen (20 bis 25 °C), andere mehr bei höheren Temperaturen (über 30 °C).

Viele dieser Bakterien bilden nicht nur Milchsäure, sie sind auch an der Umsetzung von Eiweißen und Fetten sowie an der Bildung von Aromastoffen beteiligt.

Die Bakteriologen können die Milchsäurebakterien schon nach ihrer Form grob unterscheiden. Die kugelförmigen nennen sie Kokken und, wenn diese zu Ketten aufgereiht sind, Streptokokken. Am bekanntesten sind die 1873 von Lister beschriebenen Milchsäurestreptokokken *(Streptococcus lactis).* Sie sind Hauptbestandteil des Säureweckers. In den Käsen selbst ist dieses Bakterium jedoch oft von geringer Bedeutung. Besonders im Emmentalerkäse findet man einen nur bei höheren Temperaturen aktiven Säurebildner, den *Streptococcus thermophilus* (»das wärmeliebende Kettenbakterium«). Die zweite Gruppe Säurebildner nennen die Käser wegen ihrer Form Milchsäurestäbchen. Die Wissenschaftler bedienen sich des Begriffes Laktobazillen (also Bazillen der Milch). Wie die Milchsäurestreptokokken sind auch die Laktobazillen ursprüngliche Bewohner der Oberflächen von Pflanzen. Auf der Haut von Mensch und Tier kommen sie häufig vor und sind dort für die Ausbildung eines Säurefilmes, der die Haut vor unerwünschten Bakterieneinwirkungen schützen soll, verantwortlich.

An das Nahrungsangebot stellen Laktobazillen so große Anforderungen, daß sie sich im frischen Bruch zunächst noch nicht vermehren können. Erst durch die Tätigkeit der Streptokokken wird der Bruch so verändert, daß auch die Laktobazillen gute Vermehrungsmöglichkeiten finden, beträchtliche Mengen Milchsäure bilden und sich am Eiweißabbau beteiligen.

Aus der großen Gruppe der Laktobazillen seien nur einige der für die Käserei wichtigen Arten erwähnt: *Lactobacillus lactis* (Laktobazillus der Milch), *Lactobacillus casei* (Laktobazillus des Käses) und *Lactobacillus helveticus,* dessen Name schon auf seine besondere Funktion im »Schweizer« Käse hinweist.

Im Zusammenhang mit der Bereitung von Sauermilchkäsen wurde schon angedeutet, daß die Milchsäure einen Schutz gegenüber Fäulnisbakterien gewähren kann. Auch im Labkäse ist diese Schutzfunktion der Milchsäure wichtig, denn die konzentrierte Milch soll nicht in Fäulnis übergehen, sondern sie soll langsam und stetig der Reife und Vollendung zugeführt werden, wobei die Käseeiweiße und Fette ab- und umgebaut werden. Lagert man die in der Ausreifung befindlichen Käse bei niedrigen Temperaturen, dann kann man die Stoffumsetzungen erheblich verzögern. Der eigentliche Schutz gegen die Fäulnis ist jedoch die Milchsäure, so daß man sagen kann: Käse reifen unter dem Schutzschild der Milchsäure.

Der nächste Reifegrad

Mit der eigentlichen Käsereifung, die sich der Milchsäuregärung anschließt, finden die verschiedenartigsten Stoffumsetzungen statt. Am wichtigsten sind wohl die Umsetzungen des Kaseins und der Fette. Durch die eiweißspaltenden Enzyme der Streptokokken und Laktobazillen oder, wie wir noch sehen werden, auch anderer Mikroorganismen wird das Eiweiß im Käse in seine Bestandteile zerlegt. Hierbei werden die Kaseine über Peptone, Polypeptide und Peptide schließlich zu den Aminosäuren abgebaut. Die Aminosäuren können sich entweder im Käse anreichern oder sie können auch zu anderen Aminosäuren umgebaut werden. Auch ein Abbau der Aminosäuren zu Aminen, Fettsäuren und einer Reihe anderer Stoffe ist möglich.

Einen großen Einfluß auf das Aroma der Käse übt auch der Fettabbau aus, denn die aus den Fetten abgespaltenen freien Fettsäuren sind starke Aromabildner. Damit ist auch erklärbar, daß Käse mit hohem Fettgehalt aromatischer sind als solche mit geringem. Bei manchen Käsen, so etwa beim *Chester,* entwickelt sich das typische Aroma erst bei einem Fettgehalt von über 40 Prozent.

Parallel zu dem Abbau und den biochemischen Umsetzungen werden aber auch neue Stoffe aufgebaut. Die für das Werden der Käse so wichtige Reifung ist also ein hochkompliziertes Zusammenwirken der verschiedensten Enzymsysteme und somit ein wesentliches Glied in der Käseherstellung überhaupt.

Die Aromastoffe

Erst langsam gelingt es der wissenschaftlichen Forschung, die Zusammenhänge zu durchschauen. So kennt man heute die spezifischen Stoffe, die am Aromaprofil eines *Emmentalers,* eines *Roqueforts* oder eines *Cheddarkäses* beteiligt sind.

Für die Entstehung eines spezifischen Käsearomas müssen bestimmte Stoffe nicht nur da sein, sondern auch im richtigen Verhältnis auftreten. Für die besondere Aromanote wohlgereifter Käse gilt: Das Ganze ist mehr als die Summe der einzelnen Komponenten.

Die Arbeiten der Forscher auf dem Gebiet der

Aromastoffe bringen immer mehr Erkenntnisse über die Entstehung spezifischer Geruchs- und Geschmacksnoten im Käse. Moderne Forschung trägt dazu bei, daß die von Generationen weitergetragene Käsekunst immer mehr durch vorausberechenbare Technologien verdrängt wird.

Soll man als Käsefreund diese Entwicklung bedauern, geht hier nicht viel vom Geheimnis der großen Käse verloren? Wird uns etwa die Freude am *Roquefort* dadurch geschmälert, daß uns bekannt wurde, wie das Wirken des sagenumwobenen Geistes vom Berg Combalou wissenschaftlich erklärbar und auch nachvollziehbar ist? Liegt das Wunder nicht darin, daß die Aromastoffe überhaupt entstehen können und daß sie bei uns Menschen über Geschmackspapillen und Riechzellen die Resonanz erzeugen, die schon Plinius den Älteren und Karl den Großen ebenso erfreuten wie den heutigen Käsefreund?

Wo kommen die Löcher im Käse her?

Auch die Entstehung der Löcher im *Emmentaler* birgt nichts Geheimnisvolles mehr. Im Frühjahr 1978 tauchten im Schwäbischen Allgäu Bilddokumente auf, die zu beweisen schienen, daß die Löcher mit Stutzen und Mörser in den *Emmentaler* geschossen werden. Die Autoren dieses Buches sollten auch gefoppt werden, kamen aber bald dahinter, daß diese Beweismittel zur Zeit der Fasnet (am Rhein Karneval und in München Fasching) entstanden waren und sich hinter der Maske eines schlitzohrigen Käserkanoniers der Stadtpfarrer von Wangen im Allgäu verbarg. So hatten wir an dieser Story die gleiche Freude wie an dem Gerücht aus der Schweiz, daß dort eine Spezialeinheit der Eidgenössischen Artillerie zum selben Zweck eingesetzt wird.

Doch wie entstehen nun wirklich die Löcher im *Emmentaler*? 1928 erfand Tucholsky ein Streitgespräch auf einer Abend-Gesellschaft, wo es nur um die Frage ging: Wo kommen die Löcher im Käse her? Am Ende war die Frage nicht beantwortet. Der turbulenten Diskussion folgten jedoch vier Privatbeleidigungsklagen, zwei umgestoßene Testamente, ein aufgelöster Soziusvertrag, drei gekündigte Hypotheken, drei Klagen um bewegliche Vermögensobjekte und eine Räumungsklage des Wirtes. Nach Tucholsky blieben auf dem Schauplatz ein trauriger *Emmentaler* und ein kleiner Junge zurück, der die dicken Arme zum Himmel hob und, den Kosmos anklagend, weithin hallend rief: »Mama, wo kommen die Löcher im Käse her?«

Man hätte diesem Jungen die Antwort geben können, denn seit 1906 ist aufgrund der Untersuchungen von Freudenreich und Olaf Jensen bekannt und seit 1921 durch die Forschungsarbeiten von Sherman endgültig abgesichert, daß Propionsäurebakterien nicht nur für das charakteristische Aroma des *Emmentalerkäse,* sondern auch für die Lochbildung verantwortlich sind.

Die Propionsäurebakterien sind wie die Laktobazillen auf Pflanzen beheimatet, sind aber auch Bewohner des Wiederkäuermagens. In Rohmilch kommen sie regelmäßig, allerdings nur in geringer Zahl vor. Bezüglich ihrer Nahrungsbedürfnisse sind sie noch anspruchsvoller als die Laktobazillen. Erst wenn die Reifung im Käse schon etwas fortgeschritten ist, können sie sich vermehren. Sobald ein *Emmentaler*laib etwa fünf Wochen im Gärkeller bei einer Temperatur von 22 bis 23 °C gelagert hat, sind die Bedingungen für die Propionsäurebakterien so günstig geworden, daß sie beginnen können, aus Milchsäure und Glutaminsäure neben Propionsäure und Essigsäure erhebliche Mengen an Kohlensäuregas zu bilden.

Da zu diesem Zeitpunkt der Käseteig noch elastisch ist, kann die große Menge des gebildeten Gases nicht entweichen, sondern bildet im Käseteig Blasen. Es spielt sich also ein ähnlicher Vorgang ab wie in einem Hefeteig. Da der Zeitpunkt und die

Typische Lochung im Emmentaler
(Foto: Kielwein-Daun)

Frisch ausgeformte Camemberts auf Paletten
(Foto: Sopexa)

Der Schimmelpilz wächst auf dem Camembert, der
Reifungsprozeß setzt ein
(Foto: Sopexa)

Camembertschimmel (Vergrößerung)
(Foto: Kielwein-Daun)

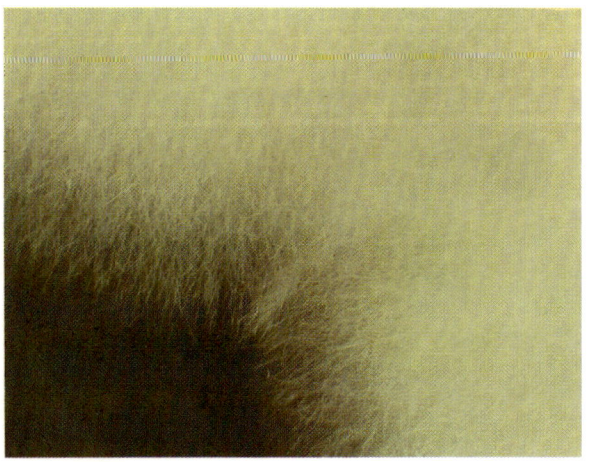

Art der Lochbildung sehr stark vom Verlauf der allgemeinen Reifung der Käse abhängen, wird zu Recht bei der Beurteilung der Qualität von *Emmentalerkäse* der Größe, der gleichmäßigen Verteilung und der Form der Löcher große Bedeutung beigemessen. Bei der Zugabe von Propionsäurebakterien zur Kesselmilch kann durch entsprechende Dosierung die Größe der Löcher beeinflußt werden. Ein Teil der Verbraucher bevorzugt *Emmentaler* mit kleiner Lochung, andere dagegen – böse Zungen behaupten, hierzu gehörten die Gastronomen – *Emmentaler* mit großer Lochung.

Reifung von außen nach innen

Viele Käsesorten reifen gleichmäßig durch die im Inneren der Käse stattfindende Stoffwechselaktivität von Bakterien, bei anderen Käsearten verläuft die Reifung von außen nach innen. Letztere Art der Reifung tritt dann ein, wenn auf der Oberfläche der Käse Mikroorganismen angesiedelt sind, die Enzyme bilden. Diese Enzyme diffundieren von außen nach innen in die Käse und spalten dort die Eiweiße.

Man spricht hier von Käsen mit Schmierenbildung und von solchen mit Außenschimmel. Meistens handelt es sich hier um Weichkäse, aber auch um feste Schnittkäse wie zum Beispiel den *Tilsiter*. Typische Schmierenkäse sind der *Limburger*, der *Romadur*, der *Münster*, der *Livarot* und der *Mainzer Handkäse*. Beispiele für Käse mit Außenschimmel sind der *Camembert* und der *Brie*. Daß man auf der Oberfläche der Käse die Entwicklung von Bakterien (Rotschmiere- oder Gelbschmierebakterien) oder Schimmel nicht nur duldet, sondern durch Beimpfung sogar fördert, hat zur Folge, daß innerhalb kurzer Zeit große Mengen eiweißabbauender Enzyme gebildet werden, weil sich auf der Oberfläche der Käse bei ungehindertem Luftzutritt die Mikroorganismen wesentlich besser und schneller vermehren, als dies im Inneren der Fall wäre. Die eiweißspaltenden Enzyme dringen in die Käse ein, die Eiweiße werden umgebaut, und es kommt mehr oder weniger schnell zu einer Erweichung der Käsemasse.

Aufgrund des heftigen Eiweißabbaus ist das Aroma bei den Schmierenkäsen, aber auch bei älteren

Käsen mit Außenschimmel oft kräftig. Wofür Luther schon ein Gespür hatte, als er sie mit Lazarus verglich (»er stinket schon«).

Die Reifung der Edelpilzkäse

Anders verläuft die Reifung bei den Käsen mit Innenschimmel (Edelpilzkäsen). Das Vorbild dieser Käse ist der *Roquefort*, der ausschließlich aus Schafmilch hergestellt und nur in den Höhlen des Combalou bei Roquefort gereift werden darf.

Der Roquefortschimmel wird auch bei vielen anderen Käsen als Innenschimmel verwendet. Abgesehen vom *Gorgonzola* werden diese Käse – im Gegensatz zu den Käsen mit Außenschimmel – nicht weich, sondern sie bleiben halbfest. Ihr rezentes bis leicht kräftiges Aroma wird weniger mit der Nase registriert, sondern es offenbart sich erst beim Schmelzen des Käseteiges auf der Zunge. Verantwortlich für die relativ zurückhaltende Aromabildung bei diesen Käsen ist die gebremste Entwicklung der Blauschimmel im Inneren der Laibe. Damit der Schimmel sich überhaupt entwickeln kann, muß man die Käse anstechen (pikieren), um den notwendigen Sauerstoff eindringen zu lassen.

Vom Reifegrad und dem Höhepunkt

Es ist das Verdienst der Mikroben, daß Käse nicht nur ein Nahrungsmittel, sondern auch ein Genußmittel ist. Sie sorgen dafür, daß die Fülle der Aromastoffe aufgeschlossen und zugänglich gemacht wird. Käse ist ein Produkt des Lebens, sein Rohstoff entsteht in einer von Leben erfüllten und Leben spendenden Drüse, und seine Reifung erfährt er durch Kleinlebewesen. Auch Käse unterliegt dem Gesetz des ständigen Wandels, auch er strebt einem Höhepunkt zu, über den hinaus keine Steigerung mehr möglich ist.

Die aktiv und schnell reifenden Weichkäse erreichen bald ihre Blüte, die aber nicht von langer Dauer ist. Der Käsefreund muß lernen, diese Käse in ihrer Vollreife zu »ernten«. Man muß dabei aber nicht so übertreiben wie jener französische Baron, der um die zweite Morgenstunde von seinem Kammerdiener mit den Worten geweckt wurde: »Mon-

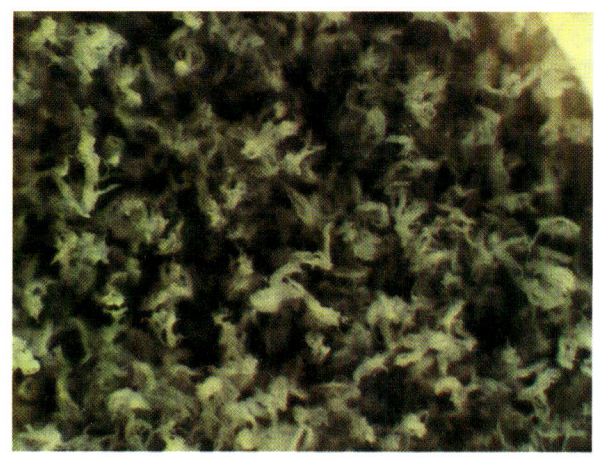

Roquefort-Schimmel (Vergrößerung)
(Foto: Kielwein-Daun)

sieur le baron, notre fromage est à point.« (Herr Baron, soeben hat unser Käse seinen Höhepunkt erreicht.)

Bei manchen Käsen liegt die Vollendung schon in der Schönheit der Jugend, andere erreichen ihren Höhepunkt im mittleren Alter, einige Käse jedoch kommen erst im hohen Alter zur Vollendung, wie etwa *Bauerngouda, Bergkäse, Emmentaler, Sbrinz* oder *Parmesan*. Gerade bei dieser Art Käse wird offenkundig, von wievielen Faktoren das Gelingen abhängig ist: Herkunft, Zusammensetzung und Alter der Milch, Dicklegen der Milch, Pressen, Salzbad, Temperatur und Luftfeuchtigkeit bei der Rei-

Einstichkanäle, durch die der Sauerstoff in das Innere der Edelschimmelkäse gelangt
(Foto: Kielwein-Daun)

fung und Nachreifung. Um alle diese Faktoren in Einklang zu bringen, bedarf es der Geschicklichkeit und Kunst des Käsers. Früher waren es mehr das individuelle Gespür und die überlieferte Erfahrung als ein konkretes, naturwissenschaftliches Wissen, das das große Kunstwerk gelingen ließ oder – bei unvorhergesehenen Umständen – zum Fehlprodukt führte.

Handwerk und Technik

Der Käser heutiger Zeit ist nicht mehr nur der aus der Erfahrung schöpfende handwerkliche Künstler, sondern der in der Chemie, Physik und Bakteriologie der Käsefertigung ebenso wie in der Technik der Gerätschaften ausgebildete Fachmann. Er arbeitet weniger nach Intuition als nach modernsten Meßtechniken. Dies beginnt schon mit dem Gebrauch eines Thermometers, während die früheren Käser die Temperatur der Kesselmilch, wie schon erwähnt, durch Eintauchen des Ellenbogens beurteilten.

Der Eingang naturwissenschaftlicher Denkweisen und Methoden in die Käsereiwirtschaft war zumindest ökonomisch gesehen von Vorteil. Die Qualität der Produktion fällt heute viel gleichmäßiger aus als früher, absolute Fehlprodukte können weitgehend vermieden werden. Auf der anderen Seite jedoch sind auch eindeutige Spitzenexemplare einzelner Käse sehr selten geworden.

Wer in heutiger Zeit eine Käserei besichtigt, wird mit einem modernen, volltechnisierten Industriebetrieb konfrontiert. Oft ist es den Besuchern nicht mehr möglich, den Ablauf des Käsereivorganges im einzelnen zu erfassen, so wie man dies bis vor einigen Jahren noch in den vielen kleinen Käsereien ohne weiteres tun konnte. Um dem interessierten Käsefreund das Grundprinzip der Labkäserei zu erklären, eignet sich am besten älteres Bildmaterial aus einer *Emmentaler*-Käserei, so wie sie bis vor einigen Jahren im Allgäu die Regel waren.

Kleine handwerkliche Käsereien finden sich in der Bundesrepublik kaum mehr. Die mit der Melkmaschine ermolkene Milch wird nicht mehr in der Kanne zur Käserei gebracht, sondern der Milchsammelwagen holt sie auf dem Bauernhof ab. Moderne Laboratorien prüfen die Milch auf ihre Güte.

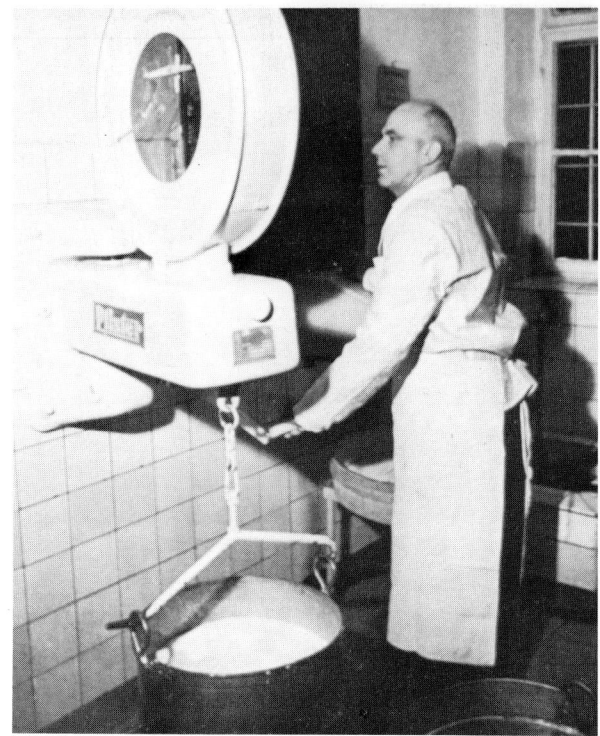

Wiegen der Milch bei der Milchannahme
(Foto: Vereinigte Käsereien, Dürren-Wangen = VKD)

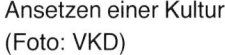

Ansetzen einer Kultur
(Foto: VKD)

Verschöpfen oder Überlegen der Dickete mit einer Kelle
(Schuefe)
(Foto: VKD)

Verschneiden der Dickete
(Foto: VKD)

Zerkleinern des Bruches – der Bruch wird »überzogen
und gebrochen«
(Foto: VKD)

Ausrühren des Bruches während des Brennens
(Foto: VKD)

Einbringen des Fischtuches
(Foto: VKD)

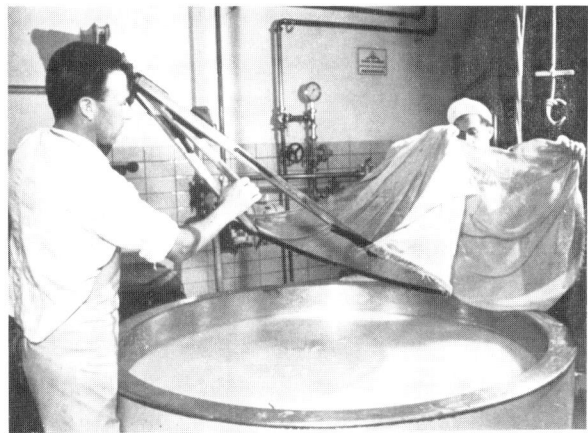

51

Unterfangen des Bruches mit dem Fischtuch
(Foto: VKD)

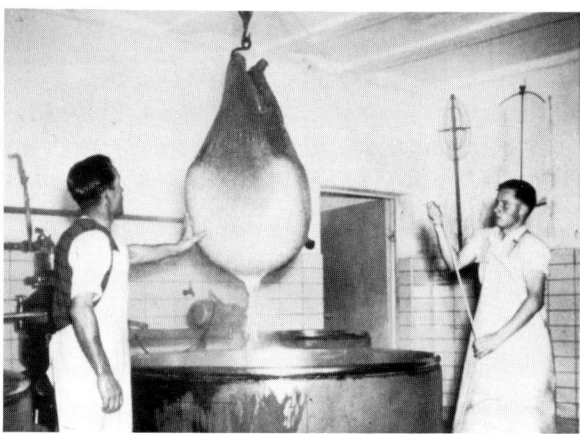

Ausheben des Bruches
(Foto: VKD)

Emmentaler auf der Presse
(Foto: VKD)

In den Käsereien stehen gewaltige Käsefertiger, die das acht- bis zehnfache der früheren Käsekessel an Milch fassen. Der Bruch wird nicht mehr mit Muskelkraft aus dem Kessel in die Form verbracht, sondern er wird über Rohrleitungssysteme auf die Formen verteilt. Gepreßt wird nicht mehr mit dem Druck einer Spindel, sondern hydraulisch; mit einem Hebekran werden die Käse in die gewaltigen Salzbäder eingelegt.

Weiter perfektioniert wurde das Verfahren von einem Käsewerk der ULN-Gruppe in Vire (Normandie). Hohe Paletten mit Tausenden von *Camembertkäsen* werden dicht an dicht in einen wasserdichten Raum gefahren. Nach dem Verschließen der Tore wird das Salzwasser aus einem gleichgearteten Nachbarraum umgepumpt, der Raum wird geflutet, worauf die Ladung des entwässerten Raumes in die Trockenkammern rollen kann. Nicht mehr jeder Emmentalerlaib wird heute einzeln in den Gärkeller getragen, dies besorgt der Gabelstapler. Das wöchentliche Abwaschen der Rinde erfolgt in automatisierten maschinellen Systemen. Die Käselaibe werden auch nicht mehr einzeln zum Bahnhof »gerollt«, sondern eine Flotte gewaltiger, klimatisierter Lastzüge ist ständig unterwegs, um die Käse in die Verbrauchergebiete des In- und Auslandes zu transportieren. Wenn sich heute der Verbraucher an einer Käsetheke ein Stück *Emmentaler* vom Laib abschneiden läßt, so lag dieser Laib vielleicht noch vor ein bis zwei Tagen im wohltemperierten Lagerkeller einer Großkäserei im Allgäu, in der Schweiz oder in Österreich.

Wer in einer Käselandschaft seinen Urlaub verbringt, sollte sich erkundigen, wo die nächste Käserei liegt und wann die nächste Führung stattfindet. Die meisten Hersteller sind stolz auf ihre modernen Käsewerke und lassen den Besucher gern einmal einen Blick hinter die Kulissen tun. Wer jedoch die Einrichtung einer traditionellen handwerklichen Emmentaler- und Bergkäserei kennenlernen will, der besuche das Käsemuseum in Wangen im Allgäu. Im Sommerhalbjahr finden hier jeden Dienstag um 10 Uhr Führungen durch den Leiter des Verkehrsamtes, Telefon (07522) 4081, statt.

Moderne Käsefertiger in der Emmentalerkäserei
(Foto: Kielwein)

Ausrühren des Bruches
(Foto: Kielwein)

Einlauf der Milch in den Käsefertiger
(Foto: Kielwein)

Einbringen des Bruches in die Form
(Foto: Kielwein)

Verschneiden der Dickete in einem modernen
Käsefertiger
(Foto: Kielwein)

Emmentalerkäse auf der hydraulischen Presse
(Foto: Kielwein)

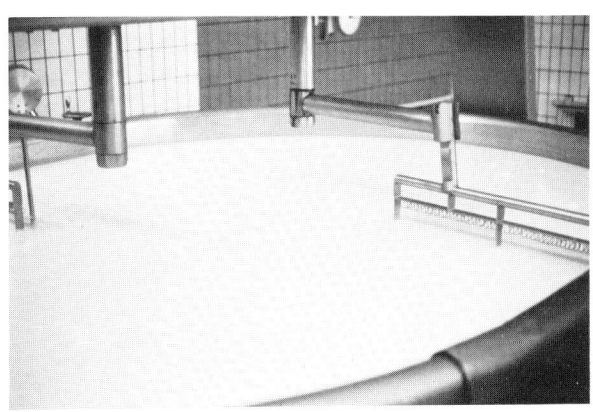

Einlegen des Emmentaler-Laibes in das Salzbad
(Foto: Kielwein)

Emmentaler im Salzbad
(Foto: Kielwein)

Aus dem Salzbad entnommene Emmentaler auf
der Palette
(Foto: Kielwein)

Käse in der Ernährung

Die heutigen Menschen in den Industrieländern sind ernährungsbewußter geworden. Begriffe wie Kalorien oder Joule, Kohlenhydrate, Eiweiße, gesättigte und ungesättigte Fettsäuren oder gar Cholesterin sind nicht mehr beschränkt auf die Fachsprache der Ernährungswissenschaftler, Mediziner und Biochemiker. Obwohl der Gourmet im Gegensatz zum Gourmand kein Vielfraß ist, so wird er doch ständig vom Spannungsverhältnis zwischen Kalorien und Gaumenfreude verunsichert. Die jetzt auch in Deutschland stetig wachsende Nachfrage nach Käse ist zum guten Teil Ausdruck der sich immer mehr durchsetzenden Erkenntnis, daß Essen sich nicht in der Befriedigung elementarer Lebenserfordernisse erschöpft, sondern auch ein Stück Lebensgenuß und Lebensqualität ist. Aber auch ernährungsphysiologische Gründe mögen es sein, die aufgeklärte und ernährungsbewußte Verbraucher dazu bewegen, mehr Käse zu essen.

Um den menschlichen Körper in Funktion halten zu können, müssen ihm ständig von außen Nahrungsmittel zugeführt werden. Diese dienen als Energielieferanten, Aufbaustoffe oder Betriebsstoffe. Als Energielieferanten oder Kraftstoffe fungieren die Kohlenhydrate und Fette, als Aufbaustoffe in erster Linie Eiweiß und Mineralstoffe und schließlich als Betriebsstoffe Wasser, Vitamine und einige Mineralstoffe.

Richtige Ernährung bedeutet, daß alle notwendigen Nahrungsstoffe in ausreichender Menge aufgenommen werden. Es ist nämlich nicht immer der Normalfall, daß jederzeit ausreichend Nahrungsmittel zur Verfügung stehen. Der menschliche Organismus ist von Natur aus darauf eingestellt, in den »fetten Jahren« Vorräte an Kraftstoff für Notzeiten anzulegen. Jedes Gramm zuviel an Brennstoff wird gestapelt, und wenn die Notzeiten ausbleiben, wird die Speckschicht immer dicker. Ein Zuviel an Brennstoff bedeutet aber keineswegs, daß auch die Ergänzungs- und Betriebsstoffe in ausreichender Menge zur Verfügung stehen. Obgleich viele Menschen unserer Zeit ständig mit Energielieferanten überfüttert sind, leiden sie doch Mangel an lebenswichtigen Stoffen. Da die meisten Menschen heutzutage viel zu wenig körperlich tätig werden, muß eine normale Kost gegenüber früheren Zeiten weniger Energiestoffe bei gleich großem Angebot an Aufbau- und Betriebsstoffen enthalten, mit anderen Worten, wenig Kohlenhydrate, wenig Fett bei ausreichendem Angebot an Eiweiß, Mineralstoffen und Vitaminen. Bei den Aufbau- und Betriebsstoffen kommt es nicht nur darauf an, ob diese Stoffe im notwendigen Maß in der Nahrung enthalten sind, sondern entscheidend ist, inwieweit der Körper sie aufnehmen und verwerten kann. Gerade bei älteren Menschen, die oft ihre Nahrungsaufnahme mengenmäßig beschränken (»weil ihnen dies gut bekommt«), ist die Auswertbarkeit der Eiweiße von großer Bedeutung für die Erhaltung der Lebenskraft.

Wie ist unter den ernährungsphysiologischen Gesichtspunkten Käse zu beurteilen?

Fett im Käse? – Halb so wild

Wenden wir uns zunächst einmal den Energielieferanten Kohlenhydrate und Fette und damit den Kalorien bzw. Joule zu. Der Milchzucker ist in den gereiften Käsen bis auf Spuren abgebaut und zur Milchsäure umgewandelt. Lediglich in Frischkäsen findet sich noch etwas Milchzucker. Wir können aus ernährungsphysiologischer Sicht bei den gut gereiften Käsen die Kohlenhydrate mit gutem Recht vernachlässigen. Dies gilt aber nicht für den Energielieferanten Fett. Hier scheiden sich die Geister. Zum einen wäre es sicherlich gut, wenn die Käse weniger Fett und damit weniger Kalorien enthalten würden. Andererseits jedoch wollen Käse nicht nur der Sättigung, sondern auch dem Genuß dienen. Dies geht aber nicht ohne ein Mindestmaß an Fett. Das Milchfett bestimmt nicht nur die Konsistenz, sondern auch in hohem Maße das Aroma der Käse.

Obwohl auf den Käsepackungen oft erschreckend hohe Werte für den Prozentsatz an Fett angegeben sind, ist die Sache doch wortwörtlich nur halb so schlimm. Die Prozentangaben beziehen sich nicht auf 100 Gramm Käse, sondern auf die in 100 Gramm Käse enthaltene Trockenmasse (i. Tr. = in der Trockenmasse). Die Angabe eines Fettgehaltes von »45 % i. Tr.« für einen *Camembert* bedeutet, daß in 100 Gramm *Camembert* 45 Prozent der Trockenmasse, d. h. der Käsemasse, die nach vollständigem Wasserentzug noch übrigbleibt, Fett ist.

Da diese Trockenmasse (die allerdings auf den Etiketten nicht angegeben wird) nur rund 44 Prozent des Käsegewichtes ausmacht, beträgt der tatsächliche Fettgehalt eines *Camemberts* mit 45 Prozent Fett i. Tr. nur 22,8 Prozent.

Die Regelung, den Fettgehalt von Käse in Prozent der Trockenmasse anzugeben, wurde zu einem Zeitpunkt getroffen, zu dem die Verbraucher noch möglichst viel Fett in den Nahrungsmitteln erwarteten. Allerdings war sicherlich der Gedanke, mit einem hohen Fettgehalt zu imponieren, nicht allein Ursache für diese Art der Deklaration, die der bekannte Kommentator des Lebensmittelrechts, *Zipfel,* »als zur Täuschung des Verbrauchers geeignet« bezeichnet. Die Angabe des Fettgehaltes in der Trockenmasse hat man aus gutem Grund auch deshalb gewählt, weil für ein Produkt wie Käse der absolute Fettgehalt Schwankungen unterworfen ist, da das Gewicht der Käse durch Wasserverlust stark schwanken kann. In neuerer Zeit wirkt sich jedoch die Angabe des Fettgehaltes i. Tr. verkaufspsychologisch ungünstig aus. Deshalb sind jetzt Bestrebungen im Gange, auf den Käseetiketten auch den absoluten Fettgehalt neben dem Fettgehalt i. Tr. anzugeben. Bei einem solchen Vorgehen muß eine ziemliche Toleranzbreite eingeräumt werden, da mit zunehmendem Alter der absolute Fettgehalt mit der Trockenmasse in den immer leichter werdenden Käsen ansteigt. Trotzdem wäre die Angabe des absoluten Fettgehaltes sehr zu wünschen. Die vom Bayerischen Oberlandesgericht 1977 geäußerte Ansicht, auch dem deutschen Verbraucher, der einigermaßen über Käse Bescheid wisse, sei die Angabe des Fettgehaltes in der Trockenmasse durchaus geläufig, zeigt, daß bayerische Richter bessere Käsekenner sind als mancher Arzt, der seinen Patienten empfiehlt, statt eines 45prozentigen *Camemberts* einen 30prozentigen zu essen. Dieser Rat erbringt bei 100 Gramm Käse nur das Einsparen von 9,6 Gramm Fett. Dies steht in keinem Verhältnis zur Einbuße an Aroma, vor allem, wenn man bedenkt, daß eine zusätzlich verzehrte Bratwurst im Gewicht von 100 Gramm allein schon etwa 33 Gramm Fett enthält.

Fette sind Verbindungen zwischen Glyzerin und Fettsäuren. Jedes Molekül Glyzerin kann drei Fettsäuren binden. Für die Eigenschaften eines Fettes ist entscheidend, welche Fettsäuren an das Glyzerin

Gärkeller einer Großkäserei
(Foto: VKD)

Vollautomatische Käsewaschanlage des Allgäuer
Emmentalerwerkes Ausnang
(Foto: VKD)

gekettet sind. Chemisch gesehen bestehen Fettsäuren aus einer Kette von Kohlenstoffatomen, an die Wasserstoffatome und an einem Ende der Kette eine Säuregruppe gebunden sind. Unterschieden werden kann bei den Fettsäuren nach der Länge der Kette und ob sie mit Wasserstoff gesättigt sind. Enthalten die Fettsäuren weniger Wasserstoffatome, als sie nach den Gesetzen der chemischen Bindung enthalten können, dann spricht man von einfach oder auch von mehrfach ungesättigten Fettsäuren. Während der menschliche Organismus die gesättigten und einfach ungesättigten Fettsäuren selbst aufbauen kann, müssen die mehrfach ungesättigten Fettsäuren, die auch im menschlichen Körper unentbehrlich sind und deshalb als essentielle Fettsäuren bezeichnet werden, in der Nahrung enthalten sein. Darüber hinaus wird den mehrfach ungesättigten Fettsäuren eine vorbeugende Wirkung gegen Arteriosklerose zugesprochen.

In den vergangenen Jahren wurde in der Öffentlichkeit über die ernährungsphysiologischen Aspekte der tierischen Fette heftig und sehr kontrovers diskutiert. Man versuchte die Verbraucher davon zu überzeugen, daß tierische Fette, besonders Milchfett, für Arteriosklerose, Herzerkrankungen und Herzinfarkt verantwortlich sind. Eindringlich wurde vor dem Verzehr von Butter gewarnt und statt dessen der Kauf von Margarine empfohlen. Diese Verunsicherung führte so weit, daß gelegentlich Patienten in den Krankenhäusern dagegen protestierten, daß ihnen zum Frühstück die »gefährliche« Butter statt der »gesunden« Margarine gereicht wurde. Wissenschaftlich ist dieser Un-

sinn längst widerlegt. Allerdings hat die Kunde davon noch nicht alle Redaktionsstuben erreicht.

Nur zu wenigen Käsen ißt der Käsefreund Butter, er nimmt das Butterfett jedoch im Käse zusätzlich zur Frühstücksbutter und zu der in den Speisen enthaltenen Butter auf. Selbstverständlich muß er hierbei den hohen Kaloriengehalt aller Fette, gleichgültig, ob diese aus Käse, Butter, Wurst oder Margarine stammen, beachten. Von allen anderen Fetten unterscheidet sich das Butterfett durch seine leichte Verdaulichkeit und gute Verträglichkeit. Dies hängt damit zusammen, daß das Milchfett hauptsächlich leicht abbaubare, kurze Fettsäuren enthält und daß diese auch im Fettmolekül so angeordnet sind, daß sie sich leicht vom Glyzerin abspalten lassen. Da die Milchfette gut verträglich sind, belasten sie den Organismus verhältnismäßig wenig, was bei Erkrankungen des Magen-Darmtraktes, der Leber und der Galle sehr wichtig ist.

Der Gehalt an mehrfach ungesättigten Fettsäuren ist im Milchfett geringer als in pflanzlichen Fetten (Butterfett 3,2%, Palmöl 9,0%, Sonnenblumenöl 63%). Nach der Empfehlung der Deutschen Gesellschaft für Ernährung soll der Erwachsene täglich etwa 10 Gramm der mehrfach ungesättigten Linolsäure aufnehmen. Bei einer nur auf Milchbasis beruhenden Ernährung kann dieser Wert kaum erreicht werden. In der Praxis wird bei gemischter Kost dieser Bedarf mehr als gedeckt, so daß eine weitere Steigerung durch Austausch von Fetten nicht notwendig, sondern sogar schädlich ist. Wenn Käse mehrfach ungesättigte Fettsäuren auch nur in geringen Mengen enthält, so ist dies nicht von Nachteil.

Ein Allgäuer Emmentaler ist fertig zum Versand
(Foto: Kielwein)

Lagerkeller für Emmentaler
(Foto: VKD)

Kein Herzinfarkt durch Käse

Noch ein Reizwort: Cholesterin. Behauptet wurde, um der Arteriosklerose und dem Herzinfarkt vorzubeugen, sollten in den Nahrungsmitteln wenig gesättigte Fettsäuren enthalten sein; Nahrungsmittel mit viel Cholesterin sollten sogar gemieden werden. Wir wissen heute, daß der Choleringehalt im menschlichen Organismus nicht vom Gehalt dieses Stoffes in der Nahrung abhängig ist, sondern daß eine enge Beziehung zur Kalorienaufnahme besteht. Der menschliche Organismus besitzt einen Mechanismus, der die Bildung von Cholesterin im Körper reguliert. Wird viel Cholesterin mit der Nahrung aufgenommen, dann wird entsprechend weniger Cholesterin im Körper gebildet. Nur bei ganz wenigen Menschen funktioniert dieser Regelmechanismus nicht. Man muß sich hier die Frage stellen: Soll die übrige Menschheit aus Solidarität mit diesen wenigen eine für sie nutzlose Diät einhalten? Niemand kam doch bisher auf die Idee, allen Menschen den Genuß von Erdbeeren zu verbieten, nur weil einige wenige auf diese Frucht allergisch reagieren.

Abgesehen von Zweifeln am Cholesterin als Verursacher der Arteriosklerose steht fest, daß nicht das Milchfett, sondern ein Zuviel an Kalorien in der Ernährung zu einer Erhöhung des Cholesterinspiegels im Blut – infolge Eigensynthese im Körper – führt. Wir müssen deshalb das Fett im Käse aus gesundheitlichen Gründen nicht fürchten, wenn wir nur beachten, daß alle Nahrungsfette sehr kalorienreich sind. Der wahre Käsefreund wird ohnehin den Käseverzehr nicht übertreiben, denn allein schon der hohe Sättigungswert von Käse hält ihn davon ab. Weil Käse so gut sättigt, kann er sogar helfen, Kalorien zu sparen. Wenn schon Fernsehknabbereien sein müssen, dann probieren Sie es doch zur Abwechslung einmal mit in Würfel geschnittenem *Emmentaler* oder *Parmesan*. Sie werden hiervon kaum mehr als 50 Gramm schaffen, dafür aber nur ein Drittel der Kalorien zu sich nehmen, die Ihnen eine Handvoll Erdnüsse beschert hätte. Eine Kalorientabelle kann Ihnen leicht aufzeigen, wie bei Berücksichtigung der sättigenden Menge mit Käse Kalorien eingespart werden können.

Interessant ist auch eine Statistik über die Höhe der Sterblichkeitsrate an arteriosklerotischen und degenerativen Herzerkrankungen, die uns zeigt, daß im klassischen Käseland Frankreich weniger Menschen an Arteriosklerose leiden und Herzinfarkten erliegen als in anderen Ländern, in denen viel weniger Käse und Butter verzehrt werden.

Sterblichkeitsrate an arteriosklerotischen und degenerativen Herzerkrankungen im Vergleich zum Käse- und Butterverbrauch[1]

Land	Sterblich-keitsrate pro 100000	Käsever-brauch in kg pro Kopf und Jahr (1970)	Butterver-brauch in kg pro Kopf und Jahr (1960)
England	311	5	8,5
USA	307	6,6	3,4
Frankreich	79	13,5	11,0

[1] Teilweise nach Untersuchungen von Moore.

Blick in ein modernes Käsewerk
(Foto: Kraft, Eschborn)

Käse als Proteinlieferant – ein »Lebenselixier«

Die Gewebe, die Enzyme und das Blutplasma des menschlichen Körpers bestehen weitgehend aus Eiweißen. Ohne Eiweiß würde es kein Leben geben. Alle Körperzellen müssen immer wieder regeneriert und, sofern es sich nicht um Gehirnzellen handelt, auch erneuert werden. Hierfür sind besonders die Aminosäuren als Bausteine der Eiweiße notwendig. Eigentlich sollte man für die aus unzähligen Aminosäuren aufgebauten Stoffe nicht das Wort »Eiweiß« verwenden, da auch das Eigelb ein Eiweiß ist. Besser wäre der international gebräuchliche Begriff Protein (griechisch: das Erste). Die Proteine, oder besser die sie aufbauenden Aminosäuren, sind wirklich die ersten Stoffe des Lebens. Diese Aminosäuren, von denen in den Nahrungsmitteln und im menschlichen Organismus 18 verschiedene vorkommen, bestehen nicht nur – wie die Kohlenhydrate und Fette – aus Kohlenstoff, Sauer-

stoff und Wasser; sie enthalten zusätzlich auch Stickstoff. Von den im menschlichen Organismus anzutreffenden Aminosäuren können in der Leber zehn aus anderen Aminosäuren oder Stickstoffverbindungen aufgebaut werden. Mit acht Aminosäuren kann sich der Körper also nicht selbst versorgen und ist somit auf deren Zufuhr mit der Nahrung angewiesen: Isoleucin, Leucin, Lysin, Methionin, Phenylalanin, Threonin, Tryptophan und Valin. Da beim Fehlen nur einer dieser Aminosäuren kein Körpereiweiß mehr aufgebaut werden kann, nennt man sie auch essentielle Aminosäuren. Lediglich Phenylalanin und auch Methionin können durch Tyrosin und Cystin wenigstens teilweise, aber nicht vollständig ersetzt werden.

Der Gehalt an essentiellen Aminosäuren ist von Nahrungsmittel zu Nahrungsmittel verschieden. Allgemein geht man davon aus, daß von Tieren stammende Nahrungsmittel höhere Konzentrationen an essentiellen Aminosäuren aufweisen als solche, die von Pflanzen gewonnen werden.

Für die ernährungsphysiologische Bedeutung der

In klimatisierten Großtransportern rollen die echten
Allgäuer Emmentaler in viele Länder   (Foto: VKD)

Proteine eines Nahrungsmittels kann man nicht nur von der Aminosäurenzusammensetzung ausgehen, sondern es muß berücksichtigt werden, inwieweit die Proteine überhaupt verwertet und in welcher Kombination die Nahrungsmittel verzehrt werden. Um die vielfältigen Einflüsse bewerten zu können, einigte man sich auf den Begriff »biologische Wertigkeit eines Proteins«. Ausgehend von der biologischen Wertigkeit der Proteine im Ei, denen man den Wert 100 zuspricht, beträgt die biologische Wertigkeit des Proteinanteils eines *Emmentalerkäses* 83. Da jedoch der Proteingehalt beim *Emmentaler* 30 Prozent und beim Vollei nur 12,8 Prozent beträgt, genügen zur Deckung des Eiweißbedarfes eines 70 kg schweren Mannes 233 g *Emmentaler,* an Vollei müßte er 545 g verzehren.

Käse ist einer der besten und ausgeglichensten Protein- bzw. Aminosäurenlieferanten innerhalb der Nahrungsmittel. Besonders lang gereifte Käse sind eine leicht zugängliche Quelle für Aminosäuren, die nicht erst aus dem Verband der Proteine herausgelöst werden müssen, sondern größtenteils schon in freier und damit leicht resorbierbarer Form vorliegen. Gerade ältere Menschen, deren Verdauungsenzyme nicht mehr mit voller Kraft fließen, finden im gereiften Käse die Möglichkeit, ihren Aminosäurebedarf ohne Belastung des Organismus zu decken. Oft wird davon gesprochen, der ältere Mensch hätte einen höheren Eiweißbedarf. Diese Feststellung hat seine Ursache wohl darin, daß er Eiweiße nicht mehr genügend auswerten kann. Für ihn ist daher ein alter *Gouda, Emmentaler* oder *Parmesan* geradezu ein »Lebenselixier«. Aber auch jüngere Menschen benötigen während oder nach Erkrankungen und zur Ausheilung von Verletzungen in größeren Mengen Aminosäuren zur Wiederherstellung der Körperfunktion. Auch für diese Menschen ist Käse eine Arznei und bringt schnell die körperliche und geistige Leistungsfähigkeit und Leistungsbereitschaft zurück. Ein Zuviel an Eiweiß sollte jedoch die Ernährung nicht enthalten. Auch hier besteht beim Käse wegen des hohen Sättigungswertes keine akute Gefahr.

Bei eiweißreicher Kost erhöht sich oft der Harn-

Der Gehalt an essentiellen Aminosäuren in verschiedenen Nahrungsmitteln (mg je 100 g)

	Iso-leucin	Leucin	Lysin	Methio-nin	Phenyl-alanin	Threo-nin	Trypto-phan	Valin
Kartoffel[1]	76	121	96	26	80	75	33	93
Weizenkorn[1]	426	871	374	196	589	382	142	577
Vollei[1]	778	1091	863	416	709	634	184	847
Rindfleisch[1]	852	1435	1573	478	778	812	198	886
Käse – mittel[1]	956	1864	1559	530	950	725	217	1393
Emmentaler	1880	3030	2460	960	1650	1350	510	2160
Tilsiter	1640	2630	2130	830	1430	1170	440	1870
Edamer	1430	2320	1890	770	1270	1040	390	1650
Camembert (50%)	1200	1920	1560	610	1050	850	320	1370
Quark (20%)	950	1520	1230	480	830	680	250	1080
Tagesbedarf bei Körpergewicht (mg)								
60 kg	600	840	720	780	840	420	210	600
70 kg	700	980	840	910	980	490	245	700
80 kg	800	1120	960	1040	1120	560	280	800

[1] FAO Nutr. Stud. Nr. 24; Rome 1970.
[2] Documenta Geigy. Wissenschaftl. Tabellen. 6. Aufl. 1960. J. R. Geigy AG, Basel 1960.

säurespiegel im Blut. Die Folge ist die Gicht, die vielen Berühmtheiten der Geschichte und Genießern üppiger Tafelfreuden ein qualvolles Leben bereitete. Diese Krankheit war bei uns schon beinahe vergessen; sie tritt jetzt bei Überernährung mit Fleisch und Fisch wieder auf. Für den Käsefreund besteht kein Anlaß zur Sorge, denn das Eiweiß von Milch und Käse enthält auch nicht die Spur der Purine, die im Körper zu Harnsäure umgebaut werden.

Käse, Calcium und Vitamine

Die lebensnotwendigen Mineralstoffe Calcium und Phosphor finden sich im Käse in beträchtlicher Menge. Sauermilchkäse und Camembert haben wenig Calcium, da ihre Molke mehr Säure enthält als die von Hart- und Schnittkäsen, wodurch dem Bruch viel Calcium entzogen wird. Ein täglicher Verzehr von 100 g Hart- bzw. Schnittkäse dagegen deckt den Calciumbedarf eines Erwachsenen voll und den Phosphorbedarf etwa zu zwei Dritteln ab. Vorteilhaft für die Aufnahme des Calciums beim Verzehr von Käse ist, daß es in Form der leicht löslichen Calciumsalze der Milchsäure vorliegt.

Der Vitamingehalt der Käse ist unterschiedlich. Die wasserlöslichen Vitamine kommen nur in geringer Menge vor, da sie bei der Käseherstellung in die Molke übergehen. Allerdings ist es möglich, daß auch Vitamine der B-Gruppe von den Reifungsmikroorganismen gebildet werden. Der Gehalt an fettlöslichen Vitaminen (A, E, D und K) sowie ihrer Provitamine hängt stark vom Fettgehalt der Käse ab. In den vollfetten Käsen ist besonders das Vitamin A stark angereichert. Allerdings spielt hier der Zeitpunkt der Herstellung der Käse eine große Rolle. Den höchsten Gehalt an Vitaminen besitzen Käse, die im Frühsommer hergestellt werden, wenn den Milchtieren genügend frisches Grünfutter zur Verfügung steht. Die stärker fetthaltigen Käse aus dieser Zeit kann man sehr leicht an ihrer gelben Farbe erkennen.

100 g Käse täglich – und ein Glas Wein

Das Fazit der Erkenntnisse zur Ernährungsphysiologie der Käse ergibt, daß diese in erster Linie eine wertvolle und leicht verdauliche Eiweißquelle darstellen. Käse ist wegen des Fehlens der Kohlenhydrate und des relativ niedrigen Fettgehaltes ärmer

Zusammensetzung verschiedener Nahrungsmittel

Käsesorte	Fett % i.Tr.	abs.	Proteine (Eiweiß) %	Trocken- masse	kcal /100 g	kJ /100 g	Calcium mg %	Phosphor mg %
Emmentaler	45	30,5	27,4	65 %	398	1672	1180	860
Tilsiter	45	27,7	26,3	59,4%	348	1462	858	500
Edamer	45	24,8	24,8	56 %	336	1411	678	403
Camembert	45	22,8	18,7	48,7%	288	1209	382	184
Speisequark	20	5,0	12,6	24,3%	116	487	76	200
Aal geräuchert	56	26,8	17,9	48,1%	316	1377	19	250
Hackfleisch	53	24,5	18,8	46,5%	296	1243	18	190
Bockwurst	61,8	25,3	12,3	40,9%	227	1163	–	–
Salami	68,7	49,7	17,8	72,3%	518	2176	35	–
Erdnüsse geröstet	50	49,0	26,0	98,0%	629	2642	75	410

an Kalorien als viele andere Eiweißquellen. Die durch Mikroben umgesetzten Inhaltsstoffe der Käse sind vielfältig in ihrem Angebot und wegen der leichten Resorbierbarkeit besonders für ältere Menschen ein bekömmliches Nahrungsmittel, das den Organismus wenig belastet. Käse unterscheidet sich von vielen anderen »gesunden« Nahrungsmit-teln dadurch, daß er nicht nur gesund ist, sondern auch gut schmeckt. Regelmäßig verzehrt, verteilt auf Frühstück, Dessert und Abend – zum Glas Wein – sind 100 g Käse täglich ein durchaus ange-brachtes Maß, besonders weil Käse hilft, andere ka-lorienträchtige Nahrungs- und Genußmittel einzu-sparen.

Soviel Käse ist notwendig zur täglichen Ernährung

Nahrungsbestandteil	Empfohlener Tagesbedarf	Emmentaler 45%	Tilsiter 45%	Edamer 45%	Camembert 45%	Speisequark 20%
Proteine						
50 kg Körpergewicht	45 g	164 g	171 g	181 g	240 g	357 g
60 kg Körpergewicht	54 g	197 g	205 g	218 g	288 g	428 g
70 kg Körpergewicht	63 g	229 g	239 g	223 g	336 g	500 g
Essentielle Aminosäuren						
Methionin	2,2 g	228 g	266 g	286 g	344 g	458 g
Calcium						
Frauen	700 mg	59 g	82 g	103 g	183 g	921 g
Männer	800 mg	68 g	93 g	118 g	209 g	1052 g
Phosphor						
Frauen	700 mg	82 g	140 g	173 g	380 g	350 g
Männer	800 mg	93 g	160 g	198 g	434 g	400 g
Vitamin A	0,9 mg	232 g	750 g	409 g	176 g	9000 g
Energie						
Frauen	2200 kcal	552 g	632 g	655 g	764 g	1864 g
Männer	2600 kcal	653 g	747 g	773 g	902 g	2200 g

Wenn Käse schädlich wird

Da ist aber noch ein wichtiger Punkt: Wie jedes von Tieren stammende Nahrungsmittel kann auch Käse Träger von gesundheitsschädigenden Bakterien oder ihrer Stoffwechselprodukte sein. Im Vergleich zu Hackfleisch, Muscheln oder Fischen ist Käse jedoch geradezu harmlos. Hierfür sind in erster Linie die beschützende Milchsäure und der geringe Wassergehalt verantwortlich.

Tuberkulose und Brucellose der Milchkühe kommen hierzulande und auch in den meisten Ländern, die den europäischen Käsemarkt beschicken, nicht mehr vor. Zudem sterben die Erreger bei der Herstellung der meisten Käse ab. Vorsicht ist nur geboten bei Frischkäsen aus nicht-erhitzter Milch. Diese sind jedoch im Handel nicht erhältlich, sondern nur beim Hersteller (Bauern) direkt zu kaufen.

Käse nicht zu warm und nicht zu kalt lagern!

Gelegentlich wurde schon berichtet, daß nach dem Genuß von *Camembert* aus Rohmilch eine Staphylokokken-Lebensmittelvergiftung (Staphylokokken-Enterotoxikose) aufgetreten sei. In diesen seltenen Fällen handelte es sich stets um Käse, der – was auch dem Aroma nicht gut tat – längere Zeit bei Temperaturen von 30 °C und höher gelagert worden war. Man sollte den *Camembert* nicht tiefen Kühlschranktemperaturen aussetzen, ihn aber auch nicht so warm lagern. Das gilt, wenngleich aus anderen Gründen, auch für alle anderen Schimmelpilzkäse (*Brie, Edelpilzkäse, Roquefort, Stilton, Gorgonzola*). Es besteht nämlich der Verdacht, daß in Schimmelpilzkäsen, die bei Temperaturen von mehr als 25 °C mehrere Tage gelagert wurden, die Schimmelpilze gewisse Giftstoffe (Mykotoxine) bilden. Bei den Herstellern und erfahrenen Händlern besteht keine Gefahr, daß sie die Käse durch Lagern bei zu hohen Temperaturen mißhandeln. Wenn die Verbraucher ebenfalls sachkundig mit Käse umgehen, bleiben nicht nur Aroma und Struktur ungestört, sondern es besteht auch keine Veranlassung, bei Schimmelpilzkäsen eine Gefahr durch mögliche Mykotoxine zu sehen. Dies gilt allerdings nur für die Kulturschimmel. Verschimmeln aber an-dere Käse, etwa weil sie zu lange gelagert wurden, so sollte man, um ganz sicher zu sein, mit ihnen nicht anders umgehen als mit anderen verschimmelten Nahrungsmitteln: In die Mülltonne damit! Planvoller Käseeinkauf mit Berücksichtigung der unterschiedlichen Haltbarkeit der Käse sichert nicht nur die Freude am Käsegenuß selbst, sondern bewahrt uns auch vor möglichen gesundheitlichen Schäden. Hierbei muß aber betont werden: Käse ist viel weniger empfindlich als viele andere Nahrungsmittel.

Käse und Medikamente

Noch eine Möglichkeit, die uns den Käsegenuß vergällen kann, sei erwähnt. Beim mikrobiellen Abbau von Aminosäuren durch Abspaltung von Kohlen-

CASEUS Käß
Die Milch genießt man nicht nur frisch,
Man weiß auch Käß daraus zu pressen.
So man fast täglich trägt zu Tisch
Aus Holland kommt das liebe Essen.
So guten Appetit erwecket,
Dazu der Trunk auch trefflich schmecket
(Aus: Deutsche Molkereizeitung Kempten)

dioxyd (Decarboxylierung) entstehen biogene Amine. Wir finden sie in Fleischsalaten, in Sauerkraut, Bier, Wein und Käse. Da die biogenen Amine aber auch im Darm durch Bakterien gebildet werden, schützt sich der Körper durch Enzyme (Monoaminooxydasen – MAO, Diaminooxydasen – DAO) vor diesen Substanzen, von denen das Tyramin und das Histamin besondere Bedeutung erlangen können. Beide biogene Amine kommen in Käse und Wein vor. Dies ist zunächst ohne jegliche Bedeutung, denn sie werden durch die erwähnten Enzyme im Körper abgebaut. Allerdings gibt es Medikamente, die als Antidepressiva Verwendung finden und die auch »MAO«-Hemmer sind. Dies bedeutet, daß die Monoaminooxydase in ihrer Wirkung so behindert wird, daß das mehr aus dem Wein stammende Histamin eine akute Intoxikation mit Kopfschmerzen, Sodbrennen, Erbrechen und Durchfällen auslöst. Das mehr im Käse anzutreffende Tyramin führt zu einer Erregung des Sympathikus und damit zur Blutdrucksteigerung. Diese Blutdrucksteigerung kann bei Menschen mit hohem Blutdruck so weit gehen, daß bedenkliche Symptome auftreten, je nachdem, wie hoch die Konzentration an Tyramin in Käse und Wein war und welche Dosis Antidepressiva eingenommen wurde. Um sicherzugehen, müssen Patienten, die mit »MAO«-Hemmern behandelt werden, auf Käse und Wein verzichten. Umgekehrt sollte der Käse- und Weinfreund, wenn er diesem Genuß gefrönt hat, von solchen Medikamenten keinen Gebrauch machen. Erfahrungsgemäß hat er dies auch nicht nötig.

Im Käse keine Krebserreger

Seit einigen Jahren macht eine Gruppe von Substanzen, die man Nitrosamine nennt, von sich reden. Seit 1966 stehen diese Stoffe im Verdacht, krebserzeugend zu sein. Wir Menschen können auf zwei Wegen zu diesen Substanzen gelangen: Entweder nehmen wir sie mit den Nahrungsmitteln in fertiger Form auf, oder sie werden erst in Magen und Darm aus Vorstufen gebildet. Außer in Lebensmitteln findet man Nitrosamine auch im Tabakrauch, in einigen Arzneimitteln und Kosmetika.

Mit dem Vorkommen von Nitrosaminen ist besonders in Fleischwaren zu rechnen, die mit Nitrit

Schweizer Bäuerin und Käser, der einen Laib von der Alp bringt
(Aus: Deutsche Molkereizeitung Kempten)

behandelt, d. h. gepökelt wurden. Ob über Schinken und Wurstwaren eine Gefährdung des Menschen möglich ist, kann im Augenblick noch nicht abgeklärt werden. Vermutet wurde aber auch, daß bei der Zubereitung von Gerichten, die Käse und gepökelte Fleischwaren enthalten, wie etwa Käsetoast, Nitrosamine entstehen würden. Manche besonders vorsichtige Wissenschaftler warnten bereits vor dem Verzehr der so beliebten Käsetoasts. Diese Sorge war völlig unbegründet, denn heute wissen wir, daß in Käsetoast Nitrosamine nicht vorkommen. Dies dürfte damit zusammenhängen, daß sich eventuell gebildete Nitrosamine bei der Erhitzung verflüchtigt haben.

In der Bundesrepublik Deutschland darf den Schnittkäsen in geringen Mengen Nitrat (Salpeter) zugesetzt werden. Der Verdacht, daß dieser Zusatz zur Bildung von Nitrosaminen führen könnte, hat sich glücklicherweise nicht bestätigt. Käse ist somit auch hinsichtlich der möglicherweise krebserregenden Nitrosamine ein unbedenkliches Nahrungs- und Genußmittel.

Wein, Brot und Käse aus Deutschland:
1 Emmentaler; 2 Tilsiter; 3 Schmelzkäsezubereitungen;
4 Butterkäse; 5 Steinbuscher; 6 Limburger;
7 Schmelzkäse; 8 Romadur; 9 Edelpilzkäse
(Foto: CMA)

Käse
hat Varianten

Porträts großer Käse nebst Steckbriefen
führender Käse und einem Ratgeber
zur Auswahl passender Weine

Wieviele Käsesorten es auf der Welt gibt, ist nicht genau bekannt. Die Schätzung liegt zur Zeit bei etwa 8000.

Allein die Auflistung der Namen würde bereits ein Buch füllen, ohne dem Verbraucher eine wesentliche Hilfe zu sein. Läßt man einmal lokale und geschmackliche Varianten unbeachtet, dann reduziert sich der Sortenbestand auf wenige Hundert. Man kann auch diese nicht alle kennen. Zur Vorstellung in den Porträts wählten wir deshalb nur die Käse aus, die wir regelmäßig im Angebot finden und über die der Käsefreund informiert sein möchte.

Bei der Einteilung der Käse haben wir uns an die in Deutschland übliche gehalten, obwohl manche ausländische Einteilungen für den Verbraucher verständlicher sind.

Die Firmennamen der Käse werden nur dann aufgeführt, wenn der Name bereits zum Gattungsbegriff geworden ist. Für die 33 bekanntesten und gesuchtesten Käse sind die wesentlichsten Eigenschaften sowie Vorschläge zu ihrer Verwendung in Steckbriefen – zusätzlich zur Beschreibung im Text – dargestellt. Diese Steckbriefe sollen vor allem dem angehenden Käsefreund die Orientierung beim Einkauf erleichtern.

Hartkäse

Alle Hartkäse zeichnen sich dadurch aus, daß sie erst nach einer verhältnismäßig langen Lager- und Reifungszeit ihre geschmackliche Fülle und Ausreifung erlangen. Diese je nach Käsesorte unterschiedlich lange, von einigen Monaten bis zu mehreren Jahren andauernde Reifungszeit führt zu einer beträchtlichen Verminderung des Wassergehalts oder, wie der Fachmann es ausdrückt, zu einem hohen Trockenmassegehalt. Der raffinierte Geschmack mit seinen vielen Varianten, charakteristisch für die Hartkäse, ist Ausdruck komplizierter biochemischer Umsetzungen der Milchinhaltsstoffe, die um so günstiger ausfallen, je langsamer sie verlaufen.

Die Herstellung von Hartkäse ist ein Handwerk, dem man den Rang einer wahren Kunst zusprechen darf. Schon bei der Auswahl der Käsereimilch bedarf es einer ganz besonderen Sorgfalt. Nur allerbeste Milch von Kühen, die nichts anderes als Weidegras oder Heu fressen, wird zu Hartkäse verarbeitet. Die vielfältigen Kräuter und Gräser der Almen, die den Milchkühen als Nahrung zur Verfügung stehen, bilden die Grundlage für eine Rohmilch, die frisch und naturbelassen die edlen Hartkäse ergeben. Doch vor dem Genuß steht ein langwieriger mikrobiologischer, biochemischer und technischer Prozeß, in dessen Verlauf aus dem einzigartigen Rohstoff ein einzigartiger Käse wird.

Unter dem Oberbegriff Hartkäse verstehen wir vier deutlich zu unterscheidende Gruppen:
- Hartkäse mit Lochbildung
- Hartkäse ohne Lochbildung
- Hartkäse mit besonderer mechanischer Bruchbearbeitung (*Cheddar*-Typ)
- Hartkäse mit Wärmebehandlung und Formen oder Kneten des Bruches (*Filata*-Typ)

Von den Löchern und dem Drumherum: Hartkäse mit Lochbildung

König Emmentaler und seine Verwandten von Adel

Unter den Hartkäsen mit Lochbildung stehen die nur aus naturbelassener Rohmilch hergestellten Laibkäse *Emmentaler, Greyerzer, Appenzeller* und *Bergkäse* an der Spitze. Mit seinem besonders vollmundigen und doch zurückhaltenden Aroma eroberte sich der *Emmentaler* Käsefreunde in der ganzen Welt. Nicht von ungefähr ist dieser König der Käse auch der bekannteste seiner Spezies. Der Genießer wird zur Ergänzung des leicht süßlichen Geschmacks, besonders des noch jungen *Emmentalers*, auch gerne zum *Greyerzer* greifen, von dem er einen noch volleren Geschmack mit einer pikanten Note erwarten darf. Die Freunde eines reifen und vollen, mitunter auch würzig-beißenden (»räßen«) Geschmacks kommen beim *Appenzeller* voll auf ihre Kosten. Glücklich darf der sich schätzen, der beim Käsekauf auf den seltenen *Bergkäse* trifft, denn dieser Urtyp aller Hartkäse vereinigt alle edlen Eigenschaften des *Emmentalers*, des *Greyerzers* und des *Appenzellers* in sich. Er ist pikant, aber nicht scharf, er ist mild, aber nicht zu süßlich, sein Aroma ist voll, aber nicht aufdringlich.

Vor allem in der Schweiz kann man mit viel Glück mit einer der lokalen Sorten von Alpkäse Bekanntschaft machen. So sollte man sich bei einem Aufenthalt in Grindelwald im Berner Oberland ein Stück *Grindelwaldnerkäse* mit einer gehörigen Portion Senf servieren lassen und ihn mit Messer und Gabel genüßlich verzehren.

Andere dieser leckeren Lokalkäse, die nur noch selten hergestellt werden, sind: *Brienzerkäse, Eggiwilerkäse* (eine Art *Emmentaler*), *Fähstchäs* (eine Art *Appenzeller*), *Oberländerkäse* und *Willisauerkäse*.

Emmentaler

Minister a. D. Dr. Oskar Farny am 26. Oktober 1978: »Achtet das Lebensgesetz des Emmentalers, er ist das Spitzenerzeugnis der Käserei mit dem ganzen Glanz und Aroma seiner naturhaften Originalität. Dieses Lebensgesetz der Güte, das auch den Milcherzeuger zu höchster Leistung zwingt, wird ihn auch in Zukunft begehrenswert machen!«

Der Name *Emmentaler* geht auf das ursprüngliche Herstellungsgebiet, den Landesteil Emmental – das Tal der großen Emme – im schweizerischen Kanton Bern, zurück. Es wird angenommen, daß der *Emmentaler* sich aus einem in der Schweiz seit langem hergestellten Bergkäse entwickelt hat. Seine Blütezeit wurde eingeleitet durch die Entstehung der Talkäsereien nach 1815. Er wird heute nicht nur in verschiedenen Gegenden der Schweiz, sondern auch im Allgäu, in Finnland, Frankreich, Österreich und Argentinien hergestellt. Sein Ruf drang selbst nach Australien und in die USA, so daß beide heute nicht nur importieren, sondern selbst *Emmentaler* herstellen. Der *Emmentaler* ist so bekannt geworden, daß er oft nur als *Schweizerkäse, Swiss Cheese* oder *Sveitser* bezeichnet wird. Seine Ähnlichkeit mit dem *Greyerzer* führte dazu, daß man ihn auch als *Gruyère* (in Frankreich) bezeichnet.

Im Allgäu und in anderen Gebieten der Alpenländer wurden seit alters her runde Hartkäse produziert. Schon die Römer wußten die Käseimporte zu schätzen, die sie von den Kelten bezogen. Im Mittelalter wurden Hartkäse von den holländischen Seeleuten als haltbarer Proviant über die Weltmeere mitgenommen. Es ist also sicherlich nicht übertrieben, den Vorläufern des *Emmentalers* ein Alter von 2000 Jahren zuzugestehen.

Wir wissen, daß Anfang des 9. Jahrhunderts von der Alpe Gelchenwang im Gunzenrieder Tal Käse an den Karolingischen Königshof in Kempten geliefert wurde. Urkundlich belegt ist für das 12. Jahrhundert die Herstellung von Käse auf dem damals im Besitz der Reichsabtei Ottobeuren befindlichen Gutshof Bellenberg bei Sonthofen.

Auch in den folgenden Jahrhunderten blieb die Käseherstellung im Allgäu heimisch. Vermutlich war die Qualität dieser Käse nicht so gut wie die, welche der Geheime Rat Goethe auf seiner ersten Schweizreise 1775 kennenlernte: »An der Matte fand sich der berühmte Urserner Käse, und die exaltierten jungen Leute ließen sich einen leidlichen Wein trefflich schmecken« (Dichtung und Wahrheit, 4. Teil, 18. Buch). In einer Niederschrift am 21. Juni in Andermatt nannte er den *Ursener Käse* ohne lange Vorrede »trefflicher Käs, sauwohl«.

Auch der Dichter Jean Paul rühmte zu Beginn des 19. Jahrhunderts den Käse aus den Alpen. In Bayreuth, wo der Dichter des »Siebenkäs« als Legationsrat ein angesehener Mann war, erreichte ihn im Jahre 1808 das Geschenk eines Verehrers seiner Dichtung, nämlich »ein Laib extra guten alten Emmenthaler Kas« (Emmenthaler mit th ist die altertümliche Schreibweise; offizielle Schreibweise ist Emmentaler). Mit überschwenglichen Worten, die ein Werbetexter unserer Zeit nicht überzeugender formulieren könnte, schwärmte Jean Paul, der Käse sei »wohl der beste . . ., der gegenwärtig existiert; reich, fett, mild wie ein junger und hinterher von schönstem schärfstem Nachgeschmack wie ein alter«.

Die Kunde von den »trefflichen Käsen« der Schweiz dürfte auch das Allgäu erreicht haben und Anregung dafür gewesen sein, es dort ebenfalls mit Rundkäsen, wie man den *Emmentaler* damals nannte, zu versuchen. Auch muß man wissen, daß damals Fachleute aus dem Lande des »echten *Emmentalers*«, Schweizer Käser aus dem Tal der Emme, in das geologisch und klimatisch ähnlich geartete Allgäu auswanderten und dort die Kunst der heimatlichen Käserei einführten. Der Versuch hatte sich gelohnt, denn nur in geringfügigen Geschmacks- und Aussehensnuancen unterscheidet sich der »echte« *Schweizer Emmentaler* von dem Allgäuer.

Um 1815 wurde die Emmentalerherstellung auf der Alpe Rohrmoos versucht, 1817 in Immenstadt, 1821 in Weiler und schließlich 1827 auf der Alpe Hinterau im Gunzenrieder Tal. Zunächst waren die Produktionsbedingungen primitiv. Wie zuvor bereits berichtet, wurde in einem über dem offenen Feuer hängenden Kessel gekäst, die Temperatur der Kesselmilch wurde mit dem Ellbogen gemessen, und die Laibe wurden beim Pressen mit Steinen beschwert. Ab etwa 1870 setzte dann gleichzeitig mit der Einführung der Gärkeller eine entscheidende Verbesserung ein, die es erlaubte, auch im Allgäu *Emmentaler* bester Qualität herzustellen.

Das Jahr 1827 gilt als das Geburtsjahr des *Allgäuer Emmentalers*. So reihte sich die Allgäuer Käsewirtschaft im Jubiläumsjahr 1977 in das Verzeichnis skurriler Weltrekorde ein mit dem größten je gefertigten *Emmentalerkäse* mit dem stattlichen Gewicht von 348 kg, einem Durchmesser von 156 cm und einer Höhe von 25 cm. Um diesen vielbewunderten Riesenlaib herstellen zu können, waren 4550 kg

Milch notwendig, eine Milchmenge, die etwa der durchschnittlichen Milchleistung einer Allgäuer Braunviehkuh innerhalb eines Jahres bzw. der Tagesleistung von 300 Kühen entspricht.

Selbstverständlich darf auch in Deutschland wie in der Schweiz der *Emmentaler* nur aus Rohmilch hergestellt werden, die nicht über Gewinnungstemperatur erhitzt wird. So ist er ein reines Naturprodukt, für das nur Milch verwendet wird, die strengsten Anforderungen genügt und in der Regel ein Gemisch aus Morgen- und Abendmilch ist. Durch dieses traditionelle Qualitätsbewußtsein gelang es auch den Allgäuer Bauern, sich aus der in den zwanziger Jahren des 19. Jahrhunderts herrschenden großen Not und Armut zu befreien und das Allgäu trotz der für Landwirtschaft an sich ungünstigen klimatischen Bedingungen und trotz der kargen Böden zu einem der reichsten landwirtschaftlichen Gebiete Deutschlands zu machen.

Mit der Umstellung von einer bäuerlichen Mischkultur zur reinen Grünlandwirtschaft und der damit verbundenen Hinwendung zur ausschließlichen Milchwirtschaft waren die Allgäuer Bauern ihrer damaligen Zeit weit voraus. Der Weg, den sie gewählt hatten, war schwer und dornenvoll. Trotz vieler Rückschläge (der Milchpreis von 6 bis 8 Pfennigen für den Liter deckte im Jahre 1900 vielfach nicht die Selbstkosten) war der Siegeszug des Allgäuer *Emmentalers* nicht aufzuhalten, da – wie im württembergischen Allgäu – Männer vom Schlage eines Hugo Farny oder später seines Sohnes Dr. h. c. Oskar Farny mit Zähigkeit und Beständigkeit die Allgäuer Bauern auf ihrem als richtig erkannten Weg bestärkten. Trotz vieler »Versuchungen« wird bis zum heutigen Tage an den strengen Fütterungsvorschriften für die Kühe festgehalten und wird der Allgäuer *Emmentaler* nach wie vor aus roher – »naturbelassener« – Milch hergestellt.

Bis vor wenigen Jahren wurde der Allgäuer *Emmentaler* in etwa 450 kleinen Käsereien hergestellt. Die Käsereien mit ihren dickbauchigen Kupferkesseln wurden weitgehend durch Großbetriebe, die erst den Einsatz moderner rationeller Techniken erlaubten, verdrängt. Der Käsefreund darf beruhigt sein, denn in den derzeitig 44 Käsereibetrieben wird auch bei Einsatz modernster, Handarbeit einsparender Technik der *Emmentaler* immer noch nach der traditionellen Methode hergestellt, denn der Käsemeister weiß, was er seiner Zunft schuldig ist, fühlt er sich doch wie eh und je dem Spruch verpflichtet: »Mein Freund, zum Käsen gehört Genie, aus dem Lehrbuch lernst Du's nie!«

Die Entstehung der Großkäsereien ermöglichte die Steigerung der Jahresproduktion von 10 000 auf 33 000 Tonnen. Zwei von fünf Laiben *Emmentaler* »rollen zum Bahnhof«, d. h. werden exportiert, und das zum Stolz der Allgäuer nicht nur in die Vereinigten Staaten, sondern auch zunehmend in die klassischen Käseerzeugungsländer wie Italien und Frankreich. So darf sich der Käsefreund nicht wundern, wenn er etwa in Verona einem mit Allgäuer *Emmentaler* vollbepackten »Käsewagen« begegnet.

Zur Herstellung von *Emmentalerkäse* wird süße, frische Rohmilch, die nicht mehr als 15 Stunden alt ist und der ein Teil des Rahmes (aus dem Butter gemacht wird) entzogen wurde, verwendet. Für einen Laib *Emmentaler* von 75 kg werden 1000 kg Milch benötigt, eine Milchmenge, die dem Tagesgemelk von etwa 70 Kühen entspricht.

Während man früher die Käsereifung den zufällig in der Milch vorhandenen Bakterien überließ, setzt man heute Reinkulturen, die aus besonders guten Käsen gewonnen wurden, der Milch zu, um die Reifungsvorgänge zu steuern. Besonders vorsichtig dosiert der Käser die tropfenweise Zugabe der für die spätere Lochbildung verantwortlichen Propionsäurebakterien. In großen Kesseln von 1000 bis 10 000 Liter Inhalt wird die auf 31 °C erwärmte Milch durch das ebenfalls

Schweizer Alpkäserei

zugesetzte Labenzym zur Gerinnung gebracht. Die bei der Gerinnung entstehende Gallerte wurde früher zunächst mit dem Käsesäbel zerschnitten. Heute wird sie mittels einer Käseharfe zerkleinert. Unter Rühren wird der Käsestoff (Kasein) von der Molke getrennt und zu Bruchkörnern von Reiskorngröße geschrumpft, wobei die Temperatur im Käsekessel langsam auf 51 °C erhöht wird. Man nennt diese Temperaturerhöhung »Brennen«, was zur Erhaltung eines festen und elastischen Bruches notwendig ist.

Sobald der Käser auf Grund seiner Erfahrung erkennt, daß die Bruchkörner die erwünschte Konsistenz erreicht haben, wird der Bruch in Formen abgefüllt, die früher grundsätzlich mit Tüchern ausgelegt waren. Den Abdruck der grobgewebten Tücher kann man noch beim reifen Käse auf der Rinde erkennen. Heute werden jedoch häufig schon tuchlose perforierte Metallformen verwendet.

Bei der handwerklichen Emmentalerkäserei erfolgte das Ausschöpfen des Bruches aus dem Käsekessel mittels eines Tuches (Kesseltuch); bei der technisierten Käserei wird der Bruch über ein Bruchverteilungssystem in die Formen abgefüllt. Die mit dem Bruch gefüllten Formen werden für 18 bis 20 Stunden auf die Presse gebracht, wo die Restmolke unter steigendem Druck weitgehend ausgepreßt wird, der Käselaib seine Form erhält und sich eine glatte, geschlossene Rinde ausbildet.

Nach dem Pressen kommen die Laibe für 4 bis 5 Tage in ein Salzbad, das dem Käselaib noch weitere Flüssigkeit entzieht und zu einer Verhärtung der äußeren Schicht führt (Rindenbildung). Das lange Lagern im Bad und das ständige Bestreuen mit Salz leiten auch die ersten Stufen der Aromabildung ein.

Die nächste Phase beantwortet auch die Frage: »Wo kommen die Löcher im Käse her?«, über die, wie erwähnt, Tucholsky sich seine Gedanken ebenso gemacht hat wie jene, die glauben, sie müßten einzeln gebohrt werden oder eine Spezialeinheit der Schweizer Artillerie sei für diese Löcher verantwortlich zu machen. Aber wissenschaftlich geht es nun wie folgt weiter:

Zunächst kommen die Käselaibe in den Übergangskeller, in dem eine Temperatur von 10 bis 14 °C herrscht. Hier setzt sich der schon auf der Presse begonnene Prozeß der mikrobiellen Umwandlung des Milchzuckers in Milchsäure und der Abbau der Eiweiße fort, der für die weitere Entwicklung der Käse von großer Bedeutung ist. Dann werden die Laibe in den eigentlichen Gär- oder Heizkeller verbracht, in dem eine konstante Temperatur von 22 °C herrscht.

Nachdem sich genügend Milchsäure gebildet hat und auch in ausreichendem Maße Eiweißstoffe abgebaut worden sind, setzen die Propionsäurebakterien mit einer starken Vermehrung und schließlich auch mit einer stürmischen Gasbildung (Kohlensäure) ein. Die Gasbildung beginnt, wenn die Käse ein Alter von etwa 5 bis 6 Wochen erreicht haben, und dauert etwa 2 Wochen an. Der Käser, der seine Käse im Gärkeller laufend beobachtet, erkennt das Einsetzen der Gasbildung an einem Höherwerden der Käse, denn in dem noch plastischen Teig verdrängt das Gas punktuell die Käsemasse und wird in den Löchern oder Augen eingeschlossen.

Nach Abschluß der Lochbildung werden die Laibe langsam abgekühlt und wandern dann in kühlere Lagerkeller, wo sich durch den Stoffwechsel bestimmter Bakterien die Reifung durch weitere Umsetzung der Eiweißstoffe und durch Bildung der typischen Geruchs- und Geschmacksstoffe fortsetzt. Während der Reifungs- und Lagerzeit müssen die Laibe wöchentlich gewaschen und umgesetzt werden, während sich der Teig des Käses durch die Tätigkeit der Bakterien immer mehr der Genußreife nähert.

Frühestens nach drei Monaten kommt hoher Besuch: Amtlich bestellte Fachleute beurteilen jeden einzelnen Laib gesondert. Form und Rindenoberfläche werden kritisch überprüft, der Käse wird abgeklopft, wobei sich Fehlgärungen durch einen besonderen Schall erkennen lassen. Zur endgültigen Beurteilung und Klassifizierung des Käselaibes wird mittels eines »Käsebohrers« ein etwa daumendicker,

Amtliche Güteprüfung
(Foto: CMA)

Der Böhrling eines Emmentalers wird fachmännisch begutachtet (Foto: Luh)

10 bis 12 cm langer Böhrling entnommen, und an ihm werden Aussehen, Lochung, Teigkonsistenz, Geruch und Geschmack geprüft. Nur die allerbesten Käse werden als Markenkäse klassifiziert und erhalten auf ihrer Rinde den begehrten roten Stempel.

Die Klassifizierung der *Emmentalerkäse* in »Markenkäse«, »Klasse fein« und »Klasse mittel« ist dringend notwendig, da Qualitätsschwankungen auch beim *Emmentaler* nicht allzu selten sind. Als Käsefreund sollte man sich zur Käseplatte oder für Käsehappen stets auf den Markenkäse beschränken. Für Käsefondue oder Kässpätzle kann es auch eine andere Handelsklasse sein.

Wer den *Emmentaler* schätzt, bedauert die Entwicklung zu den frühgereiften Folienkäsen mit ihrem gummiartigen Teig und ihrem ausdruckslosen Aroma. Diese Käse sind zwar wesentlich billiger als ein Marken-*Emmentaler* – oft bekommt man sie sogar im Sonderangebot –, sie sind aber auch nicht als »königliche Käse« zu bezeichnen.

Man soll auch mit dem besten *Emmentaler* ein gewisses Maß halten, damit es dem Gourmet, der ihn »für sein Leben« gern hat, nicht ergeht wie dem römischen Kaiser Antoninus Pius, Stief- und Schwiegervater von Marc Aurel: An einem Tag des Jahres 161 aß Antoninus Pius, einer der wenigen sympathischen römischen Cäsaren, so viel rätischen Käse (aus Rätien, einer Provinz, zu der auch das Allgäu gehörte), daß er daran starb.

Werner A. Widmann erzählt die gruselige Geschichte von der Allgäuer Käsestadt Konstanza an den Ufern des Alpsees nahe Bühl: »Ihre Bewohner sollen vor lauter Überfluß so frevlerisch geworden sein, daß sie sogar die Straßen mit Käselaiben pflasterten und auf den Altar ihres Heiligtums einen riesigen Käse stellten. Das konnte nicht gutgehen. Der Käsegott von Konstanza wurde von Tag zu Tag schwerer, bis er in die Tiefe plumpste und ganz Konstanza mitriß. Und das ist beileibe keine Erfindung, haben doch einmal drei Bühler Mädchen die Reste dieses Milch- und Käse-Vinetas in den Tiefen des Alpsees erschaut. Sie wurden so erschreckt, daß sie ihre Brautgewänder gegen Klosterkutten umtauschten und fürderhin nur noch dem Gebet lebten.«

Französische Hartkäse:
Beaufort – Emmentaler – Comté
(Foto: Sopexa)

Steckbrief des Emmentaler

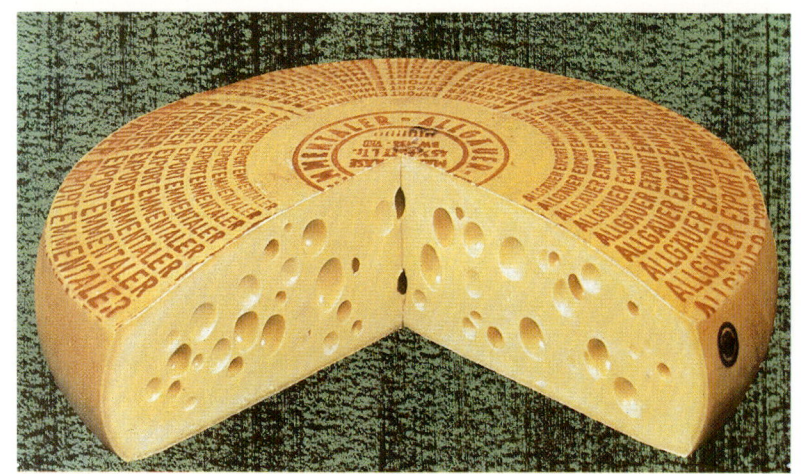

(Foto: VKD)

Form und Größe	Runde Laibe, Durchmesser 70 bis 90 cm, 20 bis 23 cm hoch, nach außen gewölbt, Gewicht 75 bis 100 kg. Auch Blockstücke von 38 bis 45 kg Gewicht.
Rinde	Braungelb, trocken, Oberfläche leicht nach außen gewölbt.
Teig	Elfenbeinfarbig bis gelblich, schnittfest mit möglichst regelmäßig verteilten, mindestens kirschkerngroßen Löchern (1 bis 3 cm Durchmesser).
Zusammensetzung	Trockenmasse: 62 bis 65%; Fett: 45% i.Tr.; in 100 g 30 g Fett und 27 g Eiweiß.
Geschmack	Vollmundig, haselnußkernig, harmonisch, mit zunehmendem Alter kräftiger.
Herstellung	Stets aus roher Milch. Verarbeitet wird Gemisch von Abend- und Morgenmilch. Der Bruch wird gebrannt. Laibe werden für zwei bis drei Tage ins Salzbad eingelegt. Vor dem Einbringen in den Gärkeller Vorlagerung bei niederer Temperatur. Gärkelleraufenthalt bei 22 bis 23 °C für 6 bis 8 Wochen. Gesamtreifung ca. 3 Monate.
Aufbewahrung im Haushalt	Das möglichst frisch gekaufte Stück bleibt zwei Wochen schmackhaft, wenn man es bei 10 bis 12 Grad im Keller oder Kühlschrank aufbewahrt. Es soll in Alufolie verpackt werden. Besser ist die Lagerung, wenn man den Käse in ein mit Wasser oder Wein befeuchtetes Leintuch einschlägt, das alle zwei Tage erneuert wird und das nicht direkt auf dem Käse aufliegen darf.
Verwendung	Emmentaler soll – wie alle Hartkäse – mindestens eine Stunde vor dem Servieren ausgepackt an die Raumtemperatur gewöhnt werden. So entfaltet er alle seine Geschmacksstoffe. Für alle Hartkäse, so auch für den *Emmentaler,* gilt, daß sie sehr vielseitig verwendbar sind. Mit allen Brotarten kann man sie je nach Geschmack genießen. Mit gemahlenem Pfeffer oder scharfem Senf bekommt er eine besondere Würze. Liebhaber der süßen Richtung können ihn auch mit Früchtesenf, Chutney und Marmelade (Orangen-, Kirschmarmelade), die in die Löcher geschmiert wird, genießen. Zum Frühstück oder Zwischenimbiß (Casse-Croûte und Canapé bei

den Franzosen, Znüni und Zvieri bei den Schweizern) schmeckt eine dicke Emmentalerscheibe hervorragend, wobei man als Zugabe Apfelscheiben und Nüsse, möglichst aber kein Brot wählen sollte. Alle Arten Obst, vor allem Weintrauben und Mandarinenscheiben oder auch frische Feigen, ergänzen diesen Käse hervorragend. Auch Radieschen, Gurken, Tomaten und Champignons vertragen sich gut mit ihm. Als Partyhäppchen, zu einem Käseessen und als Dessertkäse sind der *Emmentaler* und seine Verwandten genauso wenig wegzudenken wie in der Küche, wo er etwa zur Sauce Mornay ebenso gehört wie in viele überbackene Gerichte, Nudelgerichte und zu verschiedenen herzhaften Kuchen, nicht zuletzt zur weltweit verbreiteten Pizza.

Zum Überziehen von Fisch, Gemüse und Eiern sollte man Emmentaler nicht fein reiben, sondern raspeln oder in Scheibchen schneiden, weil er dann besser schmilzt.

In vielen Käsesalaten finden wir ihn in Scheiben oder Stifte geschnitten. Unerläßlich ist er für die Fondue.

Passende Weine	Junger Emmentaler liebt harmonische Weißweine mit feiner Säure und zartem Bukett (Silvaner, Kerner). Auch milde, fruchtige Rotweine ergänzen ihn gut: Samtrot, Beaujolais und Bardolino. Vollreifer Emmentaler schätzt vollmundige, kräftige Weißweine (Scheurebe, Weißburgunder, Morio-Muskat, Ruländer) sowie kernige Rotweine (Spätburgunder, Blauburgunder). Zu altem Emmentaler passen edle Weißweine voller Eleganz (Gewürztraminer) und geschmeidige, fruchtige Rotweine (Lemberger, Côtes-du-Rhône).
So ist er am besten	Feste Rinde, heller, gelblicher, fester, leicht elastischer Teig mit gleichmäßiger, nicht zu enger Lochung. Feiner, tröpfchenförmiger Wasseraustritt in den Löchern (tränende Augen) ist das Kennzeichen eines altgelagerten, besonders wertvollen *Emmentalers*. Solche Exemplare sind so selten geworden wie wasserklare Smaragde.
So darf er nicht sein	Zu viele oder zu große Löcher, Risse und Spalten, schmieriger und pappiger Teig, stark saurer Geruch (Essigsäure), brennender oder parfümiger Geschmack, bitterer Nachgeschmack.

Uralter Adel: Appenzeller

Das vom Kanton St. Gallen rings umschlossene, von dem wuchtigen Kalkmassiv des Säntis überragte Berg- und Hügelland des Schweizer Kantons Appenzell mit seinen hellen Matten auf sanft geschwungenen Höhen, mit seinen gepflegten Dörfern und weit verstreuten Einzelgehöften, diese erholsame Voralpenlandschaft mit dunklen Wäldern, mit weiten und engen Tälern (Tobeln) ist die Heimat des *Appenzeller* Käses.

Heute indes wird er auch in den benachbarten Kantonen St. Gallen, Zürich und Thurgau hergestellt.

Seine Geschichte reicht tief ins Mittelalter. Schon vor über 750 Jahren wurde er als Abgabe an das Kloster St. Gallen geliefert, und im Mittelalter war der auch im Ausland beliebte Käse meist so knapp, daß ab 1571 den Käsehändlern auferlegt wurde, nur noch die den heimischen Bedarf übersteigende Produktion zu exportieren.

Die Appenzeller sind traditionsbewußt. So wie sie an der unmittelbaren Demokratie festhalten, wenn sich am letzten Aprilsonntag die stimmfähigen Bürger auf dem Landsgemeindeplatz versammeln, um die Behörden zu wählen und Gesetze zu beschließen, so halten sie auch die Qualität ihrer Erzeugnisse über Jahrhunderte auf hohem Niveau. Verlagerte sich auch die Herstellung ihrer Käse im vergangenen Jahrhundert aus den Bergen in die Täler, änderten sich auch die speziellen Arbeitsmethoden und Geräte, so hielten sie doch viele ihrer Rezepte geheim und verfeinerten ihren *Appenzeller* Käse, soweit das überhaupt noch möglich war. Um sicherzustellen, daß der spezifische Charakter des *Appenzellers* erhalten bleibt, wurde 1942 eine Geschäftsstelle für *Appenzeller* gegründet, deren Aufgabe in erster Linie darin besteht, die Erhaltung und Förderung der Qualität des *Appenzeller* Käses zu gewährleisten.

Die Herstellung des *Appenzellers* ähnelt im Prinzip der des *Emmentalers*, weicht jedoch in Details von dieser ab. So wird der Bruch aus Rohmilch nur auf 42 bis 46 °C, bei der fettarmen Variante, dem Räßkäse, sogar nur auf 36 bis 38 °C nachgewärmt. Nach dem Salzbad werden die *Appenzeller*-Laibe während 10 Tagen regelmäßig einzeln mit Bürste und Salz behandelt, damit sich die erwünschte Rindenschmiere ausbildet. Während der Reifung folgt dann eine äußerliche Behandlung mit einer Sulz, die zu der typischen Geruchs- und Geschmacksbildung dieser Käse führt. Diese flüssige Sulz besteht aus Wein, Salz, Pfeffer und Gewürzen und wird mit Hefen angereichert. Die genaue Zusammensetzung der Sulz wird streng geheimgehalten, so daß bis auf den heutigen Tag der Versuch zur Nachahmung außerhalb des Herstellungsgebietes ohne Erfolg blieb. Die Reifung des *Appenzellers* benötigt 4 bis 7 Monate. Je älter die Laibe sind, desto würziger und räßer wird ihr Geschmack.

Ein auffallendes Kennzeichen des *Appenzellers* ist der intensive Geruch der Rinde, der jede Verpackung durchdringt.

Steckbrief des Appenzeller

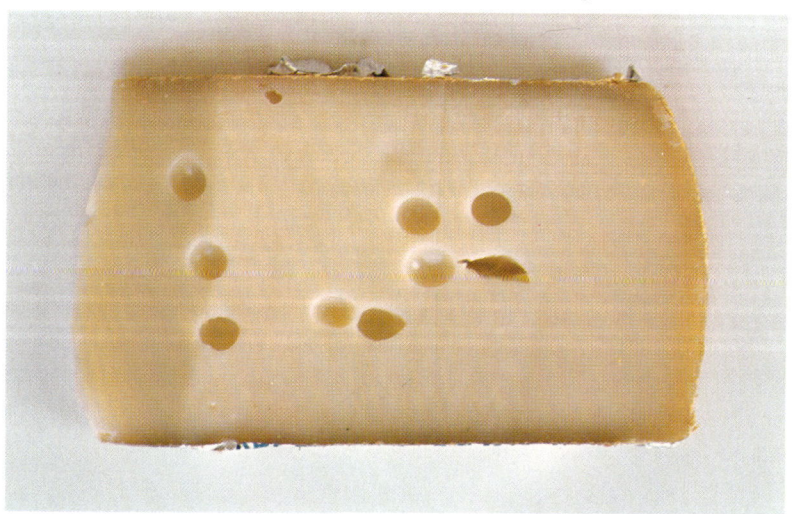

(Foto: Kielwein-Daun)

Form und Größe

Runde, leicht gewölbte Laibe. Durchmesser: 20 bis 30 cm; Höhe: 12 bis 15 cm; Gewicht: 6 bis 8 kg.

Rinde	Feste, etwas feuchte Rinde mit gelblich-grau-brauner Schmiere und intensivem Geruch.
Teig	Gelblich, weich-elastisch, etwas speckig, schnittfest. Sparsame Lochung von Maiskorn- bis Kirschkerngröße beim Vollfettkäse; der Teig des Räßkäses ist etwas blasser, die Lochung zahlreicher und kleiner, das Aroma rezenter.
Zusammensetzung	Appenzeller wird produziert als Vollfettkäse und als Viertelfettkäse (Räßkäse). Trockenmasse: 58 bis 62%; Fett: 20 bzw. 50% i.Tr.; in 100 g 12 bzw. 30 g Fett und 36 bzw. 27 g Eiweiß.
Geschmack	Im Innern des Käses rein, aromatisch, mild oder auch kräftig-würzig (Räßkäse), etwas salziger als Emmentaler, weinig.
Herstellung	Ähnlich der des Emmentalers, jedoch Rindenbehandlung mit spezieller Sulz.
Aufbewahrung im Haushalt	Wie andere Hartkäse. Da die Rinde einen intensiven Geruch abgibt, sollte der Appenzeller fest in Folie verpackt und nicht mit anderem Käse oder Lebensmitteln zusammen aufbewahrt werden.
Verwendung	Als Tafelkäse, zum Dessert, als Zwischenmahlzeit mit Senf und Kümmel zu kräftigem Roggenbrot mit einem herben Wein oder Bier. Der Appenzeller eignet sich gut als Cocktailhappen, garniert mit Trauben, frischen Feigen, Äpfeln oder Birnen. Auch zu Käsefondue und zum Gratinieren geeignet.
Passende Weine	Feinblumige, vollmundige Weißweine (Scheurebe, Weißburgunder, Frascati secco) und fruchtige, würzige Rotweine (Spätburgunder und Chianti Classico).
So ist er am besten	Fehlerlose Rinde mit dunkler Schmiere und intensiver Geruchsentwicklung; schnittfester, etwas speckiger Teig mit spärlicher Lochung des vollfetten, etwas reichlicherer Lochung des Räßkäses. Fruchtig-weinig im Geschmack, rezent bis scharf (räß) im Aroma.
So darf er nicht sein	Rinde rissig und mit Weißschmiere; Teig weiß, schmierig oder bröckelig, Spaltenbildung (Gläs); Geschmack säuerlich, bitter bis ranzig.

Edler Eremit der Almen und Alpen: Bergkäse

Unter *Bergkäse* versteht man Hartkäse, die auf Almen hergestellt werden, die meist eine geringe Lochung und teilweise eine Rinde mit Schmiere aufweisen. Gemeinsam bei der Herstellung dieser Käse ist, daß der Bruch wie beim *Appenzeller* nachgewärmt, aber nicht, wie beim *Emmentaler*, gebrannt wird.

Die im deutschen Alpengebiet hergestellten *Bergkäse* tragen im allgemeinen nur die Bezeichnung »Bergkäse« mit lokalen Zusatzbenennungen; sie werden häufig auch nur in der Umgebung des Herstellungsortes angeboten.

Auch in der Schweiz (z. B. *Grindelwaldnerkäse*) und in Österreich (z. B. *Tyroler Alpenkäse*) ist die Benennung nach dem Herkunftsort üblich.

Den *Räßkäse* rechnet man ebenso zu den *Bergkäsen* wie den *Pinzgauer Bierkäse*.

In Italien kennt man den *Bergkäse* unter den Bezeichnungen *Formaggio di monte, Formaggio di montagna*.

Auch in den Pyrenäen, in Jugoslawien und Griechenland wird *Bergkäse* erzeugt.

Die *Allgäuer Bergkäse* kommen von den in Höhenlagen zwischen 900 und 1800 m gelegenen Sennalpen. Die Herstellung der *Bergkäse* in den Allgäuer Alpen dürfte schon den Kelten bekannt gewesen sein (Casii alpini). Leider ist die Erzeugung in jüngster Zeit zunehmend rückläufig. Der wesentliche Grund für diese Entwicklung liegt am Personalmangel: Die Almen werden oft nur noch mit Jungvieh und immer weniger mit Milchvieh beschickt.

In Österreich werden die *Bergkäse* in Tirol und Vorarlberg, im Salzburger Land und in geringerem Umfang in Kärnten hergestellt.

In der Schweiz wird *Bergkäse* während des sommerlichen Almaufenthalts der Milchkühe als gemeinwirtschaftliche Milchverwertung produziert. Im Herbst werden die Käse zu Tal transportiert und anläßlich eines besonderen Festes, der Käs-Teilet, den Besitzern im Verhältnis der von ihren Kühen zur Verfügung gestellten Milch zugeteilt.

Früher dienten die Käse nahezu ausschließlich zur Ernährung der Bergbevölkerung in den langen Wintermonaten, da in dieser Zeit wegen des Trockenstehens der Kühe und des Futtermangels, besonders gegen Ende des Winters, nur wenig Milch gemolken werden konnte.

In der Schweiz verfügt jedes bedeutende Alpental über einen besonderen *Bergkäse* mit oder ohne eigene Herkunftsbezeichnung: *Brienzer Käse, Frutigkäse, Obersimmentaler Käse, Sigriswiler Käse, Lauterbrunner Käse, Glarner Käse, Graubündner Alpkäse, Schwyzer Alpkäse, St. Galler Alpkäse, Urner Alpkäse, Walliser Alpkäse, Piora* und viele andere. Auch der *Raclette*, wie der *Gomser Alpkäse* aus den Walliser Alpen genannt wird, ist den *Bergkäsen* zuzurechnen.

Die Herstellung des *Bergkäses* ähnelt der des *Emmentalers.* Verkäst wird die täglich anfallende Milchmenge in Kupferkesseln verschiedener Größe, die mit Holzfeuerung beheizt werden. Die Bruchzerkleinerung geschieht von Hand mit Harfen, in der Schweiz anstelle von Harfen öfter mit geschälten jungen Tännlein mit kurzgeschnittenen Ästen. Das Bruch-Molke-Gemisch wird auf 38 bis 48 °C nachgewärmt. Die Masse wird mit einem Tuch in eine Holzform ausgehoben. Das Pressen erfolgt auf den größeren Almen mit Spindeln, auf kleineren mit Steinen. Während des eintägigen Pressens wird der Käse mehrmals gewendet und jeweils in neue Tücher eingeschlagen. Nach dem Pressen kommen die Käse für ein bis drei Tage in das Salzbad. Auf höher gelegenen Almen werden die Käse mitunter noch von Hand trockengesalzen.

Die Gärung und Reifung der *Bergkäse* vollzieht sich in Kellern oder in einem Stadel, wobei der Käse immer wieder mit salzgetränkten Lappen abgerieben werden muß. Da die Temperaturen in den Reifungsräumen naturgemäß stark schwanken, verläuft der Reifungsprozeß bei den *Bergkäsen* sehr unterschiedlich.

Spätestens im September werden die Käse zu Tal gebracht. Dort

Die Käsepalette der Schweiz:
1 Emmentaler; 2 Sbrinz; 3 Tête de
Moine; 4 Royalp; 5 Greyerzer;
6 Appenzeller; 7 Schabzieger;
8 Freiburger Vacherin
(Foto: Schweizerische Käseunion,
Bern)

reifen sie noch weiter, dann werden sie bei 12 °C gelagert. Am besten sind die lange gelagerten *Bergkäse*, wobei Lagerzeiten bis zu 15 Monaten erreicht werden.

Da die Bergbauern selbst ihre besten Kunden sind, ist es schon ein Glücksfall, wenn man *Bergkäse* in einem Fachgeschäft außerhalb des Erzeugungsgebietes erhält. In den Monaten September und Oktober sollten Sie noch zurückhaltend sein, denn zunächst werden die fehlerhaften Produkte am Markt angeboten. Etwa ab Weihnachten hat dann der *Bergkäse* seine volle Reife erreicht, so daß man unbedingt zugreifen sollte, wenn man auf ein Angebot stößt. Besonders zu empfehlen ist dieser vorzügliche Käse als Katerfrühstück, und mancher strapazierte Magen wurde nach einer durchtanzten Nacht in der Fastnachtszeit von diesem Eremiten wieder schnell ins Lot gebracht!

Wenn schon die besonders alten *Bergkäse* außerhalb des Erzeugungsgebietes rar und teuer sind, sollte sich der »Sommerfrischler«, insofern er ein Käsefeinschmecker ist, im Alpengebiet unbedingt auf die Suche nach einem Stück vom vorigen Jahr machen. Wer nicht auf den Pfennig schaut und mit guten Worten einen Händler überzeugen kann, daß man einen guten alten *Bergkäse* mit »Tränen in den Augen« (Schwitzwasser in den Löchern) kulinarisch zu schätzen weiß, wird auch fündig werden. Aber auch die Senner hüten ihre edelsten Stücke wie ein Kellermeister seine besten Tropfen: Nicht jeder Normalverbraucher wird ihrer für würdig befunden.

Der geübte Gourmet wird wissen, welcher Genuß ihn erwartet. Nur der Anfänger unter den künftigen Käsekennern wird sich wohl den Genuß dadurch schmälern, daß er den *Bergkäse* zum Brotbelag degradiert. Tun Sie es nicht! Verzehren Sie das seltene Stück mit Messer und Gabel und runden Sie seinen Geschmack mit einer saftigen Birne oder Weintrauben harmonisch ab. Der Genuß wird zur Vollendung, wenn Sie noch einen edlen, nicht zu schweren Rotwein – in Tirol kann man unbesorgt zu einem »Kalterer See« greifen – dazu trinken.

Steckbrief des Bergkäse

(Foto: CMA)

Form und Größe	Laibkäse; in Deutschland und Österreich liegt das Gewicht zwischen 20 und 50 kg, in der Schweiz sind die Laibe meist kleiner (2 bis 20 kg).
Rinde	Teils trockene, teils geschmierte braune Rinde.
Teig	Der geschmeidige, schnittfeste bis harte Teig weist bei älteren Bergkäsen einen mattgelben Farbton auf, bei jungen Käsen ist er weißlich. Die Lochung ist spärlich und erbsen- bis kirschkerngroß, manchmal tritt geringe Spaltenbildung auf.
Zusammensetzung	Trockenmasse: 62 bis 68 %; Fett: 45 bis 50 % i. Tr. (bei deutschen und österreichischen Bergkäsen), 8 bis 49 % i. Tr. (Schweiz); in 100 g 27 bis 32 g Fett und 32 g Eiweiß (bei deutschen und österreichischen Bergkäsen); 4 bis 31 g Fett und 28 bis 39 g Eiweiß (bei Schweizer Bergkäsen).
Geschmack	Mild, vollaromatisch, manchmal etwas säuerlich, rezent.
Herstellung	Aus Rohmilch, ähnlich der des Emmentalers.
Aufbewahrung im Haushalt	Wie andere Hartkäse. Sehr zu empfehlen: die gute alte Käseglocke, zusammen mit einem Glas Wein darunter.
Verwendung	Als Tafelkäse, als Zwischenmahlzeit und als Dessert (ohne Brot!), in mundgerechten Stücken als Happen mit Birnen, Trauben oder frischen Feigen zu Wein und Drinks.
Passende Weine	Edle, große Weißweine (Gewürztraminer). Alkoholreiche Roséweine (Pinot Noir und würzige Spätburgunder-Weißherbste) und samtige Rotweine (Médoc, Samtrot).

So ist er am besten	Fehlerlose Rinde, Teig fest bis hart und von gelblicher Farbe. Spärliche, kleine Lochung, geringe Spaltenbildung ist erlaubt und bei älteren Käsen erwünscht. Der Geschmack soll vollaromatisch und rezent sein.
So darf er nicht sein	Teig weißlich, gummiartige Konsistenz, zahlreich gelocht, im Geschmack ausdruckslos, säuerlich und bitter.

Der stolze Burgherr von Gruyère: Greyerzer

Die Heimat des *Greyerzers*, den man in Frankreich *Gruyère (de Comté)* nennt, sind das malerisch gelegene Schloß und das Städtchen Greyerz im schweizerischen Voralpengebiet, das diesem berühmten Käse seinen Namen gab. Seine Geschichte geht bis ins 12. Jahrhundert zurück, als man auf den zur Abtei Rougemont gehörenden Alpweiden gewichtige Käselaibe herstellte, von denen viele auf die Tische der anspruchsvollen Feinschmecker des nahen Frankreich gelangten. Von den Almen, die in der Schweiz Alpen genannt werden, wanderte im 19. Jahrhundert die Herstellung auch in die neuen Talkäsereien. Das hatte, ähnlich wie beim *Emmentaler*, den Vorteil, daß man größere Laibe herstellen konnte, da sie nicht mehr mühsam auf Räßen ins Tal getragen werden mußten.

In unseren Tagen wird der *Greyerzer* nicht nur in der welschen, sondern auch in der deutschsprachigen Schweiz hergestellt, und zwar in den Kantonen Freiburg, Waadt, Neuenburg sowie im Berner Oberland. Auch im Ausland wird, neben Frankreich, dieser dem *Emmentaler* nahe verwandte Hartkäse produziert: in Finnland kennt man ihn als *Perniön Gruyère*, in Griechenland heißt er *Graviera*, in Jugoslawien und Polen kommt er als *Grojer* auf den Markt, *Groyer* heißt er in Österreich, und in der Türkei weiß man ihn als *Gravyer peyniri* zu schätzen.

Äußerlich unterscheidet sich der *Greyerzer* vom *Emmentaler* durch kleinere Laibe, eine etwas feinere, fettig-weiche Teigbeschaffenheit, sowie eine kleinere Lochung. Der Kenner schätzt ihn als besonders gelungen, wenn die wenigen Löcher erbsengroß sind. Kleine Risse, in der Fachsprache »Gläs« genannt, werden indes nicht als Fehler empfunden, sondern weisen auf einen Käse von besonders mürbem Teig und ausgereiftem Aroma hin.

Die Herstellung entspricht etwa der des *Emmentalers*: Der Rohmilch wird ein etwas höherer Fettgehalt belassen als der Kesselmilch bei der Emmentalerherstellung; die sichtlich kleineren Laibe (20 bis 45 kg) werden bei niedrigen Temperaturen gereift; nach 5 Monaten mild im Geschmack, wird er nach 8 bis 12 Monaten Reifezeit rezenter im Aroma, gleichzeitig zarter im Teig.

Ob der Graf von Greyerz, dem der Käse früher als Steuer abgeliefert werden mußte, bereits die Kombination verschieden reifer *Greyerzer* mit dem milderen *Emmentaler* und weichen Käsesorten auf einer Käseplatte servieren ließ, ist leider nicht überliefert, aber in dieser Umwelt bringt er seinen unvergleichlichen Geschmack am eindrucksvollsten zur Wirkung.

Steckbrief des Greyerzer

Form und Größe	Flache zylindrische Laibe, die an den Rändern nur schwach gewölbt sind; Durchmesser 40 bis 65 cm, Höhe 9 bis 13 cm, 20 bis 45 kg Gewicht.
Rinde	Rötlich-braun mit feuchter Schmiere, die nach dem Austrocknen einen körnigen Belag aufweist. Echtheitsstempel: Switzerland (rot), bei kleinen Portionsstücken zusätzlich der kleine Alphornbläser als Herkunftsgarantiezeichen.
Teig	Elfenbeinweiß bis schwach gelblich, elastisch und fettigweich, schnittfest. Spärliche, erbsengroße Lochung, auch feine Risse.
Zusammensetzung	Trockenmasse: mind. 62%; Fett: 45 bis 50% i.Tr.; in 100 g bis 32 g Fett und 30 g Eiweiß.
Geschmack	Mild bis vollwürzig oder rezent, je nach Alter. Nach 5 Monaten Reifezeit: mild, zart und elastisch. Nach 8 Monaten Reifezeit: zart, rezent. Nach 12 Monaten Reifezeit: mürbe, rezent und aromatisch.
Herstellung	Ähnlich dem Emmentaler, Reifung jedoch bei kühleren Temperaturen, regelmäßiges Wenden und Schmieren der Rinde.
Aufbewahrung im Haushalt	Bei 10 bis 14 Grad im Keller oder in der Speisekammer, in Folie oder in ein feuchtes Tuch eingeschlagen, das täglich gewechselt werden muß. Der Käse kann so 2 bis 3 Wochen ohne Schaden gelagert werden.
Verwendung	Als Tafelkäse und Dessertkäse, als Imbiß zusammen mit Äpfeln, als Zwischenmahlzeit mit einem Glas Portwein. Käsehäppchen schmecken besonders lecker mit Trauben, Feigen, Datteln und Nüssen, herzhaft mit Oliven, Cornichons, Perlzwiebeln und Radieschen, wobei auch Pfeffer und Kümmel als Würze willkommen sind. Eine Käsefondue ohne Greyerzer ist kaum denkbar!
Passende Weine	Feinblumige, vollmundige Weißweine (Weißburgunder, Ruländer) und würzige Rotweine (Schweizer Spätburgunder).
So ist er am besten	Fehlerlose Rinde, schnittfester feiner Teig, nur geringe Lochung mit einigen kleinen Rissen, rezent im Aroma.
So darf er nicht sein	Süßlicher Geschmack (Emmentalerreifung), viele kleine Löcher (Tausendlöchler), Rindenfäule.

Sonstige Hartkäse mit Lochbildung

Die Schwierigkeiten, die beim Versuch auftraten, außerhalb der Alpen- und Voralpengebiete *Emmentalerkäse* herzustellen, oder auch der Wunsch, die strengen Fütterungsvorschriften im klassischen Emmentalergebiet zu umgehen, führten dazu, daß vielerorts zur Herstellung von Käsen vom Typ *Emmentaler* pasteurisierte Milch verwendet wird. In den USA kommt ein solcher Käse in Blöcken von etwa 9 kg Gewicht in den Handel, die von etwa 50 kg schweren Käsen abgeschnitten werden.

Auch in der Bundesrepublik Deutschland wird seit der Mitte der fünfziger Jahre *Viereckhartkäse* aus wärmebehandelter Milch hergestellt. Die Deutsche Käseverordnung schreibt vor, daß Käse vom *Emmentaler*-Typ, der nicht aus Rohmilch, sondern aus wärmebehandelter Milch hergestellt wird, nur als »Hartkäse«, nicht jedoch als *Emmentalerkäse* bezeichnet werden darf.

In Schweden wurde eine Modifikation des *Emmentalerkäses* aus pasteurisierter Milch entwickelt: *Herrgårdsost.* Der heute auch in der Bundesrepublik Deutschland angebotene *Jarlsberg* stammt aus Süd-Norwegen und wird ebenfalls aus pasteurisierter Milch hergestellt.

Beim *Tiefländer Käse* in der DDR handelt es sich ebenfalls um einen Hartkäse vom *Emmentaler*-Typ auf der Grundlage von pasteurisierter Milch.

Greyerzer aus der Westschweiz
(Foto: Schweizerische Käseunion, Bern)

Die aus wärmebehandelter Käsereimilch hergestellten Hartkäse sind auf den ersten Blick für den Verbraucher nur schwer vom *Natur-emmentaler* zu unterscheiden. Der Verbraucher muß sich beim Einkauf schon an der Kennzeichnung orientieren.

Felsberg – eine deutsche Variante des Jarlsberg
(Foto: Prinz-Käsewerke, Felsberg-Gensungen)

Über die Unterschiede im Geschmack und Geruch von *Emmentaler* und *Viereckhartkäse* ist viel gestritten worden. Die Unterschiede kann man nicht aus einem Buch erlernen. Der Käsekenner muß sich selbst entscheiden, welcher Geschmacksrichtung er den Vorzug gibt. Wenn er sich entschieden hat, sollte er die Auswahl nicht der Verkäuferin an der Käsetheke überlassen und einfach nach »*Schweizer Käse*« fragen, eine Bezeichnung, die auf den aus der Schweiz stammenden Käse beschränkt bleiben sollte. Bedauerlicherweise unterscheiden viele Verkäuferinnen und Verkäufer nicht zwischen *Schweizer Emmentaler*, *Allgäuer Emmentaler* und *Viereckhartkäse*; sie bezeichnen alles als »*Schweizer Käse*«.

Der Hartkäse kann im allgemeinen wie der *Emmentalerkäse* verwendet werden. Den Schwaben unter den Lesern sei verraten, daß sich für »Kässpätzle« (siehe Rezeptteil) nur der *Naturemmentaler* eignet, da nur dieser die erwünschte Fadenbildung bringt.

Der aus Norwegen stammende *Jarlsberg-Ost* wird dort aus pasteurisierter Kuh- und Ziegenmilch hergestellt, während in Deutschland nur pasteurisierte Kuhmilch als Ausgangsprodukt dient. Der Herstellungsprozeß für den *Jarlsberg* ähnelt im Prinzip dem des *Emmentalers*, wobei allerdings neben den Propionsäurebakterien teilweise andere Käsereikulturen als beim Emmentaler verwendet werden. Die Gärung ist bereits nach 5 Wochen abgeschlossen. Dann werden die etwa 10 kg schweren zylindrischen Laibe mit Paraffin überzogen. Die Nachreifung erfolgt dann bei 6 bis 8 °C für drei Monate. Da auch Milch von Kühen, die mit Silage gefüttert wurden, bei der *Jarlsberg*-Herstellung Verwendung findet, wird dem Käse Natriumnitrat zugesetzt. Der Teig des *Jarlsberg* ist gelblich-weiß mit recht großen unregelmäßigen Löchern und mit einer schnittfesten, etwas schmierigen Konsistenz, der Geschmack ist leicht süßlich, nußkernartig und mild. Eiweiß- und Fettgehalt entsprechen etwa den Werten für *Emmentaler*. In Deutschland hergestellte Käse vom Typ *Jarlsberg* kommen unter den verschiedensten Firmennamen in den Handel (z. B. *Alpsberg*, *Felsberg*).

Harte Burschen und ganz geriebene Kerls – Hartkäse ohne Lochbildung

Knorrige Alte, die die Lebensgeister wecken: die extraharten Käse aus Italien

Ein »Käse ohnegleichen« nennen ihn stolz die Italiener, *Parmigiano Reggiano* ist der offizielle Name für den aus der Provinz Parma zwischen den Flüssen Enza und Cristolo kommende Hartkäse, und wenn wir Deutschen *Parmesan* sagen, meinen wir gleichzeitig den nahen Verwandten, den *Grana Padano*. Der dritte im Bunde ist der *Pecorino*. Die Schweiz steuert den *Saanen* und *Sbrinz* zu der Gruppe der extra harten Käse bei: Ihre Trockenmasse beträgt über 70 Prozent, sie reifen extrem lange und sind mehrere Jahre haltbar.

Der Verbraucher kennt diese harten Burschen überwiegend als geriebene Käse. Dabei entfalten sie wegen ihres hohen Alters die geschätzte Eigenschaft, keine Fäden zu ziehen, hat doch die ungeübte Hand des nicht-italienischen Spaghettiessers mit dem Bändigen der langen Nudeln ohnehin schon Kummer genug! Das ist auch ein Grund, weshalb man, wie gesagt, zu »Kässpätzle« den *Emmentaler* bevorzugt, denn er zieht Fäden, und bei diesem Gericht wird diese Eigenschaft wiederum geschätzt.

Der Parmigiano Reggiano

Die hohe Qualität dieses »Käses ohnegleichen« konnte von den schier unzählbaren Nachahmern bisher nicht erreicht werden, denn sie beruht auf einem Zusammenspiel von Faktoren, die zwar in dieser Kombination theoretisch nachvollziehbar, jedoch teilweise so an die Gegend gebunden sind, daß man sich in Parma ernsthaft keine grauen Haare wachsen läßt: die Milchqualität der Landschaft, die traditionsgebundene Fertigungsweise, die natürliche Lagerung und die strenge Qualitätskontrolle. So entsteht ein unverfälschter, aromatischer Käse von hohem Nährwert. Form, Aroma, Herstellung nach überliefertem Ritus sind seit sieben Jahrhunderten in dieser Gegend stets gleichgeblieben.

Die für *Parmigiano Reggiano* charakteristische Typisierung im 13. Jahrhundert ist jedoch nur eine Etappe in der Entwicklung solch hervorragend harter Reibkäse, und es ist eindeutig, daß seine Geschichte noch Jahrhunderte älter ist. Es ist überliefert, daß schon den Helden Homers bei der Belagerung Trojas und den antiken Kämpfern bei den Olympischen Spielen »mit eherner Raspel« ein extrem harter Ziegenkäse in eine Art Mehlsuppe (Weinmus) gerieben wurde. Auch heute noch nimmt man geriebenen Käse zu Mehl- und Gemüsesuppen ebenso wie zu Reis und Gerichten aus Teigwaren, und er findet den ungeteilten Beifall des Feinschmeckers wie des Ernährungswissenschafters, denn der nach langer Reifezeit hart gewordene Käse ist besonders leicht verdaulich, weil seine Eiweißbestandteile durch den langen Fermentationsprozeß in einer besonderen Weise aufgeschlossen werden.

Diese Eigenschaft haben übrigens die anderen hier vorgestellten Hartkäse ebenfalls, so unterschiedlich sie auch in Aroma, Geschichte und Herstellung sein mögen.

Als die italienischen Käser erstmals die typischen Merkmale des *Parmigiano Reggiano* erzielt hatten, waren sie sicher, daß sich dieses Kunstwerk nicht übertreffen ließe. Sie bekamen Nachfahren, die den Stammbaum über sieben Jahrhunderte durch Festhalten am Bewährten in besonderer Weise ehrten. Durch die geologische Beschaffenheit des Bodens und die besonderen Futtermittel ist der hier entstehende Rohstoff Kuhmilch so ausgeprägt milieugebunden, daß selbst in den angrenzenden Zonen nicht eine Milch gleicher Qualität erzeugt werden kann. Aus Milch, Lab und Feuer wird unter strikter Beachtung der alten Herstellungsmethoden ein Käse gemacht, der in seinem langwierigen Reifungsprozeß ein unvergleichliches Aroma ansammelt.

Viele Belege aus Geschichte und Literatur ließen sich hier aufführen, doch wollen wir uns auf wenige beschränken. So ist ein Kommentar aus dem 16. Jahrhundert an den Feinschmecker Apicius erwähnenswert, in dem in lateinischer Sprache mitgeteilt wird: Zwei Käsesorten machen sich heutzutage in Italien das Primat streitig, der »*marzolino*«, der von den Etruskern diesen Namen erhielt, weil er in Etrurien im Monat März hergestellt wird, und der *Parmesan*, den man im cisalpinischen Gebiet herstellt und auch »*maggengo*« nennen könnte, da er im Mai entsteht.

Francesco Maria Grapoldos zitiert Vitruvius (1. Jahrhundert v. Chr.) und andere lateinische Autoren, die zu folgendem Ergebnis kommen: »*Parmesankäse* – in der heutigen Zeit muß man das Qualitätsprimat dem *Parmesankäse* zugestehen, während früher die Wolle Parmas in Fülle vorhanden war.«

Eine bedeutende Belegstelle findet sich im Dekameron, wo der gleiche Käse zum gleichen Verwendungszweck wie heutzutage beschrieben wird: ».. . und dort war ein Berg geriebenen *Parmesankäses*, auf dem sich Leute befanden, die nichts anderes zu tun hatten, als Maccheroni und Ravioli zuzubereiten.«

Aus dem Jahre 1656 stammt ein Wörterbuch der Sinonime von Francesco Serra, in dem wir lesen: »Die Käsebezeichnungen stammen von den Orten ab, wo er am besten hergestellt wird; wie der *Parmesan*, der seinen Namen aufgrund des Ortes und seiner Güte erhalten hat.«

Als ein Kuriosum besonderer Art ist in einem Menü-Rezeptbuch des damals berühmten Cristoforo di Messisbugo als Anregung ein Gästeessen »in privatem Kreis« geschildert, das er selbst für den 17. Januar 1543 vorbereitet hatte. Nach einem üppigen Mahl bot er ein Feinschmeckerdessert an, das auch in unsere Tage noch passen würde, und zwar einen Dessertgang, für den »sechs *Parmesan*-Käseplatten vorgesehen waren«, reich garniert mit Birnen, Feigen, Äpfeln, Pfirsichen und Trauben.

Durch verschiedene Biographen wissen wir, daß sich der französische Komödiendichter Molière im fortgeschrittenen Alter vorwiegend von *Parmesankäse* ernährte. Diese intuitive Zuneigung zum Käse deckt sich mit modernen ernährungsphysiologischen Erkenntnissen, nach denen Kindern und alten Leuten leicht verdaulicher Käse mit hohem Nährwert als Nahrung empfohlen wird.

Die Herstellung des *Parmigano Reggiano* ist streng beschränkt auf die Zeit vom 1. April bis 11. November, die Zeit, während der die Kühe geweidet werden und voll in Milch stehen. Die ausgesuchten Herden des Herstellungsgebietes werden ausschließlich mit Grünfutter ernährt.

Verkäst wird eine Mischung aus Morgen- und Abendmilch. Die Abendmilch, die über Nacht in besonderen Wannen (vasce di riposo) zum Ausreifen gelagert wird, wird durch Abschöpfen des Fettes teilweise entrahmt und mit der am Morgen eintreffenden Vollmilch vermengt. Der rohen, nicht pasteurisierten und auf 32 bis 35 °C erwärm-

ten Kesselmilch (die Kessel fassen bis zu 725 kg) wird so viel Lab zugesetzt, daß die Gerinnung nach etwa 30 Minuten einsetzt. Die Bruchzerteilung erfolgt zunächst langsam und sehr vorsichtig etwa 10 Minuten lang. Dann läßt man die Masse absetzen, schöpft 5 bis 10 Prozent der Molke ab und erwärmt das Molke-Bruch-Gemisch unter ständigem Rühren auf 52 bis 55 °C. Nach einem erneuten Absetzen des Bruches wird nochmals ein Teil der Molke abgeschöpft und der Bruch durch Zusatz von kaltem Wasser gekühlt. Dann wird der Bruch mit einem »Fischtuch« in einem Zug herausgezogen.

Vor dem Abfüllen in die bereitgestellten Formen läßt man das mit dem Bruch angefüllte Tuch noch eine Viertelstunde in der Molke hängen. Hierauf kommt der Bruch in Formen, die mit Tüchern ausgelegt sind. Der Bruch wird, anders als beim *Emmentaler*, nicht gleich unter hohem Druck gepreßt, sondern die Form wird während der ersten 12 Stunden lediglich mit einem passenden Holzdeckel, der leicht beschwert wird, abgedeckt, damit nur ein schwacher Druck auf den frischen Laib ausgeübt wird. Nach mehrmaligem Wenden werden die Tücher entfernt und die Käse in einen kühlen Raum gebracht. Dort werden die Laibe zunächst täglich zweimal, später einmal und in der letzten Phase jeden zweiten Tag gewendet.

Mit dem Salzen beginnt man nach dem dritten Tag entweder durch Einreiben mit Salz oder durch Einlegen in ein Salzbad. Nach dem Salzen, das je nach Größe der Laibe im Salzbad etwa drei Wochen, beim Trockensalzen bis zu 40 Tagen dauert, werden die Käse für einige Stunden an die Sonne gestellt, die Rinde wird abgeschabt, geglättet, mit Molke abgespült, getrocknet und schließlich mit Leinöl abgerieben.

Die so behandelten Käse werden in den Reifungskeller (Temperatur 16 bis 18 °C) gebracht, wo sie etwa während eines Jahres bei 80 bis 85 Prozent relativer Luftfeuchtigkeit ihre erste Reifungsphase durchmachen. Man überläßt aber während dieser Zeit die Käse nicht sich selbst, sondern sie werden in bestimmten Abständen gewendet und ihre Rindenoberfläche wird regelmäßig gereinigt. Als Jährlinge werden die Käse dann in einen kühleren Raum (12 bis 16 °C) umgesetzt, um dort für ein oder auch zwei weitere Jahre bei einer relativen Luftfeuchtigkeit von bis zu 90 Prozent nachzureifen.

Während der ersten und zweiten Reifungsphase wurden die Käse früher regelmäßig, heute nur noch selten, einer speziellen Oberflächenbehandlung mit erhitzter Tonerde, der man Mangan und Eisen zusetzt und die man in Terpentinöl löst, angefärbt. Konsumreif ist der *Parmigiano Reggiano*, wenn er mindestens zwei Sommer, oft aber drei Sommer gesehen hat und somit die differenzierenden Bezeichnungen »due« oder »tre maggi« verdient.

Die komplizierte Produktionsweise des *Parmigiano Reggiano*, mit deren ausführlicher Schilderung dem Käsefreund ein Blick hinter die Kulissen der Entstehung dieses einzigartigen Käses gewährt werden sollte, verläuft zwar nach bestimmten Vorschriften, läßt jedoch dem einzelnen Käser genügend Spielraum, den jeweiligen Besonderheiten der Milch oder Jahreszeit durch technologische Variationen gerecht zu werden, damit jeder Laib zum Meisterwerk gedeiht. Eine Möglichkeit zum Variieren liegt zum Beispiel auch in der Oberflächenbehandlung im zweiten und dritten Reifungsjahr mit unterschiedlichen Zutaten: Umbra, Kienruß, Dextrin, Wein oder dem Öl von Traubenkernen.

Jeder vom Meister freigegebene Laib wird von einer Kommission des Consorzio formaggio Parmigiano Reggiano nach einem bestimmten Schema und mit einer speziellen Terminologie klassifiziert. »Scelto« ist die Bezeichnung für vorzügliche Ware. »Zero« steht für leicht fehlerhafte Käse, »uno« und »due« bezeichnen deutlich fehlerhafte Ware. Gegebenenfalls werden fehlerhafte Käse geöffnet, die Mangelstelle wird mit glühenden Eisen ausgebrannt und das unbeanstandete Reststück wandert direkt in die elektrischen Reibmühlen.

Seit unvordenklichen Zeiten ist der *Parmesan* die beliebteste Würze für Teigwaren, Reisgerichte und Suppen. Jeder Liebhaber der italienischen Küche weiß darüber hinaus, daß der *Parmesan* als Zutat für viele Speisen verwendet wird: Von der Vorspeise bis zum Fleischgericht, vom Gemüsegang bis zu den Soßen und nicht zuletzt in den Rezepten der regionalen Küchen, so natürlich auch der Pizza, verleiht der *Parmesan* auch der einfachsten Speise ein edles Aroma.

Der Kenner kauft keinen fertig geriebenen abgepackten Käse, sondern er verwendet stets frisch geriebenen Käse. In den italienischen Käsegeschäften läßt sich der Käufer üblicherweise ein ausgesuchtes

Stück *Parmesan* reiben, und zwar stets nur so viel, wie er binnen zwei Tagen aufbrauchen kann. Da dieser Kundendienst bei uns noch kaum zu finden ist, muß man sich als anspruchsvoller Verbraucher immer noch den Käse selber reiben.

Im kompakten Zustand kann man den *Parmesan* bedenkenlos längere Zeit, in Alufolie straff verpackt, aber mit einigen Luftlöchern, in einem kühlen Raum lagern.

Geriebener *Parmesan* verträgt sich schlecht mit dem Luftsauerstoff: Er verliert nicht nur sein Aroma, sondern nimmt auch einen ranzigen Geschmack an und neigt zur Schimmelbildung.

Wie steht es mit den Kalorien? Darf man mit *Parmesan* schlemmen, ohne böse Folgen für die schlanke Linie befürchten zu müssen? Man darf! Soll sich nach dem Genuß von Spaghetti nicht bald wieder ein Hungergefühl einstellen, so vermeidet man diesen erneuten Appetit, wenn man *Parmesan* darüberreibt. Einige Happen *Parmesan* zum Aperitif lassen beim Hauptgang keinen gefährlichen Heißhunger aufkommen. Die vollreifen Käse, und hier insbesondere der *Parmesan*, mit ihrem vollen Aroma helfen durch ihren hohen Sättigungseffekt in der Tat Kalorien sparen, vorausgesetzt man hält Maß, aber das tut ja jeder Gourmet.

Eine köstliche Kombination ergibt *Parmesan* mit Birnen, Äpfeln, Pfirsichen, Mandeln oder Weintrauben sowie frischen Feigen. *Parmesan*-Happen zu Cocktails und als Aperitif heben den Geschmack der Getränke besser hervor und wirken hemmend auf Alkoholwirkung ein. Wer 100 Gramm *Parmesankäse* ißt, nimmt nur 411 Kalorien auf, aber 36 Gramm Eiweiß; nur 28 Gramm Fett, aber sehr hohe Anteile an Mineralstoffen und Vitaminen.

Parmigiano Reggiano regte seit eh und jeh die Phantasie der Gourmets und Köche an. Es wurden gelehrte Dissertationen darüber verfaßt, ob diese oder jene Weine besser mit ihm harmonieren. Halten wir uns an die Tradition der Italiener, die den Chianti, Merlot und Lambrusco als seine würdigen Begleiter schätzen, oder folgen wir dem abgewogenen Rat Monellis, nämlich für den *Parmigiano Reggiano* die beste Flasche zu reservieren!

Steckbrief des
Parmigiano Reggiano

(Foto: Consorzio del Formaggio
Parmigiano Reggiano, Italien)

Form und Größe	Hohe, zylindrische Laibe mit gewölbten Seitenflächen. Durchmesser: 35 bis 45 cm; Höhe: 18 bis 24 cm; Gewicht: 24 bis 40 kg. Gerieben wird er in kleinen Streudosen und Plastikverpackungen bis 1 kg Inhalt angeboten.
Rinde	Strohfarben-gelblich oder braun bis schwarz, leicht glänzend (ölig). Für die echte Herkunft zeugt auf den Seitenflächen die Prägeschrift »Parmigiano Reggiano«.
Teig	Hellgelb bis goldgelb, trocken, leicht brüchig und körnig. Eine Lochung ist kaum vorhanden. Für ältere Käse sind kleine weiße Körnchen charakteristisch, bei denen es sich um die aus dem Eiweiß freigesetzte Aminosäure Tyrosin handelt.
Zusammensetzung	Trockenmasse: 68 bis 82% je nach Alter; Fett: 32% i.Tr.; in 100 g 28 g Fett und 36 g Eiweiß.
Geschmack	Mild, würzig, nicht pikant.
Herstellung	Im Prinzip der des Emmentaler ähnlich, jedoch zahlreiche Besonderheiten.
Aufbewahrung im Haushalt	Parmigiano Reggiano kann ohne Qualitätsverlust lange gelagert werden, wobei er nur ständig härter wird. Im Haushalt sollte er kühl lagern (Weinkeller oder Gemüsefach des Kühlschranks), in gelochter Alufolie verpackt.
Verwendung	Als Tafelkäse mit Frischobst der jeweiligen Jahreszeit, wie Birnen, Feigen, Weintrauben, Pfirsichen, Äpfeln, Mandeln. In geriebener Form (frisch reiben) als Würze für Teigwaren, Reis und Suppen. Trotz des hohen Nährwertes macht er nicht dick.
Passende Weine	Große, elegante Weißweine (Gumpoldskirchner Riesling) und fruchtige, geschmeidige Rotweine (Lemberger und Chianti Classico).
So ist er am besten	Makellose Rinde, fester, mürber, gelber Teig, von dem sich beim Aufschneiden in gerader oder gebogener Linie einzelne Stücke ablösen. Geruch und Geschmack würzig, aber nicht aufdringlich, voll aromatisch. Weiße Körnchen sind Kennzeichen eines alt-gelagerten Käses.
So darf er nicht sein	Fehlerhafte Rinde, Spaltenbildung, bitterer, scharfer oder ranziger Geschmack, körniger Teig. Mit Vorbehalt: abgepackt und gerieben.

Grana Padano

»Reib den Käse erst, wenn die Nudeln schon kochen.« Diese Küchenweisheit der Italiener trifft für den *Parmigiano* gleichermaßen zu wie für seinen in der Po-Ebene (Padus = Po) hergestellten Verwandten, den *Grana Padano*. Schon Vergil wußte von diesem vorzüglich zum Reiben geeigneten Hartkäse zu berichten, der nach einer alten Käsetradition seit über tausend Jahren nach kaum veränderten Regeln entsteht.

Heutzutage genießt er wie der *Parmigiano* einen besonderen Ursprungsschutz, und nach der Konvention von Stresa (1951) darf er nur in einem geographisch genau definierten Gebiet nach festgelegten Normen hergestellt werden. Auf der linken Seite des Po sind dies die Provinzen Alessandria, Asti, Cueno, Novara, Turin, Vercelli, Bergamo, Como, Brescia, Cremona und Mantua; auf der rechten

Seite des Reno, eines Nebenflusses des Po: Mailand, Pavia, Sondrio, Varese, Trient, Padua, Rovigo, Treviso, Venedig, Verona, Vicenza und Bologna, weiterhin Ferrara, Forli, Piacenza und Ravenna.

Der Name *Grana* weist auf die körnige Struktur des Teiges hin, *Padano* steht für die Herkunft aus der Po-Ebene. Hier gibt es aufgrund eines Dekretes von 1957 auch ein Consorzio per la tutela del formaggio Grana Padano, dem die Aufsicht über die Kennzeichnung übertragen ist. Anders als der *Parmigiano Reggiano*, der nur während der Weideperiode produziert wird, wird der *Grana* das ganze Jahr über hergestellt. Das Rohmaterial ist vorgereifte, teilentrahmte Rohmilch, neuerdings in zunehmendem Maße auch pasteurisierte Milch.

Die jeweils zehn bis zwölf Stunden alte Morgen- und Abendmilch wird getrennt verarbeitet, es wird also täglich zweimal gekäst. Der Fettgehalt wird so eingestellt, daß er in der Kesselmilch bei knapp 2 Prozent liegt und der ausgereifte Käse einen Fettgehalt von 32 Prozent Fett i. Tr. erreicht. Abweichend von der *Parmigiano*-Herstellung läßt man den Bruch für den *Grana* schon im Kessel zusammenwachsen. In der Form wird er dann mit höherem Druck als der *Parmigiano* gepreßt.

Die Reifungszeit ist mit 12 bis 18 Monaten, in Ausnahmefällen auch zwei Jahren, kürzer als beim *Parmigiano*. Der *Grana Padano* hat aber eine körnigere Struktur des Teiges, einen geringeren Fettgehalt, gelegentliche feine Rißbildung und verstärkt auftretende kleine Lochung.

Die Italiener unterscheiden auch bei diesem Käse streng nach lokalen Varianten, so außer dem *Grana Padano* noch den *Grana Lombardo* (aus der Provinz Mailand), den *Grana Lodigiana* (aus Lodi) mit besonders niedrigem Fettgehalt und schärferem Aroma, sowie den *Grana Reggiano* (aus Emilien).

Steckbrief des Grana Padano

(Foto: Consorzio del Formaggio Grana Padano, Italien)

Form und Größe	Zylindrische Laibe mit leicht gewölbter Seitenfläche, Durchmesser 35 bis 45 cm, Höhe 18 bis 25 cm, Gewicht 24 bis 40 kg.
Rinde	Gelbbraun oder auch – falls umbra-gefärbt – schwarz. Die 4 bis 8 mm starke Rinde kann auch mit Kunststoffolie bedeckt sein.

Teig	Weiß bis schwach-gelb, hart, beim Brechen körnig, schuppig strukturiert. Lochung sehr klein (unter 0,5 cm). Rißbildung (spaccatura) ist bei alten Käsen normal. Typisch für den Grana sind auch die weißen, kristallinen Körnchen, die aus Eiweißabbauprodukten bestehen.
Zusammensetzung	Trockemasse 68 bis 80 % je nach Alter; Fett: 27 bis 35 % i. Tr.; in 100 g ca. 25 g Fett und 33 bis 36 g Eiweiß.
Geschmack	Vollmundig und würzig.
Herstellung	Ähnlich der des Parmigiano Reggiano.
Aufbewahrung im Haushalt	In Aluminiumfolie eingeschlagen, im Keller oder im Gemüsefach des Kühlschranks.
Verwendung	Wie Parmigiano Reggiano.
Passende Weine	Wie beim Parmigiano Reggiano.
So ist er am besten	Untadelige Rinde, leicht gelblicher Teig, körnig, mit kleinen weißen Kristallen und sehr kleiner Lochbildung, leichte Rißbildung.
So darf er nicht sein	Rindenfehler, zu starke Lochung, starke Rißbildung, dunkle bis rötliche Färbung des Teiges, verhärtete Schichten unter der Rinde. Geschmacks- und Geruchsfehler: Knoblauchgeruch, fauliger Geruch, Geschmack bitter oder dem Fleischextrakt ähnlich.

Pecorino (Formaggio Pecorino)

Die Bezeichnung *Pecorino* wird für italienische Hartkäse aus Schafmilch verwendet. Die vielen mehr oder weniger klar definierten Varianten werden in der Regel nach ihrer Herkunft unterschieden und benannt. Am bekanntesten ist der *Pecorino Romano*.

Das Herstellungsverfahren wurde von den Schafhirten Mittel- und Süditaliens von Generation zu Generation weitergegeben, und jahrhundertelang wurde nach den uralten Rezepten dieser harte und lange haltbare Käse von den Hirten erzeugt. Erst mit dem Aufkommen der Salzindustrie in Latium im 19. Jahrhundert setzte ein Wandel ein. Die Schafhirten lieferten die frischen Käse, das Salzen und die weitere Behandlung wurden aber industrialisiert.

Später wurde das Herstellungsgebiet erweitert, so daß der *Pecorino* überregionale Bekanntheit erreichte und in wachsendem Umfang exportiert wurde. So wurde ab 1920 mit der Herstellung von *Pecorino* auf Sardinien (*Pecorino Sardo*), heute mit rund 60 Prozent Anteil der größte Einzelposten, begonnen. Die Ausfuhr ist allerdings in letzter Zeit leicht rückläufig, da der *Pecorino* im Ausland imitiert wird.

Neben dem *Pecorino Romano* und dem *Pecorino Sardo* kommt der in kleineren Laiben produzierte *Pecorino Toscano* in den Handel, des weiteren die lokalen Varianten *Ancona, Cotrone, Iglesias, Leonessa, Puglia, Siciliana, Pecorino degli Abruzzi*, die beiden milden Ausführungen mit weichem Teig, *Grosseto* und *Urbino,* sowie der *Pecorino Viterba*, bei dessen Herstellung der Saft der wilden Artischocke als Lab verwendet wird.

Käse vom *Pecorino*-Typ, der aus Kuhmilch hergestellt wird, heißt *Vacchino Romano*, und solcher aus Ziegenmilch trägt die Bezeichnung *Caprino Romano*. Auch der *Pecorino Romano* ist ein geschützter Käse, der nur innerhalb eines bestimmten Gebietes und nach definierten Normen produziert werden darf.

Der *Pecorino* wird entweder aus pasteurisierter oder aus auf 60 bis 65 °C erhitzter Kesselmilch hergestellt, und zwar fast ausschließlich aus Schafmilch. Die mikrobielle Reifung überläßt man heute nicht mehr dem Zufall, sondern man setzt der Milch Bakterienkulturen zu (*Lactobacillus helveticus* und *Streptococcus thermophilus*).

Die Ausfällung des Käsestoffes erzielt man bei einer Temperatur zwischen 38 und 40 °C nach Zugabe von Lab aus Lämmermägen. Die Gallerte wird auf Weizenkorngröße mechanisch zerkleinert. Im Kessel läßt man den sich absetzenden Bruch zusammenwachsen. Mit einem besonderen Schneidemesser werden dann in eine Holzform passende Stücke herausgeschnitten. Um die Molke auszupressen, werden die Käse an verschiedenen Stellen mit Metallstäben durchstochen und gleichzeitig gepreßt und gestampft.

Während der ersten 90 Tage erfolgt das Salzen der Käse in mehrtägigen Abständen durch Abwaschen mit Salzwasser und Bestreuen mit Salz. Dann werden die Käse weitere 40 Tage unter einer dicken Salzschicht gelagert. Erst dann kommen sie in den Reifungskeller, wo sie bei 15 bis 18 °C bis zu acht Monaten reifen, währenddessen die Rinde regelmäßig gereinigt wird. In Sizilien ist es auch üblich, dem Teig Pfefferkörner zuzusetzen und die pikant schmeckende Variante »*Pecorino pepato*« zu bereiten.

Vorwiegend als Reibekäse verwendet, findet der *Pecorino* den Beifall des Gourmets, wenn er mit körperreichem Rotwein auf die Tafel kommt. Dank der steten Nachfrage der unter uns lebenden Süditaliener findet man diese fast nur im Herstellungsgebiet angebotene Spezialität neuerdings auch hierzulande in guten Fachgeschäften.

Steckbrief des Pecorino

(Foto: Kielwein-Daun)

Form und Größe   Zylindrische Laibe mit einem Durchmesser von 20 bis 30 cm, einer Höhe von 14 bis 30 cm und einem Gewicht von 6 bis 22 kg.

Rinde	Helle, strohfarbene, oft glänzende Rinde mit braunen Flecken, mit Olivenöl abgerieben und mit Ocker gefärbt. Heutzutage werden auch Paraffinüberzüge oder dunkle Folienüberzüge verwendet.
Teig	Weiß bis leicht gelb, kompakt; nur selten eine geringgradige, kleine Lochung.
Zusammensetzung	Trockenmasse: 66 bis 68%; Fett: 36% i.Tr.; in 100 g 24 g Fett und 36 bis 38 g Eiweiß
Geschmack	Pikant, mehr oder weniger aromatisch, mitunter wenig ausdrucksvoll.
Herstellung	Von November bis Juni aus pasteurisierter Schafmilch, die mit Lämmerlab dickgelegt wird. Langes und intensives Salzen. Reifezeit 8 Monate (Pecorino Siciliano nur 4 Monate).
Aufbewahrung im Haushalt	Wie Parmigiano Reggiano.
Verwendung	Vorwiegend als Reibkäse, aber auch als Dessertkäse.
Passende Weine	Fruchtige Rotweine mit feinem Bukett (Merlot, Lemberger). Keine Weißweine, da diese das Aroma des Pecorino zudecken würden.
So ist er am besten	Fehlerlose weiße oder ockergelbe Rinde; fester und kompakter, weißlicher bis gelber Teig; höchstens vereinzelte Lochung; pikanter bis rauchiger Geschmack. Der Käse zeigt die Eindrücke des Korbes (canestro), in dem er entwässert und getrocknet wurde.
So darf er nicht sein	Rindenfehler, wie etwa Ausbildung von Flecken; Spaltenbildung; rote oder gelbe Verfärbung des Teiges; bitterer Geschmack.

Bergkristalle für Zunge und Gaumen: Die Reib- und Hobelkäse aus der Schweiz

Sbrinz

In den Kantonen Luzern, Unterwalden, Schwyz und Uri wird seit alters her ein Hartkäse hergestellt, dessen Name bis heute nicht gedeutet werden konnte. Als Plinius den *Caseus helveticus* erwähnte, war damit kein anderer gemeint als der extra harte *Sbrinz*, der übrigens »schbrins« ausgesprochen wird.

Bereits im 15. Jahrhundert wurden die *Sbrinz*-Laibe auf Maulesel-Rücken über den St. Gotthard nach Süden transportiert. Deshalb nennen ihn die Tessiner auch heute noch »*Sulle Spalle*«, was soviel bedeutet wie »auf dem Rücken«. Da Spalle aber auch die Bedeutung Berghang hat, eine Abart des *Sbrinz* aber die deutsche Bezeichnung *Spalen* trägt, haben Linguistiker hier eine deutsch-italienische Gemeinschaftsherkunft ausfindig gemacht.

Querbeziehungen zum *Grana* und *Parmesan* bestehen nicht nur im Charakter der Käse, sondern auch in der schweizerischen Exportpolitik, mit der man schon frühzeitig die Abhängigkeit von italienischen Reibkäsen verringern wollte.

Obwohl der *Sbrinz* bei den Einheimischen sehr beliebt ist, geht auch heute noch ein erheblicher Teil der mehr als 2000 Tonnen Jahresproduktion in den Export. Das Herstellungsgebiet erweiterte sich inzwischen um weitere Kantone, so vor allem um Zug und Aargau. Die Abart des *Sbrinz*, der *Spalen* oder *Innerschweizerkäse*, gleicht einem jungen *Sbrinz*, hat eine geringere Trockenmasse und einen höheren Fettgehalt sowie einen etwas weicheren Teig. Außerhalb der Landesgrenzen ist er kaum bekannt.

Sbrinz – ein köstliches Hausmittel
für Feinschmecker
(Foto: Schweizerische Käseunion,
Bern)

Wie beliebt der *Sbrinz* bei den Innerschweizern ist, das singt der Bergbewohner im alten Rigilied:

> 's wird ise Spallechäs verchoift,
> so wit as Wasser nidsi loift,
> und's heißt, der Pabst und Kaiser ess,
> zur Briei es Meckli Länderchäs.

Der *Sbrinz* wird aus vollfetter Rohmilch hergestellt. Um diesen Käse mit einem geringen Wassergehalt, der je nach Alter nur 20 bis 30 Prozent ausmacht, herstellen zu können, wird der Bruch bei höheren Temperaturen (57,5 °C) gebrannt als beim *Emmentaler.*Die Reifung erfolgt zunächst für 4 bis 6 Wochen bei 12 bis 16 °C, währenddessen die Käse immer wieder gesalzen werden. Zur eigentlichen Reifung werden die Käse in einen trockenen und luftigen Keller mit einer Temperatur von ca. 16 °C gebracht. Dort lagern sie zunächst bis zu einem Jahr flach und dann noch ein bis anderthalb Jahre hochkant, damit sie besser abtrocknen.

Beim *Spalen* sind die Reifungszeiten kürzer. Dadurch wird dieser Käse nicht ganz so hart und trocken.

Das Fett, das während des Sommers auf der Rinde abschwitzt, wird vom Käser immer wieder gleichmäßig über die Rinde gestrichen.

Während der zweiten Reifungsphase werden die Käse regelmäßig gewendet, gereinigt und gesalzen. Durch die lange Reifungszeit, die bis zu drei Jahren dauern kann, erhält der Sbrinz sein volles Aroma, das sich dem Kenner mitteilt, wenn er ein Stück gebrochenen *Sbrinz* auf der Zunge zergehen läßt.

Der reife *Sbrinz* ist so mürbe, daß er beim Erwärmen ganz gleichmäßig zerfließt. Der aromatische, etwas nußartig schmeckende Käse wird entweder geschnitten, gebrochen oder gehobelt. Zum Schneiden verwendet man entweder Draht oder ein ganz scharfes Messer, das ruckartig geführt werden muß. Zum Hobeln eignet sich vorzüglich ein in der Schweiz gebräuchlicher Spezialhobel, denn die dabei anfallenden Späne lassen sich schön zu kleinen Bündeln drehen – eine Delikatesse zu kräftigem Wein oder zum Aperitif. Man kann den Sbrinz aber auch mit einer Rohkostraffel zu kleinen Spänen (»Zähnen«) schneiden und in einer Schüssel zum Imbiß servieren. Das einzige Gerät, das zum Verzehr benötigt wird, sind die Finger.

Der *Sbrinz*, der mehr als Reib- und Hobelkäse denn als Tafelkäse bekannt ist, eignet sich sehr gut für Käsesaucen, zum Überbacken sowie zu zahlreichen Käsegerichten und warmen Speisen, da er von Natur aus keine Fäden zieht. Auf der Käseplatte kommt er zusammen mit Weichkäsen, *Emmentaler* und *Appenzeller* voll zur Geltung und bereichert jedes »Plateau des fromages«.

Steckbrief des Sbrinz (Spalen)

(Foto: Schweizerische Käseunion, Bern)

Form und Größe	Zylindrische Laibe ohne gewölbten Rand; Durchmesser 50 bis 70 cm; Höhe 10 bis 14 cm; Gewicht 20 bis 45 kg.
Rinde	Goldgelb bis braun, fest und trocken, geölt.
Teig	Elfenbeinweiß bis leicht gelblich; fest, trocken, mürbe, etwas körnig. Keine oder nur stellenweise sehr kleine Lochung.
Zusammensetzung	Trockenmasse: 71 bis 78% je nach Alter; Fett: 45% i.Tr.; in 100 g 33 g Fett und 30 g Eiweiß
Geschmack	Würzig und aromatisch, nußartig pikant, aber nicht salzig.
Herstellung	Ähnlich Emmentaler, der feinere Bruch wird jedoch bei höheren Temperaturen gebrannt. Propionsäuregärung wird durch ständiges Salzen und Reifen bei niederen Temperaturen verhindert. Reifungszeit 1 bis 2 Jahre.

Aufbewahrung im Haushalt	In Aluminiumfolie im Keller oder im Gemüsefach des Kühlschranks.
Verwendung	Gehobelt oder gebrochen zu Aperitif und Imbiß, gerieben oder gehobelt als Würzkäse für Speisen oder zum Gratinieren.
Passende Weine	Alle kräftigen, körperreichen Weine, so der Dôle und der Orinot noir pur aus dem Wallis sowie der Merlot und der seltener werdende Nostrani aus dem Tessin.
So ist er am besten	Tadellose Rinde, fester und reibefähiger, leicht gelblicher Teig, der auf der Zunge schmilzt. Keine Lochung, bei sehr alten Käsen finden sich kristalline Ansammlungen von freien Aminosäuren.
So darf er nicht sein	Rindenfehler (selten vorkommend), starke Lochung, ungleichmäßige Färbung, bitterer seifiger Geschmack; brüchig-körniger Teig.

Saanen-Hobelkäse

Der typische *Saanenkäse*, ein dem *Sbrinz* ähnlicher Reibekäse, wurde ursprünglich nur auf den höher gelegenen Alpen des Amtsbezirkes Saanen im Kanton Bern während der zwei bis drei Weidemonate hergestellt. Als *Saanenkäse* wurden dann später auch kleine Hartkäse aus dem Obersimmental sowie aus der Gegend von Frutigen und Interlaken im Berner Oberland bezeichnet.

Auch der *Battelmatt-Käse* vom Typ eines kleinen *Emmentalers* mit weichem Teig aus dem Tessin wird manchmal unter dem Namen *Saanen* nach Italien exportiert. Dieser Käse mit der einem *Tilsiter* ähnlichen Struktur hat jedoch mit dem echten *Saanen* außer der Form und Größe (Laibe von 15 bis 25 kg) nichts gemein.

Ein edler *Saanen* besitzt einen harten, manchmal sogar spröden, leicht gelblichen Teig von angenehm mildem, aromatischem und nußkernartigem Aroma, das sich erst nach vier- bis fünfjähriger Reifungszeit ausbildet. Die Käse werden während der Reifung aufrecht stehend gelagert, damit sie besser austrocknen können. Die als Hobelkäse vorgesehenen Laibe lagert man sogar sieben bis zehn Jahre, denn je älter sie sind, desto besser eignen sie sich zum Hobeln. Übrigens wird der *Saanen* ebenso wie der *Battelmatt* im Tessin von den Einheimischen auch als junger Käse wie Schnittkäse verzehrt.

Länger als zehn bis zwölf Jahre hält man die *Saanenkäse* nicht mehr auf Lager, weil sie dann bitter und wegen des hohen Fettgehaltes (50 Prozent i. Tr.) auch ranzig werden. Früher waren die Käse wohl haltbarer, denn ein langes Aufbewahren der Käse galt als Merkmal eines bemittelten Hauses. Es war üblich, zur Geburt eines Kindes einen *Saanen* herzustellen. Von diesem Laib kam dann zu allen bedeutenden Ereignissen, wie Hochzeit und Kindstaufe, ein Stück auf den Tisch. Oft hielt der Familienkäse bis zum Tod des Betreffenden. Ein Menschenalter ist aber noch kein Alter für einen *Saanen*. So schrieb C. von Bonstetten 1792 in seinen Briefen über ein Schweizer Hirtenland: »Es ist mir ein Käse geschenkt worden aus dem Jahre 1643, der aber trocken und unschmackhaft war wie Holz.«

Der *Saanenkäse* kann auf eine lange Geschichte zurückblicken. Ursprünglich war er aller Wahrscheinlichkeit nach ein Sauermilchkäse.

Schweizer Käsehobel
(Foto: Schweizerische Käseunion, Bern)

Im 16. Jahrhundert soll dann die Labkäserei eingeführt worden sein. Jedenfalls berichtet Stumpf 1548 in seiner Schweizer Chronik: »Sanaland erhaltet aus der Massen viel Vychs, machet auch die aller besten Käß, so in aller Helvetia funden werdend.«

Im 17. und 18. Jahrhundert war der *Saanen* der bevorzugte Exportkäse der Schweiz, der von Marseille aus bis nach Smyrna, Konstantinopel und Alexandria verschickt wurde. Der Export ging dann aber immer mehr zurück. Noch nach dem Ersten Weltkrieg war Sumatra ein guter Abnehmer, und der Urwalddoktor Albert Schweitzer in Lambarene bestätigte, daß der *Saanenkäse* der einzige Laibkäse sei, welcher dem dortigen tropischen Klima zu widerstehen vermag. Heute jedoch besteht praktisch kein Export mehr. Der größte Teil

Gehobelter Saanen
(Foto: Schweizerische Käseunion Bern)

geht in die Städte und Zentren des Gastgewerbes in der Schweiz, wo die *Saanenkäse* als ausgesprochene Spezialität bekannt sind.

Gegessen wird der *Saanen*, besonders wenn er nicht zu alt ist, mit Messer und Gabel. Die älteren Exemplare werden mit einem besonderen Gerät gehobelt. Dieser Käsehobel wird auf den Tisch gesetzt und das Käsestück wird über ihn hinweggeführt. Die Späne genießt man am besten von Hand; ausgezeichnet schmecken sie mit Brot und Weißwein oder auch mit einem Rosé.

Abgebrüht und wohlgeformt:
Die Brüh- oder Knetkäse

Bei der Herstellung dieser Käse, die man auch Käse vom Typ *Filata* nennt, wird der gesäuerte und zusammengewachsene Bruch zerkleinert, mit heißem Wasser oder Molke nochmals »gebrüht« und so lange geknetet, bis die Masse sich zu langen Fäden ziehen und in beliebige Formen kneten läßt. Je nach der Form unterscheidet man *Provolone* und *Caciocavallo* (kugel- oder birnenförmig), *Mozzarella* (kugel- oder eiförmig) und *Kaschkawal* (hohe Laibe) sowie *Parenica* (Rollenform). In Deutschland begegnen wir aus dieser Gruppe vor allem den in Italien hergestellten Käsen (it.: *Formaggio di pasta filata*): dem *Provolone* und seinem nächsten Verwandten, dem *Caciocavallo* und der häufig aus Büffelmilch hergestellten *Mozzarella*.

Provolone

Der *Provolonekäse* wurde ursprünglich im Haushalt hergestellt und leitet seinen im 19. Jahrhundert festgelegten Namen aus dem neapolitanischen Wort »prova« her, mit dem früher jeder kleine Käse bezeichnet wurde. Heute wird er in Aquila, Bari, Calabrien, Cosenza, Palermo, Potenza, Rom und Neapel gefertigt. Der auch im Ausland bekannteste und in Italien äußerst beliebte Brühkäse ist der Original-*Provolone*, trotz der in Amerika inzwischen autarken Nachahmung.

Er wird in verschiedenen Formen erzeugt, seine Gewichte schwanken beträchtlich, seine Benennungen beruhen meist auf der vom Hersteller gewählten Form.

Die 4 bis 7 kg schweren und eiförmigen Käse heißen »*Provolone affetale*«, während die zwischen 25 und 100 kg wiegenden Exemplare als »*Provolone giganti*« in den Handel kommen.

Für die kleineren, kugelförmigen Käse von 0,5 bis 2,5 kg Gewicht werden die Bezeichnungen »*Provoletti*«, »*Provolotini*« oder »*Provoloncini*« verwendet. Auch wurstförmige Käse werden angefertigt, die man in Italien »*Salami*« (5 und 6 kg schwer), »*Salamini*« (die kleinsten Käse) oder ebenfalls »*Salami giganti*« (etwa 100 kg schwer) nennt. Der Fantasie sind offenbar keine Grenzen gesetzt, und auch die weitverbreiteten, jeweils aus Form oder Größe abgeleiteten Namen wie *Mandarini* und *Meloni* sind noch keine vollständige Aufzählung.

Bei der Herstellung des *Provolone* wird der Wintermilch der Vorzug gegeben, da das in der Sommermilch enthaltene Karotin dem Teig eine gelbliche Farbe geben würde.

Zum Verkäsen wird in der Regel rohe Milch verarbeitet, die mit Lab von besonderer Zusammensetzung ausgefällt wird. Die Zusammensetzung dieser Labenzyme, die außer Labextrakt von Kälbern auch fettspaltende Enzyme enthalten, wird meist von den Herstellern geheimgehalten. Durch die Bruchbearbeitung erhält man etwa erdnußgroße Bruchkörner, die zunächst in der Molke auf 45 °C erhitzt

werden. Dann läßt man den Bruch absetzen und bei gleichzeitiger Erhöhung der Temperatur unter Druck zusammenwachsen. Diese zusammengewachsene Bruchmasse zerschneidet man in Scheiben, die man auf einem Lattenrost einige Stunden bei 20 bis 25 °C reifen (säuern) läßt. Sobald der richtige Reifungsgrad erreicht ist, werden die Bruchscheiben in Schnitzel von etwa einem Zentimeter Dicke zerteilt und in 90 °C heißes Wasser gegeben.

Der nun – ähnlich wie bei der Fondue – plastisch werdende Bruch wird zu Bändern von 25 bis 30 cm Breite und 1 cm Dicke geformt. Diese Bänder werden wiederum geknetet und dann als Stränge zu einem Knäuel (gomitolo) aufgewickelt.

Die endgültige Form erhält der Knäuel, nachdem er in Wasser von 70 bis 80 °C nochmals plastisch gemacht wurde. Von Hand oder durch Einpressen in Formen wird er modelliert. Die gefüllten Formen werden in kaltes Wasser gestellt, damit sich der Käse verfestigen kann, und dann erst ins Salzbad eingelegt.

Die kleineren und mittleren Käse, die schon nach einigen Wochen verzehrfertig sind, werden in Paraffin getaucht. Die länger reifenden großen Käse kommen zuerst in Reifungskeller. Erst vor dem Verkauf wird die auf der Oberfläche entstandene Schimmelschicht abgekratzt, und die Käse werden mit Paraffin überzogen.

Die Reifung des an Schnüren wie lange Würste aufgehängten Provolone dauert mindestens 60 Tage, bei großen Käsen bis zu 9 Monaten. Im verkaufsfertigen Zustand kann der *Provolone* noch einige Monate aufbewahrt werden.

Während man früher die eingelagerten und geräucherten Käse mit dem ausgeprägten scharfen Geschmack (tipo piccante) bevorzugte – wie man sie schon im alten Rom kannte – sind heute die milderen (tipo dolce) mit dem weniger ausgeprägten Aroma in der Gunst der Verbraucher gestiegen. Das volle Aroma entfalten erst die alten Käse, die als Tafelkäse beliebt sind. Die älteren Käse mit hoher Trockenmasse finden auch als Reibekäse vielseitige Verwendung.

Steckbrief des Provolone

(Foto: Kielwein-Daun)

Form und Größe	Es gibt zahlreiche typische Formen: Kegelstumpf, Zylinder, Kugel, Birne, Wurst, Melone. Die Käse sind oft in ein Geflecht von Pflanzenfasern eingebunden. Gewicht von 0,5 bis 100 kg.
Rinde	Dünne, glatte, glänzende, goldgelbe Rinde (nicht eßbar), meist mit Paraffin beschichtet.
Teig	Elfenbeinweiß bis leicht gelblich, halbfest bis fest, elastisch und kompakt, mehr oder weniger krümelig, nur geringgradige Lochung.
Zusammensetzung	Trockenmasse: je nach Alter 58 bis 65%; Fett: 44% i.Tr.; in 100 g 25 bis 28 g Fett und 18 g Eiweiß.
Geschmack	Von mild (tipo dolce) bis pikant und scharf bei älteren Käsen (tipo piccante).
Herstellung	Vorwiegend aus roher Milch. Der in Scheiben geschnittene, gesäuerte Bruch wird durch Wärme zu einem plastischen Teig gemacht und in Form gebracht.
Aufbewahrung im Haushalt	In Folie oder in ein Tuch eingeschlagen, in der Speisekammer oder im Keller bei 10 bis 14 °C.

Verwendung	Alte Käse vom tipo piccante werden als Reibekäse oder Pizzabelag, in geringerem Maße als Käsehappen genossen. Die mildere Sorte vom tipo dolce dient als Brotbelag und als Dessertkäse zusammen mit Oliven, Tomaten und Salami.
Passende Weine	Herzhafte Landweine Italiens, leichte fruchtige Weine wie Beaujolais, Riesling, Gutedel und Müller-Thurgau.
So ist er am besten	Fehlerlose Rinde, goldgelber Teig, fest und ohne Risse, nur vereinzelte Lochung.
So darf er nicht sein	Bröckeliger, abblätternder Teig, Risse an der Oberfläche und in der Tiefe, Rotfärbung des Teiges, starke Lochung, bitterer Geschmack.

Caciocavallo

Italienische Provolone-Verkäuferin
(Aus: Deutsche Molkereizeitung Kempten)

Der *Caciocavallo*, der von einfallenden Barbaren aus Zentralasien nach Europa gebracht worden sein soll und im Jahre 1335 erstmals urkundlich erwähnt wurde, wurde früher nur in Süditalien (Sorrent) hergestellt.

Heute produzieren auch Käsereien in Sizilien und Norditalien (hier vorwiegend für den Export bestimmte Ware) den *Caciocavallo*, dessen Herstellungsweise mit der des *Provolone* weitgehend identisch ist. Er unterscheidet sich im wesentlichen von seinem engsten Verwandten durch einen geringeren Fettgehalt und seine spindelförmige Gestalt mit einer Einkerbung am Ende.

Auch dieser Käse war schon im alten Rom bekannt, über die Entstehung seines Namens indes gibt es mehrere Hypothesen:

1. Anfänglich wurden die *Caciocavallo*-Käse zum Reifen paarweise auf Stöcke gehängt. Dies sah aus, als ob die Käse auf einem Sattel säßen, weshalb man sie *cacio a cavallo* (Käse auf dem Pferderükken) nannte.
2. Da er zunächst aus Stutenmilch gemacht wurde, hieß er *Caciocavallo* (Pferdekäse).
3. Im 14. Jahrhundert wurde er mit dem Siegel des Königreichs von Neapel versehen, das ein Pferd im Galopp darstellte.
4. Der »*Reiterkäse*« hat, wenn er paarweise zum Reifen auf Stöcken hängt, die Silhouette eines Pferdekopfes.

Wie immer auch der Name entstanden ist, man sollte als Tafelkäse entweder den 2 bis 4 Monate gereiften servieren oder den im Geschmack ausgeprägteren, der 6 bis 12 Monate Reifung hinter sich hat und auch gut als Reibekäse verwendet werden kann.

Mozzarella

Die *Mozzarella*, in der hügeligen Ebene des mittleren Latium (Campagna) beheimatet, machte sich in der ganzen Welt einen Namen als Hauptbestandteil der Pizza. Echte *Mozzarella* wird aus Büffelmilch hergestellt. Da jedoch mehr *Mozzarella* verlangt wird, als Büffelmilch zur Verfügung steht, verwendet man heute auch Kuhmilch oder eine Mischung aus beiden.

Die Herkunft der einzelnen Käse wird durch zusätzliche Bezeichnungen angegeben. *Mozzarella* wird in Kugel-oder Eiform und im

Gewicht zwischen 50 und 400 g hergestellt. Die verschiedenen Formen werden durch Zusätze gekennzeichnet, z. B. *Occhi di bufala* (Büffelaugen) oder *uova di bufala* (Büffeleier).

Die Herstellung ähnelt der des *Provolone*. Die aus dem Salzbad genommenen Käse werden nur für einige Stunden getrocknet und dann verkauft. Da der Käse zu diesem Zeitpunkt noch einen hohen Wassergehalt aufweist, ist er im eigentlichen Sinne nicht den Hartkäsen, sondern den Frischkäsen zuzurechnen.

Gute *Mozzarella* soll von so aromatischem Geruch sein, daß man ihrer Verlockung nicht widerstehen kann. Man genießt diesen Frischkäse am besten mit Tomatenscheiben und Anchovis. Hauptsächlich wird er jedoch als Pizzabelag verwendet.

Eine besondere Variante nennt sich *Manteca* oder *Burielli con occhi*. Bei diesem *Filatakäse* wird ein Stück Butter von der *Mozzarella*-Käsemasse fest umschlossen. Jeder einzelne *Mantecakäse* ist ein wahres Kunstwerk, denn der Käser umwickelt ein kleines Stück Butter so gleichmäßig mit der Käsemasse, daß es wie ein Kern in der Mitte sitzt.

Stille Genießer aus »Merry Old England«: Die englischen Hartkäse und ihre halbweichen und weichen Verwandten

»Im Westen von Wells, oberhalb der Hügel von Mendip, liegt Cheddar, berühmt für seine ausgezeichneten und wundervollen Käse, die dort hergestellt werden und die wegen ihres köstlichen Geschmacks ohne Mühe den Weg auf jede Tafel finden.«

Diese Worte schrieb William Camden sinngemäß im Jahre 1600. Er beschrieb damit einen Käse, der heute der beliebteste in einem Lande ist, das große Milchliebhaber und Käsekünstler hat, deren Kreationen zu den Spitzensorten der ganzen Welt gehören. Das maritime Klima Englands mit seinen milden, schneearmen Wintern und seinen kühlen, regenreichen Sommern bietet geradezu ideale Voraussetzungen für die Milchviehhaltung, die durch Umwandlung von Ackerland in Weideland die dominierende Landwirtschaftsform ist.

Als in der Zeit der Industrialisierung der Bedarf an Arbeitskräften die freien Reserven weit überstieg, wurden immer mehr Bauern und Landarbeiter in die Industriegebiete gezogen, die arbeitsintensive Ackerbauwirtschaft wurde bis zu drei Fünfteln der gesamten Nutzfläche auf Dauergrünland umgestellt. Wenngleich der Schafbestand gegenüber dem vorigen Jahrhundert verringert wurde, so hat England, wo man »mutton« so sehr schätzt, noch immer den relativ höchsten Anteil. Indes ist im gleichen Jahrhundert der Bestand an Rindvieh von 9 auf 15 Millionen Stück angestiegen, woraus sich eine wachsende Vorliebe für Trinkmilch, aber auch für Produkte aus eben dieser Kuhmilch erkennen läßt.

Cheddar

Ob arm ob reich, der Engländer liebt einen guten Käse und hat den *Cheddar*, dessen beste Stücke aus der Milch von Shorthorn- oder Ayrshire-Kühen in der klassischen Farmhouse-Herstellung kommen und hors concours sind, zu seinem Favoriten erwählt. Wie lange dieser Käse schon produziert wird, ist nicht genau bekannt, mit Sicherheit aber gab es ihn schon im Zeitalter von Königin Elisabeth I. (1533 bis 1603). Es liegt auf der Hand, daß es sich bei den Käsen, die laut einer Eintragung in einem alten Kirchenbuch im Jahre 1170 König Heinrich II. von dem Dorf Cheddar geschenkt wurden, um den Käse handelte, der heute diesen Namen trägt.

Cheshire

In dem ihm verwandten *Cheshire* ist ihm ein scharfer Rivale um die Gunst der Käseliebhaber erstanden. Dieser ist wahrscheinlich sogar älter, wenn nicht der älteste Käse Englands überhaupt. Die römischen Besatzungssoldaten der 20. Legion, die in der Stadt Chester Garnison bezogen hatten, sollen ihn schon genossen haben. Deshalb nennt man ihn in Frankreich, Deutschland und anderen Ländern nach der vermuteten Heimatstadt auch *Chester*, das ja die zentrale Stadt in der Cheshire-Ebene ist.

Eine wichtige Quelle, die einen sicheren Hinweis enthält, ist das Domesday Book, das 1085/86 von Wilhelm dem Eroberer als Staatsgrundbuch angelegt wurde. In ihm ist unter anderem eine vollständige Liste der dem König vorbehaltenen Besitzungen (1000 Manors), der 600 Hauptlehnsnehmer und der über 40 000 Freien minderen Rechts aufgeführt, wozu noch ca. 200 000 Bauern und Gesinde sowie 25 000 Sklaven zu zählen wären.

Zusammengewachsener und in Streifen geschnittener Bruch bei der Cheddarherstellung
(Foto: Kraft, Eschborn)

Da man in Deutschland aber auch den *Cheddarkäse*, der ähnlich wie der *Leicester* und *Scottish Cheddar* mit dem Farbstoff Annatto angefärbt ist, auch als *Chester* bezeichnet, ist der Namenswirrwarr fast vollständig. Eindeutig dagegen ist, daß der *Cheshire* heute überwiegend in der 20 Meilen südlich von Chester gelegenen Stadt Whitchurch erzeugt wird. Die Stadt liegt nahe den Salzbergwerken von Northwich, und es ist kaum daran zu zweifeln, daß das salzhaltige Weideland der Umgebung zu dem besonderen Geschmack des *Cheshire* wesentlich beiträgt.

Natürlich wird auch dem Bruch noch Salz zugefügt, was beim *Cheshire* in der Menge von der jeweiligen Jahreszeit abhängig ist: Die milden *Cheshire*, die, im zeitigen Frühjahr erzeugt, nur schwach gepreßt und nur lokal angeboten werden, haben eine schwache Salzung. Die Käse mit einer mittleren Reifezeit von 6 Wochen werden im Mai, Juni und September hergestellt; ihnen wird bei der Herstellung durch verstärktes Pressen mehr Molke entzogen und mehr Salz zugesetzt. Der über 10 Monate gereifte (late ripening) und über ein Jahr lagerfähige *Cheshire* schließlich wird noch mehr ausgepreßt und etwa 50 Prozent stärker gesalzen als die milde Sorte. Im Aussehen bröckliger und im Geruch weniger stechend als der *Cheddar*, übertrifft er oft sogar den *Stilton* an vollendeter Geschmacksharmonie und wird vom Kenner höher eingeschätzt.

Da der *Cheshire* so an die Eigenheiten des Bodens gebunden ist, ist man auch vor Nachahmungen sicher, und es besteht nicht die Gefahr, daß man sich mit einem »Stück Kreide oder einem Zeug, das einem die Haut vom Mund zieht«, konfrontiert sieht, wie es Taylor bissig bemerkt.

Auch in Deutschland wird *Chester* gemacht, aber vornehmlich als Ausgangsmaterial für Schmelzkäse.

Für die Herstellung der Käse der *Cheddar-Cheshire*-Gruppe ist charakteristisch, daß man den zusammengewachsenen Bruch säuern

Sortiment englischer Käse:
1 Wensleydale; 2 Leicester; 3 Caer-philly; 4 Stilton; 5 English Cheddar; 6 Double Gloucester; 7 Lancashire; 8 English Cheshire; 9 Derby
(Foto: English Country Cheese Council, London)

läßt und ihn vor dem Einbringen in die Form schnitzelt. Je nach dem Grad der Säuerung des zusammengewachsenen Bruches, nach der Art des Schnitzelns (Cheddaring, dt.: Chestern) werden neben dem *Cheshire* und *Cheddar* mehrere Käse unterschieden:

Lancashire

Der von der Nordwestküste Englands stammende und im Vergleich zum *Cheddar* weichere *Lancashire*, ein bis zum Ersten Weltkrieg auf Bauernhöfen erzeugter und sehr geschätzter Käse, gilt als beste Zutat zum Welsh Rarebit und läßt sich gut aufs Butterbrot streichen. Der junge, milde Käse schmeckt nach 3 Reifemonaten kräftiger als der *Cheddar*. Die Herstellung des *Lancashire* ist recht ungewöhnlich. Die Abendmilch wird abgekühlt und in Käsetonnen gefüllt, wo sie bis zum nächsten Morgen bleibt. Dann wird sie mit der frischen Morgenmilch vermischt und auf Labungstemperatur gebracht. Der Bruch wird wie üblich geteilt, aber nun kommt der für den *Lancashire* typische Schritt, nämlich die Zugabe alten Bruches vom Vortage oder eines dritten Teils, der noch einen Tag länger gestanden hat.

Double Gloucester

Zu den besten Käsen der Welt zählt der *Double Gloucester*, der aus dem Berkeley-Tal und dem Gloucester-Tal kommt und geschmacklich zwischen *Cheddar* und *Cheshire* liegt. Lokale Varianten des *Cheddar* sind *Dosty* und *Caerphilly*. Letzterer ist weiß, krümelig und nicht so elastisch wie der *Cheddar*. Er wird nur 3 Wochen gereift und hält sich nicht lange. Wegen seiner leichten Verdaulichkeit wird er von den walisischen Bergleuten im Gebiet um Cardiff besonders geschätzt, da auch der Verzehr einer größeren Menge den Magen nicht übermäßig belastet.

Der einzige originäre schottische Käse ist der *Dunlop*, eine Kopie des *Cheddar*.

Der halbfeste *Wensleydale*, der heute in lokalen Käsereien in Yorkshire hergestellt wird, ist dem *Stilton* sehr ähnlich, mit dem er auch um die Gunst des Gourmets buhlt.

Stilton

Der *Stilton* selbst stammt nicht aus Stilton, sondern wurde von einer Mrs. Paulet in Woldenham hergestellt und erstmals zu Weihnachten, wahrscheinlich im Jahr 1790, ihrer Schwester geschenkt, die mit dem Besitzer des Gasthauses »The Bell« in Stilton verheiratet war. Dieser, ein Mr. Thornhill, war so angetan von dem Edelpilzkäse, daß er allen Käse haben wollte, den die Schwägerin herstellte, um seine Gäste, die nach langer Kutschfahrt gerüttelt, müde und hungrig bei ihm einkehrten, mit einer besonderen Delikatesse verwöhnen zu können. Natürlich dachte der Gute auch daran, mit diesem Exclusivvertrag und einer Mund-zu-Mund-Werbung ein gutes Geschäft zu machen.

Bekannt war der Käse aber in London bereits 50 Jahre vorher, denn der auf die englische Literatur befruchtend einwirkende Dichter Alexander Pope (1688 bis 1744) schrieb in »Imitation of Horace«:
>»Cheese as men in Suffolk make
>But wished it *Stilton* for his sake.«

Kann man also der Mrs. Paulet kein Erfinderdenkmal setzen wie Marie Harel, der Erfinderin des *Camembert*, so ist doch ihr Verdienst um die Verbreitung des *Stilton* zusammen mit den Wirten von »The Bell« unbestreitbar.

Der *Stilton* und der *North Wiltshire* finden auch bei der Dichterin Jane Austen (1775 bis 1817) literarische Erwähnung, und ihr Zeitgenosse Charles Lamb (1775 bis 1834) schreibt in einem Brief an seinen Freund Thomas Allsop im Jahre 1823:

>»Dein Käse ist der beste, den ich je gekostet habe. Mary hat Verstand genug, dieses Geschenk zu würdigen, denn sie ist ganz begeistert vom *Stilton*. Deiner ist das köstlichste, regenbogenfarbige, schmelzende Stück, das ich jemals gekostet habe« (zit. und übertragen nach Taylor).

Bei der Herstellung des *Stilton* geht man heute von pasteurisierter Milch aus. Den in Würfel geschnittenen Bruch läßt man zunächst über Nacht zusammenwachsen und säuern, dann wird er in Streifen geschnitten und in die Formen verbracht, wobei schichtweise gesalzen wird. Gepreßt wird nicht, denn die Molke soll unter ständigem Wenden der Käse langsam (innerhalb einer Woche) ablaufen. Sobald die Käse sich genügend verfestigt haben, schlägt man sie in ein Tuch ein, das vorher in heißes Wasser getaucht wurde. Dann lagern die Käse eine weitere Woche in einem kalten und feuchten Raum, wobei sie

Stilton – Englands königlicher Käse
(Foto: Osborne)

wieder mehrmals gewendet werden müssen, damit sich die typische faltige Oberflächenstruktur ausbildet. Dann erst beginnt die eigentliche Reifung bei 10 bis 15 °C, die insgesamt ein knappes halbes Jahr dauert. Zunächst soll sich der Innenschimmel noch nicht entwickeln. Deshalb durchsticht (pikiert) man die Käse erst nach etwa achtwöchigem Aufenthalt im Gärkeller, um dann dem für das Wachstum der Schimmelpilze notwendigen Sauerstoff Zutritt in die Tiefe zu verschaffen. Das Pikieren wird in wöchentlichen Abständen mehrmals wiederholt.

Der fertige *Stilton* kommt in Zylindern von sechs bis acht Kilo in den Handel. Seine Rinde soll faltig, leicht schuppig und braun-weiß gefärbt sein. Unerwünscht ist eine schmierige Rinde. Der Teig soll fest und etwas krümelig sein und einen leicht gelben Farbton aufweisen. Von den blauen Schimmeladern wird eine gleichmäßige Verteilung im Teig erwartet.

Das Aroma des *Stilton* ist mild, rein und doch pikant und voll; ein unvergleichliches Aroma wie bei keinem anderen Käse, das man nicht beschreiben, sondern nur erleben kann!

Aber bitte Vorsicht! Der *Stilton* ist ein ausgesprochener Saisonkäse. Obwohl man ihn das ganze Jahr über erhalten kann, kauft man die besten Exemplare nur zwischen November und April. Seinen Höhepunkt hat er zur Weihnachtszeit. Die Enttäuschung beim ersten Versuch kann groß sein, wenn man an ein noch unreifes Exemplar gerät, das stellenweise einen weißen und festen Teig aufweist, oder wenn der gekaufte Käse zu alt ist und im Innern wie auf der Rinde von einer bräunlich-schmierigen Masse durchsetzt ist.

Um die Köstlichkeit eines *Stilton* voll genießen zu können, verzehrt man ihn nicht zusammen mit anderen Käsen. Er ist ein typischer Dessertkäse oder auch ein Käse zur Zwischenmahlzeit an einem Festtag, der ergänzt werden muß durch ein oder zwei Gläser Portwein oder einen kräftigen und vollen Burgunder. Ein Gourmet unserer Zeit formuliert: »Für mich ist die Krönung eines großen Dinners erst mit einem *Stilton* und einem Glas Vintage Port erreicht« (Heinrich Villiger in »5th Avenue Tabak Galerie 1978«).

Die beste Art, den *Stilton* anzuschneiden, besteht darin, ihn durch horizontale Schnitte in Scheiben zu zerlegen, wobei die oberste Schicht zum Abdecken des restlichen Käses während der weiteren Aufbewahrung dient. Höhlt man den *Stilton* mit einem Löffel aus, dann kann er leicht austrocknen. Das neuerdings vielfach geübte Verfahren, das Austrocknen – auch des in Steinguttöpfen angebotenen *Stilton* – durch Auffüllen mit Portwein zu verhindern, macht den Käse nicht besser.

Übrigens kennt man in England auch einen weißen *Stilton*, also einen Stilton, in dem sich kein Schimmel entwickelt hat und der ein ausgesprochen mildes Aroma aufweist.

Blue Cheshire

Ein ganz besonderer Käse ist der *Blue Cheshire*. Das Schimmelwachstum im Innern dieser Käse entsteht jedoch nicht wie beim *Stilton* durch bewußten Zusatz von Kulturen, sondern ist ein Zufallsprodukt bei der Herstellung von *Cheshire*. Da solche Käse außerordentlich selten sind, werden sie auch teuer bezahlt. Man genießt diese Edelsteine unter den *Cheshire-Käsen*, die sich dank der Aktivität der Schimmelpilze durch eine weiche, butterartige Konsistenz und einen unvergleichbaren Geschmack auszeichnen, zu frischem Brot, Landbutter und einem fruchtigen Burgunder.

Der *Dorset blue*, auch *Blue Vinney* genannt, ist ein lang gereifter (18 Monate) harter Blauschimmelkäse aus Magermilch, der früher auf den Bauernhöfen der Grafschaft Dorset hergestellt wurde und der mehr eine Kuriosität als eine Spezialität war. Spötter behaupteten, daß man in Dorset aus diesem Käse Lokomotivräder herstellen würde. Heute gibt es den echten *Blue Vinney* nicht mehr. Was da und dort unter seinem Namen angeboten wird, ist meist ein zweit- oder drittklassiger *Stilton*.

Bei dem in den USA und Neuseeland erzeugten *Colby*, der aus roher oder pasteurisierter Milch gemacht wird, verzichtet man auf das Zusammenwachsen des Bruches und läßt die freien Bruchkörner säuern. Diese *Cheddar-Imitationen* sind wäßriger als das Original.

Bereits 1851 wurde erstmals in den USA *Cheddar* hergestellt. Die in Form und Geschmack voneinander abweichenden *Longhorns, Daisies, Flats, Twins, Young Americans* decken paradoxerweise heute einen beträchtlichen Teil der *Cheddar*-Nachfrage auf der britischen Insel.

Doch nun wird es Zeit, über die Herstellung des Originals selber zu berichten, denn er ist nach wie vor Englands beliebtester Käse. Trägt er auch den Namen des wenig bemerkenswerten Dorfes Cheddar, so gilt als seine Heimat, wie gesagt, die Stadt Wells in Somerset, in deren Umgebung die besten Käse entstehen. Ursprünglich wurde der *Cheddar* sowohl aus Ziegen- als auch aus Schafmilch gemacht, doch ab dem 17. Jahrhundert ging man zunehmend dazu über, nur noch Kuhmilch zu verkäsen. Traditionsgemäß stellten die Bauern bis zur Jahrhundertwende einen fettarmen, sehr harten und krümeligen *Cheddar-Käse* für ihren eigenen Bedarf morgens aus entrahmter Abendmilch her. Für Käse jedoch, der an den örtlichen Landadel oder auf den Märkten der umliegenden Städte verkauft werden sollte, nahmen sie frische und vollfetthaltige Morgenmilch, der man noch den von der Abendmilch abgeschöpften Rahm zusetzte.

Nach Zusatz von Lab ließ man der angewärmten Milch eine Stunde Zeit zum Gerinnen. Dann wurde die Dickete gebrochen und die Molke durch leichten Druck mit einem Deckel herausgedrückt. Wenn genug Molke herausgedrückt war, wurde ein halbrundes, gelochtes Brett draufgelegt und mit Gewichten beschwert. Dann wurde der Käse nochmals geschnitten und mit immer schwereren Gewichten gepreßt, bis er zum Salzen fertig war. Gesalzen wird auch heute noch so und mit gleicher Menge: also im Prinzip keine Änderung. Der aus solcher Kesselmilch produzierte goldgelbe und fettreiche Käse wurde »*rich cheese*«, »*New milk*« oder »*morning cheese*« genannt. Dieser Käse galt, wie aus einer Urkunde von 1655 ersichtlich, als der beste englische Käse.

Die Versuchung war natürlich groß, solch gutbezahlten, goldgelben Käse nachzumachen, indem man die einfacheren, aus Magermilch hergestellten Käse anzufärben versuchte, um eine bessere Ware vorzutäuschen. Zunächst färbte man den Käsebruch mit Safran an. Safran wurde aus den Narben von Crocus sativus, einer Pflanze, die man auf den Bauernhöfen anbaute, gewonnen. Üblicherweise diente dieser Safran als Farbstoff zur Färbung der selbstgesponnenen Garne. Im 18. Jahrhundert fand man dann heraus, daß der Extrakt der Frucht des westindischen Baumes Bixa orellana billiger ist als Safran und besser färbt als Karottensaft. Der aus dieser Frucht gewonnene Farbstoff wird Annatto oder auch Bixin genannt. Beispiele für den gelb angefärbten Käse sind der *Leicester* und der *Schottische Cheddar* und die in Deutschland unter der Bezeichnung *Chester* oder *Chesterschmelzkäse* in den Handel gelangenden Käse.

Die auf den Bauernhöfen nach Hausmacher Art hergestellten *Cheddarkäse* waren in ihrer Qualität sehr verschieden. Jede Familie käste nach einem eigenen, streng geheimgehaltenen und von der Mutter auf die Tochter vererbten Rezept. Hausgemachter *Cheddarkäse* wurde früher nur zwischen dem 1. April und dem 1. November hergestellt. Seit Mitte des letzten Jahrhunderts fabrizierte man den *Cheddar* vornehmlich industriell in Käsereien (cheese factories), und zwar das ganze Jahr über. Hierbei blieb – getreu der englischen Vorliebe für Tradition – das Herstellungsprinzip erhalten, nur die einzelnen Arbeitsgänge wurden mechanisiert.

Hergestellt wird heute der *Cheddarkäse* aus vollfetter, pasteurisierter Milch. Nach der Labfällung wird der Bruch zu etwa erbsengroßen Bruchstücken zerkleinert, die sich dann unter Rühren bei einer Temperatur von etwa 40 °C am Boden des Kessels absetzen.

Während die Molke abläuft, wird der Bruch zu einer Masse zusammengeschoben. Die zusammengewachsene Bruchmasse wird dann in Blöcke von etwa 15 bis 20 cm Kantenlänge zerschnitten. Ist genügend Molke abgelaufen und erreicht der in Blöcken geschichtete Bruch einen bestimmten Säuregrad, dann werden diese in besonderen Mühlen unter Zugabe von Salz zu Schnitzeln gemahlen (Cheddaring).

Die Schnitzel werden in mit Tüchern ausgelegte Formen eingelegt. Zunächst wird in der Form etwa 30 Minuten gepreßt, dann werden die Formen entfernt und die Käse in Tücher eingeschlagen und nochmals für 12 bis 24 Stunden gepreßt. Nach dem Pressen läßt man die Käse abtrocknen und überzieht sie mit Paraffin. Gereift werden die *Cheddarkäse* bei Temperaturen zwischen 10 und 13 °C wenigstens für die Zeit von 60 Tagen, häufig für 3 bis 6 Monate. Besonders bei den auf den Farmen hergestellten Käsen kann die Reifung auch einmal bis zu einem Jahr dauern.

Nach der Reifung soll der Teig geschlossen, d. h. ohne Löcher, seidig, aber nicht hart sein, der Geschmack soll rein, leicht nußartig und nicht zu süß, aber auch nicht zu säuerlich sein.

Verzehrt wird *Cheddar* mit frischem Brot und Butter, süßen Essiggurken, frischem Salat, einem oder auch zwei Gläsern des für Somerset typischen Apfelweins (cider). Zum *Cheddar* passen aber auch ein Glas Bier vom Faß oder ein Burgunder.

Erwähnenswert ist das Prüfverfahren, das die Aufkäufer von *Cheddar* und *Cheshire* anwenden, um die Käse zu sortieren und geschmacklich zu beurteilen. Mit einem cheese-trier, wie das Gerät mit hölzernem Griff und geschliffenem Stahlblatt heißt – die zudem für verschiedene Käse verschieden sind –, wird ein kurzer, scharfer Stoß durch das Leintuch in den Käselaib geführt. Der »trier« zieht einen runden Böhrling heraus, den der Tester zwischen Zeigefinger und

Daumen verreibt, und den Käse so optimal auf Geruch und Geschmack prüft und beurteilt. Der Rest wird wieder in das Bohrloch zurückgeschoben.

Steckbrief des Cheddar

(Foto: Kielwein-Daun)

Form und Größe	Zylinder im Gewicht von ca. 27 kg oder von 4 bis 6,5 kg (Truckles) Blöcke im Gewicht von 18 bis 19 kg.
Rinde	Bei zylinderförmigem Käse hart, trocken, bräunlich-glatt mit erkennbaren Tuchabdrücken. Bei den blockförmigen, in Folien eingeschlagenen Käsen fehlt eine eigentliche Rinde.
Teig	Weiß bis leicht gelblich; schnittfest, aber nicht hart. Keine Lochbildung. Der Teig kann auch mit Annatto rötlich gefärbt sein.
Zusammensetzung	Trockenmasse: 61 bis 63%; Fett: 48% i.Tr.; in 100 g 32 g Fett und 25 g Eiweiß.
Geschmack	Milder, leicht säuerlicher Geruch; reiner, mild aromatischer Geschmack. Die zylinderförmigen und besonders die Farmkäse sind oft etwas schärfer.
Herstellung	Aus pasteurisierter Milch, Säuern des erbsgroßen Bruches in der Wanne, Mahlen der Bruchfladen zu Schnitzeln, Vermischen mit Salz. Formen und Pressen.
Aufbewahrung im Haushalt	In Folien verpackt im Kühlschrank. Die Blockware sollte im Kühlschrank nicht zu lange aufbewahrt werden, da sich auf der verhärteten Außenschicht gern ein Hefebelag bildet.
Verwendung	Mit frischem Brot, Butter und Gurken zusammen mit einem Glas »cider«, Apfelwein oder schwäbischem Most; auch mit Bier. In England sind die gerösteten walisischen Käseschnitten (Welsh rarebit) beliebt. Hierzu wird Cheddar mit Bier aufgekocht, die erkaltete dicke Soße wird auf frisches Toastbrot gegeben und gegrillt.
Passende Weine	Feinblumige, kräftige Weißweine (z. B. Morio-Muskat) und fruchtige Rotweine (Lemberger, Burgunder).
So ist er am besten	Tadellose Rinde, gleichmäßiger seidig-glänzender Teig, leicht säuerlicher aromatischer Geruch.

So darf er nicht sein	Rindenfehler, zu weicher Teig, offenes Gefüge (Lochbildung, Spaltenbildung), ungleichmäßige Farbe des Teigs. Fruchtig-hefiger Geruch, saurer Geschmack.

Steckbrief des Cheshire

(Foto: Kielwein-Daun)

Form und Größe	Zylindrische Käse mit einem Durchmesser von 30 cm und einer Höhe von 30 cm.
Rinde	Die gelbliche, oft stellenweise mit weißlichem Schimmel belegte Rinde ist mit Baumwolltüchern umhüllt; sie kann auch gewachst sein.
Teig	Fester, aber nicht harter, leicht bröckeliger und seidig glänzender Teig. Der Teig kann von roter, oranger, weißer oder blauer Farbe sein. Die blauen Cheshire-Käse, deren Farbe durch einen Pilzbefall verursacht wird, sind sehr selten und teuer.
Zusammensetzung	Trockenmasse: 57 bis 63%; Fett: mind. 48% i.Tr.; in 100 g 28 bis 31 g Fett und ca. 23 g Eiweiß.
Geschmack	a) weiße Käse: noch milder als die rot-orange gefärbten Käse; manchmal etwas säuerlich und bitter.
	b) rot-orange-gefärbte Käse (Chester): rein, leicht nußartiges Aroma.
	c) blaue Käse: etwas scharf und pikant.
Herstellung	Ähnlich wie die des Cheddar, Färbung mit Annatto.
Aufbewahrung im Haushalt	Die Käse werden, in Aluminiumfolie verpackt, im Kühlschrank aufbewahrt. Vorsicht ist bei den weißen Varianten geboten: Sie sollten nicht allzu lange gelagert werden, da sie leicht übersäuern und bitter werden.
Verwendung	Als Tafelkäse; mit frischem Brot, Butter und einem Glas Bier.
Passende Weine	Feinblumige, kräftige Weißweine (z. B. Morio-Muskat) und fruchtige Rotweine (Lemberger, Burgunder).
So ist er am besten	Tadellose Rinde, geschlossener Teig, gleichmäßige Färbung, frischer, nur leicht säuerlicher Geruch, aromatischer Geschmack.
So darf er nicht sein	Rindenfehler, harter oder zu weicher Teig. Farbfehler (streifig, Flecken). Fruchtiger Geruch (hefig), bitterer Geschmack.

Steckbrief des Stilton

So soll der Stilton nicht sein:
Im Kern noch nicht reif (weich)
(Foto: Kielwein-Daun)

Form und Größe	Zylinder mit einem Durchmesser von 15 bis 23 cm, einer Höhe von 30 bis 39 cm und einem Gewicht von 6,4 bis 8,2 kg.
Rinde	Dünne, faltige, bräunlich-weiße Rinde.
Teig	Samtig fester, etwas bröckeliger Teig mit blau-grünen Schimmeladern, die zum Zentrum verlaufen. Geringgradige, spaltenförmige Lochung.
Zusammensetzung	Trockenmasse: 65 bis 66,5%; Fett: mindestens 48% i.Tr.; in 100 g 32 bis 34 g Fett und 23 bis 33 g Eiweiß.
Geschmack	Mild, rein und doch pikant; aber viel milder als andere Käse mit Innenschimmel.
Herstellung	Aus pasteurisierter Milch, Zugabe von Schimmelkultur, Bruchbearbeitung ähnlich wie bei Cheddar. Vor Reifung Kühllagerung zur Ausbildung einer Oberflächenhaut. Stechen der reifenden Käselaibe zur Beschleunigung des Schimmelwachstums.
Aufbewahrung im Haushalt	Schnittfläche mit dem Rindendeckel zudecken, im Plastikbeutel im Kühlschrank oder in mit Weißwein angefeuchtetem Tuch im Keller.
Verwendung	Am besten schmeckt der Stilton in der Weihnachtszeit als Cocktailhappen zusammen mit Früchten oder Nüssen, aber auch zum Dessert oder mit Bisquit oder einem Stück knusprigen Brot.
Passende Weine	Vorzugsweise Portwein, aber auch gehaltvoller Burgunder und ausdrucksvolle Auslesen (weiß).
So ist er am besten	Dünne, feuchte, bräunlich-weiße Rinde. Wird er an den Kanten braun, dann hat er seine volle Reife erreicht. Teig gelblich-weiß, etwas bröckelig; gleichmäßige Verteilung der Schimmeladern.
So darf er nicht sein	Schleimige Rinde, die sich von selbst vom Käse ablöst. Bräunliche Verfärbung des Teiges, mangelhafte Entwicklung der blau-grünen Schimmeladern, harter und weißer Teig, saurer oder bitterer Geschmack.

Schnittkäse

Die deutsche Bezeichnung »Schnittkäse« für Käse, die weder den Weichkäsen noch den Hartkäsen zuzuordnen sind, ist wenig exakt, denn auch ein Hartkäse (z. B. *Emmentaler*) oder ein Weichkäse (z. B. *Romadur*) können schnittfest sein. Im Ausland unterscheidet man in der Regel zwischen Hart- und Weichkäsen. In England gelten Käse von der Konsistenz der Schnittkäse als »semihard cheeses«, in Frankreich als »fromages à pâte demi-dure«. In Deutschland unterscheidet man dann noch zwischen »festen« und »halbfesten« Schnittkäsen, was dem Verbraucher die Orientierung sicher nicht erleichtert. Die Einteilung erfolgt nach dem Wassergehalt in der fettfreien Trockenmasse (Wff), der bei den festen Schnittkäsen zwischen 55 und 62 Prozent und bei den halbfesten zwischen 62 und 68 Prozent liegt.

Feste Schnittkäse

Für die festen Schnittkäse sind die Käse holländischer Herkunft (*Gouda, Edamer*) und der deutsche *Tilsiter* typische Beispiele. Es handelt sich hierbei um Käse mit einem nicht allzu festen, aber auch nicht verformbaren Teig mit relativ kleinen, runden oder schlitzförmigen Löchern. Im allgemeinen ist das Aroma der festen Schnittkäse mild, bei solchen mit Schmierenbildung leicht pikant.

Urtypen der holländischen Schnittkäse sind der aus Südholland stammende *Gouda*, der in Nordholland beheimatete *Edamer* und einige kleinere Käse wie der *Leidener* und der *Friesenkäse*, bei deren Herstellung Buttermilch mitverwendet wird.

In Deutschland sind Schnittkäse sehr beliebt, so die Nachahmungen holländischer Käse und vor allem der aus Ostpreußen stammende *Tilsiter*. Die Schweiz kennt neben dem geheimnisvollen *Tête de Moine* (Mönchskopf) und dem ebenfalls bodenständigen *Walliser Raclette* die beiden aus dem *Tilsiter* entwickelten Schnittkäse *Royalp* und *Thurgauer*, die aber eine unverwechselbar eigene Note bekommen haben.

Die dänischen Schnittkäse, die unter knapp einem Dutzend Namen auftreten, sind sich alle sehr ähnlich. Sie unterscheiden sich wesentlich nur in der Lochung und der Intensität des Aromas. Auch die auf holländische und Schweizer Vorbilder zurückgehenden Käse wurden weitestgehend dem dänischen Geschmack angeglichen. Lediglich der *Havarti* bewahrte noch mehr als anderswo den Charakter des *Tilsiters*.

Auch in der Gruppe der Schnittkäse kann Frankreich einen ganz großen Vertreter präsentieren: den traditionsreichen *Cantal*. Der *Morbier*, erkennbar an seinem eingelegten Streifen aus Asche oder gemahlener Holzkohle, ist eine französische Besonderheit, wohingegen die *Mimolette* eine glatte Kopie des *Edamers* darstellt. Nach dem Vorbild eines seit Jahrhunderten gemachten *Schafkäses* aus den Pyrenäen wurde ein *Pyrenäenkäse* aus Kuhmilch entwickelt, der offensichtlich dem deutschen Geschmack sehr entgegenkommt. Daneben hat hierzulande ein italienischer Schnittkäse viele Freunde gefunden: der *Aosta-Käse*, der in Italien als *Fontal* angeboten wird und ein enger Verwandter des *Fontina* ist. Weitere italienische Schnittkäse sind der *Asiago* und der *Montasio*, die je nach Alter allerdings auch Hartkäse oder gar Reibekäse sein können.

Die Herren der saftigen Marschen: Schnittkäse holländischer Herkunft

Wenn man in Deutschland von Holländer-Käse spricht, dann meint man in Norddeutschland den *Gouda*, in Süddeutschland hingegen den *Edamer*. Längst aber kommen nicht mehr alle diese Käse allein aus Holland, sondern werden in vielen Ländern, sei es unter dem originalen oder unter eigenen Namen, nachgemacht.

Warum aber können die Holländer als Erfinder dieser in den Küstenländern beheimateten Käse gelten? Die Holländer sind bekanntlich alterfahrene Deichbauer. Schon im Mittelalter haben sie hinter den Deichen auf oft tiefer als der Meeresspiegel liegenden Weiden Vieh gezüchtet. Da aber die gewonnene Milch in den dünn besiedelten Gebieten nicht frisch verbraucht werden konnte, bot sich die Verarbeitung zu Käse geradezu an. Bereits im 12. Jahrhundert sind Gouda und Edam als Exportmärkte für Käse urkundlich belegt. In späteren Jahrhunderten exportierten die Holländer nicht nur die Kunst des Deichbaus, sondern auch die der Herstellung problemloser, weil haltbarer und vielseitig verwendbarer Käse. In den Holsteinischen Marschen gründeten sie Meiereien, die zum Teil heute noch den Namen »Holländereien« tragen.

Gouda

Der *Gouda* ist der bekannteste holländische Käse. Allein 65 Prozent der holländischen Käseproduktion entfallen auf ihn. Nordöstlich von Rotterdam, am Ijsselfluß liegt die Stadt Gouda, die ihm ihren Namen gab, weil er seit dem 16. Jahrhundert hier vermarktet und für den Export verfrachtet wird. Seine eigentliche Heimat ist das benachbarte Dorf Stolwijk, weshalb er zunächst auch *Stolkse kaas* (Stolwijker Käse) hieß. Heute noch sind die Käse aus diesem Dorf besonders gut.

Bis zum Beginn unseres Jahrhunderts war der *Gouda* ein reiner Bauernkäse. Seitdem wird er auch fabrikmäßig hergestellt, ohne glücklicherweise die bäuerliche Produktion ganz zu erdrücken. Auf rund tausend Bauernhöfen in den Provinzen Südholland und Utrecht machen die Bauersfrauen nach alten Traditionen den *Goudse boeren-kaas*, der sich vom fabrikmäßig hergestellten *Gouda* deutlich abhebt. Der *Bauerngouda*, auf den immerhin noch 8,5 Prozent der holländischen *Gouda*-Produktion entfallen, wird aus der auf dem Hof anfallenden Rohmilch hergestellt. Obwohl die Zahl der Bauernhöfe, auf denen *Gouda* produziert wird, seit Jahren rückläufig ist, steigt das Angebot ständig an. Qualität läßt sich der Käsegourmet etwas kosten, und mit der Technisierung kam auch in die Bauernkäsereien eine

wesentliche Arbeitserleichterung. Dank der Kühlanlagen braucht jetzt nur noch einmal täglich gekäst zu werden, da die vom Vorabend stammende, gut gekühlte Milch mit der frischen Morgenmilch vermengt wird. Auch heute noch ist die Käseherstellung auf dem Bauernhof der Bäuerin vorbehalten, die gern den mithelfenden Töchtern die hauseigene Tradition der Käsereikunst weitervererbt.

Die Hauptmenge an *Gouda* wird von Mai bis Oktober, während der Weidezeit, produziert. Der rohen Milch wird zunächst Säurewecker, Lab – im Winter auch Farbstoff (Annatto oder Karotin) – zugegeben. Der etwa kirschkerngroße Bruch wird, nachdem ein Teil der Molke abgelassen wurde, mit heißem Wasser erwärmt und geschmeidig gemacht, damit er zusammenwachsen kann.

In modernen Käsekesseln wird kein heißes Wasser mehr zugesetzt, sondern der Kessel wird aufgeheizt. Der zusammengewachsene Bruch wird entweder in Stücke zerschnitten und in die mit Tüchern ausgeschlagenen Formen gefüllt oder – falls nur ein Käse gemacht wird – gibt man den Bruchkuchen als Ganzes in die Form und zerkleinert ihn darin. Beim ersten Verfahren erhält man Käse mit wenigen, beim zweiten solche mit vielen Löchern. Die Käse werden unter allmählich ansteigendem Druck gepreßt und dabei häufig gewendet.

Danach werden sie je nach Größe 4 bis 8 Tage in ein Salzbad gelegt. Ehe sie in den Reifungskeller kommen – früher war dies ein Stall oder ein Stallvorraum –, wäscht man die Laibe ab und läßt sie trocknen. Gereift wird bei einer Temperatur zwischen 14 und 20 °C. Die Käse sind dann aber schon im Alter von 5 bis 6 Wochen und werden häufig bereits jetzt vom Handel zur Ausreifung in Kunststoffolien übernommen. Genußreif sind die *Goudakäse* nach 2 bis 3 Monaten.

Die Bauern bieten auch heute noch jeden Donnerstag auf dem Käsemarkt von Gouda, an dem das 1668 erbaute Käse-Wieghaus (»Kaaswaag«) steht, den Händlern ihre Käse an. Der temperamentvoll geführte Handel, der nach Bieten, Fordern und Feilschen schließlich durch Handschlag besiegelt wird, ist immer eine Attraktion für Touristen. Ist das Geschäft perfekt, fährt der Bauer sein mit Käse beladenes Fahrzeug zur Waage.

Seit 1905 wird *Gouda* auch in anderen Gebieten fabrikmäßig aus pasteurisierter Milch hergestellt. Die Reifung erfolgt hierbei in Lagerräumen mit steuerbaren Temperatur- und Feuchtigkeitsverhältnissen, so daß die Reifungsgeschwindigkeit reguliert werden kann. Exportkäse muß mindestens vier Wochen reifen.

In Deutschland wird *Gouda* seit 1825 hergestellt. Die Bauerntochter Maria Reymer vom Gut Hogefeld in der Gemeinde Rindern im Kreis Kleve lernte die Kunst der *Gouda*-Herstellung bei Verwandten in Holland kennen und machte dann zu Hause selbst »Holländer«. Die Bauernkäserei verbreitete sich schnell am ganzen Niederrhein, und 1850 wurde auch in der Kölner Gegend auf den Bauernhöfen *Gouda* gemacht.

Ab 1890 wurde die Bauernkäserei von Genossenschafts- und Privatkäsereien weitgehend verdrängt.

Holländische Schnittkäse
(Foto: Niederländisches Büro für
Milcherzeugnisse)

In Deutschland entspricht die Herstellung von *Gouda* weitgehend der des *Edamers*, jedoch wird der länger bearbeitete Bruch stärker gepreßt, damit der *Gouda* einen festeren Teig erhält als der *Edamer*.

Haben sich auch die Grundsätze der *Gouda*-Herstellung kaum gewandelt, so sind doch die Geschmacksnuancen eine aufregende Entdeckung für den Käsekenner. In Holland sagt man sicher nicht zu Unrecht: Frankreich kennt 200 Käsesorten, Holland aber kennt nur zwei Käse, von denen aber jeder 200 Geschmacksnuancen aufzuweisen hat. Dies gilt natürlich vorwiegend für den *Goudse boerenkaas*, dessen leicht süßes, volles und manchmal sogar kräftiges Aroma von keinem Fabrikkäse erreicht wird. Freilich gibt es gute und sehr gute Käserei-*Goudas*, aber ihr Geschmack ist nivelliert.

Ein ausgefuchster Kenner dieses Oldtimers kann einen *Bauerngouda* allein am Aroma einem bestimmten Herstellungsgebiet und sogar einem bestimmten Hof zuordnen, wenn hier ein charaktervoller Käse herkommt. Ein *Bauerngouda* ist, wie die meisten urwüchsigen Käse, um so besser, je älter er ist. Im allgemeinen wird er im Alter von 3 bis 6 Monaten auf den Tisch kommen. Ein alter *Bauerngouda* ist wenigstens 9 Monate alt, oft jedoch wesentlich älter. Der ursprünglich feste, aber schnittfähige Teig ist dann hart geworden, und man bricht ihn, anstatt ihn zu schneiden. Das ursprünglich leicht süßliche, mild-nußartige Aroma ist nun voller, pikanter und etwas salzig. Oft spürt man auf der Zunge die feinen Körner der auskristallisierten Aminosäuren.

Der junge *Gouda* hat einen weichen und sahnigen Teig, der mittelalte ist schnittfest, und alter *Gouda* ist unschwer an seinem kompakten Teig zu erkennen. Den original *Holland-Gouda* kannte man früher nur in Laibform, heute setzt sich insbesondere bei den Fabrikkäsen die Blockform *(rechthoekige kaas)* durch. Die Seitenflächen der 3,5 bis 20 kg *(Bauerngouda* bis 30 kg) schweren Laibe gehen ohne Knick fließend in die Deckfläche über. *Deutscher Gouda* kommt fast nur noch in rechteckiger Brotform und in Gewichten von 4,5 bis 9 kg schweren Einheiten auf den Markt.

In Holland nennt man die in drei Gewichtsklassen hergestellten, jedoch höchstens 1,1 kg schweren kleinen *Gouda*-Laibe »*Lunchkaas*« oder »*Baby-Gouda*«, welche sehr jung angeboten werden. Die glatte und trockene Rinde ist meist mit einer dünnen Kunststoffhaut, in Deutschland mit Paraffin überzogen. Der Teig ist anfangs weich, dann fest und im hohen Alter kompakt, hellgelb bis buttergelb und mit erbsengroßen Löchern durchsetzt, im alten *Bauerngouda* sieht man eingesprengte Aminosäurekristalle.

Neben *Gouda mit Kümmel (Goudsekaas met komijn)* ist ein sehr weicher *Gouda* mit erhöhtem (höchstens 43 Prozent) Wassergehalt im Angebot. Dies muß jedoch auf den maximal 5 kg schweren und häufig im Sonderangebot auftauchenden Käsen durch eine besondere rote Marke angezeigt werden. Auch der *Amsterdammer kaas* darf, je nach Jahreszeit und auch nur bei Laiben bis 5 kg, einen erhöhten Wassergehalt bis 48 Prozent haben.

In Holland ist schließlich noch ein *Gouda-Maikäse* erwähnenswert, der aus der ersten Milch der neuen Melkperiode erzeugt wird.

Dieser darf nicht mit dem *Maikäse* verwechselt werden, der unter Rabbinatsaufsicht hergestellt und nur bei bestimmten Riten gereicht wird. In der jüdischen Religion ist das Pessach-Fest (Passah) das zweithöchste und wird im März/April zur Erinnerung an den Auszug aus Ägypten gefeiert. Da die Israeliten beim Verlassen des Nillandes keine Zeit hatten, das Brot zu säuern, wird zur Erinnerung am ersten Frühlingsvollmond das in der christlichen Religion Ostern gleichzustellende Fest gefeiert und zum traditionellen Familienmahl werden ungesäuertes Brot (Matze) und ein Lamm serviert. Die Mutterschafe, von denen diese Lämmer stammen, werden zeitig im Bereich des Rabbinats von Ritenbeobachtern zum Melken unter Aufsicht gehalten. Nur aus dieser Milch wird der *Maikäse* gemacht. Die Beschränkung auf die Milch der Schafe, die als Osterlämmer geschlachtet werden, soll die Wiedergeburt symbolisieren.

Zurück zum *Gouda*. Vielseitigkeit und Beständigkeit sind seine hervorragenden Eigenschaften. Soll der Käse schmelzen, dann wählt man jungen *Gouda*, soll die Käsestruktur erhalten bleiben, dann entscheidet man sich für den auch preislich interessanten mittelalten. Als Reibekäse für Suppen, Soßen, Soufflés, Omeletts oder Pizza verwendet man alten *Gouda* ebenso wie zur Fondue, wo er gut den *Greyerzer* ersetzen kann. Für Salate empfiehlt sich junger oder mittelalter Käse. Kenner lieben alten *Gouda*, entweder in Stücke gebrochen und »pur« oder zu Schwarzbrot mit Butter.

Was trinken wir zum alten *Gouda*, der einem alten *Bergkäse* oder *Sbrinz* nicht nachsteht? Natürlich Wein, und zwar einen erdigen Gewürztraminer oder den üppigen Tokay, einen kräftigen Elsaßwein mit diskretem und unaufdringlichem Aroma.

Mittelalte *Goudakäse* harmonieren vorzüglich mit fruchtigen und leichten Rotweinen, wie Beaujolais oder dem in Deutschland so gefragten und immer knappen Portugieser.

Wer es aber deftig mag, soll ohne Bedenken ein kraftvolles Bier wählen, so wie es auch die Holländer schätzen.

Steckbrief des Gouda

(Foto: Kielwein-Daun)

Form und Größe	Stark abgeplattete, runde Laibe im Durchmesser von 30 cm, neuerdings auch in Brotform. Gewicht: 3 bis 20 kg
Rinde	Glatt, trocken, mit dünner Plastikhaut überzogen, mit Gütestempel, paraffiniert, gelb.
Teig	Fest, hell- bis buttergelb, gleichmäßige erbsengroße Löcher.
Zusammensetzung	Trockenmasse: 49 bis 57%; Fett: 30 bis 50% i.Tr.; in 100 g 14 bis 28 g Fett und ca. 25 g Eiweiß.
Geschmack	Jung: 3 bis 7 Wochen gereift, zart, mild, sahnig.

	Mittelalt: 2 bis 5 Monate gereift, kräftig, würzig.
	Alt: über 5 Monate gereift, herzhaft und pikant, gut zum Reiben.
Herstellung	In Holland teilweise noch auf dem Bauernhof aus Rohmilch. Sonst molkereimäßig aus pasteurisierter Milch. Der Bruch wird nachgewärmt.
	Reifung bei ca. 14 bis 15 °C mindestens vier Wochen.
Aufbewahrung im Haushalt	Im Keller oder einem gekühlten Raum bei höchstens 12 °C. Nicht einfrieren!
Verwendung	Als Frühstückskäse, zum Imbiß, als Zwischenmahlzeit, auf Käseplatten und als Dessertkäse.
	Gerieben und geschnitzelt in warmen Gerichten und zum Überbakken (besonders der junge Gouda). Alter Gouda kann für Fondue verwendet werden.
Passende Weine	Junger Gouda und mittelalter Gouda: feinblumige Weißweine und Rosé (Scheurebe, Weißburgunder, Spätburgunder – Weißherbst) und würzige Rotweine (Trollinger, Spätburgunder).
	Alter Gouda: große Weißweine von Eleganz und Harmonie (Riesling, Gewürztraminer), fruchtige, geschmeidige Rotweine (Châteauneuf-du-Pape und Schwarzriesling).
So ist er am besten	Glatte und glänzende Rinde, sehr fester Teig, kein spezieller Geruch, ausgeprägter Geschmack.
So darf er nicht sein	Krümeliger Teig, sehr pikant, stumpfe Farbe, kreidig, bitter, sauer, salzscharf.
	Große Lochung oder zu wenig Lochung.

Edamer

Der weltbekannte, oft nachgeahmte *Edamer* hat seinen Ursprung in der Provinz Nordholland und seinen Namen von der Stadt Edam, nordwestlich von Amsterdam gelegen. Bevor 1932 der südliche Teil des Ijsselmeeres durch einen 30 km langen Damm vom Meer abgetrennt wurde, war Edam eine Hafenstadt, aus der *Edamerkäse* in alle Welt verschickt wurde.

Heute ist das Zentrum des Handels mit *Edamer* die Stadt Alkmaar. Jeden Freitagmorgen im Sommer findet hier seit 350 Jahren ein Käsemarkt statt, dessen genau festgelegtes Ritual heute eine echte Touristenattraktion ist: Mitglieder der Käseträgergilde in ihren weißen Anzügen und – je nach Körperschaft – verschiedenfarbigen Hüten tragen die auf schlittenförmigen Holzsänften aufgestapelten Käsekugeln über das graue Pflaster des alten Marktplatzes zum Wieghaus. Immerhin eine Leistung, denn die rund 80 Kugeln auf jeder Tragbahre machen das stattliche Gewicht von rund 160 kg aus. Die fußballförmigen Käse haben hier nur zum Teil die uns vertraute rote Außenfarbe, denn nur für den Export bestimmte Käse werden mit dieser auffallenden Wachsschicht versehen.

Ursprünglich war auch der »*Edammer kaas*« ein Bauernkäse, der jahrhundertelang nur auf nordholländischen Bauernhöfen gemacht wurde. Die Ende des 19. Jahrhunderts gegründeten Genossenschaftskäsereien verdrängten diese althergebrachte Produktionsweise nahezu völlig. Noch im Jahre 1905 wurden 10 Millionen Kilogramm *Edamer* auf den Bauernhöfen und nur 7,5 Millionen kg in den Käsefabriken hergestellt.

Wie beim *Gouda* verbreitete sich die *Edamer*-Herstellung, vom Niederrhein ausgehend, über ganz Deutschland. Der holländische *Edamer* wird bei uns in der bekannten Kugelform mit flacher Ober- und Unterseite in verschiedenen Gewichtsstufen (1,7 kg, 2,5 kg bis 4,5 kg und 5 bis 6 kg), mit rotem Paraffin überzogen und mit Flachsöl

Traditioneller Käsemarkt im niederländischen Alkmaar
(Foto: Niederländisches Büro für Milcherzeugnisse)

eingerieben, angeboten. Die Brotform ist jetzt auch in Holland immer gefragter, während in Deutschland diese Form in Gewichten von 300 g bis 20 kg dominiert. Der rote Paraffinüberzug erhält vielfach noch eine transparente Kunststofffolie oder wird gar durch solche in rot und gelb ersetzt.

In seiner Heimat hat er, in Anspielung auf seine Form, auch noch die Bezeichnung *Manbollen, Katzenkopf* und *Maurenkopf* gefunden, in Frankreich heißt er *Boule de Lille* (Kugel von Lille) oder *Mimolette.*

Der *Edamer* unterscheidet sich von seinem Vetter *Gouda* durch einen milderen, gut schnittfesten Teig mit etwas kleinerer Lochung und einem geringeren Fettgehalt. Der Geschmack ist oft etwas säuerlich, aber doch rein und mild.

Der deutsche *Edamer* soll nicht säuerlich sein. Das führt aber zu einem faden und ausdruckslosen Aroma, wie man es bei in nur 3 bis 4 Wochen gereiften Käsen auch kaum anders erwarten kann.

Der holländische *Edamer*, der ausgeführt wird, muß mindestens 4 Wochen alt sein, ist jedoch in der Regel 2 bis 6 Monate und länger gereift. Wie alt ein *Edamer* werden kann, erlebte eine Südpolexpedition 1956, als sie einen von Scott im Jahre 1912 hinterlassenen *Edamer* fand, der zwar im Aroma schärfer geworden, aber noch ohne Schaden genießbar war!

Der *Edamer*, ein angenehmer Brotbelag, findet in Käsesalaten eine Entfaltung seiner guten Eigenschaften, bereichert warme Gerichte und ist – falls alt genug – ein beliebter Partyhappen und eine kräftigende Zwischenmahlzeit.

Was trinken wir zum *Edamer*? Bier! Richtig, denn mit Bier verbindet er sich zumindest genauso gut wie ein Rotschmierekäse. Wein! Welcher Käse ließe sich nicht harmonisch mit Wein verbinden. Leichte und fruchtige Rot- und Weißweine passen zu seinem milden Charakter besonders gut.

Steckbrief des Edamer

(Foto: Kielwein-Daun)

Form und Größe	Kugelform (1,7 kg bis 2,5 kg). Brotform 2 bis 6 kg. Baby Edamer.
Rinde	Glatt und trocken. Rot oder gelbgewachst. Häufig auch mit Kunststoffolie überzogen.
Teig	Schnittfest, geschmeidig, weicher als beim Gouda. Hell- bis goldgelbe Farbe. Vereinzelte, bis erbsengroße Lochung.
Zusammensetzung	Trockenmasse: 50 bis 57%; Fett: 30 bis 50% i.Tr.; in 100 g 16,2 bis 28 g Fett und 24 bis 26 g Eiweiß.
Geschmack	Mild, rein.
Herstellung	Aus pasteurisierter Milch, Bruch wird gewaschen. Reifung 3 bis 4 Wochen.
Aufbewahrung im Haushalt	Eingeschlagen in Alufolie im Kühlschrank oder Keller.

122

Verwendung	Brotbelag zum Frühstück oder Zwischenmahlzeit; Partyhappen; zu Salaten.
Passende Weine	Harmonische Weißweine mit feiner Säure (Silvaner, Kerner und Chablis) und mildfruchtige Rotweine (Samtrot, Bardolino).
So ist er am besten	Geschmeidiger, gelblicher, leicht fettiger Teig. Mildes Aroma.
So darf er nicht sein	Spaltenbildung; Geruchs- und Geschmacksabweichungen.

Leidener Käse

Der *Leidener Käse*, auch *Leydener*, *Leidse kaas* und *Leidse boerenkaas* genannt, wurde ursprünglich auf den großen Bauernhöfen in der Umgebung Leidens, einer der ältesten Städte Hollands und Geburtsort Rembrandts, hergestellt. Da die Bruchbearbeitung beim *Leidener* viel Kraft erfordert, wird er von Männern gemacht, während die Herstellung des *Gouda* weitgehend der Bäuerin überlassen ist. Früher walkten die Männer den Bruch mit den Füßen, die sie vorher in Molke gewaschen hatten, kräftig durch. Ästheten begrüßen es, daß man davon ganz abgekommen ist, Käsekenner behaupten aber, der *Leidener Bauernkäse* würde daraufhin nicht mehr so gut gelingen wie dereinst.

Zum *Leidener* wird vorgereifte, entrahmte Kuhmilch genommen, der ein geringer Prozentsatz Buttermilch zugesetzt wird. In einen Teil des Bruches wird Kümmel eingeknetet. Dann bedeckt man den kümmelhaltigen Teil des Bruches mit dem restlichen Bruch, so daß die Ober- und Unterseite des Käses von Kümmel frei bleiben. Am Ende

Leidener Bauern-Käse
(Foto: Niederländisches Büro für Milcherzeugnisse)

der mehrere Monate dauernden Reifungszeit wird die Rinde der 3 bis 6 kg schweren Laibe mit Annatto gefärbt – früher nahm man Kolostralmilch, der ein roter Farbstoff zugesetzt wurde.

Die *Leidener Bauernkäse* haben einen ziemlich harten und bröckeligen Teig, der im Geschmack scharf und pikant ist. Der Fettgehalt beträgt mindestens 40 Prozent i. Tr. Als Herkunftsbezeichnung tra-

Friesischer Nelkenkäse
(Foto: Niederländisches Büro für
Milcherzeugnisse)

gen die Käse meist das Wappen der weltberühmten Universität von Leiden: zwei gekreuzte Schlüssel.

Die *Leidener* Molkereikäse, ein bevorzugter Brotbelag, sind im Teig weniger hart und im Geschmack weniger scharf als die Bauernkäse.

Nahe Verwandte sind die *Friesenkäse*, die nach ähnlichen Verfahren und unter Zusatz von 5 Prozent Buttermilch hergestellt werden, und der *»Friese Nagelkaas« (Friesischer Nelkenkäse)* mit Gewürznelken im Teig, sowie der *»Kantenkäse«*, dem Kümmel zugesetzt wird.

Weitere holländische Schnittkäse, denen man aber nicht so regelmäßig begegnet wie den namhaften Vertretern, sind der *Roomkaas* (Rahmkäse), ein kleiner, sehr milder Käse vom *Gouda*-Typ mit einem Fettgehalt von mindestens 60 Prozent Fett i. Tr. und der *Geheimratskäse*, der dem *Edamer* sehr nahe steht. In Holland heißt er auch noch *Deichgrafenkäse, Deichhauptmannskäse* oder *Heemratskäse*. Er wird, auch in Deutschland, in Laiben von etwa 0,5 kg hergestellt und in rotes, gelbes oder farbloses Paraffin getaucht. Der *Geheimratskäse*, der wie der *Edamer* Verwendung findet, hat einen weichen, aber schnittfesten Teig und zeichnet sich durch ein sehr mildes Aroma aus.

Schnitt für Schnitt wächst der Genuß: Deutscher Schnittkäse

Der Tilsiter aus Ostpreußen

Neben den Schnittkäsen holländischer Herkunft (*Gouda, Edamer, Geheimratskäse*) kennt Deutschland vor allem den *Tilsiter*, dessen Heimat die Tilsiter Nehrung in Ostpreußen ist. In den vierziger Jahren des 19. Jahrhunderts legte die Molkereibesitzerin Frau Westphal in Tilsit die Herstellungsweise des *Tilsiters* schriftlich fest. Käse dieses Typs wurden in Ostpreußen schon länger gemacht, so daß Frau Westphal nicht, wie gelegentlich behauptet wird, als Erfinderin in Frage kommt. Es waren vielmehr Käsefachleute aus den klassischen Käseländern, die ihre Kenntnisse in das Einwanderungsland Ostpreußen mitgebracht hatten, wo dann Käse eigener Prägung daraus wurden, die sich aus den andersgearteten geologischen, klimatischen und wirtschaftlichen Verhältnissen von ihren Vorbildern wegentwickelten. Alte Schriften berichten von dem früheren Variantenreichtum des *Tilsiters*, unter dem besonders ein von Schweizer Einwanderern hergestellter *Tilsiter* mit einer dem *Emmentaler* abgeguckten starken Rundlochung erwähnt werden muß.

Nachdem also die Herstellungsweise des *Tilsiters* festgelegt war, dehnte sich seine Produktion über ganz Ostpreußen, Westpreußen und schließlich über ganz Norddeutschland aus. Seit 1897 wird er auch in der Schweiz und seit 1901 im Bayerischen Allgäu hergestellt, heute auch in Schleswig-Holstein, Niedersachsen, Baden-Württemberg und in anderen Ländern.

Bei der Herstellung des *Tilsiters* geht man von pasteurisierter Milch aus. Das früher übliche Vorreifen der Milch ist fast gänzlich verschwunden. Der haselnuß- bis erbsengroße Bruch wird nur schwach nachgesäuert (36 bis 38 °C, früher bis 45 °C), manchmal auch gewaschen, das heißt, man läßt Molke ablaufen und gibt Wasser in das Molke-Bruch-Gemisch. Beim Einfüllen des Bruches in die Formen wird darauf geachtet, daß möglichst wenig Molke in die Formen gelangt, da diese Käse ja nicht gepreßt werden. Zur Erlangung einer festen Rinde übergießt man die den Käse umschließenden Formen mit heißem Wasser. Nach mehrmaligem Wenden – oft in einem Schwitzraum bei 30 bis 35 °C – werden die Käse am folgenden Morgen für zwei bis drei Tage ins Salzbad eingelegt. Früher wurde auch trocken gesalzen. Nach dem Salzbad werden die Käse getrocknet und dann in einem Reifungskeller bei etwa 15 °C gelagert. Zunächst täglich, dann in zwei- bis dreitägigem Abstand werden die Käse mit Salzwasser, dem Rotschmierekultur zugesetzt ist, abgewaschen, »gestrichen«, wie es in der Fachsprache heißt.

Die Reifungszeit des *Tilsiters* soll mindestens zwei Monate betragen, was aber immer weniger eingehalten wird. Nach sechs, oft schon nach vier Wochen, wird die Reifung unterbrochen, die Käse werden

Deutsche Schnittkäse:
1 Edamer; 2 Gouda; 3 Tilsiter;
4 Wilstermarsch; 5 Trappistenkäse;
6 Geheimratskäse
(Foto: CMA)

in Paraffin oder Kunststoffolie eingeschlossen und in den Handel gebracht, lange bevor sie ihre für die Ausbildung des Geschmacks erforderliche Reife erlangt haben. Durch diese Kurzreifung werden Zeit und Geld gespart, dem Verbraucher wird aber ein Genuß vorenthalten. Oder stimmt die Begründung mancher Fabrikanten, der Verbraucher lege gar keinen Wert auf vollmundige *Tilsiter*?

Im Handbuch der Käserei weist Riedel noch 1952 darauf hin, daß man für anspruchsvolle Feinschmecker die Käse bis zu einem Jahr reifen läßt, da nur dann der für diesen Käse typische pikante Geruch und Geschmack voll zur Ausprägung kommen können.

Der dänische Markt bietet mit dem *Havarti* nach wie vor einen typgerechten Käse an. Um so berechtigter fragen mit uns die Käsegourmets im Lande, warum uns der vollmundige deutsche *Tilsiter* nicht angeboten wird. Warum kann man nicht zu verschiedenen Reifungsstufen – ähnlich dem *Gouda* – kommen, eine Frage übrigens, die auch für den *Emmentaler* gilt, der ja auch zunehmend ein betrübliches Dasein unter Plastikfolien führen muß.

Den *Tilsiter* finden wir in Laib- oder Brotform in den Gewichtsstufen 2,5 bis 3,5 kg und 4,5 bis 5 kg. Seine Rinde ist glatt, gelblichbräunlich und meistens paraffiniert, manchmal ist eine ausgetrocknete Schmiere erkennbar. Der Teig des 45 Prozent fetten *Tilsiters* ist geschmeidig, von weißlich-blaßgelber Farbe und zeigt eine gleichmäßige, schlitzförmige und nur wenig runde Lochung. Der Geschmack ist säuerlich-herb, bei gereiften Käsen würzig-pikant.

Der *Tilsiter* ist ein beliebter Frühstückskäse, eine Bereicherung der Käseplatte und eine würzige Brise in jedem Käsesalat. Als Partyhappen mit Tomaten und Orangenscheiben hat er sich einen festen Platz erobert. Leichte und fruchtige Weine wie Beaujolais, Médoc, Côtes-du-Rhône und Provence rouge passen ebenso wie ein kühles Pils oder ein würziger Apfelwein.

Steckbrief des Tilsiter

(Foto: Kielwein-Daun)

Form und Größe	Laibform: ca. 25 cm Durchmesser, 8 bis 10 cm Höhe, Gewicht von 4,5 bis 5 kg. Brotform: 28 bis 30 cm Länge, 9 bis 12 cm Breite, 9 bis 10 cm Höhe, Gewicht 2,5 bis 3,0 kg.
Rinde	Angetrocknete Schmiere, oft auch gewaschen oder rindenlos.
Teig	Geschmeidiger Teig von elfenbeinfarbiger bis hellgelber Farbe.

	Schlitzförmige oder auch runde, reiskorngroße Lochung.
Zusammensetzung	Trockenmasse: 49 bis 57 %; Fett: 30 bis 50 % i. Tr.
	in 100 g 14,7 bis 28 g Fett und 26 bis 28 g Eiweiß.
Geschmack	Kräftig bis pikant, höchstens leicht säuerlich.
Herstellung	Aus pasteurisierter Milch, Bruch wird heute manchmal gewaschen, kein Pressen; Rinde wird mit Salzwasser gewaschen (»gestrichen«) zur Ausbildung einer Schmiere. Reifungsdauer 4 bis 6 Wochen.
Aufbewahrung im Haushalt	In Folie eingeschlagen im Gemüsefach des Kühlschranks.
Verwendung	Als Brotbelag, zum Frühstück oder als Zwischenmahlzeit. Auf Käseplatten und als Partyhappen. Auch zu Salaten geeignet.
Passende Weine	Weißweine mit feiner Säure (Silvaner, Kerner) und mildfruchtige Rotweine (Beaujolais).
So ist er am besten	Angetrocknete Schmiere, geschmeidiger, elastischer, hellgelber Teig, Schlitzlochung, kaum Rundlochung.
So darf er nicht sein	Rinde schmierig, kurzer, kreidiger Teig, viel Rundlochung.

Eidgenössische Individualisten: Schnittkäse aus der Schweiz

Schweizer Tilsiter – ein naturalisierter Immigrant aus Ostpreußen

Die Heimat der Hartkäse kennt auch sehr anspruchsvolle Schnittkäse: die beiden *Tilsiter*-Typen *Royalp* und *Thurgauer*, den geheimnisvollen »*Mönchskopf*« (*Tête de Moine*) und den dem *Bergkäse* nahestehenden *Walliser Raclette*.

Ende des 19. Jahrhunderts brachte ein Ostschweizer Käser das Rezept des *Tilsiters* aus Ostpreußen mit und machte einen so erfolgreichen Versuch, daß seit 1897 auch in der Ostschweiz *Tilsiter* hergestellt wird. Aber anstatt den *Tilsiter* einfach zu kopieren, entwickelte man einen völlig neuen Käse daraus, den *Royalp*.

Dieser aus Rohmilch hergestellte Käse kann dank einer gewandelten Technologie mit keinem *Tilsiter* verglichen oder verwechselt werden. Die Bruchbearbeitung erfolgt anders, außerdem werden die Käse leicht gepreßt, wodurch anstelle der für den *Tilsiter* typischen schlitzförmigen Lochung eine gleichmäßige runde Lochbildung erreicht wurde. Das Prinzip der Schmierenbildung auf der Rinde wurde allerdings beibehalten. Der *Royalp* reift 4 bis 5 Monate, hat dann einen festeren Teig als sein Vorbild und ist im Aroma ausgeprägt rezent und herzhaft – er erinnert hierin an einen besonders edlen *Maroilles*.

Wesentlich milder sind die Käse, die aus pasteurisierter Milch gemacht werden und nach 6 bis 8 Wochen Reifung als *Thurgauer* in den Handel kommen.

Royalp und *Thurgauer*, die beide in den Kantonen Thurgau und St. Gallen hergestellt werden, kommen in Laiben mit einem Durchmesser von 25 cm und einem Gewicht von 4 bis 5 kg in den Handel. Ihre Rinde ist fest und entfaltet einen herben Geruch. Der Fettgehalt der zarten und weichschnittigen Käse liegt bei 45 Prozent Fett i. Tr.

Beide Käse eignen sich ausgezeichnet zur Käseplatte und zum Dessert, zu Salaten, zum Einbacken in Blätterteig und für Pizzas. Den *Royalp*, der regelmäßig auf dem deutschen Markt anzutreffen ist, schätzen wir besonders mit einem herben Weißherbst vom Bodensee oder aus dem Loiretal oder einem roten Côtes de Provence, der sein Aroma gut hervorbringt.

Tête de Moine – ein lüsternes Mönchlein

Der *Mönchskopf* (französisch *Tête de Moine*) oder *Bellelay* gehört zu den großen Käsen der Welt; in Deutschland ist er leider noch zu wenig bekannt. Sein eigenartiger Name *Tête de Moine*, den er im 18. Jahrhundert erhielt, kommt möglicherweise daher, daß früher jährlich pro Mönch ein Käse an den Prior des Klosters abzuliefern war. Eine andere Deutung ist poetischer und meint, der Name beruhe auf dem Aussehen des fachmännisch aufgeschnittenen Käses, der dann tatsächlich dem Kopf eines Mönchs mit Tonsur gleicht. Wir wollen den Deutungsstreit offen lassen.

Der *Tête de Moine* wurde zunächst nur von den Mönchen des 1136 gegründeten Prämonstratenser-Klosters Bellelay im Berner Jura nahe Tavannes hergestellt. Erst viel später produzierten ihn auch die Bauern der Umgebung und bezahlten mit den Laiben ihre Steuern. Interessanterweise wurden jedoch nur die in den Monaten Mai und Juni fabrizierten Käse als Zahlung entgegengenommen. Auch heute noch gilt die Qualität der in den Monaten Mai, Juni und September hergestellten und im Winter fertigen Käse als die beste.

Geschätzt war der Käse schon immer, wie aus der im Jahre 1628 entstandenen lateinischen Beschreibung des *Bellelay-Käses* zu entnehmen ist, die – ins Deutsche übertragen – wie folgt lautet:

»Die besten Käse, die existieren, werden in gewissen Gebieten der Freiberge produziert. Man nennt sie *Delsberger* oder *Bellelaykäse* (casei ... Delemontani vel etiam Bellelagiani). Wegen der Feinheit und des guten Geschmackes sind die Ausländer darauf sehr begierig. Diese Käse werden geschickt zubereitet. Zur Fabrikation wird eine sehr fette Milch von ausgezeichneter Qualität verwendet, hervorgegangen aus den besten Gräsern und Kräutern des Landes.«

Wer einen *Tête de Moine* wirklich genießen will, sollte die portionierten Angebote liegenlassen und einen ganzen Laib von 1 bis 2 kg Gewicht kaufen. Nur der frisch angeschnittene Laib, der seine Rinde behält, teilt uns sein würziges, aber doch mildes und reines Aroma, in dem alle Geschmackskomponenten der edlen Sommerkräuter eingeschlossen sind, ungeschmälert mit.

Und dann sollte man ihn »richtig« aufschneiden, eine Kunst, die sich rasch lernen läßt: Zunächst schneidet man oben einen Deckel ab und entfernt dann ringsum einen 2 bis 3 cm breiten Streifen der Rinde. Nun wird der Käse in flachen, kleinen Löckchen von der Oberfläche abgeschabt, denn nur so kommt sein Aroma voll zur Geltung. Hierzu eignet sich unter anderem ein Spezialmesser, mit dem man üblicherweise Butterröllchen formt! Zur Aufbewahrung wird der Deckel wieder auf den Laib gesetzt und der Käse in ein mit Weißwein angefeuchtetes Tuch eingeschlagen. Kühl gelagert kann er so mehrere Wochen aufbewahrt werden und bildet stets eine köstliche Reserve für unangemeldeten Besuch.

Ein guter *Tête de Moine* soll einen feinen, festen und schnittigen Teig aufweisen. Eine Lochung soll fehlen oder nur schwach ausgebildet sein. Der Geschmack soll rein, würzig, ja fruchtig, kräftig sein und im reifen Zustand als aromatisch und pikant eingestuft werden; der Duft ist bukettreich. Der Fettgehalt beträgt mindestens 50 Prozent i. Tr.

Den *Tête de Moine* serviert man sowohl »nackt« wie auch auf Brot

Das kunstgerechte Schneiden und Servieren eines Tête de Moine: Abschneiden eines ca. $1^1/_2$ cm dicken Deckels parallel zur Flachseite; Entfernen von ca. 1 bis 2 cm Rinde; Abschaben feiner Käselocken (Foto: Schweizerische Käseunion, Bern)

mit Pfeffer und Kümmel. Als begleitende Weine empfehlen sich frische Weißweine aus der Schweiz, dem Elsaß und Franken, aber auch nervige Rotweine aus Neufchatel.

Lange Zeit galt der *Mönchskopf* als ein vornehmer Käse, der nur den sogenannten »besseren Herrschaften« vorbehalten war und zum erheblichen Teil exportiert wurde.

Im 19. Jahrhundert verlor er mit der Entstehung der Genossenschaftskäsereien immer mehr an Bedeutung und wurde dann nur noch in wenigen Betrieben regelmäßig hergestellt. Noch in den fünfziger Jahren unseres Jahrhunderts wurde er nicht exportiert, sondern die etwa 15 000 in zehn Käsereien der Westschweiz erzeugten Laibe wurden im Lande selbst verzehrt. Glücklicherweise findet der *Mönchskopf* jetzt wieder den Weg auf ausländische Märkte, und wir können ihn auch in Deutschland in renommierten Käsegeschäften kaufen.

Hergestellt wird der *Tête de Moine* im Berner Jura aus leicht vorgereifter Rohmilch, neuerdings auch aus pasteurisierter Milch. Frische Milch eignet sich nicht, da sich sonst die gewünschte Schmiere nicht ausbildet. Die Bruchkörner von Erbsen- bis Weizenkorngröße läßt man im Kessel mehrmals absetzen. Gebrannt (nachgewärmt) wird der Bruch bei 44 bis 46 °C. Das Verteilen des Bruches mit der Hand auf die Holzformen muß sorgfältig erfolgen und ist zeitraubend. Gepreßt werden die Käse unter mehrmaligem Wenden, bevor sie für zwei Tage ins Salzbad eingelegt werden. Im Gärkeller (12 bis 14 °C bei hoher Luftfeuchtigkeit) werden die Käse zu Beginn der vier bis sechs Monate dauernden Reifung mehrmals mit Salzwasser abgewaschen, damit sich auf der Rinde eine Schmiere ausbildet, die mit zum typischen Aroma des *Tête de Moine* beiträgt.

Der *Mönchskopf* ist etwas Besonderes: Von den wahren Gourmets geschätzt – wohl nicht zuletzt auch wegen seines hohen Preises – ist er nur in den besten Käsegeschäften zu haben.

Steckbrief des Tête de Moine

(Foto: Schweizerische Käseunion, Bern)

Form und Größe	Hochzylindrische Laibe mit einem Durchmesser von 11 bis 15 cm, einer Höhe von ca. 12 cm und einem Gewicht von 1 bis 2 kg.
Rinde	Körnige, rot-braune Rinde mit angetrockneter Schmiere.
Teig	Elastischer, zartschnittiger Teig, Farbe gelblich-weiß, einzelne, höchstens erbsengroße Löcher, sonst geschlossener Teig.
Zusammensetzung	Trockenmasse: 60%; Fett: 52% i.Tr.; in 100 g 35 g Fett und 24,5 g Eiweiß.
Geschmack	Voll aromatisch und würzig, leicht rezent.
Herstellung	Heute meist aus pasteurisierter Milch; der Bruch wird leicht nachgewärmt. Bei der 4 bis 6 Monate dauernden Reifung soll sich Schmiere entwickeln.
Aufbewahrung im Haushalt	Schabfläche mit Rindendeckel abschließen, in Aluminiumfolie verpackt im Kühlschrank.
Verwendung	Die abgeschabten Käselocken werden nach Geschmack mit Pfeffer bestreut und am besten ohne Brot als Dessert verzehrt. Wer auf Brot nicht verzichten will, verwende Kümmelbrot. Empfohlen werden kann der Tête de Moine auch zur Knabberei vor dem Fernseher oder zu später Stunde in einer weinfrohen Runde. (Sachkundiges Aufschneiden siehe S. 129).
Passende Weine	Feinblumige kräftige Weißweine (Ruländer, Orvieto) und würzige, kernige Rotweine (Blauburgunder, Spätburgunder aus der Schweiz).
So ist er am besten	Fehlerlose, trockene Rinde; Teig fest und zart, nur wenig Lochung.
So darf er nicht sein	Feuchte, schmierige Rinde, starke Lochbildung.

Walliser Raclette – Lava der Almen

In den Seitentälern der Rhône im Kanton Wallis stellen die Schweizer feste Käse nach Art der *Bergkäse* her, die je nach ihrer Herkunft als *Anniviers, Bagnes, Binner, Erdelens, Forclaz, Gomser, Haudères,*

Heida, Illiez, Orsières, Savièse, Simplon, Thermen, Verbier, Wallis 65
bezeichnet werden. Im Gegensatz zum *Berg-* und *Alpenkäse* reifen sie
nur relativ kurz, nämlich etwa zwei Monate, und werden geschmiert.
Da sie mit Vorliebe zum Raclette verwendet werden, tragen sie auch
die Sammelbezeichnung *Raclette-Käse* (vom Frz. racler = abschaben).

Das klassische Raclette wird so bereitet, daß ein halber Käselaib
mit der Schnittfläche in die abstrahlende Wärme eines Holzfeuers
gestellt wird. Die schmelzende Schicht wird mit einem breiten Messer
abgezogen. Für kleinere Gesellschaften nimmt man heute einen

Schweizer Raclette
(Foto: Schweizerische Käseunion,
Bern)

Tischelektroofen, der nach 4 oder 6 Seiten offen ist, und schmilzt
kleine Käsescheiben oder -würfel in einem Pfännchen und serviert sie
laufend zu bereitgestellten Pellkartoffeln, die man auf der Platte in
einem mit einem Tuch abgedeckten Topf warmhält. Den Gästen, die
sich auf diese Weise selbst ihr Raclette bereiten können, stellt man
eine Pfeffermühle, angemachten Quark, Tomaten, Essig- und Senf-
gurken, Kürbis, Mixed Pickles und andere leckere Beilagen bereit.

Zum Raclette kann man Tee servieren, einen trockenen Fendant
und zwischendurch ein Kirschwasser.

Die *Raclettekäse* kommen in flachen, 3,5 bis 7,5 kg schweren Laiben, die eine trockene oder leicht schmierige Rinde haben, in den Handel. In die Seitenflächen der nicht gewölbten Laibe ist üblicherweise der Name »*Raclette*« eingepreßt. Der Teig der Käse, die 45 Prozent Fett i. Tr. aufweisen, ist weichschnittig mit höchstens ganz kleiner Lochung, gelblich in der Farbe. Geschmack und Geruch sind fruchtig und würzig, zurückhaltend scharf. Nur die älteren (recht selten gewordenen!) Käse sind aufgrund ihrer 6 bis 7 Monate dauernden Reifung schärfer und werden von Kennern nicht nur wegen ihres ausgeprägten Aromas, sondern auch wegen der leichteren Schmelzbarkeit bevorzugt. Die *Raclette-Käse* kommen längst nicht mehr ausschließlich aus dem Wallis, sind meist nicht mehr aus Rohmilch und werden nur kurz gereift.

Weitere *Raclette-Käse: Alpée, Belsano, Brenta, Burger Raclette, Cely 22, Combe 22/23, Combier, Emmi Raclette, Frival, Gessenay, Grandval, Le Cavo, Le Superbe, Marenda, Mazot, Milval, Moudon, Racland Raclette, Raclette Goldbach, Refa Diana Raclette, S^r.-Niklaus, S^r.-Pierre.*

Die Industriekäse, aus pasteurisierter Milch gemacht, treffen mit ihrem milden Aroma einen breiteren Publikumsgeschmack und werden nicht nur zum Raclette verwendet. Auf Käseplatten, als Zwischengericht, in der Küche, in der Fondue findet sich auch zunehmend in Deutschland dieser Käse. Ungeschmolzen serviert, verträgt er sich besonders gut mit leichten und trockenen Roséweinen, fruchtigen Weißweinen und einem leichten jungen Rotwein. Auch hier gilt: Man sollte in jedem Fall ausprobieren, was schmeckt und dies nicht als ein Korsett empfinden, sondern als Empfehlung und Erfahrung.

Aufbewahren sollte man den *Raclette-Käse* eingepackt bei 10 °C.

Deftiges Frühstück zwischen den Meeren: Dänische Schnittkäse

Die dänischen Schnittkäse sind zum Teil bodenständig, zum Teil Nachahmungen oder Weiterentwicklungen ausländischer Vorbilder. Mit der Käsekonvention von Stresa (1951) wurden für die dänischen Schnittkäse offizielle Namen eingeführt. So werden die aus dem *Gouda* entwickelten Käse jetzt *Fynbo* (solche mit runder Lochung) oder *Maribo* (solche mit unregelmäßiger Lochung) genannt. Vorbild des *Havarti* ist der *Tilsiter*, des *Molbo* der *Edamer*. Der *Samsø* geht auf schweizerischen Ursprung zurück.

Eigenständige dänische Schnittkäse sind der *Danbo* (früher *Steppeost*), der *Elbo* (früher *Brødost* = Brotkäse) und der *Tybo (Tafelost)*. In Dänemark unterscheidet man zwischen Schnittkäsen mit runder Lochung (*Samsø, Danbo, Tybo, Elbo, Fynbo, Molbo* u. a.) und solchen mit unregelmäßiger Lochung (*Maribo, Havarti* u. a.). Die unterschiedliche Art der Lochung kommt durch unterschiedliche Bruchbearbeitung zustande. Bei der Herstellung von Käsen mit runder Lochung wird der Bruch noch im Kessel zu einem großen, festen Block zusammengepreßt. Mit einem Schneidewerkzeug wird dieser Käseblock in kleinere Einheiten zerteilt, welche den verschiedenen Käseformen entsprechen. Will man eine unregelmäßige Lochung erreichen, so werden die freien Bruchkörner in die Form gefüllt.

Samsø

Der Name dieses Käses leitet sich von der gleichnamigen Insel im Kattegat ab. Er kommt üblicherweise in flachen, zylindrischen Laiben von ca. 14 kg Gewicht in den Handel, darf aber auch in quadratischer Form gemacht werden. Obwohl schweizerischen Ursprungs, gilt er als Urahn der dänischen Schnittkäse. Die aus pasteurisierter Milch hergestellten Käse erreichen nach 7 bis 10 Wochen Genußreife und kommen in Fettgehaltsstufen von 30, 45, 50 und 60 Prozent Fett i. Tr. auf

Samsø
(Foto: Dänischer Käseexportausschuß)

den Markt. Die Rinde ist gelb, trocken und fast stets paraffiniert. Der Teig mit nur wenigen erbsen- bis kirschkerngroßen Löchern ist rein gelblich bis weiß und hat einen milden, süßlich-nußartigen Geschmack. Erst nach 6 Monaten wird das Aroma voller.

Danbo

Dieser ursprünglich »*Steppeost*« genannte Käse, in Fettstufen von 20 bis 45 Prozent Fett i. Tr., wird hauptsächlich nach Deutschland exportiert und hat sich im Laufe der Zeit mehrfach verändert. Er wird heute in flachen, quadratischen Laiben zwischen 250 g und 14 kg (meist um 6 kg) hergestellt. Die Rinde kann trocken und paraffiniert sein, aber auch einen leichten Schmierebelag haben. Der Teig entspricht in Konsistenz, Lochung und Farbe der des *Samsø*, ist aber im Geschmack voller. Gelegentlich ist Kümmel zugesetzt. Der Käse, der zwei Jahre alt ist, heißt »*Gammelost*« und wird als Spezialität gehandelt.

Danbo
(Foto: Dänischer Käseexportausschuß)

Tybo

Der aus der Landschaft Thay in Nordjütland kommende Käse wird in Brotform mit einem Gewicht von 2 bis 3 kg hergestellt. Die Rinde ist rot oder gelb paraffiniert, der gelbliche bis weiße Teig ist schnittfest, zeigt eine erbsengroße Lochung und kann auch mit Kümmel durchsetzt sein. Geschmack und Geruch sind mild und aromatisch, dem *Danbo* ähnlich. Der Fettgehalt geht von 20 bis 45 Prozent Fett i. Tr.

Elbo

Der *Elbo*, früher *Tafel- oder Brotkäse* genannt, kann 30, 40 oder 45 Prozent Fett i. Tr. haben. Er ist etwa doppelt so groß wie der *Tybo* und wiegt um 6 kg. Sein goldgelber Teig mit geringer Lochung ist aber fester, die Rinde ist rot, der Geschmack süßlicher und weniger aromatisch als der des *Tybo*.

Fynbo

Der *Fynbo* (früher *Opstukken-Gouda* geheißen, weil der Bruch nach Holländer Art in der Molke zusammenwächst) reicht im Fettgehalt von 30 bis 45 Prozent Fett i. Tr. Die Seitenflächen der etwa 6 kg schweren Laibe gehen unmittelbar in die Deckflächen über, wie beim

Molbo

Maribø

Havarti

Gouda. Seine Rinde ist glatt und mit rotem oder gelbem Paraffin beschichtet, der milde Teig ist gelblich-weiß mit einer einzelnen erbsengroßen Lochung.

Als *Mini-Fynbo* werden flache, paraffinierte Laibe im Gewicht unter 1 kg bezeichnet, die im Aroma noch milder sind als die großen Laibe.

Der frühere »*Ejdammer*« von der Landschaft Mols in Nordjütland ist in der Konsistenz weicher als der *Edamer*, dem er in Form, Teig und Geschmack weitgehend ähnelt. Fettgehalt: 40 oder 45 Prozent Fett i. Tr.

Der früher *Æltet Gouda* genannte Käse, bei dessen Herstellung nach englischer Art der Bruch gemahlen und gesalzen wird, heißt nach der Klosterstadt Maribø auf der Insel Lolland. Er wird in Laiben von etwa 13 kg Gewicht hergestellt, hat mindestens 45 Prozent Fett i. Tr. und in der Regel eine trockene, paraffinierte Rinde. Der gelbliche bis weiße Teig ist kompakt und mit vielen reiskorngroßen Löchern durchsetzt. Der Geschmack ist mild und frisch bis leicht säuerlich.

Der dänische *Tilsiter* hat seinen Namen von dem Hof in Øverød auf Seeland, wo er von der Bäuerin Hanne Nielsen zuerst hergestellt wurde. Die rotbräunliche Rinde des in runder Laibform oder in Brotform hergestellten Käses ist mit Schmiere belegt und in Folie verpackt.

Der *Havarti* mit seinem kräftigen und pikanten Nachgeschmack und einem Teig mit zahlreichen reiskorngroßen Löchern hat den Charakter des *Tilsiters* noch am besten bewahrt. Fettgehalt: 30 und 45 Prozent Fett i. Tr.

Alle dänischen Schnittkäse sind hervorragende Frühstückskäse, aber auch zum Dessert, mit Äpfeln und Birnen garniert, sehr beliebt. In Salaten fühlen sie sich ebenso wohl wie als Partyhappen. Mit leichten und fruchtigen Weißweinen entfalten sie ihre Eigenart am besten, der Havarti sollte mit Rotwein arrosiert werden.

Havarti
(Foto: Dänischer Käseexportausschuß)

135

Glanzlichter
Gallischer Provinzen:
Französische Schnittkäse

Cantal –
die Trommeln der Auvergne

Der *Cantal*, auch *Fourme du Cantal* genannt, gilt mit Recht als einer der großen französischen Käse mit einer langen Tradition. Seine Heimat liegt im Zentralmassiv, in dem von den großen Städten Marseille, Lyon und Bordeaux umgrenzten Dreieck. Diese bedeutende französische Käselandschaft brachte mit dem *Roquefort*, dem *Saint-Nectaire* und dem *Bleu d'Auvergne* mit seinen Verwandten noch weitere Käsepersönlichkeiten hervor. Schon Plinius d. Ä., der zu den Opfern des Vesuvausbruchs von 79 n. Chr. gehörte, kannte ihn.

Bis vor einigen Jahrzehnten wurde der *Cantal*, dessen Herstellungsweise stark der des *Cheddars* gleicht, ausschließlich auf Bergbauernhöfen (burons) gemacht.

Obwohl heutzutage 85 Prozent des erzeugten *Cantal* in Talmolkereien produziert werden (*Cantal laitier*), hat sich die traditionelle Herstellungsweise bei den Bergbauern erhalten (*Cantal fermier*). Von Mitte Mai bis Anfang Oktober, während der Weideperiode, wird die naturbelassene würzige Milch der hochgeälpten Salers-Kühe in alten Steinhütten durch einen arbeitsaufwendigen Prozeß in den köstlichen *Cantal* verwandelt, den die Einheimischen nur *Fourme* nennen, weil die Form an Trommeln erinnert, wie sie bei den traditionellen Tänzen des Zentralmassivs geschlagen werden.

Wie beim *Cheddar* wird der im Kessel zusammengewachsene Bruch (Tomme) – eingeschlagen in ein Tuch – gepreßt und dann in Streifen geschnitten, schließlich hierauf ein zweites Mal gepreßt. Dann wird der inzwischen schon gereifte Bruch geschnitzelt. Die Schnitzel werden gesalzen und dann, mit größter Sorgfalt verteilt, in die Form gebracht. Wenn gegen Ende der Weideperiode nicht mehr genügend Milch anfällt, werden die fehlenden Schnitzelmengen erst am darauffolgenden Tag aufgefüllt. Das Pressen der Käse zieht sich über 36 Stunden hin, wobei sie zunächst öfter, dann in längeren Abständen gewendet werden.

Der *Cantal fermier* wird bei 8 bis 10 °C über 3 bis 6 Monate gereift, der Molkerei*cantal* wesentlich kürzer, wobei das Wenden fortgesetzt wird und die Käse obendrein außen ständig gereinigt werden. Hierbei ändert sich die Rinde in ihrer Farbe: Von Goldgelb über stets dunkler und schließlich rötlich werdende Farbtöne schlägt sie am Ende der Reifungszeit in Grauweiß über. Das spezielle Aroma und der auf der Zunge schmelzende fette Teig des *Cantal fermier* sollen nur in den besonderen botanischen und klimatischen Verhältnissen des Herstellungsgebietes möglich sein.

Auch die Höhenlage, in der dem Vieh wertvolle Kräuter und Blumen als Futter zur Verfügung stehen, hat Einfluß auf die Qualität des Käses. So gilt der *Cantal fermier*, der aus den 390 Betrieben oberhalb einer Höhenlage von 850 m stammt und der nur in der Zeit vom 25. Mai bis 30. September »nach den örtlichen Gepflogenheiten« hergestellt wird, als der beste. Nur er darf die Bezeichnung »*Salers Haute Montagne*« tragen.

Sowohl in Salers als auch in Laguiole (Aussprache: Laiole) finden bedeutende Käsemärkte statt. Den Namen »*Laguiole*« oder »*Lagu-*

iole-Aubrac« dürfen nur die Käse tragen, die auf dem Aubrac-Plateau aus der Milch der Aubrac-Kühe hergestellt werden. Auf diesen Weideflächen inmitten der berühmten Vulkankegel, die sich im Tertiär gebildet und später durch Gletschereinwirkung aufgefüllt und abgeplattet haben, finden die Milchkühe ein unvergleichlich saftiges Futter, in dem Veilchen, Enzian, Ginster und andere würzige Blumen der Milch und somit auch dem *Cantal* einen unverwechselbaren Duft und Geschmack mitgeben. Die Milch, von der 8 bis 11 Liter für 1 kg *Cantal* benötigt werden, ist reich an Fett und Casein. Die von den Mönchen im 12. Jahrhundert festgelegten Regeln bestimmen heute noch die Produktion dieses edelsten aller *Cantals.* Vom 25. Mai bis 13. Oktober ernähren sich die robusten Aubrac-Kühe nur in der freien Natur. Die Milch einer jeden Herde wird in einer anderen Sennhütte zu Laguiole dickgelegt.

Der *Laguiole* konnte dank prinzipientreuer Senner (auch der jungen!) seinen Ruf wahren und der Verlockung der Käsefabriken widerstehen: Er blieb bis auf den heutigen Tag exklusiv *»fermier«.*

Da die Nachfrage nach *Cantal* generell sehr groß ist, wurde sein Herstellungsgebiet auch auf Gemeinden im Puy-de-Dôme, Aveyron, Corrèze und Haute-Loire ausgedehnt. Die Benennung ist durch Gesetz als Herkunftsbezeichnung geschützt. Jeder Käselaib muß mit einer Aluminiummarke gekennzeichnet sein, in die der Name des Départements und die Nummer des Herstellungsbetriebs eingeprägt sind.

Während der *Cantal fermier* von Feinschmeckern sehr hoch eingeschätzt wird, ist die Qualität eines *Cantal laitier* kaum damit zu vergleichen. Deshalb wird er auch zum großen Teil exportiert oder wandert in die Schmelzkäsereien.

Die zylindrischen, 30 bis 40 cm hohen Laibe des *Cantal* sind 30 bis 45 kg schwer, wobei die schwereren Laibe aus Salers stammen – Fettgehalt 45 Prozent Fett i. Tr. Die *Cantalons* mit einem Gewicht von nur 8 bis 10 kg werden aus Restmilch zu rechteckigen Laiben geformt und nur örtlich angeboten. Die Rinde des *Cantal* ist grauweiß, leicht mehlig und mit orangefarbenen Flecken besetzt. Der Teig ist gelblich und bei jüngeren Käsen fein auf der Zunge schmelzend, während er zum Zeichen seiner Reife bei älteren Laiben schon leicht brüchig ist. Das mit dem Alter immer schärfer und pikanter werdende Aroma ist begleitet von einem bitteren, gelegentlich etwas seifigen Geschmack.

Der *Cantal fermier* nimmt auf jeder Käseplatte einen bevorzugten Platz ein. Er eignet sich aber auch hervorragend als Dessertkäse, als Zwischenmahlzeit und zum Gratinieren. Lokal wird er auch gern in Suppen und Saucen verwendet.

In der Küche findet der frische und unausgereifte *Cantal,* der auch bezeichnenderweise als *»Tomme d'Aligot«* oder *»Tomme fraîche«* angeboten wird, vielseitige Verwendung. Außerdem gibt es noch einen kleinen, dem *Cantal* sehr ähnlichen *»Fourme de Rochefort«,* der ebenfalls im Zentralmassiv hergestellt wird.

Der Weinfreund sollte einen trockenen und fruchtigen Weiß- oder Roséwein kühlstellen, kann aber auch einen schönen Beaujolais dazu servieren. Ältere Käse lieben kräftig-fruchtige bis wuchtige Weine, wie den Bergerac aus Frankreich, einen Chianti aus Italien, einen vollen Ahrrotwein oder einen Trollinger aus Württemberg.

Morbier – aus der Asche wächst die Würze

Die Heimat des optisch so auffallenden *Morbier* sind die Täler und Almen Hochsavoyens und des Jura, wo er seit etwa 100 Jahren hergestellt wird – als »*Morbier fermier*«. Ursprünglich ein Käse der Sennereien und Bergbauernhöfe, hat sich heute auch die Käseindustrie seiner angenommen, zumal er nicht mehr in Morbier, sondern vor allem in Morez hergestellt wird.

Morbier wurde im Sommer auf den Almen hergestellt, wenn die Milch für *Gruyère* oder *Comté* nicht langte. Aus dieser Zeit stammt auch der auffallende graue Streifen in seiner Mitte: Die Senner kratzten den Ruß von der Außenwand ihrer Kupferkessel und bedeckten den Bruch der dickgelegten Morgenmilch damit, um eine Schutzschicht für die Wartezeit bis zum Abend zu haben. Dann wurde die nächste Lage Milch verkäst. Die Talkäser behielten dies bei, schnitten aber die frischen Käse in der Mitte auf und streuten eine Schicht aus Ebenholzasche dazwischen. Heute wird diese 5 bis 10 mm hohe und für den *Morbier* typische Schicht in den Molkereien aus Holzkohlenpulver gemacht.

Wie bei allen Käsen, schmeckt der aus Rohmilch und nach alten Verfahren erzeugte am besten, während der Industriekäse kaum über Mittelmaß hinauskommt.

Die 6 bis 12 kg schweren Laibe haben eine sehr dünne, gelb gefärbte Rinde. Der Teig des Käses, der 45 Prozent Fett i. Tr. aufweist, ist weichschnittig, weißlich-gelb und praktisch ohne Lochung. Die bei uns angebotenen Käse sind im Aussehen öfters speckiger, der Geschmack ist mild bis leicht pikant.

Zum *Morbier* passen leichte, nicht zu süße Weine, wie Beaujolais, Burgunder, Rosé, Schillerweine.

Aber auch fruchtige Elsässer Weißweine, wie der Muscadet, sowie trockene Silvaner von Nahe und Pfalz harmonieren mit ihm.

Steckbrief des Morbier

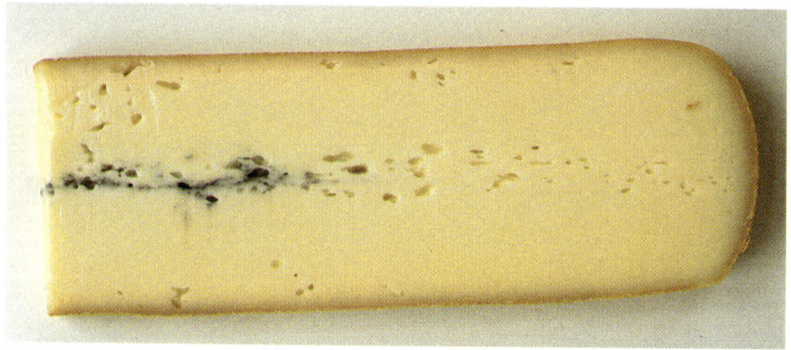

(Foto: Kielwein-Daun)

Form und Größe

Zylindrische Laibe mit einem Durchmesser von 35 bis 40 cm, einer Höhe von 7 bis 9 cm und einem Gewicht von 6 bis 8 kg.

Rinde	Dünne, trockene, gelb bis bräunlich gefärbte Rinde.
Teig	Weichschnittig, weißlich-gelb, kaum Lochung. In der Mitte des Laibes 5 bis 10 mm dicke, schwärzliche Schicht aus Holzkohle (früher Ebenholzasche).
Zusammensetzung	Trockenmasse: 56 %; Fett: 45 bis 50 % i. Tr.; in 100 g ca. 28 g Fett und 23 g Eiweiß.
Geschmack	Mild und doch aromatisch.
Herstellung	Aus vorgereifter Rohmilch oder pasteurisierter Milch. Die frisch gepreßten Käse werden auseinandergeschnitten und mit Holzkohle bestreut. Gereift wird bei relativ niederen Temperaturen 4 bis 6 Wochen.
Aufbewahrung im Haushalt	In Folie verpackt im Kühlschrank.
Verwendung	Eignet sich besonders zur Zwischenmahlzeit mit Baguette oder als Partyhappen zu Wein. Auch zu Früchten ohne Brot schmeckt er vorzüglich.
Passende Weine	Durchgegorene Weißweine (Scheurebe, Muscadet, trockene Silvaner), spritziger Rotling und fruchtige Rotweine (Portugieser, Trollinger, Gigondas).
So ist er am besten	Rinde trocken, Teig kaum Lochung.
So darf er nicht sein	Feuchte, schmierige Rinde, Teig weiß.

Mimolette – holländischer Fuß in Flandern

Mimolette
(Foto: Sopexa)

Frankreich, das der Welt wie kein anderes Land eine reiche Palette eigenständiger Käse anbietet, die in vielen Ländern nachgeahmt werden, hat seinerseits nur drei Käse vom Ausland übernommen: *Emmentaler, Vacherin* und *Edamer*. Die in Frankreich gemachten Käse vom Typ des *Edamers* heißen *Mimolette*, im Norden auch »*Boule de Lille*«.

Die Bretagne, die Charente, die Normandie und der Nordwesten Frankreichs haben sich der Herstellung angenommen. Die kugelförmigen Laibe mit abgeplatteten Polen kommen in Gewichten von 2,5 bis 4 kg vor, ihre Rinde ist trocken und häufig mit orangefarbenem oder braunem Kunststoff beschichtet. Der Teig ist je nach Alter weich und schnittfest oder mehr oder weniger brüchig und gelblich bis orange gefärbt. Die Lochung ist spärlicher als beim *Edamer*. Im Aroma entspricht die *Mimolette*, die 45 Prozent Fett i. Tr. hat, etwa dem des *Edamers*, ist also mild und leicht säuerlich mit einem etwas bitteren Nachgeschmack. Bei älteren Käsen setzt sich ein schärferes und pikanteres Aroma durch.

Die Franzosen unterscheiden zwischen der jungen *Mimolette* (*tendre*), der älteren und daher trockenen (*étuvée*), sowie der alten und pikanten (*vieille*). Letztere schätzt der Gourmet besonders, sind sie doch mindestens 8 Monate gereift, auf der Rinde zeigen sich oft Käsemilben.

Die *Mimolette* ist ein kräftiger Frühstücks- und Imbißkäse, findet sich gerieben in warmen Gerichten und schließt auch eine Mahlzeit ab. Leichte und fruchtige Tafelweine und Kabinett-Weine, auch Madeira und Porto begleiten ihn hervorragend.

Wenn Sie einmal etwas Besonderes bieten wollen, dann höhlen Sie einen ganzen Laib von oben her etwas aus und füllen ihn mit Portwein oder Madeira auf. Nach einer Woche haben Sie eine Köstlichkeit auf dem Tisch, die sich bei kühler Lagerung auch noch einige Tage hält und, entweder mit einem Portwein oder einem kräftigen Rheinwein serviert, jedem Gast Bewunderung abringen wird.

Pyrenäenkäse

Seit altersher wird in den Berghütten der Pyrenäen *Schafkäse* hergestellt: *Fromage des Pyrénées*. Da diese Käse über eine lokale Bedeutung nicht hinauskamen, wurden sie als *Landkäse (Fromage dit du pays)* verkauft. Nach ihrem Vorbild wird heute ein Käse aus Kuhmilch hergestellt, der in Deutschland als *Pyrenäenkäse* im Handel ist.

Die zylindrischen Laibe von 2 bis 4 kg Gewicht haben eine dünne Rinde, die mit dunkelbraunem oder schwarzem Paraffin beschichtet ist. Diese dunkle Farbe erinnert daran, daß die früheren *Schafkäse* oft durch Auflegen von glühenden Schieferplatten gebrannt wurden, um die Rinde zu festigen. Der weiße bis gelbliche Teig ist weich, schnittfähig und hat eine geringe reiskorngroße Lochung. Der Geschmack ist leicht säuerlich bis kräftig aromatisch mit einem pikanten, leicht bitteren Nachgeschmack. Mit Tomaten und Radieschen serviert, ist er ein wohlschmeckender Brotbelag.

Den baskischen Rotwein, der sich gut mit ihm verbindet, wird man hierzulande kaum finden. Wir haben es mit einem guten Frankenwein und einem Elsässer Gewürztraminer probiert – dem *Pyrenäenkäse* tun beide gut!

Steckbrief des Pyrenäenkäse

(Foto: Kielwein-Daun)

Form und Größe	Zylindrische Laibe, Durchmesser 20 bis 25 cm, Höhe 12 bis 15 cm, Gewicht 2 bis 4 kg.
Rinde	Dünne, glatte Rinde mit dunkelbrauner bis schwarzer Paraffin- bzw. Kunststoffschicht.
Teig	Leicht gelblich, weich, schnittfest; zahlreiche stecknadelkopfgroße Löcher.

Zusammensetzung	Trockenmasse: ca. 58 %; Fett: 45 % i. Tr.; in 100 g 29 bzw. 28 g Fett und 21 g Eiweiß.
Geschmack	Leicht säuerlich bis kräftig-aromatisch; pikanter, leicht bitterer Nachgeschmack.
Herstellung	Aus Kuhmilch nach dem Vorbild von Schafkäsen.
Aufbewahrung im Haushalt	In Folie im Kühlschrank.
Verwendung	Als Brotbelag und zu Salaten.
Passende Weine	Durchgegorene, herzhafte Weißweine (Gewürztraminer aus dem Elsaß, Müller-Thurgau aus Franken).
So ist er am besten	Glatte Oberfläche, gelblicher Teig, ausgeglichenes Aroma
So darf er nicht sein	Rindenfehler, Schimmelbildung, trockener Teig.

Kraftvoll wie
ihre keltischen Ahnen:
Italienische Schnittkäse
Fontina

(Foto: Cooperativa produttori, Latte e
Fontina de la Valle d'Aosta
St.-Christoph, Aosta)

Käsekenner zählen den *Fontina* zu den Spitzenreitern der Käse dieser Welt. Er hat eine lange Tradition. Seit Jahrhunderten auf den Almen im Aostatal hergestellt, wurde er bereits im 13. Jahrhundert auf den Tafeln der Herzöge von Savoyen serviert. Im Jahre 1477 lobte Pantaleone da Confienza in seinem Buch »Summa lacticinorum« die Fontinakäse als »delicati et optimi«.

Die Herkunft des Namens ist umstritten. Die einen behaupten, er komme von dem Berg Fontin, andere knüpfen an das lateinische Verb »fundere« (ausgießen, schmelzen, frz. fondre) an. Ein Gericht aus Piemont heißt »Fundata«, im Französischen haben wir die »Fondue«. Ein wenig Wahrheit wird wohl in beidem stecken.

Die 10 bis 18 kg schweren Laibe dürfen den Namen *Fontina* nur tragen, wenn sie im Aostatal aus roher Milch gemacht worden sind. Dann haben sie als Kennzeichen auf der Rinde den Stempel des Consortio della Fontina tipica.

Als die Käsereien des Aostatals in den dreißiger Jahren den steigenden Bedarf nicht mehr decken konnten, ging man zur Produktion in Nachbargebieten über. Nachdem die nachgeahmten *Fontina-Käse* zunächst ihren Originalnamen oder die Bezeichnung *Pressato* trugen, werden sie heute als *»Fontal«* in den Handel gebracht. In Italien heißen sie auch *Oro* oder *Genziano*, in Deutschland werden sie unter der Bezeichnung *Aostakäse* angeboten.

Der echte *Fontina* wird während der Weidezeit, von Juni bis September, auf den Alpen und während der übrigen Zeit in den Genossenschaftskäsereien im Tal gemacht. Verkäst wird frische Milch. Der Bruch wird leicht nachgewärmt, gepreßt und trocken gesalzen. Gereift wird bei der relativ niedrigen Temperatur von 10 bis 14 °C für die Dauer von 3 bis 4 Monaten.

Die Laibe des *Fontina* haben eine dünne, gelbbraune bis hellbraune glatte Rinde. Charakteristisch ist der nach unten gewölbte Rand der kleinen, ca. 8 bis 10 cm hohen Laibe mit einem Durchmesser von 35 bis 45 cm. Ihr Teig ist weich, cremig und etwas elastisch mit spärlicher kleiner Lochung.

Fontal

Der *Fontal* (oder *Aostakäse*), der aus pasteurisierter Milch hergestellt wird, ähnelt im äußeren Erscheinungsbild dem *Fontina*. Die gelbliche bis bräunliche Rinde ist meistens paraffiniert, das leicht süßliche Bukett ist nur schwach entwickelt.

Fontina und *Fontal* sind Tafelkäse, die aber auch in der Fondue und im Raclette sehr beliebt sind. Ganz alte Käse können gerieben in der Küche verwendet werden.

Zu diesen Käsen sollte man vorzugsweise spritzige und fruchtige Weine wählen, etwa einen distinguierten Puligny-Montrachet (Côte-d'Or), auch ein leichter und bukettreicher Piemont-Wein ist immer richtig, ebenso einer der Abkömmlinge des Pinot wie der Aßmannshäuser Höllenberg, ein frühreifer Affentaler Klosterrebberg oder ein Ahrtaler Blauburgunder. Sie alle haben »blaues Blut aus der großen, alten und edlen Familie der Pinots« (Ernst Hornickel) und lassen auch andere Käse zu ihrem Recht kommen.

Asiago

Dieser Schnittkäse stammt aus der Hochebene von Asiago in der Provinz Vicenza am Südabhang der Dolomiten. Ursprünglich ein reiner Bauernkäse, wird er seit Beginn unseres Jahrhunderts überwiegend in Genossenschaftsmolkereien hergestellt. Die Produktion hat sich nur in geringem Umfang auf Nachbarschaftsprovinzen von Vicenza ausgedehnt.

In Norditalien kennt man einige sehr ähnliche Käse, so den *Bitto* im Valtinella, den *Branzi* im Valle Brembana, den *Uso monte* aus den Bergtälern der Provinz Bergamo sowie den *Pressato*, der zwischen *Asiago* und *Fontina* einzuordnen ist und überwiegend in der Lombardei und im Basso Veneto erzeugt wird.

Der *Asiago* wird in zwei Varianten gemacht, und zwar als fettarmer Hartkäse (30 Prozent Fett i. Tr.) mit der Bezeichnung *Asiago d'Allievo* und als fettreicher (45 bis 48 Prozent Fett i. Tr.) Schnittkäse mit der Bezeichnung *Asiago grasso di monte*. Der *Asiago d'Allievo* wird aus entrahmter Abendmilch und frischer Morgenmilch erzeugt.

Je nach Reifegrad unterscheiden die Italiener den *Asiago* als *Asiago tipo dolce* (60 Tage Reifung, junger *Asiago grasso di monte*), *Asiago tipo medio* (4 bis 6 Monate Reifung, *Asiago d'Allievo*) sowie *tipo picante* (1 bis 2 Jahre gereifter *Asiago d'Allievo*). Diese ganz alten Käse tragen auch den Namen »*Vecchio di montana*«, was soviel heißt wie »*alter Bergkäse*«. Die flachen, zylindrischen Laibe des *Asiago* wiegen zwischen 8 und 14 kg und haben eine glatte, gelbliche bis rötliche Rinde. Der junge Käse ist mild im Geschmack, und der älter werdende *Asiago*, der kompakter, dunkler in der Farbe und mit gleichmäßiger kleiner Lochung gezeichnet ist, entwickelt ein volles und pikantes Aroma.

Der *Asiago grasso di monte* hat einen weichen, leicht gelblichen Teig mit einer gleichmäßigen, erbsengroßen Lochung und einem milden, doch vollen Aroma.

Vorgänger dieser heutigen Kuhmilchkäse ist ein *Schafkäse*, der früher als »*Pecorino di Asiago*« in derselben Gegend hergestellt wurde.

Die *Asiagokäse* sind vorwiegend Tafelkäse, die älteren werden als Reibekäse verwendet. Die bei uns ganz selten anzutreffenden Käse sollte man auf einer Italienreise unbedingt kennenlernen. Auch nahe Verwandte, wie der aus den Julischen Alpen stammende *Montasio*, der ebenfalls als Hart- und Schnittkäse in verschiedenen Fettstufen hergestellt wird, ist der Beachtung des Käseliebhabers wert, auch wenn er nur in der Gegend von Udine lokale Verbreitung gefunden hat. Auch der Vorgänger des *Montasio* ist ein bereits im 13. Jahrhundert im Kloster Moggio gemachter *Schafkäse*.

Bei der Weinwahl kann man eigentlich nichts falsch machen. Je nach Alter der Käse können leichte und fruchtige Rotweine ebenso richtig sein wie schwere Lagen, also vom jungen Beaujolais bis zum ausgesuchten Châteauneuf-du-Pape, dem Vorzugswein der Päpste des Mittelalters.

Halbfeste Schnittkäse

Nach der deutschen Einteilung weisen die halbfesten Schnittkäse einen Mindestgehalt an Trockenmasse zwischen 44 und 55 Prozent auf. Sie sind damit weicher als die Schnittkäse und werden auch oft mit Weichkäsen verwechselt. Von diesen unterscheiden sie sich jedoch durch die im Inneren der Käse gleichmäßig verlaufende Reifung, während Weichkäse von außen nach innen reifen. Die englische Bezeichnung für diese Gruppe von Käsen ist »semisoft cheeses«, die französische »Fromages à pâte demi-molle«.

Eine hervorragende Stellung unter den halbfesten Schnittkäsen nehmen die Käse mit Innenschimmel ein – auch Edelschimmelkäse genannt –, angeführt von dem in aller Welt hochgeschätzten, aus Schafmilch hergestellten *Roquefort*. Die unter Verwendung von *Roquefort*-Schimmel hergestellten Edelpilzkäse aus Kuhmilch stehen dem großen Vorbild geschmacklich oft nicht nach. Ob es nun der bekannte *Gorgonzola* aus Italien, Englands »König« *Stilton*, ob es französische, dänische oder deutsche Blauschimmelkäse sind – sie haben ihre Liebhaber und schaffen es in Einzelfällen, wie der deutsche, in Frankreich »*Bleu de Bavière*« genannte, sogar, den *Roquefort* und *Bresse* in Gottes eigenem Käseland von den Käseplatten in Restaurants zu verdrängen.

Das deutsche Angebot an halbfesten Schnittkäsen umfaßt daneben so unterschiedliche Erzeugnisse wie den *Butterkäse*, den *Steinbuscher*, den *Wilstermarschkäse*, den *Mainauer* und den urbayrischen, aus Wertach im Allgäu stammenden *Weißlacker*.

Aus Dänemark kommend, hat sich ein Käse dieser Gattung einen bevorzugten Platz erobert: der dem *Butterkäse* verwandte *Esrom*. Italien hat neben seinem großen *Gorgonzola* einige weitere halbfeste Schnittkäse, die ihrer Konsistenz nach eigentlich mehr den Weichkäsen zuzurechnen sind und die in ihrem Heimatland unter dem Sammelbegriff »Formaggi stagionati maturi« (gereifte Weichkäse) angeboten werden. Zu ihnen gehören der ohne Schimmelpilz bereitete *Pannerone*, der *Crescenza*, der *Taleggio* und die beiden großen Italiener *Rabiola* und *Italico,* welcher unter dem geschützten Firmennamen »*Bel Paese*« besser bekannt ist.

Frankreich bringt in diese Palette den *Port-du-Salut* und seine Nachahmungen sowie die Käse *Tomme de Savoie, Beaumont, Reblochon, Saint-Nectaire* ein und einige weitere mit nur örtlicher Bedeutung, sowie den *Langres*.

Aus der Schweiz schließlich kommt hinzu der *Freiburger Vacherin*.

Wenn ein Schimmel blau ist: Edelpilzkäse

Roquefort – König vom Combalou

Constantin Freiherr Heereman von Zuydtwyck, deutscher Bauernverbandspräsident, konnte sich bei der Eröffnung der Grünen Woche in Berlin die Namen von Ehrengästen nicht merken. In der Begleitung von Bundesernährungsminister Josef Ertl und dem Regierenden Bürgermeister von Berlin, Dietrich Stobbe, hatte der Edelmann beim mehrstündigen Eröffnungsrundgang gezielt den alkoholhaltigen Kostproben zugesprochen. Als er dem französischen Stadtkommandanten Bernard d'Astorg vorgestellt wurde, ignorierte der gutgestimmte Heereman dessen Namen. Animiert von Frankreichs Käsespezialitäten, titulierte er den sichtlich irritierten Militär fortan als »Herr Roquefort« (DER SPIEGEL, Nr. 6, S. 202, 1978).

Die Edelpilzkäse der Welt werden von einem wahren König angeführt, der ebenso bekannt wie beliebt ist, dessen Geschichte legendär und dessen Herstellung unnachahmlich ist. Wann und unter welchen Umständen der Käse aus Roquefort entstanden ist, bleibt ebenso ins Dunkel der Geschichte gehüllt wie die Entdeckung des Weines, des edelsten Begleiters des Käses. Sicher ist, daß die Entdeckung des *Roquefort* und des Penicillins nicht nur gemeinsam haben, daß wir sie der Beobachtungsgabe eines einzelnen Menschen verdanken, sondern daß jedesmal ein Penicillium-Pilz im Spiel war.

1929 beobachtete Alexander Fleming, daß ein zufällig auf einer Bakterienkultur angesiedelter Penicillium-Pilz Eitererreger in seiner Umgebung am Wachstum hinderte. Mit dieser Beobachtung legte er das Fundament für das Heilmittel Penicillin.

Jahrhunderte oder Jahrtausende zuvor fand ein Schafhirte, der in einer Grotte sein Käsebrot liegen ließ, welche Köstlichkeit die Wirkkraft eines anderen Penicilliumpilzes aus dem frischen Schafkäse werden ließ. In den Dörfern rund um den Combalou erzählt man sich die Legende von dem Schäfer, der die Verwandlung seines Käsebrotes in den ersten *Roquefort* erlebte:

An einem schönen Frühlingsmorgen, zu der Zeit, da die Lämmer entwöhnt werden und man wieder anfängt, die Milch der Muttertiere dickzulegen, weidet ein Schäfer seine Herde auf den schroffen Hängen des Combalou. Die Luft ist mild, unsagbar mild und wohltuend auch auf der Nordseite des Berges. Die aufgehenden Knospen in den Kirschbäumen geben der ganzen Landschaft ein frühlingshaftes

Eine zum Auffangen von Regenwasser angelegte Tränke (»lavogne«) in den Causses um Roquefort
(Foto: Sopexa)

Leuchten. Die noch kahlen Zweige wiegen sich sanft in den schwachen Windstößen, die gen Süden ziehen. Schüchtern versteckt hinter dem gefallenen Laub der Eichen, sprießen die Veilchen vieltausendfach aus dem erwachenden Boden. Ihr betörender Duft steigt in den tiefen Atemzug des Menschen, dem dieser herrliche Morgen gehört.

Der Schäfer rastet vor den Grotten, um sein verdientes Frühstück einzunehmen. Aus seiner Brottasche hat er kräftiges Roggenbrot und selbstgemachten Schafkäse geholt, um sich zu laben, als er jählings aufspringt: Am Fuß des Combalou fließt ein kleiner Bach. Hier schreitet über die grünen Wiesen ein Mädchen, schön und blutjung, mit Haaren so schwarz wie das Gefieder der Amsel. Schon am Tag zuvor war sie ihm begegnet, die Tochter seines Herrn, hatte ihn aus ihren tiefschwarzen Augen sehnend angeblickt, dann aber unter leichtem Erröten den Verwirrten stehengelassen; sein Blut war in Wallung geraten, seine Sinne in Aufruhr. Ohne lange zu zaudern, legt er sein Käsebrot auf einen Felsvorsprung in der Grotte und steigt, so schnell es geht, mit seiner Herde ins Tal hinab, wo seine Angebetete aufrecht und gertengleich durch den frischen Tau zum Bächlein schreitet. Dann und wann pflückt sie Kräuter und läßt dabei ihre auffallende Haarpracht durch den lauen Wind flattern und glitzern.

Der Schäfer kommt an diesem Tag nicht mehr zurück zur Grotte, auch nicht am nächsten und übernächsten, sondern erst drei Mondwechsel nach diesem Tage. Und siehe da, auf dem Fels liegt noch sein Frühstücksbrot mit dem Käse dazwischen, von Schimmel durchwoben und überzogen. Das Brot ist so mit blauen Fäden versetzt, als ob kleine Zweige von Thymian oder Zitronenkraut sich hineingeschlichen hätten. Der Anblick läßt den Jüngling in seiner Phantasie alles noch einmal erleben: jene Zeit des erwachenden Frühlings, die warme Mittagsstunde, und wie sie sich am plätschernden Bach gefunden hatten. Er lächelt gedankenverloren vor sich hin und ergreift ungewollt sein Käsebrot.

Welches Wunder! Aus dem liegengelassenen frischen Schafkäse ist etwas ganz anderes, nie Gesehenes, nie Gekostetes geworden. Köstlich im Geschmack, kräftigend, belebend. Dieser vergessene und wiedergefundene Käse war bitter-kräftig und fest geworden. Die feuchte, kühle Luft, die durch das Innere der Grotten streicht, hat ihm ihr Geheimnis offenbart: den Geist vom Combalou. Dieser Geist des Berges hat eine vertraute Nahrung in etwas noch Besseres verwandelt, das Kräftige, das dem Manne Leben gibt, den Hunger stillt und den Appetit anregt (nach Henri Pourrat).

Eine Legende nur? Nein, Wahrheit: Es hat dies alles gegeben, den Schäfer mit seiner Herde, sein Brot, seinen salzreichen Frischkäse aus Schafmilch und sein Abenteuer.

Was uns keine Chronik beantwortet, ist die Frage, ob der erste Genießer des *Roquefort* ein Hirte der Bronzezeit oder ein galloromanischer Schäfer war. Möglich ist beides, denn schon der Mensch der Bronzezeit hatte alle Voraussetzungen für den *Blauschimmelkäse* aus Roquefort: die Naturhöhlen des Combalou, das Brot, den *Schafkäse*, aber auch den wachen Geist und eine genußvolle Lebensfreude.

Und dieser Geist waltet heute noch im Berg Combalou. Die 16 000 Tonnen Käse, die jährlich aus den gigantischen Termitenhügeln von Roquefort kommen, verdanken wie eh und je ihren blaugrünen Innenschimmel dem berühmten *Penicillium roqueforti,* einem Mikroorganismus, der sich auf Roggenbrot entwickelt und in den feuchtkühlen Naturhöhlen bei 6 bis 8 °C den *Roquefort* werden läßt.

Der berühmteste aller Schafkäse hat Individualität und Launen wie kein zweiter. Die feststellbaren Geschmackswerte sind immer nur relativ. Es gibt kaum zwei *Roquefortkäse*, die sich völlig gleichen, auch wenn Marke und Reifungskeller identisch sind. Dies liegt einmal an der dem Zufall überlassenen, höchst geheimnisvollen Entwicklung des *Penicillium roqueforti* im Inneren eines jeden Käses. Zum anderen liegt es an der stets roh und vollfett verarbeiteten Milch, an den Jahreszeiten (April und Mai ergeben die würzigsten Käse) und an der Gegend, in der der Käse produziert wird: 78 Prozent kommen aus dem sogenannten Rayon, aus Aveyron, Tarn, Gard, Lot, Tarn-et Garonne, Lozère und dem Hérault; 12 Prozent werden in den Pyrenäen erzeugt und 10 Prozent auf Korsika.

Einheimische behaupten sogar, die jeweilige Windrichtung habe einen Einfluß auf die geschmackliche Ausprägung! Kein Schafkäse darf *Roquefort* genannt werden, wenn er nicht in den Naturhöhlen des Combalou in Roquefort-sur-Soulzon gereift wurde. Das Kalksteingebirge ist hier von einem Netz gigantischer Grotten durchzogen, denen durch kreuz und quer miteinander verbundene Zugkamine (Fleurines) stets Luft zugeführt wird. Diese frische und feuchte Luft entwickelt den Käse langsam zu seiner unnachahmlichen Reife.

Die mit *Penicillium roqueforti* beimpften Käse werden in grobem Salz mehrmals gerollt, dann reifen sie drei Monate lang in den Höhlen auf Eicheregalen. Wichtig sind die besonderen geologischen Verhältnisse, die im Combalou herrschen. Die unregelmäßig durch das Geröll verlaufenden Gesteinsspalten nannten die Einheimischen schon von alters her »fleurines« (aus dem occidanischen Wort flarina

= blasen). Durch die Verbindung nach außen wird stündlich eine kühl-feuchte Luftmasse von 1 200 000 Kubikmeter (14 Kubikmeter pro Sekunde) erneuert.

Als irgendwann in der Erdgeschichte ein Teil des Plateaus von Larzac einstürzte, rutschten die Felsentrümmer mit dem tonhaltigen Untergrund unter Regeneinfluß nach unten und türmten sich unregelmäßig auf. In diesem Geröll der Kalkfelsen liegt das Geheimnis. Jährlich fällt hier mehr als 120 cm Niederschlag. Das Wasser sickert langsam durch den Fels und wird von den meist kräftigen Nordwinden in Form feuchter Luft ins Innere getragen. Die Gänge haben somit eine ziemlich konstante Temperatur von 7 bis 9 °C und mit 95 Prozent eine außerordentlich hohe Luftfeuchtigkeit. Durch diese regulierende Kraft des nassen Berges werden auch die jahreszeitlich stark schwankenden Außentemperaturen ausgeglichen.

In diesem Innenklima ist ein natürliches biologisches Milieu gegeben, in dem sich die Mikroorganismen, und hier speziell die Sporen des *Penicillium roqueforti,* entwickeln können. Als der Platz in den vorhandenen Höhlen für die wachsende Produktion nicht mehr ausreichte, baute man große Räume an, für die die alten Höhlen jetzt natürliche Zuglöcher bilden. Das Volumen wurde dabei von ursprünglich 35 000 auf 90 000 Kubikmeter erweitert.

Die Geologie des Combalou

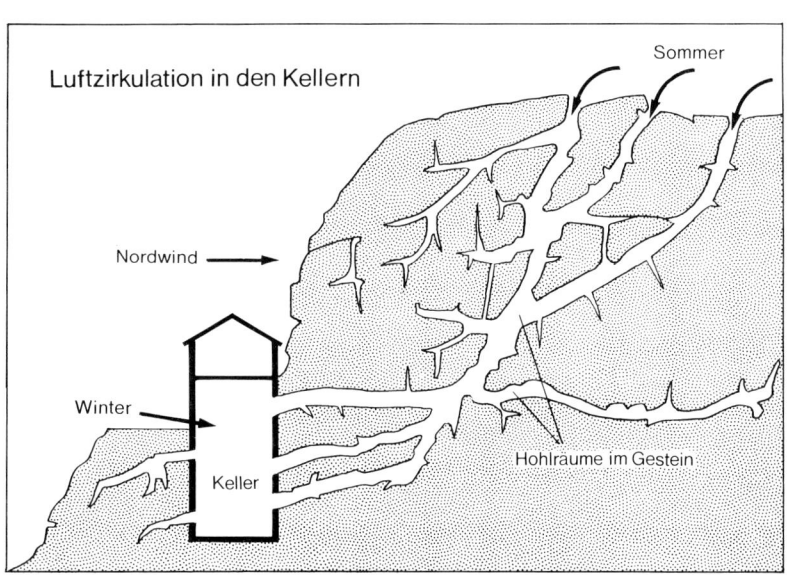

Doch in diesem aufregenden Labyrinth, in dem der größte Hersteller, die Société Anonyme des Caves, mit 60 Prozent Produktionsanteil täglich Führungen veranstaltet (größere Gruppen können sich drei Tage vor dem gewünschten Besichtigungstermin anmelden), wird kein einziger Käse geformt. Die frischen Käse (fromages blancs) werden außerhalb der Höhlen hergestellt. Lediglich die Reifung findet im Combalou statt.

Bevor die Käse hier zum Reifen aufgestellt werden, müssen sie

zunächst innerhalb von 3 bis 5 Tagen mehrmals mit grobem Meersalz
abgerieben werden. Die dann auf den Käsen gebildete Bakterien-
schicht wird abgewaschen. Früher kratzte man die äußere Schicht ab
und machte Schabselkäse daraus. Damit die Käse auch im Inneren
von den Schimmelpilzen erfaßt werden, müssen sie mehrfach durchstochen (pikiert) werden, was heute ausschließlich maschinell erfolgt.

Früher überließ man die Beimpfung der Käse mit dem Schimmelpilz der Luftströmung in den Höhlen, heute indes gibt man die Sporen des *Penicillium roqueforti,* das sogenannte Blaupulver, bereits in
den Bruch. Das Blaupulver wird dadurch gewonnen, daß man *Penicillium roqueforti* auf Roggenbrot züchtet. Sobald das Brot vom
Schimmel völlig durchwachsen ist, wird es zum »Blaupulver« zermah-
len. Im 19. Jahrhundert wurde für diesen Zweck ein Brot gebacken,
dessen Mehl zu gleichem Teil aus Weizen, Wintergerste und Sommer-
gerste bestand. Unter Zusatz von Essig wurde der Sauerteig ausge-
backen und 50 bis 60 Tage zum Gären aufgestellt. Dann wurde die

Kruste abgetrennt, gemahlen und durch ein sehr feines Sieb gerieben. In diesem Brotpulver, das dem frischen Käse zugesetzt wurde, hatte eine Saat von Sporen des *Penicillium glaucum* die Voraussetzungen für die Innenschimmelbildung des *Roquefort* geschaffen.

In der ersten Reifungsphase lagern die zunächst noch weißen Käse auf Regalen aus Eichenholz bei einer Temperatur von etwa 9 °C. Während dieser 18 bis 23 Tage dauernden Phase der Reifung wird die Oberfläche noch mehrmals von der sich bildenden Bakterienschmiere gesäubert. Langsam wachsen die durch die Bohrlöcher in die Tiefe der Käse eingedrungenen Sporen des Pilzes *Penicillium roqueforti* und beginnen das grünliche Pilzmyzel aufzubauen. Die erste Phase der Reifung in den 2 km langen und 300 m breiten Naturhöhlen nennt man auch die aerobe Phase, weil zu dieser Zeit der Luftsauerstoff ungehindert eindringen und durch die künstlichen Luftkanäle Kohlensäure aus den Laiben entweichen kann. Sobald sich der Schimmel ausreichend entwickelt und der Eiweißabbau einen bestimmten Grad erreicht hat, gilt es, das weitere Wachstum der Schimmelpilze zu verhindern. Nur noch die enzymatische Zerlegung der Eiweiße in Aminosäuren und der Fettabbau sind zu steuern. Alle Käse werden nun von Hand in Zinnfolien eingeschlagen, die den zum Schimmelwachstum notwendigen Sauerstoff ebenso fernhalten wie unerwünschte Mikroorganismen.

Diese zweite Phase, die anaerobe, läuft in um zwei Grad kühleren Kellerbereichen ab. Durch die Unterbrechung des Schimmelwachstums und die Wahl einer niedrigeren Reifungstemperatur wird ein sehr langsames, etwa drei Monate andauerndes Zerlegen der Eiweiße unter Bildung der ausgeprägten Aromastoffe erreicht, ohne daß eine Ammoniakbildung einsetzt.

Nach Abschluß der zweiten Reifungsphase wird der *Roquefort* noch weiter bei nur 1 °C gelagert. Diese Lagerzeit ist notwendig, um das ganze Jahr über den Markt versorgen zu können, denn nur während etwa 6 Monaten eines Jahres kann Schafkäse erzeugt werden, da die Milchschafe nach dem Ablammen im Winter nur knapp 6 Monate lang Milch geben.

Jetzt wird der *Roquefort* aus Zinnfolien in die uns bekannten Aluminiumfolien umgepackt und findet seinen Weg zu den Käseliebhabern in Frankreich, USA, Belgien, Holland und Deutschland, um nur die Hauptabnehmer zu nennen. Ist der *Roquefort* auch nur mit 2 Prozent an der französischen Käseproduktion beteiligt, so reicht doch die Milch, die die 800 000 Schafe in den 10 000 Herden auf den Causses liefern, schon lange nicht mehr aus, um die Nachfrage zu befriedigen. Um die 16 000 Tonnen *Roquefort* zu erzeugen, die jährlich verzehrt werden, ist die Haltung von rund einer Million Schafen notwendig, von denen über 70 Millionen Liter Milch ermolken werden. Das geologisch gleichgeartete Korsika und ein Gebiet in den Pyrenäen liefern den Spitzenbedarf. Von dem Käse werden 12 Prozent exportiert, allein 80 Prozent dieser Menge gehen in die Vereinigten Staaten.

Kontrolle der Käse
(Foto: Sopexa)

Verschiedene Versuche, den *Roquefortkäse* andernorts nachzuahmen, sind ausnahmslos fehlgeschlagen, weil sich *Penicillium roqueforti* eben nur in den einmaligen hydro-geologischen Verhältnissen des Combalou so entwickelt, daß der typische Käse entsteht. Es hat auf den Geschmack allerdings keinen Einfluß, daß ein Teil des Rohkäses in anderen Gebieten hergestellt und erst zur Reifung in die Naturhöhlen gebracht wird, wo 11 Etagen die großen Laibe aufnehmen können.

Die Bruchbearbeitung und das Abfüllen des Bruches in die Formen, das Salzen und auch das Pikieren unterscheiden sich prinzipiell nicht von den bei anderen Käsen mit Innenschimmel üblichen Verfahren. Was sich in der seit unvordenklichen Zeiten geübten Herstellung des *Roqueforts* und seiner Höhlenreifung geändert hat, sind lediglich die durch Mechanisierung, Technisierung und Logistik gekennzeichneten rationelleren und kräftesparenden Handgriffe.

Der *Roquefort* kann als der allererste Käse der Gallier angesehen werden, und er veranlaßte berühmte Leute, ihm ein Loblied zu singen. Plinius der Ältere (23 bis 79 n. Chr.) pries ihn im 11. Kapitel seiner Naturgeschichte, dem Abschnitt »De diversitate caseorum«: »In Rom, wo sie aus allen Gegenden der Welt gehandelt werden, schätzt man unter den Käsen am höchsten die, die aus römischen Provinzen kommen, insbesondere aus Gallien und zwar vor allem die vom Berge Luzare (Lozère) und aus dem Lande Gabales (Gévaudan).«

Auf den Tafeln der Päpste fehlte er ebenso wenig wie am Hofe gekrönter Häupter. Im 8. Jahrhundert wurde er Karl dem Großen (768 bis 814) bei einem Aufenthalt im Kloster St. Gallen gereicht. Als die Mönche sahen, daß der Kaiser die grünen Streifen aus dem Käse entfernte, belehrten sie ihn, daß er ja das Beste wegwerfe. Nach einer erneuten Kostprobe mußte der Kaiser den Gastgebern zustimmen. Er ordnete daraufhin an, ihm jährlich zu Weihnachten und Neujahr zwei Mauleselladungen *Roquefort* nach Aachen liefern zu lassen. Die Laibe mußten in der Mitte geteilt werden, damit sich Charlemagne auch überzeugen konnte, daß sie die geschätzten grünen Äderungen enthielten.

Namentlich ist der *Roquefort* erstmals im Jahre 1060 in den Büchern des Klosters Conques (die Abtei im Aveyron bewahrt kostbare Goldhandwerkskunst des Mittelalters auf!) genannt, in denen verzeichnet steht, daß dem Kloster jährlich zwei Laibe aus jedem Keller von Roquefort abzuliefern seien. Im Jahre 1407 – andere Quellen geben den 30. April 1411 an – erließ Karl VI. von Frankreich (1380 bis 1422) eine Charta zum Schutz des *Roquefort* und garantierte den Einwohnern von Roquefort das Monopol für die Reifung dieser Käse in der Weise, »wie es seit unvordenklichen Zeiten in den Höhlen des besagten Dorfes geschehe, das so arm ist, daß weder Wein noch Gerste angebaut werden kann«.

Durch inhaltlich ähnliche Erlasse, Dekrete und Charten der französischen Könige Karl VII., Ludwig XI., Franz I., Heinrich IV., Ludwig

XII. und Ludwig XIV. konnte er bis heute seinen hervorragenden Platz als König der Innenschimmelkäse verteidigen. In der Konvention von Stresa (1. Juni 1951) wurde die Marke »*Roquefort*« auch international geschützt. Diese Herkunftsgarantie wird durch ein rotes Schaf in einem ovalen Rahmen auf der Verpackung ausgewiesen.

Casanova pries den *Roquefort*: »Oh, wie vorzüglich können der Chambertin und der *Roquefort* die Liebeskraft erneuern und eine aufkommende Liebe zur Reife führen.«

Auch eine kulturkritische Stimme sei in diesem Zusammenhang nicht verschwiegen. Henri Pourrat, der seine heimatliche Auvergne in vielen Büchern liebevoll geschildert hat, sieht die auf den Verbrauchergeschmack und die ganzjährige Nachfrage gerichtete fabrikmäßige Herstellung als ein notwendiges Übel, aber eben doch als Übel an:

»Man mag bewegen, so viel man will, letztendlich muß man zum menschlichen Geschmack zurückkehren . . . Ich erinnere mich an jene Käse vom Bauernhof, aus frischer Milch gemacht, die nicht über die Landstraßen transportiert worden waren – eine Fertigkeit? Nein: Käse ohne Geheimnis, aber von einer Butterbirne, von einem Nußgeschmack, von einer Saftigkeit, ha, meine Herren!

Schließlich leben wir nicht mehr in der Zeit, wo der Käsehändler mit Pelzmütze auf seinen Regalen die drei Dutzend Käselaibe ordnete, die der vom Larzac heruntergekommene Bauer auf seinem Esel anbrachte. Aus holprigen und nässenden Gängen, die in den rohen Fels geführt waren, sind die Höhlen jetzt zu Wiegsaal, Käsereikeller und Salzmagazin, zu Maschinenraum, Schmiede, Schreinerwerkstatt, Verpackungsraum, Versandlager, Stapellagern und Kühlräumen, Büros, Schlafräumen, Speiseräumen der behende arbeitenden ›cabanières‹ (cabanes, kleine Wohnhütten an den Eingängen zu den Höhlen gaben den dort Beschäftigten ihre Berufsbezeichnung, die sie bis heute behalten haben: cabaniers und cabanières) geworden. Die Direktoren haben die Maschinen zum Bürsten und Stechen der Käse gewollt, und auch die Lastenaufzüge, die dünnen Zinnfolien, in denen der Käse besser schläft (damit er nicht überreif, pikant wird und »umkippt« – d. V.), und das elektrische Licht und alles. Sie werden auch noch Laboratorien haben wollen.

Die echten Caussenards (Bewohner der Causses) möchten nichts anderes haben als den Combalou. Sie sprechen über diese neuen Dinge, sobald drei zusammenstehen: auf den Straßen und Wegen, beim Friseur, am Samstag, auf der Hochzeit, bei einer Beerdigung . . . Sie bleiben Bauern, auf Selbstbewirtschaftung ausgerichtet; Diener der Natur, die ihr helfen, die Weizenähre und das Lamm immer neu hervorzubringen. Und sie sehen, daß das, was sie, die Natur, macht, all das weit übertrifft, was sie, die Menschen, zu machen wissen. Die Erde bringt das Korn hervor, aber der Mensch nur Mehl und Kleie. Aus dem Schaf zieht eine träge nachtdunkle Trächtigkeit das Lamm, und aus dem Lamm weiß der Mensch nichts zu ziehen als Koteletts oder Handschuhe.

Der Combalou macht den *Roquefort*; und der Chemiker in seinem Laboratorium wird nichts fertigbringen als ein Kasein . . .« (übertragen von H. K. Luh).

Dieser kulturkritische Beitrag ist verständlich für den, der das Wirken der Natur als einzige Kraft gelten lassen will und dem jede Technisierung ein Greuel ist. Aber kann man auf die Beeinflussung durch die Einfallskraft des Menschen verzichten, wenn eben dieser Mensch an den Wundern der Natur mehr teilhaben möchte? Der Berg Combalou bleibt auch dann die dominierende Kraft, wenn Melkmaschinen, Kühlaggregate, maschinelle Verpackung und die perfekten Mechanismen neuzeitlichen Marketings hinzukommen.

Sollte die Nachfrage nach *Roquefort* noch erheblich ansteigen, so wird man sie bald nicht mehr befriedigen können. Zu hoffen ist, daß man in Roquefort nicht denselben Fehler begeht wie anderswo und dem Markt zuliebe erhebliche Qualitätsabstriche durch Schnellreifung hinnimmt.

Nicht nur die Kapazität der natürlichen Reifungskeller hat Grenzen, sondern auch der Rohstoff Schafmilch kann nicht beliebig vermehrt werden. Ein Schaf gibt durchschnittlich einen Liter Milch am Tag, und zwar nur von Ende November bis Juli. Im April und Mai, wenn die beste Milch ermolken wird, genügen 9 Liter, um einen Käse von 2,6 kg Gewicht herzustellen, im Januar benötigt man dafür 15 Liter. Auch beim Melken hat die Technik wesentliche Fortschritte gebracht. Das ermüdende Handmelken, bei der ein Melker höchstens 20 Schafe in der Stunde melken konnte, ist durch das Maschinenmelken abgelöst worden, so daß heute in einer Melkanlage stündlich 300 Schafe gemolken werden können.

Roquefortkäse wird in zylindrischen Laiben von etwa 2,6 kg Gewicht sowie neuerdings auch in Portionspackungen in den Handel gebracht. Charakteristisch ist der speckig-weiche, mitunter etwas krümelige weiße bis cremefarbene Teig, der von blau-grünen oder grau-grünen Adern durchzogen ist. Sein stark aromatischer, würzigpikanter Geschmack ist nicht nur eine Folge des fermentativen Eiweißabbaus, sondern auch des Fettabbaus. Mit 55 bis 62 Prozent ist die Trockenmasse relativ hoch. Der Fettgehalt kann zwischen 50 und 60 Prozent Fett i. Tr. schwanken, je nach Zusammensetzung der Schafmilch. Der Eiweißgehalt beträgt etwa 21 Prozent. Der Kochsalzgehalt mit 4 bis 5 Prozent ist relativ hoch und somit ein bestimmender Faktor bei der Geschmacksbildung.

Wie kaum bei einem anderen Käse bedarf es beim Einkauf von *Roquefort* besonderer Sorgfalt und einiger Übung. Man soll nur Käse wählen, dessen Rinde ein gesundes Aussehen aufweist. Auch soll im festen und glatten Teig der Schimmel gleichmäßig verteilt sein. Meiden soll man Käse mit weißem, trockenem Teig und bröckeligen Rändern, was auf einen sehr scharfen und trockenen, zu pikanten Käse schließen läßt. Man sollte eines der (bei uns leider noch seltenen) Fachgeschäfte bevorzugen, die für vorschriftsmäßige Lagerung bekannt sind. *Roquefort* nicht unter einer Käseglocke lagern!

Steckbrief des
Roquefort

(Foto: Sopexa)

Form und Größe	Zylindrische Laibe, Durchmesser 20 cm, Höhe 9 bis 10 cm, Gewicht 2,65 bis 2,77 kg. Auch Portionsstücke.
Rinde	Eine eigentliche Rinde fehlt, die Oberfläche ist trocken oder mit einer weiß-gelblichen Schmiere bedeckt.
Teig	Weiß-cremefarben, von blauen, blau-grünen oder grün-grauen Schimmelpilzen durchzogen. Konsistenz speckig, weich, manchmal bröckelig, einzelne Bruchlöcher erkennbar.
Zusammensetzung	Trockenmasse: 55 bis 62%; Fett: 50 bis 60% i.Tr.; in 100 g 30 bis 32 g Fett und 21 g Eiweiß.
Geschmack	Stark aromatisch, würzig-pikant.
Herstellung	Nur aus Schafmilch, Reifung in den Naturhöhlen von Roquefort.
Aufbewahrung im Haushalt	In Aluminiumfolie luftdicht verpackt im Kühlschrank oder im Keller.
Verwendung	Zum Dessert, zu Salaten und Soßen, als Zwischenmahlzeit auf Weißbrot mit Butter. Zu verschiedenen Gerichten in der Küche (Omelett, Suppen und in vielen Spezialgerichten). Roquefort nie kalt servieren, sondern chambré wie Rotwein.
Passende Weine	Mehr als bei anderem Käse ist die Wahl individuell. Am besten passen Portweine, kräftige Rotweine (Bordeaux, Burgunder, Côtes-du-Rhône, Madiran, Cahors, Côtes-du-Nuits, Châteauneuf-du-Pape). Auch schwere Weißweine (Sauternes, Monbazillac, Ruländer als Auslese und Spätlese) sowie trockener Champagner sind möglich.
So ist er am besten	Gesunde Rinde, gleichmäßig verteilter Blauschimmel, fester, weiß-cremefarbener Teig. Ausgeprägter Geruch nach Schimmelpilzen, aromatisch-würziger, pikanter Geschmack.
So darf er nicht sein	Brüchiger Rand, weißer Teig, ohne Zeichnung, grauer Teig, stechender Geruch.

Deutsche Edelpilzkäse

Im Laufe der Zeit wurde in verschiedenen Ländern unter Verwendung des Schimmelpilzes *Penicillium roqueforti* aus Schafmilch oder auch aus Kuhmilch Käse vom *Roquefort*-Typ hergestellt und – teilweise unrechtmäßig – als *Roquefort* in den Handel gebracht. Seit dem Jahre 1951 dürfen diese Käse entsprechend der Konvention von Stresa diese Bezeichnung nicht mehr führen. Sie werden als Folge dieses Schutzes der Herkunftsbezeichnung »*Roquefort*« seither als *Edelpilzkäse, Blauschimmelkäse* oder *Grünschimmelkäse* bezeichnet. In Frankreich tragen sie die Bezeichnungen »*bleu*« oder »*fromage persillé*«. Im englischen Sprachraum nennt man sie »*blue*«, »*blue cheese*«, »*blue veined cheese*« oder »*blue mold*«. Die dänischen Edelpilzkäse heißen »*Danablu*« oder tragen besondere Eigennamen. In Spanien kennt man diese Käse als »*Queso azul*« oder »*Pasta azul*«.

Die zur Herstellung von Edelpilzkäsen verwendeten Pilze unterscheiden sich nur geringfügig. Sie werden alle der Art *Penicillium roqueforti* zugerechnet, man unterscheidet jedoch zwischen verschiedenen Stämmen oder Unterarten.

Für den ebenfalls dieser Gruppe angehörenden italienischen *Gorgonzola* verwendet man eine besondere Variante der Roquefortpilze, und zwar das *Penicillium roqueforti* Weidemann.

Als Ausgangsmaterial für deutsche Edelpilzkäse dient im allgemeinen Kuhmilch, obwohl auch Schafmilch zulässig ist.

Die Schimmelpilzkultur wird bereits bei der Herstellung in die Kesselmilch gegeben. Die Bruchbearbeitung und das Schöpfen erfolgen ähnlich wie bei der (weiter hinten beschriebenen) *Camembert*-Herstellung. Nachdem die Käse zwei Tage im Salzbad gelegen haben, werden sie in die Reifungskeller gebracht, in denen eine Temperatur von etwa 12 °C herrscht. Nach etwa 5 Tagen werden die Käse mit langen Nadeln durchstochen – die Einstiche sind im reifen Käse noch sichtbar –, damit der für das Wachstum unentbehrliche Sauerstoff in die Tiefe der Käse eindringen kann. Die eigentliche Reifung der Käse dauert dann noch 6 bis 8 Wochen, bevor sie verpackt werden können.

Deutscher *Edelpilzkäse* wird in Laiben von 2 kg bis 5 kg hergestellt und entweder in ganzen Laiben oder in Portionsstücken angeboten. Seine Struktur ist der des *Roquefort* ähnlich, zeigt also einen weißen bis gelblichen, etwas trockenen, von dunkelgrünen oder blauen Schimmeladern durchzogenen Teig. Sein Geschmack ist im allgemeinen milder als der des *Roquefort*.

Die meisten deutschen *Edelpilzkäse* enthalten 45 oder 50 Prozent Fett i. Tr. In jüngerer Zeit erschien mit dem »*Bavaria blu*« ein weißblauer Edelpilzkäse auf dem Markt, der sich in erstaunlich kurzer Zeit durchsetzen konnte. Mit seinen 70 Prozent Fett i. Tr. (Doppelrahmstufe) entspricht er ganz und gar den Erwartungen des wählerischen Käsefreundes. Seine rahmige Konsistenz und sein mildes Aroma verdankt er nicht allein dem hohen Fettgehalt, sondern auch der gelungenen Kombination von weißem *Camembert*-Schimmel auf der Oberfläche und Edelschimmel im Inneren. Mit diesem *Bavaria blu* ist der bayerischen Milchwirtschaft ein großer Wurf gelungen, den wir auch deshalb begrüßen, weil die deutsche Käsewirtschaft einmal Fantasie gezeigt hat, anstatt in ausgetretenen Pfaden weiterzugehen.

Die deutschen Edelpilzkäse finden die gleiche Verwendung wie alle anderen: zum Dessert, als Zwischenmahlzeit und als Zutat zu Salaten. Besonders gut sind mit Butter bestrichene Pumpernickelscheiben, wenn man sie mit Würfeln von Edelpilzkäse belegt und mit Weintrauben und Walnußkernen dekoriert. Der *Bavaria blu* schmeckt wegen seines milden Aromas vorzüglich als Belag auf Apfelscheiben. Verzichtet man bei diesem Genuß auf das Brot, dann läßt sich der erhöhte Fettgehalt wieder kompensieren und der joulebewußte Genießer kann sich auch diese Sünde gegen die schlanke Linie leisten.

Steckbrief der Edelpilzkäse (Deutschland)

(Foto: CMA)

Form und Größe	Zylindrische Laibe, Durchmesser ca. 17 cm, Gewicht ca. 2 bis 5 kg.
Rinde	Rinde fehlt. Oberfläche weiß bis weiß-gelb mit durchscheinendem Schimmelrasen.
Teig	Fest bis leicht krümelig, schneidbar. Weiß mit blaugrünen, gleichmäßig verteilten Schimmeladern.
Zusammensetzung	Trockenmasse: 48 bis 55%; Fett: 45 bis 60% i.Tr.; in 100 g 32 bzw. 36 g Fett und 23 g Eiweiß.
Geschmack	Scharf, pikant, kräftig und leicht salzig.
Herstellung	Aus pasteurisierter Milch mit Penicillium roqueforti. Pikiert wie alle Käse mit Innenschimmel. Reifung 6 bis 8 Wochen.
Aufbewahrung im Haushalt	Im Keller oder in der Speisekammer bei 10 bis 12 °C, notfalls im Gemüsefach des Kühlschranks.
Verwendung	Zum Dessert oder mit Schwarzbrot und Butter zur Zwischenmahlzeit; auf Käseplatten oder auch zu Salaten. Zur Verfeinerung von Soßen. Mildere Sorten wie Bavaria blu auch zu Obst.
Passende Weine	Alkoholreiche, kräftige Rotweine (Blauburgunder, Rioja, Pommerol) und große Riesling-Auslesen.
So ist er am besten	Weißer Teig mit gleichmäßiger Schimmeleinlage, nicht zu trocken.
So darf er nicht sein	Trockener, stark krümeliger Teig, Schmierenbildung.

Dänische Edelpilzkäse

Nach dem Vorbild des *Roquefort* wurde in Dänemark nach dem Ersten Weltkrieg die Produktion des von Marius Boel entwickelten *Danablu* begonnen. Dieser Käse machte einen raschen Siegeszug rund um die Welt. So verzehren die Engländer genausoviel *Danablu* wie von ihrem eigenen *Stilton* und *Blue Cheshire*.

Danablu
(Foto: Dänischer Käseexportausschuß)

Der *Danablu*, dessen Herstellung im Prinzip der deutschen Edelpilzkäseherstellung entspricht, wird in zylindrischer, rechteckiger oder quadratischer Form mit einem Gewicht zwischen 2,75 und 3,25 kg hergestellt. Das Aroma des ziemlich fetten *Danablu* ist kräftig, bisweilen etwas scharf. Der *Danablu* ist streichfähig und schneidbar, und Kenner genießen ihn mit kräftigem Brot als bevorzugtem Begleiter. Kräftige Weißweine aus dem Elsaß oder vom Kaiserstuhl bringen ihn geschmacklich voll zur Geltung.

Der mildere *Mycella*, der mit einem besonderen Stamm von *Penicillium roqueforti* beimpft wird, steht dem *Gorgonzola* näher. Seine 5 bis 6 oder 9 kg schweren Laibe haben einen gelblichen Teig. Zu den mit klangvollen Phantasienamen ihrer Hersteller ausgestatteten Käsen gehört der auch bei uns bekannte *Blue Castello* mit seinem ausgeprägten Pilzaroma. Er hat außen einen weißen *Camembert*-Schimmel und innen eine feine Blauschimmeläderung . Mit seinen 70 Prozent Fett i. Tr. gehört er zu den edelsten und kostbarsten Vertretern seiner Art. Kräftige weiße und leichte rote Weine mag er gern um sich.

Französische Bleu- und Persillékäse

Unter dem Sammelbegriff »*Bleu*« versteht man in Frankreich, abgesehen vom *Roquefort*, alle Käse mit Innenschimmel. Der Handel verwendet die Bezeichnung »*Persillé*« beziehungsweise »*Fromage à pâte persillée*« für Käse mit Innenschimmel, die aus Savoyen stammen. »*Le persil*«, aus dem vulgärlateinischen Wort petrosilium abgeleitet, ist nichts anderes als Petersilie. Die Bezeichnung »*Bleu*« wird meist mit einer Herkunftsangabe verbunden, wie *Bleu de Bresse*, *Bleu d'Auvergne* oder *Bleu du Haut-Jura*.

Nach den geltenden Bestimmungen dürfen nur solche Käse »Bleu« genannt werden, die einen weichen bis halbfesten Teig aufweisen, die mit Schimmel durchwachsen sind, deren Trockenmassegehalt mindestens 50 Prozent und deren Fettgehalt i. Tr. mindestens 40 Prozent beträgt. Bleu-Käse, die aus Schafmilch hergestellt werden, tragen – mit Ausnahme des *Roquefort* – die erläuternde Bezeichnung »de brebis« und solche, die ausschließlich aus Ziegenmilch gemacht werden, den Zusatz »de chèvre«. Sofern ein Gemisch von Milch mehrerer Tierarten verwendet wurde, muß der Käse mit dem Zusatz »Lait de mélange« gekennzeichnet sein. Bei den aus Kuhmilch hergestellten Käsen bedarf es keines Zusatzes.

Im Kernland des Französischen Zentralmassivs liegt eine reizvolle Ferienlandschaft, die im Osten steil aufsteigt, im Westen und Norden allmählich abfällt: die Auvergne. Die dünn besiedelte Landschaft, auf einem Plateau gelegen, hat wirtschaftlich nur wenig Bedeutung, gilt aber unter den Gourmets als ein heißer Tip. Neben wenig Industrie, zahlreichen Mineralquellen und der nur in den Beckenlandschaften betriebenen Landwirtschaft hat die Viehzucht einige Bedeutung. So nimmt es kein Wunder, daß uns mit dem »Bleu d'Auvergne« ein Blauschimmelkäse angeboten wird, der sich mit seinem großen Vorbild messen kann. Seit etwa 1870 stellen die Bauern in den Départements Cantal und Puy-de-Dôme diesen edlen Vertreter seiner Art her, in unserer Zeit ergänzen kleinere Käsereien die bäuerliche Produktion.

In dieser Gegend, wo auch der *Cantal* seine Heimat hat, entstanden im 19. Jahrhundert kleine Milchkuhherden von 10 bis 15 Tieren, deren täglich ermolkene Milch aber nicht ausreichte, um einen *Cantal* herzustellen. Da wegen der schlechten Verkehrsverhältnisse und der weit auseinanderliegenden Höfe ein Einsammeln der Milch wegfiel, mußte man sich einer Käseproduktion zuwenden, die mit dem geringen Milchanfall möglich war. Nicht nur der *Roquefort*, sondern auch der in der Umgebung von Pontgibaud, einem nordwestlich von Clermont-Ferrand gelegenen Städtchen, seit 1840 fabrizierte *Bleu de Laqueuille* standen Pate.

Der *Bleu d'Auvergne,* der heutzutage ausschließlich in industriellen Käsereien hergestellt wird, ging aus einer in dieser Region verbreiteten *weißen Fourme* hervor. Diese bescheidene »Fourme de Rochefort« wurde 1850 von dem Bauer Antoine Roussel mit Blauschimmel versetzt, den er von verschimmelten Roggenbrotlaiben abgekratzt hatte. Es sei gestattet, an dieser Stelle die sprachliche Entwicklung kurz zu verfolgen, denn unter der Bezeichnung Fourme sind alle Käse mit festem Teig bekannt, die in Zentralfrankreich, vor allem in den bergigen Gegenden, vorkommen.

Dieses Wort Fourme ist eine Ableitung aus Forme à fromage (Käseform). Forma, im Vulgärlateinischen formaticum, wurde im 13. Jahrhundert zu »formage« und später zur »fromage«.

Die Milch für den *Bleu d'Auvergne* kommt von den Salers-Kühen, die auf den Höhen rund um das uralte, über dem Maronnetal gele-

gene Städtchen (Donnerstags Käsemarkt) weiden.

Für den *Bleu d'Auvergne* wird möglichst frischer Rohmilch der Vorzug gegeben. Ähnlich den anderen Käsen mit Innenschimmel wird er in flachen Zylindern von 20 cm Durchmesser und 10 cm Höhe sowie einem Gewicht zwischen 2 und 2,5 kg hergestellt. Der aromatische bis pikante Teig mit seinen arttypischen Schimmeladern ist geschmeidig und nicht so brüchig wie der des *Roquefort.* Der Fettgehalt liegt bei 45 Prozent Fett i. Tr. Vom oben beschriebenen *Bleu de Laqueuille* unterscheidet sich der *Bleu d'Auvergne* vor allem durch einen höheren Salzgehalt. Kräftige Weine ergänzen den zum Dessert bevorzugten *Auvergner,* so ein Châteauneuf-du-Pape, Cornas, Hermitage oder Gigondas.

Auch der *Bleu des Causses* ist ein Käse mit geschützter Herkunftsbezeichnung, der nur in bestimmten Gebieten der Départements Gard und Hérault hergestellt werden darf und in natürlichen Felsenkellern, die auch mit Fleurines belüftet werden, reifen muß. So wie seine Geschichte sind sein Fettgehalt, sein Aussehen und sein Geschmack den anderen Blauschimmelkäsen des Zentralmassivs sehr ähnlich.

Weitere nahe Verwandte des *Bleu d'Auvergne* sind der aus dem für seine Viehzucht berühmten Lot stammende *Bleu de Quercy,* der *Bleu de Loudes, Bleu de l'Aubrac, Bleu de Basillac,* der ausschließlich auf Bergbauernhöfen gemachte *Bleu de Thiézac,* welcher seinen besonderen Geschmack der Salzung des noch warmen Teiges verdankt, sowie die *Fourme d'Ambert.*

Im französischen Jura stellt man seit alters her einen ausgezeichneten Käse mit Innenschimmel her, der als *Bleu du Haut-Jura* bekannt und mit seinen Herkunftsbezeichnungen *Bleu de Gex* und *Bleu de Septmoncel* gesetzlich geschützt ist. Diese Käse gehen auf Ziegenmilchkäse zurück, die schon im 14. Jahrhundert im Jura als *Fromages Gris* bekannt waren. Heute ist das Produktionsgebiet der ausschließlich aus Kuhmilch hergestellten Käse auf wenige oberhalb 800 m gelegene Gemeinden der Départements Ain und Jura beschränkt und der Bleu wird häufig noch auf Bauernhöfen gemacht. Der reisefreudige Käsefreund sollte die würzigen Käse im Herstellungsgebiet kosten. Auch in St. Etienne, Lyon, Paris und Grenoble werden sie angeboten.

Die meisten dieser französischen Blauschimmelkäse haben nur lokale Bedeutung und sind deshalb in Deutschland leider nur allzuselten anzutreffen. Neben dem *Roquefort* finden wir hierzulande regelmäßig angeboten den *Bresse bleu*, ein Erzeugnis der Genossenschaftsmolkerei von Servas, aus pasteurisierter Kuhmilch, sowie die *Fourme d'Ambert*. Der *Bleu de Bresse* aus der gleichnamigen seenreichen Landschaft nordöstlich von Lyon, die dem Gourmet auch wegen ihrer vorzüglichen Hähnchen und Hühnchen bekannt ist, wurde erst um 1950 vorgestellt. Der in Abpackungen von 125 g, 250 g und 500 g angebotene Käse, der aus den schwergewichtigen »Saingorlons« entwickelt wurde, trat einen raschen Siegeszug an und ist in Westeuropa, dem Paradies der Käseproduktion, heute schon so bekannt wie der *Roquefort*. In Savoyen werden ebenfalls verschiedene

Käse mit Innenschimmel verlangen nach kräftigen Rotweinen und gehaltvollen Weißweinen (Foto: Sopexa)

Sorten und Formen von Innenschimmelkäsen hergestellt, die man dort »*Persillés*« nennt. Sie werden nur im Sommer und Herbst auf den Chalets (Almhütten) aus Kuhmilch, Ziegenmilch oder einem Gemisch beider gemacht.

Die »*Bleus de Corse*« schließlich sind frische *Schafkäse*, die nicht in die Reifungskeller des Combalou wandern, sondern frisch verzehrt werden. Einen solchen Käse ließ der legendäre Schafhirte der Causses mit seinem Brot im Combalou liegen, bis *Roquefort* daraus geworden war.

Englische Blauschimmelkäse

Streng genommen sind der *Dorset blue* (auch *Blue Vinny* oder *Blue Veiny* genannt), der *Blue Cheshire* oder auch der einmalige *Stilton* allesamt halbfeste Schnittkäse mit Innenschimmel. Da ihre Herstellung jedoch im Grundprinzip der der englischen Hartkäse entspricht – Cheddarisieren des Bruches – haben wir sie bei den englischen Hartkäsen besprochen.

Gorgonzola

Wer kennt nicht wenigstens seinen Namen? Wer möchte ihn nicht immer wieder auf der Käseplatte begrüßen, wenn er ihn erst einmal kennengelernt hat? Und der *Gorgonzola* ist in der Tat ein besonderer Käse. Während alle anderen Blauschimmelkäse mit Ausnahme des *Blue Cheshire* nur leicht modifizierte Nachahmungen des *Roquefort* sind, kann der *Gorgonzola* auf seine eigenständige Entwicklung stolz sein. Auch seine Struktur ist unverwechselbar und hat mit dem *Roquefort* nichts gemein. Während jener einen krümeligen und salzigen Teig besitzt, ist der Teig des *Gorgonzola* weich, geschmeidig und streichfähig und in seinem vollen Aroma bei weitem nicht so scharf wie der *Roquefort*. Er ist eigentlich mehr den Weichkäsen nahe als den anderen Blauschimmelkäsen.

Der *Gorgonzola* wird seit mindestens tausend Jahren hergestellt. Seinen Vorläufer nannte man *Stracchino*, später *Stracchino quadro di Milano* oder *Stracchino di Gorgonzola*. Der Name *Gorgonzola* geht auf die gleichnamige, nordöstlich von Mailand gelegene Kleinstadt zurück. Diese Stadt am Abstieg der Alpen war in früheren Zeiten ein Sammelpunkt für die bei Eintritt des Winters von den Gebirgsweiden in die mildere Po-Ebene getriebenen Viehherden. Die von dem Marsch ermüdeten Kühe (stracco = müde) wurden hier gemolken und ihre Milch zu *Stracchino di Gorgonzola* verarbeitet. So wie die Entstehung des *Roquefort* in einer Legende überliefert ist, gibt es auch über den *Gorgonzola* einige Entstehungslegenden, von denen diese hier der Wahrheit am nächsten zu sein scheint:

Weil die müden Kühe am Ende des Sommers wenig Milch gaben, wurde der täglich anfallende Bruch so lange gesammelt, bis genügend Bruchmasse vorhanden war, um ein lohnendes Ausformen der Käse zu beginnen. Hierbei war es unvermeidlich, daß der ältere Bruch zu schimmeln begann und so die Käse mit Schimmelpilzen beimpft wurden.

Für diese Version spricht auch, daß man bis in die jüngste Zeit den *Gorgonzola* aus einer Mischung von Bruch zweier Melkzeiten (a dua paste) herstellte. Den Bruch aus der Abendmilch ließ man über Nacht reifen, drückte ihn dann am nächsten Morgen in eine Form und bedeckte ihn mit frischem Bruch, der aus der Morgenmilch entstand. Heute wird der *Gorgonzola* ausschließlich aus frischer pasteurisierter Milch, der man *Penicillium gorgonzola* zugibt, hergestellt.

Die Reifung, die früher fast ein ganzes Jahr in Anspruch nahm, verläuft heute wesentlich schneller, so daß die Käse schon nach zweieinhalb Monaten an den Handel abgegeben werden.

Die eigentliche Reifung des *Gorgonzola* findet bei sehr niedrigen Temperaturen von 4 bis 5 °C statt. Nach einer Reifungszeit von 15 bis 18 Tagen werden die Käse von einer Seite mit Nadeln angestochen, nach weiteren 10 Tagen erfolgt das Anstechen von der anderen Seite. Durch das Anstechen der Käselaibe wird das Eindringen von Sauerstoff ermöglicht, so daß wenige Tage später das Schimmelwachstum in der Tiefe einsetzt. Nach weiteren 50 bis 60 Tagen (bei 9 bis 10 °C) ist die Reifung in den außerordentlich feuchten, meist in den Alpen

Gorgonzola
(Foto: Galbani, Milano)

befindlichen Reifungskellern abgeschlossen. Je nach den Erfordernissen des Marktes kann man die Käse aber auch im Kühlraum noch einige Zeit lagern, ehe die 11 bis 12 kg schweren Laibe in Portionen zerteilt und in Zinnfolie verpackt werden, um den Weg zum Verbraucher anzutreten.

Die Herstellung des *Gorgonzola* beschränkte sich früher auf die Alpentäler der Lombardei. Von dort breitete sich die Produktion in die Provinzen Como und Bergamo, später nach Brescia, Cremona, Cuneo, Milano, Novara, Pavia und Vercelli weiter aus. Bis ins 19. Jahrhundert wurde der *Gorgonzola* nur in kleinen Käsereien und nur im Herbst hergestellt, heute fabriziert man ihn das ganze Jahr über in Molkereien und Käsefabriken. Seitdem Kühlhäuser zur Verfügung stehen, geht man mehr und mehr von der Reifung in den Höhlen des Vallassinatales ab. Der *Gorgonzola*, der 48 Prozent Fett i. Tr. aufweist, wird heutzutage in Wisconsin und Michigan in großen Mengen nachgeahmt. *Gorgonzola bianco* ist als *Pannarone* näher beschrieben.

Steckbrief des Gorgonzola

(Foto: Kielwein-Daun)

Form und Größe	Zylindrische Laibe, Durchmesser ca. 25 bis 30 cm, Höhe 16 bis 20 cm, Gewicht 6 bis 12 kg. Meist in Portionspackungen.
Rinde	Rotbraune, runzlige, nicht eßbare Rinde in Zinn-oder Aluminiumfolie.
Teig	Halbweich, fast streichfähig, leicht gelb mit grünem Schimmel.
Zusammensetzung	Trockenmasse: 50%; Fett: 48% i.Tr.; in 100 g 24 g Fett und ca. 22 g Eiweiß.
Geschmack	Würzig, mit zunehmender Reife auch scharf-pikant.
Herstellung	Heute aus pasteurisierter Milch, Käse werden gelocht und bei sehr niedrigen Temperaturen 50 bis 60 Tage gereift. Die Oberfläche wird geschmiert.
Aufbewahrung im Haushalt	In der Originalfolie im Kühlschrank bei 6 bis 8 °C.
Verwendung	Zum Dessert, mit Weißbrot als Zwischenmahlzeit, auf Käseplatten.
Passende Weine	Rassige Weißweine mit edler Säure (Riesling) oder durchgegorene Rotweine aus Südtirol, aus der Toscana oder aus Württemberg.
So ist er am besten	Geschlossene Rinde, gleichmäßige Schimmelbildung im Innern.
So darf er nicht sein	Feuchte, schmierige Rinde, ungleichmäßige und ungenügende Schimmelbildung. Trockener, krümeliger Teig, braune Schmierenbildung auf der Schnittfläche.

Sammetpfötchen und
Männerfäuste:
Deutsche halbfeste
Schnittkäse

**Butterkäse –
mild und samtig**

Um das Jahr 1927 wurde im Allgäu erstmalig versucht, einen Käse vom Typ des italienischen *Bel Paese* herzustellen. Man gab ihm den Namen *Butterkäse*, da er im Geschmack von butterähnlichem Aroma war. Zunächst wurde er nur als Rahmkäse mit 50 Prozent Fett i. Tr. gemacht, später ging man dazu über, den *Butterkäse* auch in der Vollfettstufe (45 Prozent Fett i. Tr.) anzubieten. Da er zu jener Zeit eine wesentlich weichere Konsistenz hatte als heute, gehörte er anfangs zu den Weichkäsen. Der neuere Typ ist ziemlich fest, schnittfähig und hat mit dem herkömmlichen *Butterkäse* kaum noch mehr als den Namen gemeinsam.

Die Herstellungweise ist für deutsche Verhältnisse ungewöhnlich und muß wohl mit den klimatischen Gegebenheiten seiner Heimat, der oberitalienischen Tiefebene, erklärt werden. Da ist zunächst einmal der Umstand, daß die Kesselmilch beim Einlaben auf sehr hohe Temperaturen gebracht wird (früher 42 bis 45 °C), zum anderen

Deutsche halbfeste Schnittkäse:
1 Edelpilzkäse; 2 Weißlacker;
3 Butterkäse; 4 Steinbuscher
(Foto: CMA)

herrscht in den Verarbeitungsräumen eine Temperatur von 35 bis 40 °C. Beim Reifen aber müssen sehr niedrige Temperaturen, nämlich 2 bis 5 °C, erreicht werden, wie sie auch in den norditalienischen Höhlen herrschen, wo der *Bel Paese* reift.

Die hohen Verarbeitungs- und die niedrigen Reifungstemperaturen bewirken, daß der Käse eine so weiche Konsistenz und ein außergewöhnlich mildes Aroma mitbekommt. Die hohen Temperaturen bei der Verarbeitung setzen aber voraus, daß nur ganz frische und keimarme Milch verarbeitet wird. Der heute weitverbreitete *Butterkäse* mit seiner festeren Konsistenz wird nur noch bei Temperaturen von 38 bis 4o °C eingelabt, was sicherlich der bakteriologischen Beschaffenheit der Rohmilch zuzuschreiben ist. Das sehr milde und zurückhaltende Aroma der *Butterkäse* kommt der heute verbreiteten Verbrauchererwartung zweifellos entgegen.

Butterkäse kommen in Wurstform, in Laiben von 500 g oder 1,5 kg und portioniert in den Handel. Die Haut ist häufig gelb-braun bis rötlich, der butterfarbene Teig ist elastisch, mild und weich und hat einen kaum wahrnehmbaren reinen Geruch. Ein etwas schärferes und rezenteres Aroma gewinnt aber neuerdings an Liebhabern.

Der *Butterkäse* ist, auch bei Kindern, zum Frühstück sehr beliebt, ebenso als leichte Zwischenmahlzeit mit Äpfeln, Birnen und Weißbrot. Auf einer großen Käseplatte sollte man ihn hingegen nur Gästen servieren, die den ganz milden Sorten zuneigen, denn in der Gesellschaft vollaromatischer Käse kann er sich kaum durchsetzen. Ein Käsetoast mit exotischen Früchten ist ein schneller Imbiß, der nicht belastet.

Zum *Butterkäse* passen besonders gut leichte Weißweine und Rosés, die auf sein mildes Aroma abgestimmt sind, während kraftvolle Rotweine nicht ratsam sind, da sie sein mildes Aroma erdrücken würden.

Steckbrief des Butterkäse

(Foto: Studio Pierer, Hamburg)

Form und Größe	Laibe von 500 g oder 1,5 kg verschiedener Abmessungen. Auch Wurstform.
Rinde	Geschmeidige, glatte Haut oder auch ohne Rinde. Farbe gelbbraun bis rötlich.
Teig	Weich, doch schnittfest. Auffallend elastisch, kaum Lochung; gelblich-weiß.

Zusammensetzung	Trockenmasse: 48 bis 55%; Fett: 45 bis 60% i.Tr.; in 100 g 26 bis 29 g Fett und 21,5 bis 26,3 g Eiweiß.
Geschmack	Mild, leicht säuerlich.
Herstellung	Aus pasteurisierter Milch, eingelabt wird bei hohen, gereift bei niederen Temperaturen.
Aufbewahrung im Haushalt	In Folie im Kühlschrank, nie zusammen mit aromatischen Käsen.
Verwendung	Als Brotbelag, Frühstückskäse, auch zu Früchten und zum Käsetoast.
Passende Weine	Leichte, spritzige Weine: Gutedel, Fendant, Rosé und Portugieser.
So ist er am besten	Trockene Haut, auffallend elastischer, weicher, aber nicht pappiger Teig; mildes und reines Aroma.
So darf er nicht sein	Schadhafte oder schmierige Rinde, Teig fest, weiß.

Steinbuscher – buttrig und würzig

Es war im Jahre 1860, als ein Schweizer Käser namens Frank auf dem Hofgut Steinbusch (Kreis Arnswalde) in der damaligen Provinz Brandenburg einen bis dahin nicht bekannten Schmierenkäse mit rezentem, doch mildem Aroma fertigte und ihm den Namen *Steinbuscher* gab. Anfang unseres Jahrhunderts kam die Domäne in wirtschaftliche Schwierigkeiten, die Fabrikation wurde auf die Domäne Mariental verlegt, kleinere und mittlere Käsereien begannen ebenfalls, den Käse, der eine Ähnlichkeit mit dem *Pont-l'Evêque* nicht leugnen kann, herzustellen. Später wurde er dann auch in Schleswig-Holstein und im Allgäu, wo man seine Ahnen in den sogenannten zwiege-

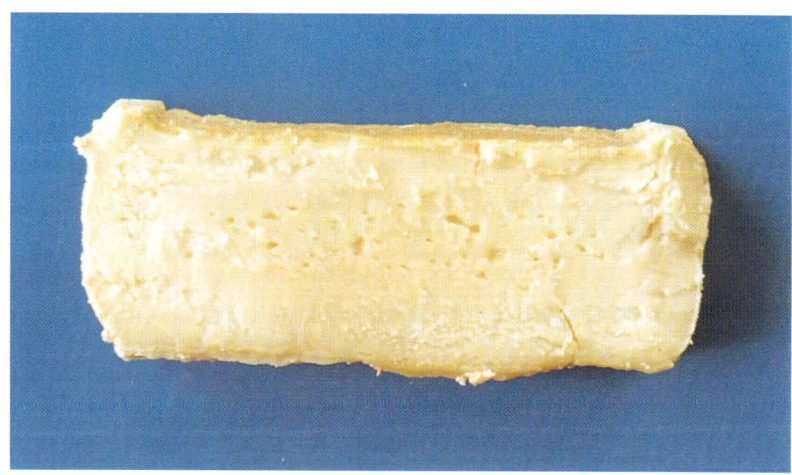

Steinbuscher
(Foto: Kielwein-Daun)

wärmten Käsen vermuten darf, mit gutem Erfolg, aber in kleinen Mengen hergestellt. Auch heute, in der Zeit der Käsewelle, hat sich der quaderförmige *Steinbuscher*, der in Einheiten von 0,25 und 0,7 kg angeboten wird, noch nicht bundesweit durchgesetzt.

Er wird aus vorgereifter Milch hergestellt, während der 6 bis 8 (im Winter 10) Wochen dauernden Reifung, die sich bei 14 °C (im Sommer 16 °C) vollzieht, regelmäßig geschmiert, bis er die gelbbraune Rinde um einen geschmeidigen, festen, strohgelben und spärlich gelochten Laib entwickelt hat. Sein Fettgehalt liegt bei 32 bis 45 Prozent Fett i. Tr. Je nach Alter duftet er mild oder angenehm pikant.

Der *Steinbuscher*, ein Käse für kleine Mahlzeiten und zum Frühstück, ist für den Verbraucher besonders problemlos, da er sich sehr lange frisch halten läßt. Seine flüssigen Begleiter sind je nach Gusto ein Apfelwein, leichte Rotweine oder Rosés.

Steckbrief des Steinbuscher

Form und Größe	Backsteinform 11 x 11 cm oder 8 x 8 cm. Gewicht 700 bzw. 250 g.
Rinde	Gelb-braune bis rötliche Rinde, mit wenig Schmiere.
Teig	Strohgelb, geschmeidig, kaum Lochbildung.
Zusammensetzung	Trockenmasse: ca. 50 %; Fett: 32 bzw. 45 % i. Tr. in 100 g 16 bzw. 22 g Fett und ca. 20 g Eiweiß.
Geschmack	Mild bis leicht pikant.
Herstellung	Ähnlich wie Limburger, Reifungszeit 6 bis 8 Wochen.
Aufbewahrung im Haushalt	Nicht im Kühlschrank! Getrennt von anderen Käsen unter der Käseglocke im Keller oder in einem kühlen Raum.
Verwendung	Als Frühstückskäse oder zur Zwischenmahlzeit mit Bier.
Passende Weine	Wenn überhaupt, dann leichter Rotwein (Junger Beaujolais und Portugieser).
So ist er am besten	Gleichmäßige Rinde, geschmeidiger blaßgelber Teig.
So darf er nicht sein	Schimmelbesatz, weißer, bröckeliger Teig.

Wilstermarschkäse – säuerlich und herb

Schleswig-Holstein, das sich auch durch einen guten *Camembert* einen Namen macht, bietet einen halbfesten Schnittkäse an, der unserem nördlichsten Bundesland zur Ehre gereicht. In fünf verschiedenen Milchmischungen und Fettstufen wurde er früher hergestellt. Der am meisten gefragte war der Zweizeitige aus entrahmter Abendmilch und frischer Morgenmilch, während die vollfetten und auch die mageren Sorten nur örtliche Bedeutung erlangten. Heute wird der Wilstermarschkäse (auch Holsteiner Marsch-Käse) mit 45 bzw. 50 % Fett i. Tr. hergestellt. Dabei bemüht man sich, die allzu große Ähnlichkeit mit dem *Tilsiter* durch Betonung des eigenen Charakters des Wilstermarschkäses abzuschütteln.

Die etwa 6 kg schweren Laibe findet man leider nicht in allen Käsegeschäften. Geschmeidig-fester Teig von blaßgelber Farbe, feinporig gelocht, leicht säuerlicher und herber Geschmack und Geruch und eine glatte Haut, das sind seine Steckbriefdaten.

Der *Wilstermarschkäse* ist ein beliebter Frühstückskäse, der auch als Brotbelag und Appetithappen eine gute Figur macht. Ein leichter Rotwein aus deutschen oder französischen Anbaugebieten eignet sich als Begleiter. Wer einen Saint-Emilon mindestens 4 Jahre lagert, hat zum Star der Holsteiner Käse einen ebenbürtigen Tropfen im Hause.

Wilstermarschkäse
(Foto: Studio Pierer, Hamburg)

Mainauer – erdig und aromatisch

Von der Bodenseeinsel Mainau, bekannt durch das Schloß des schwedischen Grafen Bernadotte und wegen seiner südlichen Vegetation ein Anziehungspunkt besonderer Art, kommt dieser Verwandte des *Münsters* und *Géromé*. Seine im Vergleich zu diesen festere Konsistenz, sein längeres Reifen und seine gute Haltbarkeit sind auf das Nachwärmen des Käsebruches bei der Produktion zurückzuführen. Heute wird dieser ehemalige Bauernkäse in Radolfszell teils mit, teils ohne Schmiere als Spezialkäse molkereimäßig hergestellt. Die Laibe von durchschnittlich 1,5 kg Gewicht gibt es in mehreren Fettstufen. Der Teig des *Mainauers* ist fest und geschmeidig, Geruch und Geschmack zeichnen sich durch leichte Säure und ein feines Aroma aus. Ein bodenständiger Käse, den man bei einem Bodenseeaufenthalt unbedingt einmal kosten sollte. Das Viertel Meersburger oder Hagnauer sollten Sie gleich mitbestellen, gehört doch das Bodenseegebiet zu den reizvollsten Reiselandschaften für Weinfreunde.

Weißlacker – kraftvoll und belebend

Die Allgäuer Käsewirtschaft feierte im Jahre 1974 den hundertsten Geburtstag des *Weißlackers*, jenes Aristokraten unter den Bierkäsen der Welt, der heute so selten geworden ist. Man kann gewiß den *Weißlacker* auch heute noch in seinem Geburtsort Wertach kaufen, hergestellt aber werden die 180 Tonnen jährlich nur noch in einer einzigen Käserei im 75 km entfernt gelegenen Zaisertshofen.

In der Zeitschrift »Signature« schrieb 1976 Dornberg über den *Weißlacker*: »Allein der Duft dieser Geheimwaffe hätte genügen können, 1866 (in der Schlacht von Königgrätz) die Preußen in die Flucht zu schlagen.« Und in dem gleichen Beitrag: »Wenn Sie sich mit diesem Käse im Proviantkorb in ein Zugabteil setzen, wird es im Handumdrehen Ihnen allein gehören.«

Aber nicht nur unliebsame Mitmenschen vermag er in die Flucht zu schlagen, sondern auch böse Geister. Ein Käsefreund aus dem Allgäu erzählte uns vor einiger Zeit eine Geschichte, die dem guten *Weißlacker* fürwahr alle Ehre macht: Als er vor einer Reihe von Jahren seine bis dahin noch rüstige Tante im Alter von über 80 Jahren bei sich aufnahm, mußte er erleben, wie sich ihr Gesundheitszustand täglich verschlechterte. Die alte Dame mußte schließlich ständig das Bett hüten, sie hatte keinen Appetit und weigerte sich gar, kräftigende Nahrung zu sich zu nehmen. Wie der Allgäuer es zu sagen pflegt, bereitete sie sich auf die Ewigkeit vor und gab allen Lebenswillen auf.

Als unser Freund eines Tages von einer Geschäftsreise einen ausgesucht guten *Weißlacker* mitbrachte, hatte sich die Familie wiederum erfolglos bemüht, der Tante etwas Gutes aufzuschwatzen. Umsonst. Da machte unser Erzähler einen letzten Versuch und fragte sie, ob sie nicht einmal von dem *Weißlacker* probieren wolle.

Weißlacker?? Die Augen der alten Tante glänzten schon beim Klang des Wortes. Auch der besorgte Einwand der Ehefrau, dies sei doch wohl ganz und gar keine Krankenkost, half nichts. Tantchen wollte probieren und probierte auch. Nach dem ersten kräftigen Butterbrot mit ihrem Lieblingskäse verlangte sie ein zweites, und nach ein paar Tagen mit dieser »Kur« geschah ein kleines Wunder: Sie fühlte sich wohl, verließ das Krankenbett und konnte noch ein paar schöne Jahre in erstaunlicher Rüstigkeit ihren Haushalt verwalten.

Doch was war nun wirklich geschehen? Ob es der hohe Gehalt an Salz oder an dem blutdrucksteigernden Tyramin war, wissen wir nicht. Was wir jedoch kennen, ist die belebende Wirkung des in Maßen genossenen *Weißlackers* bei zu niedrigem Blutdruck. Folglich sollte man bei überhöhtem Blutdruck mit ihm vorsichtiger umgehen.

Der *Weißlacker* ist kein Zufallsprodukt, sondern wurde im Winter 1874/75 von den Gebrüdern Anton und Josef Kramer gezielt entwickelt, als der Markt nach salzigeren und fetteren Käsen verlangte und die *Limburger* und *Romadurkäse* aus Qualitätsgründen nicht besonders gefragt waren. Unter weißgelber, lackartiger Schmiere verbirgt sich ein sehr salzhaltiger Käse (im Mittel 7,6 Prozent), der mit 45 Prozent und mehr Fett i. Tr. zudem zu den fetten Käsen gehört. Diese Schmiere gab dem Käse auch seinen Namen.

Von einheimischen Käsekennern wird eine wissenschaftliche Entwicklung allerdings in Frage gestellt. So schreibt der Wertacher Bürgermeister Johann Erd:

»Wahrscheinlich hat es sich so abgespielt: Kramer bereitete gerade *Limburger* zu und merkte, daß er zu wäßrig und salzig geriet. Er konnte es sich nicht leisten, die Ware wegzuwerfen, aber verkaufen konnte er sie so auch nicht. So ließ er sie sechs Monate lang in einer dunklen Ecke stehen. Im Frühjahr 1878 kam vermutlich ein Käsehändler vorbei, dem Kramer den alten Käse aufschwatzte, natürlich mit einem gehörigen Rabatt.«

Wie dem auch sei, der *Weißlacker* war von Anfang an ein Erfolg; Josef Kramer starb 1908 als vermögender Mann und sein *Weißlacker* stand bei den Wirten hoch im Kurs. Sie schätzen ihn auch heute noch über die Maßen, denn der hohe Salzgehalt des *Weißlackers* wirkt sich außerordentlich förderlich auf den Bierdurst aus.

In jeder bayerischen Bierstube, die etwas auf sich hält, kann man den *Weißlacker* bekommen und auch auf dem Münchener Oktoberfest findet er seine zahlreichen Liebhaber. Zu der derzeitigen Renaissance des *Weißlackers* hat sicherlich beigetragen, daß er bei Touristen und Feriengästen in Bayern und im Allgäu als Rarität großen Anklang findet und sie auch nach dem Urlaub die neu entdeckte Käsefreude weiterpflegen können. In kleinen Würfeln von 62,5 g wird er in gutsortierten Fachgeschäften und in den Fachabteilungen der Supermärkte allenthalben angeboten.

Heute noch wird der *Weißlacker* aus entrahmter Abendmilch, vermischt mit frischer Morgenmilch, von Hand hergestellt. Das Dicklegen der Käsereimilch und die Bruchbearbeitung erfolgen langsam und behutsam, damit die walnußgroßen Bruchstücke entstehen. Nach etwa 90 Minuten wird der abgetropfte Bruch in Holzkästen gefüllt, in gleich große Würfel zerschnitten, in Formkästen umgefüllt und mehrmals gewendet. Wenn er genügend getrocknet ist, wird er auf den Spanntisch gestülpt, in Formen eingespannt und im Verlaufe von 24 Stunden mindestens sechsmal gewendet. Die Würfel haben eine Kantenlänge von 12,5 cm und ein Gewicht von bis zu 2 kg. Die abgetrockneten Käse kommen bis zu neun Tage in ein relativ starkes Salzbad von 20 Prozent. Gereift wird der Weißlacker bei 12 bis 14 °C über sechs Wochen. Eingepackt in Kiefernholzkisten, müssen die Käse danach noch einige Monate im kühlen Keller (4 bis 8 °C) weiterreifen; während dieser Zeit werden sie öfter umgesetzt und bei Bedarf trocken nachgesalzen, damit die Weißschmiere nicht verloren geht.

Vollendet ist der *Weißlacker*, wenn er etwa 10 Monate alt ist. Er ist dann geschmeidig, zart und schnittfest.

Am besten schmeckt der *Weißlacker* in der klassischen Verbindung mit kräftigem Schwarzbrot, Butter und Bier. Mit Pfeffer und Rettich läßt sich eine sehr schmackhafte Variante erreichen. Man kann ihn auch bedenkenlos mit Kümmel, Pfeffer, Zwiebeln, Öl und frischgehackten Kräutern zu einer Art »Obatzten« anmachen. Hierzu empfehlen wir einen Enzian.

Da der *Weißlacker* einiges mit dem Knoblauch gemeinsam hat und sein intensiver Aromagehalt nicht so rasch vom Weißlackerfreund weicht, empfehlen ganz Vorsichtige, ihn nur im vertrauten Kreise zu genießen, was uns aber gelinde übertrieben erscheint. Indessen sollte man ihn nie mit anderen Käsen gemeinsam aufbewahren und ihn nicht mit Wein genießen, weil dies keine Harmonie ergibt. Als Zwischenmahlzeit mit einem süffigen Bier, an einem deftigen Skatabend oder nach einer Kegelpartie ist der *Weißlacker* gerade richtig.

Steckbrief des Weißlacker

(Foto: Studio Pierer, Hamburg)

Form und Größe	Würfel von ca. 1,7 kg oder auch 62,5 g.
Rinde	Keine Rinde, sondern weißgelbe Oberfläche mit lackartiger Schmiere.
Teig	Weißlich, speckig, halbfest mit einzelnen Bruchlöchern, leicht brüchig.
Zusammensetzung	Trockenmasse: ca. 50%; Fett: 45% i.Tr.; in 100 g 23 g Fett und 20,3 g Eiweiß.
Geschmack	Kräftig, sehr pikant, etwas salzig.
Herstellung	Ähnlich wie Limburger, jedoch monatelange Reifung bei niederer Temperatur.
Aufbewahrung im Haushalt	Streng getrennt von anderen Käsen in Aluminiumfolie im Kühlschrank. Sehr haltbar. Kann auch eingefroren werden. Nach dem Auftauen sollte er jedoch ein bis zwei Tage im Kühlschrank lagern.
Verwendung	Zur Brotzeit mit Bier.
Passende Weine	Keine; das passende Getränk zum Weißlacker ist Bier.
So ist er am besten	Teig fest – geschmeidig, nicht trocken, Oberfläche glänzend.
So darf er nicht sein	Mit dicker, gelblicher Schmiere besetzt, trocken, harter Teig.

Der herzhafte Feinschmecker aus Dänemark

Esrom

Bis zum heutigen Tag erzählt man sich in Seeland, die Mönche in der Klosterstadt Esrom hätten früher einen ausgezeichneten Käse hergestellt. Das Kloster Esrom liegt schon lange in Ruinen, sein Käse jedoch feierte Auferstehung, als das Dänische Milchforschungsinstitut in Hillerød den *Esrom*, auch *»dänischer Port Salut«* genannt, wieder erweckte.

Kenner zweifeln nicht daran, daß die Neuauflage gelungen ist, denn kein Käse des Landes sei milder und im Aroma harmonischer abgerundet. Der *Esrom*, ein Kuhmilchkäse mit 45 oder 60 Prozent Fett i.Tr., wird zunächst bei 15 bis 18 °C eine Woche gereift, dann bei 10 °C noch 4 bis 5 Wochen nachgereift und währenddessen mehrfach geschmiert. Üblich sind ziegelförmige Laibe von 1,3 kg Gewicht, aber auch »Mini-Esroms« von 250 g und 500 g sind im Handel.

Die von einer dünnen, gelbbraunen bis rotbraunen, leicht fettigen Rinde umschlossenen Käse, die manchmal paraffiniert werden, weisen einen süßlich-milden bis pikant-aromatischen Geschmack auf. Der nicht allzu feste, aber schnittfeste, goldgelbe Teig zeigt eine unregelmäßige, reiskorngroße Lochung.

Der *Esrom* ist zum Frühstück und zur Zwischenmahlzeit genau der richtige Vertreter. Aber auch Toasts mit *Esrom*, Kochschinken, Champignons und Sardellen sind ein herzhafter Imbiß. Dicke Scheiben kann man wie Schnitzel panieren und in der Pfanne braten.

Dem *Esrom* steht ein leichter, fruchtiger Rotwein oder ein würziger Weißwein, ein Gewürztraminer etwa, sehr gut an.

Steckbrief des Esrom

(Foto: Dänischer Käseexportausschuß)

Form und Größe	Flach, rechteckig, ziegelförmig von 1,3 kg, 500 g oder 250 g Gewicht.
Rinde	Dünn, leicht fettig, gelbbraun bis rotbraun.
Teig	Weich-elastisch, gelblich bis weiß; zahlreiche unregelmäßige Löcher von Reiskorngröße.
Zusammensetzung	Trockenmasse: 50 %; Fett: 45 % i. Tr.; in 100 g 23 g Fett und ca. 24 g Eiweiß.
Geschmack	Süßlich-mild bis pikant, kräftiger als deutsche Butterkäse.
Herstellung	Aus pasteurisierter Kuhmilch, Reifung zunächst bei höheren, dann bei niedrigen Temperaturen für 6 Wochen.
Aufbewahrung im Haushalt	Im Kühlschrank, in Folie eingeschlagen.
Verwendung	Zum Frühstück oder zur Zwischenmahlzeit; als Toast. Zum Smørrebrød: Brot dick mit Butter bestreichen, darauf ein Salatblatt und eine

dicke Scheibe Esrom auflegen. Mit Radieschen, Tomaten und Petersilie garnieren.

Passende Weine	Rassige Weißweine mit edler Säure (Riesling, Silvaner) und mildfruchtige Rotweine (Samtrot und Beaujolais Villages).
So ist er am besten	Rinde glatt, kaum Schmiere, elastischer Teig, wenig Lochung.
So darf er nicht sein	Starke Schmierenbildung, starke Lochung, Rißbildung.

Italienische halbfeste Schnittkäse

Pannarone – fruchtig und prickelnd

In der Lombardei, besonders im Gebiet von Lodi, wird der pikante Pannarone hergestellt, der häufig auch als *weißer Gorgonzola* (*Gorgonzola bianco* oder *dolce*) bezeichnet wird. Die Herstellung des *Pannarone* unterscheidet sich in wesentlichen Punkten von der des *Gorgonzola*.

Die gar nicht oder nur ganz leicht gesalzenen Käse werden zunächst in Tücher eingeschlagen und bei 25 bis 28 °C einer milchsauren, hierauf noch einer alkoholischen Gärung unterzogen. Dabei entsteht auch reichlich Kohlensäuregas, das den Teig der Käse wie einen Hefekuchen aufgehen läßt und zu einer starken Lochbildung führt. Nach dieser Gärung reifen die Käse noch in Kellern bei 8 bis 10 °C nach.

Die in Laiben von 6 bis 9 kg Gewicht im Alter von 15 bis 30 Tagen in den Handel gegebenen Käse besitzen statt einer Rinde eine dünne weißliche Haut, auf der sich nur spärliches Schimmelwachstum, das vor dem Versand abgewaschen wird, angesiedelt hat. Der mit zahlreichen Löchern durchsetzte Teig ist zart und zerläuft auf der Zunge, hat er doch einen Fettgehalt von mehr als 50 Prozent Fett i. Tr.

Der Geruch des *Pannarone* ist säuerlich, aromatisch-pikant (Fettabbau!) mit einem bei Kennern begehrten, bitteren Nachgeschmack, der deutlich hervortritt.

Der *Pannarone* schmeckt am besten mit kräftigem Schwarzbrot und einem unverfälschten roten Landwein. Auf Appetithappen, nach Geschmack mit Sardellen vermischt und auf Kräckern angerichtet, bringt er willkommene Abwechslung in die Küche. Leider ist er bisher außerhalb Italiens noch wenig im Angebot. Wir fanden ihn aber in gutgeführten Käseabteilungen großer Kaufhäuser.

Crescenza – sanft und flüchtig

(Auch: *Stracchino crescenza, Carsenza, Crescenza Lombardi*) Dieser Tafelkäse stammt ebenfalls aus der Lombardei und ähnelt in Aussehen und Konsistenz dem *Pannarone*, hat aber nicht dessen bitteren Nachgeschmack. Die besten Käse sollen aus Mailand und Padua kommen. Da die Käse wenig haltbar sind, wurden sie früher nur im Winter hergestellt, heute aber ganzjährig in Molkereien.

Die Bezeichnung »Stracchino«, die auch in Verbindung mit anderen Käsen der Lombardei (siehe *Gorgonzola*) auftritt, beruht darauf, daß er aus der Milch »ermüdeter« Kühe gemacht wird, also zur Winterszeit, wenn die Kühe nur wenig Milch geben. Wenn man auch wegen der gegebenen Kühlmöglichkeiten heutzutage den *Crescenza* zu jeder Jahreszeit macht, so bleibt es doch dabei, daß die im Spätherbst und Winter hergestellten die besten sind.

Der *Crescenza* wird in Stangenform mit einem Gewicht von 1,3 bis 3 kg und 48 Prozent Fett i. Tr. gefertigt. Der mehr oder weniger weiche, butterartige Teig ist nicht gelocht und hat keine Rinde um sich. Geruch und Geschmack sind säuerlich, frisch und mild. Der *Crescenza*, der in vieler Hinsicht dem *Bel Paese* ähnlich ist, ist ein ausgezeichneter Dessertkäse.

Welchen Wein wählen wir? Der trockene, blumige »Frascati secco« vermag ebenso das frische Aroma des *Crescenza* zu unterstützen wie der geschmeidige, geranienrote Bardolino vom Gardasee.

**Taleggio –
erfrischend und lieblich**

Nach dem Taleggio-Tal in den Bergamasker Alpen wurde dieser zur Gruppe der *Stracchino-Käse* (*Stracchino quartirolo*) gehörende Käse erst vor wenigen Jahrzehnten offiziell benannt.

Wie alle *Stracchino-Käse* reift der *Taleggio* rasch und überschreitet seinen Höhepunkt derartig schnell, daß er ohne künstliche Kühlung nicht transportiert werden kann. Bis weit ins 20. Jahrhundert hinein beschränkte sich daher die Verbreitung des *Taleggio*, der seit dem 11.

Taleggio
(Foto: Galbani, Milano)

172

Jahrhundert bekannt ist, auf die Hochtäler in der Gegend von Bergamo, wo er früher nur während der kalten Jahreszeit hergestellt wurde.

Heute wird er in den gesamten italienischen Alpen und in der lombardischen Ebene – dort in großen Käsereien ganzjährig aus pasteurisierter Milch – produziert. Nach Ausformung und Trockensalzung wird der junge Käse bei nur 2 bis 4 °C ca. 8 Wochen gereift. Sein Fettgehalt liegt bei 48 Prozent Fett i. Tr.

Der quaderförmige (Quartirolo) *Taleggio*, der zwischen 1,7 und 2,2 kg schwer ist, hat eine leicht faltige, oft mit Schimmel bedeckte Rinde. Der weiche bis leicht feste, strohgelbe Teig hat einen aromatischen, leicht süßlichen, zum Kern hin etwas säuerlichen Geruch und Geschmack.

Der *Taleggio* eignet sich als Dessertkäse und stellt auf jeder Käseplatte ein erfrischendes Element dar. Alle leichten und fruchtigen Tafelweine lassen sich gut mit ihm verbinden.

Robiola (Robbiola) – säuerlich und rahmig

Dieser auch »*Caprini*« genannte Käse hat Ähnlichkeit mit dem *Crescenza*. Ursprünglich kommt der *Robiola* aus dem Alpenvorland der Lombardei, wo er früher aus einem Gemisch von Kuh-, Ziegen- und Schafmilch auf den Alpen von den Bauern hergestellt und wöchentlich zur Reifung ins Tal gebracht wurde. Heute produziert man ihn ausschließlich aus Kuhmilch.

Allerdings werden die Käse aus drei Milchsorten auch heute noch in der Lombardei hergestellt, reifen nur wenige Tage und heißen *Robbiolini*, wahrscheinlich wegen ihrer Gewichte von nur 50 bis höchstens 100 g. Man ißt sie mit Öl und Pfeffer.

Die *Robiola-Käse* reifen in mit Stroh und Leinen ausgeschlagenen Holzkästen bei sehr niedrigen Temperaturen. Der sich auf der Oberfläche der flachen, runden Laibe bildende Schimmelrasen wird während der Reifung mit in Salzwasser getränkten Tüchern abgewaschen.

Die durchschnittliche Reifung der Käse, die über 50 Prozent Fett i. Tr. haben, beträgt 12 bis 15 Tage.

Läßt man sie nur 8 bis 10 Tage reifen, dann kommen sie als »*Robiola tipo dolce*« mit dem angenehm vollmundigen, leicht säuerlichen und frischen Aroma auf den Tisch. Der »*tipo picante*« indes entwickelt seinen vollen rahmigen, leicht an Trüffel erinnernden Geschmack erst in 30 bis 40 Tagen.

Der *Robiola* ist, frisch oder ausgereift, ein ausgesprochener Dessertkäse, zu dem leichte und fruchtige Weine am besten passen.

Italico (Bel Paese) – zart und blumig

Eine Palette sich ähnlicher Käse wurde durch Gesetz vom 10. Mai 1941 unter der Bezeichnung »*Italico*« zusammengefaßt. Viele schon lange bekannte Käse fielen darunter: *Fior d'Alpe, Savoia, Caccio, Reale, Vittoria, Bella Alpina, Cacioreale, Bella Milano, Bel Piano Lombardo, Bel Piemonte* und andere.

Star dieser Gruppe, die den *Robiolo*-Käsen eng verwandt sind, ist der *Bel Paese*, der seine Verwandtschaft mit dem *Saint-Paulin* nicht leugnen kann, aber doch keine Nachahmung des Franzosen ist. Unter dem Firmennamen (Hersteller: Galbani) hat der *Bel Paese* alle anderen in den Schatten gestellt und sich auf vielen Märkten, so auch in Deutschland, durchgesetzt.

Der *Bel Paese* (»schönes Land«) wurde 1921 erstmals in Melzo in

Bel Paese
(Foto: Galbani, Milano)

der Lombardei hergestellt und 1929 als Firmenname geschützt. Das hat aber seine Nachahmung mit einer ganzen Palette in den USA ebensowenig verhindert wie die Herstellung eines »*Schönland-Käses*« in anderen europäischen Ländern. Kanada kennt ihn als »*Butter Cheese*«.

Auffallend bei der Herstellung ist die sehr hohe Auslabungstemperatur (42 °C im Sommer, 45 °C im Winter). Die Reifung erfolgt bei 4 bis 6 °C über 30 bis 40 Tage.

Die *Italico-Käse*, insbesondere der *Bel Paese*, gehören zu den mildesten Käsen überhaupt. Die glatte, gelbliche, ins Rötliche gehende Rinde der 0,5 bis 2 kg schweren Laibe ist paraffiniert. Der strohgelbe

Teig ist cremig-elastisch und ohne Lochung, er schmilzt auf der Zunge. Geruch und Geschmack erinnern an Butter und sind sehr mild bis leicht säuerlich. Wie der deutsche *Butterkäse* ist auch der *Italico* ein beliebter Frühstückskäse, der sich aber auch zu Käsetoast, für Spezialrezepte und zu einer Zwischenmahlzeit empfiehlt.

Zum *Bel Paese* trinken wir weiche, fruchtige Weine wie Frascati secco, Orvieto, Kallstadter Kobnert oder Valpolicella.

Steckbrief des Italico – Bel Paese

(Foto: Kielwein-Daun)

Form und Größe	Zylindrische Laibe, Durchmesser ca. 20 cm, Höhe 5,5 bis 6 cm, Gewicht 1 bis 2 kg.
Rinde	Strohfarbene, glatte, dünne Rinde. Manchmal paraffiniert.
Teig	Strohgelb bis hellgelb, einheitlich kompakt, cremig-elastisch. Keine Lochung.
Zusammensetzung	Trockenmasse: 54%; Fett: Sommer: 48% i.Tr. Winter: 50% i.Tr.; in 100 g 25 bis 28 g Fett und ca. 22 g Eiweiß.
Geschmack	Mild, leicht säuerlich. Feiner Milchgeschmack.
Herstellung	Aus roher oder aus pasteurisierter Milch. Auslaben bei hoher Temperatur. Ausreifen bei niederer Temperatur. Reifung 30 bis 40 Tage.
Aufbewahrung im Haushalt	In Folie verpackt im Kühlschrank (Gemüsefach).
Verwendung	Als Frühstücks- und Tafelkäse und zu Käsetoasts.
Passende Weine	Weiche, fruchtige Weißweine (Orvieto, Frascati amabile) und harmonische Roséweine.
So ist er am besten	Tadellose Rinde, gelber, weicher Teig, mild.
So darf er nicht sein	Rindenfehler, starke Lochung, Spaltenbildung, fester Teig.

Klosterbrüder und Bauernburschen: Französische halbfeste Schnittkäse

Port-du-Salut – verschwiegene Größe

Unter den verschiedensten Namen verbirgt sich eine Käsesorte, die im 1233 gegründeten Kloster Entrammes südlich von Laval in der Normandie sozusagen das Licht der Welt erblickte. Die Mönche von der Heiligen Genoveva, die als Schutzpatronin von Paris vom Pont de la Tournelle über die Hauptstadt wacht, waren bis zur Französischen Revolution von 1789 hier beheimatet. Nachdem 1815 Napoleon von der Bühne der Weltgeschichte endgültig abgetreten war, siedelten sich die ersten Mönche, die aus Schweizer Exil zurückkamen, in dem früher »Port-Rhingeard« genannten Kloster erneut an und nannten es »L'Abbaye de Notre Dame de Port-du-Salut« (Abtei zur Lieben Frau vom Hafen des Heils).

Der nach dem Stammkloster La Grande Trappe benannte Trappistenorden erlegt seinen Mönchen eine besonders strenge Lebensweise auf. Die Klosterbrüder in ihren weißen Gewändern mit Kapuze und schwarzem Skapulier, für die das Gebot ständigen Schweigens gilt, widmen sich seit der Ordensgründung im Jahre 1098 vorwiegend der Landwirtschaft. Kein Wunder, daß die nach Entrammes zurückkehrenden Mönche aus der Schweiz 12 Milchkühe mitbrachten, um die Landwirtschaft neu zu beginnen und aus der Milch den für den Eigenbedarf erforderlichen Käse zu machen. Ihre Erfahrungen mit der Käsekunst der Schweiz verbanden sie mit der französischen Käsereitechnik und brachten einen Käse hervor, der bei den Bauern ringsum so bewundert wurde, daß sie die Mönche bedrängten, auch aus ihrer Kuhmilch solche Käse zu machen, damit man sie auch kaufen könne.

Wie aus Aufzeichnungen des Klosters hervorgeht, war dies, zwei Jahre nach ihrer Rückkehr, der Beginn des klösterlichen Käsegeschäfts, das so gut florierte, daß 1850 die Käserei erweitert werden mußte. Diese Aufzeichnungen verraten auch, wie 1873 der *Port-du-Salut* in Paris seinen Einzug hielt: »Unser Ehrwürdiger Pater Don Henri verließ am 10. November 1873 Port-du-Salut, um an einer Kirchenkonferenz teilzunehmen. In Paris suchte er seinen Freund Mauget auf (Mauget hatte eines der renommiertesten Käsegeschäfte von Paris, das über 100 Jahre bestand. – D. V.). M. Mauget in der Rue du Cardinal Lemoine war ein angesehener Kaufmann, dem er Vertrauen schenken konnte.

M. Mauget wurde damit beauftragt, unseren Käse zu einem geringen Preis zu verkaufen, damit wir einen bescheidenen Gewinn erzielen können. Dreimal in der Woche sandten wir eine Partie Käse nach Paris. Schnell erwarb sich unser Käse einen guten Ruf und jedermann wollte ihn haben. Sobald eine Sendung Käse bei M. Mauget eintraf, hängte er ein Schild vor sein Haus, auf dem geschrieben stand: ARRIVAGE DES FROMAGES (»Die Käse sind da«) – und unverzüglich strömten die Kunden herbei.

In weniger als einer Stunde war die Sendung verkauft.«

Die große Beliebtheit des *Port-du-Salut* sollte sich noch steigern. Bereits 1877 wurden 200 000 Laibe gefertigt, und 1878 war der Käse so bekannt, daß die Mönche ihn in das Register des Tribunal de

Commerce in Laval eintragen ließen, womit die Herkunftsbezeichnung »*Véritable fromage de la Trappe du Port-du-Salut*« geschützt wurde. 1927 wurde diese Herkunftsbezeichnung als geschützte erneuert, aber nur für die im Kloster selbst und nicht für die an anderen Orten mittlerweile ebenfalls hergestellten Käse. Seit 1885 nämlich erzeugten auch die Mönche im Kloster Maria Stern bei Banja Luka (Bosnien-Herzegowina) den begehrten *Port-du-Salut*.

In ganz Frankreich wurden aber nun so viele Nachahmungen hergestellt, daß durch Urteil vom 7. Januar 1938 der Käse definiert wurde,

Saint-Paulin
(Foto: Sopexa)

wogegen die Mönche Einspruch einlegten und auch formal Recht bekamen. Doch der jetzige Fabrikname »*Port-Salut*« blieb. Sie machen allerdings weiterhin einen *Trappistenkäse* nach ihren alten Rezepten, den sie »*Entrammes*« oder »*Abbaye d'Entrammes*« nennen und verkaufen den über 40 Prozent Fett i. Tr. enthaltenden Käse auch in kleinen Einheiten von 400 g Gewicht.

Mit dem Erwerb des leicht modifizierten Namens hatten die Produzenten aber keineswegs das Monopol für die Herstellung der *Port-Salut-Käse*. Nach langem Hin und Her und weiteren Prozessen wurde schließlich der legitime Sohn des *Port-du-Salut*, der nach dem verdienstvollen Käsefabrikanten Paul Mazé benannte »*Saint-Paulin*«, endlich am 19. Februar 1960 gesetzlich definiert.

In einer Anzahl Gemeinden wird dieser an der Spitze der Beliebtheitsskala stehende, im Teig weißgelbe bis strohgelbe Käselaib nun unter diesem Namen hergestellt. Seine Rinde ist entweder gelborange gespritzt und zeigt die Abdrücke des Tuches, in dem er war, oder er wird zum Zwecke noch besserer Haltbarkeit mit rotem Wachs gespritzt.

Neben dem *Saint-Paulin* gibt es eine Anzahl gleicher Käse, die oft als eigene Sorten geführt werden und meist als Namen nur den Herstellungsort tragen, wie etwa *Igny, Laval, Bricquebec* oder noch den Zusatz »*Fromage de . . ., Trappiste de . . .*«.

In Ungarn, Bulgarien und Rumänien, vor allem aber in Jugoslawien, wie der erfolgreiche *Klosterkäse* aus Banja Luka beweist, wird dieser Käse ebenfalls hergestellt. Viele westeuropäische Länder produzieren ihn, so namentlich Schweden, Holland, Norwegen und Österreich, ebenso wie überseeische Staaten.

Die in der Bundesrepublik Deutschland hergestellten *Trappistenkäse* zählen zu den Schnittkäsen, da sie im Vergleich mit den französischen eine höhere Trockenmasse aufweisen und weitgehend dem *Tilsiter* gleichen.

Alle französischen *Trappistenkäse* sind mild und leicht säuerlich, aber doch aromatisch und kommen so den Verbrauchererwartungen in den großen Städten sehr weit entgegen. Die etwa 2 bis 3 Wochen gereiften *Saint-Paulins* werden neuerdings auch portioniert in Klarsichtfolie angeboten.

Das Herstellungsverfahren in den Großkäsereien ist überall ziemlich gleich: Die modernste Anlage sahen wir bei »ELLE ET VIRE« in Vire (Normandie), wo täglich 550 000 Liter Milch zu verschiedenen Käsesorten, darunter allein 12 Tonnen *Saint-Paulin*, verarbeitet werden.

Dicklegen und Ausarbeiten der reiskorngroßen Bruchkörner in großen Wannen erfolgen automatisch. Der pneumatisch stark zusammengepreßte Bruch wird gewürfelt und in die runden Metallformen gefüllt. Nach dem Pressen kommen die Käse in ein Salzbad, werden 2 bis 3 Tage in einem besonderen Raum getrocknet und dann 10 bis 15 Tage in kühlen, nicht allzu feuchten Räumen gereift. Der sich mit dem Verlauf der Reifung auf der Rinde bildende graugelbe Belag (Schimmelpilz und Bakterien) wird mit warmem Salzwasser abgewaschen. Auf einer Förderanlage werden die Käse mit Farbstoff abgespritzt und laufen sofort durch eine Warmluftanlage zur raschen Trocknung. Jetzt muß Platz geschaffen werden für die nachrückende Produktion, und man muß zusehen, daß die marktfertigen Käse spätestens innerhalb von 5 Tagen expediert werden.

In dieser Fabrik sahen wir auch *Saint-Paulin* in eckiger Form, die vorwiegend für den deutschen Markt so geformt werden, weil der deutsche Verbraucher immer noch nach vorgeschnittenem Käse fragt, und das geht bei runden Laiben nicht so einfach wie bei den Kommißbrotformen.

Saint-Paulin und *Port-Salut* und wie sie alle heißen, sind echte Allround-Käse. Zum Frühstück und Imbiß, als Partyhappen mit Obst, auf der Käseplatte und zu Toasts schmecken sie vorzüglich. Wer sie zum Dessert wählt, sollte einen spritzigen Weißwein oder einen fruchtigen und leichten Rotwein wie Beaujolais dazu trinken.

Steckbrief des
Port Salut
(Port-du-Salut, Saint Paulin,
Trappistenkäse)

(Foto: Kielwein-Daun)

Form und Größe	Flache, runde Laibe (auch Brotform) ca. 2 kg schwer (auch kleiner).
Rinde	Dünne Rinde, üblicherweise mit gelbem Paraffin- oder Kunststoffbelag.
Teig	Weich-geschmeidig, fast ohne Löcher, von gelblicher Farbe.
Zusammensetzung	Trockenmasse: 44%; Fett: 40 bzw. 50% i.Tr.; in 100 g 24 bzw. 29 g Fett und ca. 24 g Eiweiß.
Geschmack	Fein, mild, leicht aromatisch und leicht säuerlich.
Herstellung	Aus pasteurisierter Milch, Reifung 3 Wochen.
Aufbewahrung im Haushalt	Im Gemüsefach des Kühlschranks in Folie verpackt.
Verwendung	Als Zwischenmahlzeit, zum Frühstück, als Party-Happen mit Obst und als erfrischende Beigabe zur Käseplatte. Geeignet auch für Käsetoast.
Passende Weine	Milde, spritzige Weine (Gutedel, Rosé aus Anjou).
So ist er am besten	Glatte Rinde, weicher Teig, kaum Lochung.
So darf er nicht sein	Runzlige oder auch klebende bzw. verschimmelte Rinde, weißer Teig. Loch- oder Spaltenbildung.

Tomme de Savoie und ähnliche Käse

In der historischen Landschaft Savoyen, die sich südlich des Genfer Sees zwischen der Rhône und der schweizerischen und italienischen Grenze erstreckt, nennt man alle nicht zu den Hartkäsen (*Gruyère*) gerechneten Käse »tomme« bzw. »tome«, von denen der *Tomme de Savoie* am bekanntesten geworden ist. Auch für Weichkäse (*Tomme de Romans* und *Tomme de Brach*), für Frischkäse (*Tomme fraîche* = ungereifter *Cantal*) und für weichen Ziegenkäse (*Tomme de chèvre*) findet man gelegentlich diese Bezeichnung. Der Ursprung des Wortes ist ungeklärt, denkbar ist die Ableitung vom griechischen tomos (= Portion).

Seit »eh und je« wird im Norden der französischen Alpen dieser Käse in verschiedenen Varianten hergestellt. Ursprünglich wurde auf den Bauernhöfen und Alphütten nur Rohmilch verkäst, und die Käse wurden in Naturhöhlen gereift. Mitunter behandelt man die trocken gesalzenen Käse auch mit Branntwein. Fern, fern sind die herrlichen Zeiten, als die Bauern für den Hausgebrauch besonders gute Exemplare in Weintrester einlegten, wodurch die *Tommes* einen besonders saftigen und aromatischen Geschmack annahmen. Einzelne werden es auch heute noch so machen, doch die mühselige Arbeit, die damit verbunden ist, gilt nicht mehr als en vogue.

Schmelzkäsehersteller versuchen übrigens, durch entsprechende Würzung in etwa diesem Geheimnis näherzukommen, zumal der *Tomme* heute nicht nur im Ursprungsland, sondern auch weiter südlich und im Westen (Pyrenäen, Bretagne) industriell produziert wird. Die teilentrahmte Milch wird durch Lab in etwa 40 Minuten dickgelegt. Dann wird die Dickete in erbsengroße Stücke zerschnitten, eine halbe Stunde durchgerührt und noch 5 Minuten ruhig stehen gelassen. Hierauf wird der Bruch in Formen gebracht und zum Salzen und Austropfen einige Male gewendet. Gereift wird zunächst ein Monat lang in einem warmen, dann mehrere Monate in einem feuchtwarmen (12 bis 14 °C) Keller.

Die Rinde des *Tomme*, die nicht gewaschen wird, sollte wegen des häufigen Pilzrasens vor dem Verzehr entfernt werden, zumal sie auch fest und recht trocken ist.

Die runden Laibe des *Tomme de Savoie* haben einen Durchmesser von 20 bis 25 cm und eine Höhe von 12 bis 15 cm. Der feste Teig (20 bis 40 Prozent Fett i. Tr.) ist weißlich bis leicht gelb und weist einige kleine Löcher auf. Der Geschmack der Käse ist frisch, angenehm aromatisch und leicht säuerlich mit einem gelegentlich etwas bitteren Nachgeschmack.

Wie alle ihm ähnlichen *Tomme-Käse* (*Tomme . . . des Allobroges, de Beaufort, de Bauges, de Bonneville, boudane, de Pelvoux*) ist dieser halbfeste Schnittkäse mild und vielseitig verwendbar: als Frühstückskäse, zu Zwischenmahlzeiten, als Cocktailbissen und für Käsetoasts. Als Dessertkäse schätzt er dieselben Weine wie der *Reblochon*: Crépy, Roussette, Ripaille, also Weine aus seiner Heimat Savoyen und aus dem Jura. Auch nervige Tropfen wie der Mondeuse passen gut dazu.

Beaumont – der Rezente aus Savoyen

Der *Beaumont* wird nach dem Ort seiner Herstellung in Savoyen benannt und heißt auch noch »*Tomme de Beaumont*« oder »*Gruyère de Beaumont*«. Dieser in der Bundesrepublik Deutschland häufig angebotene Käse wird nach Art des *Saint-Paulin* gemacht, allerdings sind die Laibe etwas flacher. Auch heute noch ist die Verwendung von roher Kuhmilch die Regel. Die 1,5 kg schweren Käse mit ihrer klargelben Rinde und einem weichen und schnittfesten Teig (50 Prozent Fett i. Tr.) werden seit 1881 in der von Jérémie Girod gegründeten Käserei in Beaumont gefertigt und haben – nach etwa sechswöchiger Reifung – ihre beste Verzehrzeit im Sommer und Herbst.

Fruchtige Weine aus Savoyen und dem Jura (s. *Tomme*) harmonieren gut mit diesem bodenständigen Käse.

Tomme de Savoie
(Foto: Reybier)

Reblochon –
die Sparbüchse der Alpkäser

Der *Reblochon* aus Savoyen ist im eigentlichen Sinn ein *Tomme*. Leicht gepreßt, gesalzen und mit 45 Prozent Fett i. Tr. ähnelt er dem *Port-Salut*.

Sofort nach dem Melken wird die Milch bei 36 °C (in Molkereien wird auf diese Temperatur nachgewärmt) dickgelegt und geschnitten, was innerhalb von etwa 30 Minuten in einem Kupferkessel erfolgt. Im Molkenablaufsieb läßt man den Bruch ganz abtropfen und auch noch einige Zeit stehen, bevor er geformt wird. Die Formen werden vorher mit Tüchern ausgelegt. Nach 12stündigem Pressen werden die ca. 500 g schweren Laibe von Hand gesalzen und kommen dann für eine Woche in den Trockenraum. Die Reifung dauert 4 bis 5 Wochen in feucht-kühlen Kellern.

Die Rinde der geschmierten Käse hat eine safrangelbe Farbe mit meist vielen weißen Flecken (Hefen), der Teig ist blaßgelb.

Früher schenkten die Bergbauern den Kartäusern jährlich eine Anzahl *Reblochons* als Dank dafür, daß sie ihnen die Urbarmachung der Bergschluchten gezeigt hatten und jährlich ihre Berghütten segneten. Auch heute noch wird ein Teil des *Reblochons* von Bauernfamilien – im Sommer auf der Alm, im Winter im Tal – hergestellt. Bis zu 1000 Stück bringen manche Familien auf die nahen Märkte, insbesondere von Thônes und La Clusac, denn der *Reblochon fermier* ist nach wie vor dem industriellen Käse vorzuziehen.

Der Name leitet sich von den Wörtern »reblocher« (nachmelken) und dem savoyardischen Dialektwort rablassâ (plündern) ab. Damit hat es eine besondere Bewandtnis. Früher mußten die Bergbauern ihre Pacht an die Verpächter der Sennen dergestalt zahlen, daß die bei einem unangemeldeten Besuch auf der Alm vorgefundene Milch hochgerechnet wurde, wie man heute sagen würde. Was macht der

181

gewitzte Steuerpflichtige in einem solchen Fall? Er läßt einen Teil der Milch in der Kuh, bis das Hauptgemelk verkäst ist. Aus dem besonders fetthaltigen zweiten Gemelk macht er auserlesen gute Käse für den Eigenbedarf und zum Verkauf am Pachteintreiber vorbei. Nachmelken und Reinlegen, das also ist das Geheimnis dieses so köstlichen Alpkäses, der lange Zeit gar nicht allgemein bekannt war.

Reblochon
(Foto: Reybier)

Im Jahre 1888 begann man dann, das Gesamtgemelk zu verarbeiten, und auch Molkereien nahmen sich der Produktion an. Nach einem Dekret von 1958 darf der *Reblochon* jedoch nur in genau festgelegten Gemeinden hergestellt werden.

Den milden Käse mit seinem nußartigen Aroma sollte man stets ohne Rinde verzehren, da insbesondere die Rinde des *Fermier* einen unangenehmen Geschmack hat.

Empfohlene Weine: alle fruchtigen Weißweine aus Savoyen (Crépy, Roussette, Abymes) und dem Elsaß sowie fruchtige und leichte Rotweine wie Beaujolais, Mondeuse, Seyssel und Moulin-A-Vent.

Saint-Nectaire – der Methusalem der Berge

Monts-Dôme mit dem Puy de Dôme als dem höchsten von 60 erloschenen Vulkankegeln, Monts Dore, die westlich von Clermont-Ferrand und Saint-Nectaire 600 m hoch aufragen – diese Auvergne-Landschaft im französischen Zentralmassiv ist die Heimat des köstlichen *Saint-Nectaire*. Der teuerste Käse auf den Pariser Märkten, mit 0,25 Prozent Anteil an der französischen Käseproduktion ist oft so knapp, daß die Gourmets mitunter das Nachsehen haben. Käsereien konnten die Bauernhofkäserei nicht verdrängen – Salers und Ferrandaise sind heute die Zentren der Herstellung.

Weit über 1000 Jahre alt ist dieser Methusalem, der anfangs sogar einen keltischen Namen trug, so wie heute noch die bei der Herstellung verwendeten Geräte: Menove ist ein Bruchschneider und monisadon ein Rührer! Aber seinen heutigen Namen bekam er erst viel später, und zwar nach dem Marschall aus der vornehmen Familie Saint-Nectaire (auch »Senneterre«), die noch heute in dem Dorf mit 678 Einwohnern den ersten Rang einnimmt – Nachfahr jener mutigen Madeleine de Saint-Nectaire, die in den Religionskriegen auf protestantischer Seite kämpfte – ein Käseliebhaber, der den *Saint-Nectaire* am Hof des Sonnenkönigs einführte, wo er prompt Fortune machte.

Zweimal täglich verkäsen die Bauern die jeweils frische Milch sofort nach dem Melken. Der im Kessel abgesetzte Bruch wird von Hand zu einem Bruchkuchen (Tomme) geformt und zum weiteren Molkenablauf in ein Tuch eingeschlagen. Sobald genügend Molke abgelaufen ist, wird der verfestigte Bruchkuchen in Würfel geschnitten und in Formen gebracht. Von Hand wird jetzt ganz vorsichtig gepreßt, und zwar von beiden Seiten. Dann kommen die Käse in lauwarmes Wasser und werden von Hand gesalzen. Nach weiteren 24 Stunden Pressen unter konstantem Druck (Käsereien machen das natürlich mit mechanischen Pressen) werden die Käse für 2 bis 3 Tage bei 18 °C – am liebsten in der Sonne – getrocknet. Gereift wird in kühlen Naturkellern für 2 bis 3 Monate. Die auf Roggenstrohmatten gelagerten Käse werden jeden zweiten Tag gewendet und mit Salzwasser, dem mitunter Ockerfarbe beigemischt ist, abgewaschen.

Die meisten Bauern reifen ihre Käse nicht selbst, sondern bringen sie alle zwei Wochen auf die Märkte von Clermont-Ferrand und Umgebung, wo Affineurs (Fertiglagerer) die grünen Käse aufkaufen, wie dies in Frankreich vielfach geübt wird. In den letzten 2 Wochen werden die Käse nicht mehr abgewaschen, damit sich die erwünschte Schimmelschicht bildet. Die ausgereiften Käse werden in Pergamentpapier eingeschlagen und sind dann bis zu 2 Monaten haltbar.

Am besten schmecken die Käse, die 6 Monate alt sind, denn dann ist der Teig geschmeidig und das Aroma mild-aromatisch, aber doch ausgeprägt würzig. Die Franzosen sprechen jetzt von einem Käse, der beim Betasten antwortet (»à ta tendre pression il répond«). Und der Geschmack wird als bodenständig gerühmt (de crû).

Die meisten der 1,5 kg schweren Laibe gehen den Weg württembergischen Weins: Sie werden im Lande selbst verzehrt. Den Bauernkäse (*Saint-Nectaire fermier*) erkennt man an einem ovalen Etikett mit einer in grüner Schrift eingedruckten Herkunftsgarantie. Die Fabrikkäse tragen ein rechteckiges Etikett und werden unter dem Namen »Savarons« vertrieben.

Die Rinde des *Saint-Nectaire* ist trocken und graubraun mit Schimmelbelag. Der gelbliche Teig weist nur sehr kleine Löcher auf. In erster Linie ist der *Saint-Nectaire* ein Tafel- und Dessertkäse, der sehr wirkungsvoll zusammen mit *Bleu-* bzw. *Edelschimmelkäsen* auftritt. Auch als Appetithappen und zum Überbacken findet er angemessene Verwendung.

Empfohlene Weine: Tavel, Châteauneuf-du-Pape, Coteaux d'Auvergne, Côtes-Roannaises, alle leichten und fruchtigen Rotweine.

Steckbrief des Saint-Nectaire

Saint-Nectaire
mit unerwünschter Lochbildung
(Foto: Kielwein-Daun)

Form und Größe	Zylindrische Laibe, Durchmesser 20 cm, Höhe ca. 3 cm, Gewicht ca. 1,5 kg.
Rinde	Feste, trockene, grau-braun-rötliche Rinde mit leichtem Schimmelbelag.
Teig	Elastisch, geschmeidig, gelblich mit einzelnen Löchern.
Zusammensetzung	Trockenmasse: 56 %; Fett: 45 % i. Tr.; in 100 g 28 g Fett und ca. 22 g Eiweiß.
Geschmack	Sehr würzig, pikant und aromatisch.
Herstellung	Aus frischer Rohmilch (fermier), Reifung in kühlen Naturkellern 2 bis 3 Monate.
Aufbewahrung im Haushalt	In Folie verpackt im Gemüsefach des Kühlschranks.
Verwendung	Als Tafel-und Dessertkäse.
Passende Weine	Rassige Weißweine mit edler Säure (Riesling aus Berglagen) und kräftige Rotweine (Trollinger aus Südtirol und Württemberg, Côteaux aus der Auvergne).
So ist er am besten	Tadellose Rinde, fester, geschmeidiger Teig.
So darf er nicht sein	Rindenfehler, fest-harter oder sehr weicher Teig.

Partner geselliger Stunden: Ein Schweizer

Vacherin Fribourgeois

Im Jahre 1448 wurde, wie urkundlich festgehalten, in Freiburg – auf einer Insel in der Saane südwestlich von Bern gelegen – der *Freiburger Vacherin* hohen Gästen serviert. Sie waren von dem zu jener Zeit, als Fribourg noch nicht zur Eidgenossenschaft gehörte, bereits altbekannten Käse genauso angetan, wie ein reisender Käsefreund unserer Tage es wäre. Die engere Heimat des *Freiburger Vacherin* ist Greyerz, aber heute wird er im gesamten Kanton Fribourg in zwei Varianten hergestellt.

Der »*Vacherin à fondue*«, im Winter aus frischer Vollmilch und entrahmter Abendmilch gemacht, ist vollfett, weichschnittig und wird in runden Laiben von 7 bis 12 kg Gewicht angeboten. Der in der französischen Schweiz gemachte Käse stellt sich schon vom Namen her als ein speziell für die Fondue gedachter Vertreter vor, der moitié-moitié mit *Greyerzer* vermischt eine würzige Delikatesse verheißt. Der auch in ausgereiftem Zustand schnell schmelzende *Vacherin à fondue* wird während der dreimonatigen Reifungszeit mit Tannenrinde umhüllt.

Alle fruchtigen und leichten Weine harmonieren mit ihm, Weißweine aus Savoyen (Crépy, Chautagne, Montmélian) ebenso wie Rotweine vom Jura, die Roussettes aus Savoyen sowie Beaujolais, welche alle auch zur Fondue Savoyarde bestens empfohlen werden können.

Der »*Vacherin à main*«, der im Herbst auf den Alpen hergestellt wird, ist im Teig fester, im Geschmack leicht säuerlich, kräftig und streng, also im ganzen ausgeprägter. Die Käse, die 45 Prozent Fett i. Tr. enthalten, reifen 3 bis 5 Monate und kommen in Laiben von 9 bis 12 kg auf den Markt. Der Name kommt von »vachelins«, für die kleinen Käse aus Kuhmilch, wenn im Winter die Quantität für große Käse nicht ausreichte.

Alle leichten Weine aus Neuchâtel und Waadt sind geeignet für den »direkt« gegessenen *Vacherin à main*.

Vacherin
(Foto: Sopexa)

Der österreichische Speckige aus dem Salzkammergut

Mondseer

Viele in Österreich hergestellte Käse sind mit den Käsesorten Deutschlands und der Schweiz weitgehend identisch. Der *Mondseer Käse* dagegen – auch *Mondseer Schachtelkäse* genannt – ist ein seit 1818 im Salzburger Gebiet bekannter Käse, der erstmals im Schloß Hüttenstein hergestellt wurde. Den Namen »*Mondseer*« führt dieser Käse aber erst seit 1955, bis dahin wurde er einfach »*Schachtelkäse*« genannt.

Der *Mondseer*, der seiner Trockenmasse entsprechend in Deutschland zu den halbfesten Schnittkäsen gerechnet würde, wird in Österreich bei den festen Schnittkäsen eingeordnet. Im Prinzip ist er dem *Münster* ähnlich, d. h. er besitzt wie dieser eine gelbe Schmiere. Die Laibe sind im allgemeinen jedoch etwas höher (ca. 6 cm) und auch schwerer (1 kg). Auch der Teig des *Mondseer* ist fester als der des *Münster*. Ein weiterer Unterschied zum *Münsterkäse* besteht darin, daß beim *Mondseer* vor dem Verpacken die Schmiere abgewaschen wird und die Käse getrocknet werden.

Das Aroma des *Mondseer* ist mild, säuerlich und manchmal auch etwas pikant. Er ist ein Dessertkäse, der sich auch zur Zwischenmahlzeit eignet.

Weichkäse

Die Weichkäse unterscheiden sich von den Hartkäsen und den Schnittkäsen nicht nur durch ihre weichere Konsistenz, sondern auch und vor allem dadurch, daß sich ihre Reifung anders vollzieht: Sie reifen von außen nach innen und nicht gleichmäßig im ganzen wie die Käse, die wir bisher kennengelernt haben.

Ihre weiche Konsistenz ist bedingt durch einen relativ hohen Feuchtigkeitsgehalt. Während bei den Hartkäsen der Trockenmasseanteil mindestens 60 Prozent beträgt, liegen die Weichkäse nur bei 35 bis 52 Prozent Trockenmasse.

Die von der Rinde ausgehende Reifung der Weichkäse besteht in einem Umsetzen des Eiweißes im Inneren des Käses durch die auf der Rinde von Mikroorganismen gebildeten eiweißspaltenden Enzyme, die in die Käsemasse eindringen. Die fortschreitende Reifung läßt sich am »Weicherwerden« der Käse erkennen. Damit die eiweißabbauenden Enzyme – der Fachmann nennt sie Proteinasen – auch die Tiefe der Käse erreichen können, dürfen die Weichkäse nicht zu dick sein. Ist der Prozeß der Bildung eiweißspaltender Enzyme angelaufen, dann schreitet der Eiweißabbau rasch voran und kann schon sehr bald Abbaustufen erreichen, die nicht von allen Verbrauchern geschätzt werden, nämlich die Ammoniakbildung. Die Weichkäse erreichen also recht schnell den Höhepunkt ihrer Reifung und sind somit auch, im Vergleich zu den Hartkäsen, wenig haltbar.

Die Geschwindigkeit des Eiweißabbaus im Käse hängt sehr stark von der Temperatur ab. Deshalb ist auch der Haushaltskühlschrank kein geeigneter Aufbewahrungsort für noch nicht voll ausgereifte Käse, da bei dessen Temperaturen die Reifung unterbrochen wird.

Man lagert Weichkäse bis zur Reifung am besten bei einer Temperatur von 10 bis 14 °C, wobei es vorteilhaft ist, sie ab und zu zu wenden. Haben die Käse aber ihre Vollreife erreicht, dann sollte man sie im Kühlschrank lagern und spätestens innerhalb einer Woche verzehren.

Die Mikroorganismen, die auf der Oberfläche der Weichkäse die eiweißspaltenden Enzyme bilden, sind entweder Bakterien *(Bacterium linens)* oder Schimmelpilze. Da die Bakterien auf der Käserinde einen schmierigen Belag bilden, nennt man die Weichkäse, deren Reifung durch Bakterien hervorgerufen wird, auch Schmierkäse, wie z. B. den *Romadur* oder *Münster.*

Wird die Reifung jedoch von Schimmelpilzen ausgelöst, welche auf der Rindenoberfläche angesiedelt sind, dann spricht man von Weichkäsen mit Schimmelbildung, wie etwa beim *Camembert* oder *Briekäse.* Diese Käse wiederum muß man unterscheiden von den halbfesten Schnittkäsen mit Innenschimmel, so vom *Gorgonzola* oder dem französischen *Bleu-Käse.* Einige Käsesorten, wie etwa der *Pont-l'Evêque,* gehören zu der Gruppe der Weichkäse mit Schmieren- und Schimmelbildung.

Die Herstellung der Weichkäse erfolgt im Prinzip so wie die der Labkäse: Der von der Molke abgetrennte Bruch, der wesentlich größere und lockerere Einheiten bildet als bei den Hart- und Schnittkäsen, wird – falls überhaupt – nur ganz leicht in der Form gepreßt. Ein Nachwärmen des Bruches erfolgt keinesfalls. Nachdem sie Form bekommen haben, bleiben die Käse je nach Art und Größe zwischen einer und 24 Stunden im Salzbad. Die bereits im Kessel begonnene Bildung von Milchsäure aus Milchzucker wird dann im Reifungskeller fortgesetzt.

Etwas unterschiedlich ist die Zugabe der Reifungskulturen bei den Weichkäsen. Den Weichkäsen mit Schmiere wird die Reifungskultur

Die bekanntesten deutschen Weichkäse:
1 Limburger; 2 Brie; 3 Camembert; 4 Münster; 5 Romadur
(Foto: CMA)

(Rotschmiere) erst im Reifungskeller durch mehrmaliges Schmieren auf die Rinde gerieben. Den Weichkäsen mit Schimmelbildung wird die Schimmelpilzkultur schon in der Kesselmilch, und zwar noch vor dem Einlaben, zugesetzt. Heutzutage ist es nur sehr selten, daß die Käse, nachdem man sie aus dem Salzbad genommen hat, durch Eintauchen in eine verdünnte Schimmelpilzkultur oder durch Besprühen mit dem Oberflächenschimmel beimpft werden.

Weichkäse mit Schmierenbildung

Obwohl in Deutschland schon seit altersher die verschiedensten Käse gefertigt wurden, beklagte Löbe noch 1889, der wesentliche Mangel der deutschen und auch der österreichischen Käsefabrikation bestehe darin, daß von einem ausgesprochenen Sortencharakter nicht die Rede sein könne und daß die Ungleichmäßigkeit in der Herstellung einen verminderten Handelswert dieser Käse bedeute.

Deutsche Fachleute – wie etwa I. Lützen – studierten in den neunziger Jahren des vergangenen Jahrhunderts die Herstellung der französischen Käse an Ort und Stelle, um durch ihre Berichte der deutschen Käseproduktion wertvolle Impulse und technische ebenso wie wissenschaftliche Hilfen zu geben.

Die deutsche Milchwirtschaft übernahm viele Käsesorten des Auslandes und entwickelte sie vielfach zu Produkten, die ihren Ahnherren nicht nachstanden. Alle deutschen Weichkäse mit Ausnahme des in den dreißiger Jahren entwickelten *Weinkäses* gehen auf ausländische Vorbilder zurück. So stammt der deutsche *Limburger* vom belgischen *Herve* ab, erhielt seinen Namen aber von der belgischen Stadt und Provinz Limburg.

Im Jahre 1830 begann Karl Hirnbein im Allgäu unter Beratung des belgischen Herve-Spezialisten Großjean mit der Produktion von *Limburger* und *Romadur*, bald wurde der Käse an vielen Orten in Deutschland hergestellt und war für Jahrzehnte der bedeutendste deutsche Käse. In den Jahren der »Edelfreßwelle« nach dem Zweiten Weltkrieg zu Unrecht verschmäht, steht ihm offenbar eine Renaissance bevor, die das plötzlich so positive Käsebewußtsein der Deutschen einleitete. Überhaupt verstehen sich unsere Landsleute nicht mehr als Käsemuffel. Nach einer 1978 durchgeführten Repräsentativumfrage essen 86 Prozent gern oder sehr gern Käse, 35 Prozent bezeichnen sich gar als Käse-Fans. Die Auswahl auf dem Familientisch wird reichhaltiger, und der Verbrauch steigt. 1977 war der Pro-Kopf-Verbrauch bereits auf 12,8 kg geklettert.

Herve – ein besonderer Duft aus Belgien

Der belgische *Herve* ist übrigens auch Ahnherr artverwandter Käse in Österreich *(Schwarzenberger, Marienhofer, Tanzenberger)* und Frankreich *(Void de la Meuse* und *Pont-l'Evêque)*. Die Ursprünge des *Herve* lassen sich bis in die Zeit der spanischen Herrschaft in Flandern und Brabant (1556 bis 1715) zurückverfolgen.

Zur Zeit Karls V. wurde in Belgien viel Ackerland in Weideland umgewandelt. Als Folge davon stiegen die Milcherzeugung und der Verbrauch der aus Milch gewonnenen Produkte. Die Bauern zahlten fortan ihre Grundzinsen nicht nur mit Butter, sondern auch mit *Remoudou-Käsen.* Auch die Stadtväter von Herve machten repräsentative Geschenke mit ihrem Käse. Aus einer Chronik wissen wir, daß im Jahre 1693 vier Dutzend *Remoudou-Käse* mit dem Gesamtgewicht von 300 Pfund dem Gouverneur von Namur seitens der Stadt geschenkt wurden. Als dann 1715 dieses Gebiet zu Österreich kam, dehnte sich der Verkauf des *Herve* über Deutschland in die Donaumonarchie aus.

Als der englische Hofdichter Robert Senthy nach der Schlacht von Waterloo durch Belgien reiste, fiel ihm auf, daß die ganze Stadt Herve von dem »wohlriechenden Duft« der auf Strohmatten gelagerten und auf offenen Pferdekarren transportierten Käse erfüllt war.

Auch heute noch wird der größte Teil der Käse auf den Bauernhöfen der Gegend von Herve und Battice aus Rohmilch hergestellt. Als Ausgangsmaterial der nur in kleinen Mengen molkereimäßig hergestellten *Herve-Käse* dient allerdings pasteurisierte Milch.
Von Kennern des *Herve* wird indes behauptet, daß die Molkereikäse bei weitem nicht das typische *Herve*-Aroma erreichen. Damit die

Käse die für sie typische rosafarbene Rinde bekommen, werden sie während der 6- bis 8wöchigen Reifezeit täglich ins Salzwasser getaucht, teilweise auch mit Bier behandelt. Früher wurden die etwa 1 kg schweren Käse in Stroh verpackt. Heute wird der *Herve* entweder in Würfeln von 200 oder 400 g Gewicht oder in Stangen von etwa 220 g Gewicht hergestellt. Die noch kleineren Käse, die nur 50 oder 100 g wiegen, sind als »bouchées«, d. h. Mundhäppchen, bekannt.

Der milde *Herve* ist ein Abkömmling des *Remoudou* oder auch *Ramoudou*, der nicht selten die Zusatzbezeichnung *»le piquant«* trägt und der ein stark pikantes bis penetrantes, salziges und herzhaftes Aroma aufweist. Ursprünglich wurde dieser gelobte Käse aus dem sehr fetthaltigen Nachgemelk hergestellt. Es ist deshalb auch nicht genau auszumachen, ob der Name aus dem französischen »remoudre« (nochmals melken) oder wegen des rahmigen Nachgemelks vom deutschen »Rahm« abgeleitet wurde.

Romadur, Limburger und Weinkäse

Der in Deutschland hergestellte *Limburger* wird in Stangenform und mit einem Gewicht von 500 bis 560 g bzw. als *Kleinlimburger* mit einem Gewicht von 195 bis 270 g produziert. Außerdem gibt es die quadratförmigen *Limburger*, die 185 bis 280 g schwer sind. Für den *Romadur* ist ein Gewicht von 80 bis 150 g üblich. *Romadur* und *Limburger* werden in Deutschland nur aus pasteurisierter Milch gemacht, obwohl die Rechtsvorschriften auch die Herstellung aus Rohmilch zulassen.

Der Bruch für den *Limburger* weist Haselnuß- bis Walnußgröße auf, während der Käser für den *Romadur* ein etwas kleineres Bruchkorn anstrebt. Der Bruchkuchen wird nicht nachgewärmt; der in Formen abgefüllte Bruch wird nicht gepreßt, sondern man läßt die Molke nur unter mehrmaligem Wenden unter Einwirkung der Schwerkraft ablaufen. Die großen *Limburger* verbringen 24 Stunden, die *Kleinlimburger* 12 Stunden und der *Romadur* 2 bis 4 Stunden im Salzbad. Nach dem Salzbad werden die Käse zunächst einige Stunden getrocknet und kommen dann in den Reifungskeller. In den ersten Tagen werden sie täglich vier- bis fünfmal gewendet. Sobald eine leichte Schmierenbildung anzeigt, daß die Entsäuerung der Rindenoberfläche eingesetzt hat und daß nun günstige Wachstumsbedingungen für das *Bacterium linens* bestehen, werden die Käse geschmiert. Früher war das »Schmieren« reine Handarbeit, das heißt, die Rotschmiere (eine konzentrierte Kultur von *Bacterium linens*) wurde mit den Fingern und den Handballen in die Rinde eingerieben. Heute bedient man sich zum Schmieren besonderer Maschinen.

Die Reifungsdauer der *Limburger* und *Romadurkäse* hängt von ihrer Größe ab. *Romadur* ist nach 2 Wochen, *Kleinlimburger* nach 2 bis 3 Wochen und *Limburger* normaler Größe nach 3 bis 4 Wochen so weit gereift, daß der Käse abgepackt und an den Handel gegeben werden kann. Nach weiteren 8 bis 10 Tagen erreichen die Käse ihre volle Genußreife.

Der *Limburger*, der wegen seiner ursprünglichen Form landläufig auch als *Backsteinkäse* bezeichnet wurde, wird in mehreren Fettstufen zwischen 20 und 50 Prozent Fett i. Tr. angeboten: Halbfettstufe (20 bis 30 Prozent), Dreiviertelfettstufe (30 bis 40 Prozent), Vollfettstufe (45 bis 50 Prozent) und Rahmstufe (über 50 Prozent).

Vom *Romadur* wird auch eine Doppelrahmstufe mit einem Fettgehalt zwischen 60 und 85 Prozent Fett i. Tr. in den Handel gebracht. Der *Romadur* ist im Teig etwas weicher und im Geschmack etwas milder als der würzige bis pikante *Limburger*. Je höher der Fettgehalt dieser Käse liegt, desto vollmundiger und zarter ist ihr Teig.

Limburger und *Romadur* sind die typischen Brotzeit- und Vesperkäse. Man ißt sie zu einem mit Butter bestrichenen Schwarz- oder Weißbrot und »feuchtet sie mit Bier an«. Neben Bier schmeckt auch ein kräftiger Rotwein vorzüglich zu diesen Käsen. Dem Freund eines deftigen Vespers, der gelegentlich einer sommerlichen Reise über die Schwäbische Alb nach Zwiefalten kommt, sei empfohlen, nach der Besichtigung des Münsters im Bräustübchen Einkehr zu halten. Dort erwartet ihn zu einem Steinkrug besten Klosterbiers ein ausgezeichneter *Romadur*, stets frische Butter und kräftiges Bauernbrot!

Die Weichkäse mit Schmiere sind im Geruch meistens intensiver als im Geschmack. So nennt sie der Käse-Weltatlas (The World Atlas of Cheese) »the famous stinking cheeses«. Dieser arttypische, nicht von allen geschätzte Geruch läßt sich durch Abschaben der Schmiere vor dem Verzehr stark reduzieren. In manch fröhlicher Männerrunde werden diese Käse verzehrt, wie sie aus der Packung kommen, viel-

Limburger
(Foto: Studio Pierer, Hamburg)

leicht nur deshalb, damit man ohne Gewissensbisse kräftig mit Bier nachspülen kann. »A strong cheese needs to be washed down by copious draughts of German beer« (Ein kräftiger Käse muß mit großen Zügen deutschen Biers hinabgespült werden), so urteilt der schon zitierte Weltatlas.

Der erst in den dreißiger Jahren dieses Jahrhunderts in Deutschland entwickelte *Weinkäse* ist mit dem *Münsterkäse* verwandt. Er hat die Form kleiner Laibe mit einem Durchmesser von etwa 5 cm und einem Gewicht von ca. 75 g. Der Teig dieses Käses, der in verschiedenen Fettstufen in den Handel kommt, ist sehr weich und geschmeidig. In Geruch und Geschmack ist er milder als *Limburger* und *Romadur*. Am besten genießt man ihn mit herben oder fruchtigen Weinen. Ähnlich ist der österreichische *Schloßkäse*.

Steckbrief des Limburger

Form und Größe	Längliche Würfel (Stangen) von 500 bis 560 g. Kleinlimburger Stangen von 195 bis 270 g. Quader von 185 bis 280 g.
Rinde	Keine eigentliche Rinde, sondern geschmeidige Haut mit einer gelbbraunen bis rötlichen Schmiere.
Teig	Zunächst elastischer, später mehr weicher, aber nicht fließender weißer bis hellgelber Teig.
Zusammensetzung	Trockenmasse: 35 bis 46 %; Fett: 20 bis 50 % i. Tr. (mehrere Fettstufen); in 100 g 7 bis 23 g Fett und 20 bis 24 g Eiweiß
Geschmack	Kräftig, pikant.
Herstellung	Aus pasteurisierter Kuhmilch; kein Nachwärmen des Bruches. Reifungsdauer 2 bis 4 Wochen. Schmieren der Oberfläche.
Aufbewahrung im Haushalt	Nicht im Kühlschrank! In einem kühlen Raum oder Keller (10 bis 14 °C) unter einer Käseglocke.
Verwendung	Nach Entfernen der Rotschmiere zum Imbiß (Brotzeit) zu Brot, Butter und Bier.
Passende Weine	Vollmundige, leicht süße Weißweine (Riesling, Faber) und feurige Rotweine (Trollinger, Châteauneuf-du-Pape).
So ist er am besten	Regelmäßige Außenfläche von gelbbrauner bis rötlicher Farbe. Gelber, feiner, glatter Teig, kräftiger Geruch und im Geschmack sehr pikant und kräftig.
So darf er nicht sein	Rissige Außenfläche, Schimmel auf der Außenfläche; gelblich-weiße Schmiere, Kern trocken; Teig körnig; Ammoniakgeruch.

Steckbrief des Romadur

(Foto: Kielwein-Daun)

Form und Größe	Längliche Würfel (Stangen) von 100 bis 150 g.
Rinde	Keine eigentliche Rinde, sondern geschmeidige Haut mit einer gelbbraunen bis rötlichen Schmiere.

Teig	Zunächst elastischer, später mehr weicher, aber nicht fließender, weißer bis hellgelber Teig.
Zusammensetzung	Trockenmasse: 35 bis 52 %; Fett: 20 bis 60 % i. Tr. (mehrere Fettstufen); in 100 g 7 bis 31 g Fett und 20 bis 24 g Eiweiß.
Geschmack	Kräftig, pikant.
Herstellung	Aus pasteurisierter Kuhmilch; kein Nachwärmen des Bruches. Reifungsdauer 2 bis 4 Wochen. Schmieren der Oberfläche.
Aufbewahrung im Haushalt	Nicht im Kühlschrank aufbewahren, sondern im Keller oder in einem kühlen Raum (10 bis 14 °C) unter einer Käseglocke.
Verwendung	Nach Entfernen der Rotschmiere zum Imbiß (Brotzeit) zu Brot, Butter und Bier.
Passende Weine	Vollmundige, leicht süße Weißweine (Riesling, Faber) und feurige Rotweine (Trollinger, Châteauneuf-du-Pape).
So ist er am besten	Regelmäßige Außenfläche von gelbbrauner bis rötlicher Farbe. Gelber, feiner, glatter Teig, kräftiger Geruch und im Geschmack sehr pikant und kräftig.
So darf er nicht sein	Rissige Außenfläche; gelblich-weiße Schmiere, Kern trocken, Teig körnig; Ammoniakgeruch.

Münster und Jéromé – goldgelbe Iren aus den Vogesen

Der *Münsterkäse* (frz. *Munster*) hat seinen Ursprung im Munster-Tal in den Südvogesen. Er wurde auf den Osthängen der Vogesen zuerst hergestellt, während auf den sich nach Lothringen öffnenden Westhängen der nach der Stadt Gérardmer benannte Käse erzeugt wurde, der neben dem originären Namen auch als *Géromé* und *Jéromé* bekanntgeworden ist. Heute wird der Käse vom *Munster*-Typ in mehreren Ländern hergestellt, wobei sich die Herstellungsprozesse in verschiedener Hinsicht unterscheiden. Während der *Munster* (*fermier*) früher nur in bäuerlichen Sennereien hergestellt wurde, überwiegt heutzutage die Herstellung des *Munster* (*laitier*) in Molkereien.

Auch bei diesem berühmten Käse waren es Mönche, und zwar irische Mönche, die ihn zuerst in den Klöstern und dann auf beiden Vogesenhängen ab dem 7. Jahrhundert produzierten. Im 14. Jahrhundert schließlich hatte sich sein Ruf über das ganze Königreich verbreitet.

Der *Munster* und der *Jéromé* sind definierte Käse, deren Herkunftsbezeichnung geschützt ist und die beide nur in bestimmten Gemeinden hergestellt und weitergereift werden dürfen. Auch ihre Größe ist gesetzlich festgelegt. Die flachen Laibe sind 15 bis 18 cm im Durchmesser und wiegen 0,5 kg. Die *Petit Munster*, die übrigens rassiger sind, erreichen nur ein Gewicht von 140 bis 170 Gramm.

Munster fermier und *Jéromé* haben üblicherweise ein Gewicht zwischen 0,5 und 4 kg. Der *Munster* hat eine orange-rote bis gelbe oder gelb-graue, schmierige Rinde. Der weiche, geschmeidige Teig ist schwach bis intensiv gelb gefärbt, je nach dem Grad der Anfärbung mit Orleansfarbstoff (Annatto). In Frankreich wird auch ein *Munster cumin* hergestellt, dem Kümmel beigemischt ist. Genußreife erreicht dieser Käse nach 6 Wochen, besser ist er jedoch nach 8 Wochen.

Der *Munster fermier* wird im Sommer auf den Vogesen-Sennen hergestellt, im Winter auf dem Bauernhof (frz. »ferme«). Im Elsaß macht man ihn aus einem Gemisch von Abend- und Morgenmilch. Auf der Lothringer Vogesenseite wird er morgens und abends jeweils aus frischer Milch hergestellt und dann leicht gereift. Ab dem 3. Tag wird er gesalzen. Die Reifung vollzieht sich am besten in Räumen, die eine relative Luftfeuchtigkeit von 80 bis 85 Prozent und Temperaturen zwischen 10 und 14 °C aufweisen. Die Reifezeit beträgt einen Monat, während der die Käse regelmäßig von Hand geschmiert werden.

Der in Deutschland hergestellte *Münsterkäse* wird vor allem in zwei gängigen Größen angeboten. Große Laibe haben ein Gewicht von etwa 500 g, einen Durchmesser von 13,5 bis 14 cm und eine Höhe von 3,5 bis 5 cm.

Die *Kleinmünsterkäse* sind nur 125 g schwer, haben einen Durchmesser von 8 bis 8,5 cm und sind 2,5 bis 3 cm hoch.

Der deutsche *Münsterkäse*, der sich bemüht, an das französische Vorbild heranzukommen, wird grundsätzlich aus pasteurisierter Milch hergestellt. Eine Nachwärmung des haselnußgroßen Bruches ist zwar nicht die Regel, wird aber häufig angewendet. Diese Käse bleiben je nach ihrer Größe 90 Minuten bis 12 Stunden im Salzbad. Trotz seines eigenartig pikanten Geschmacks ist der einheimische *Münsterkäse* als mild einzustufen. Er wird gern zu Weißbrot und kräftigem Bauernbrot, begleitet von einem klaren Schnaps und Bier, verzehrt, findet aber auch seinen Platz auf einer gut sortierten Käseplatte.

Steckbrief des Münster

(Foto: Studio Pierer, Hamburg)

Form und Größe	Laibe mit einem Durchmesser von 13,5 bis 14 cm, einer Höhe von 3,5 bis 5,0 cm und einem Gewicht von ca. 500 g.
Rinde	Gelblich-rote Schmiere mit guter Hautbildung.
Teig	Geschmeidiger, weißgelber Teig.

Zusammensetzung	Trockenmasse: 44 bis 46 %; Fett: 46 bis 52 % i. Tr. (verschiedene Fettstufen); in 100 g 20 bis 24 g Fett und 20 bis 22 g Eiweiß.
Geschmack	Mild, aber doch pikant, etwas säuerlich.
Herstellung	Ähnlich dem Limburger, aber etwas längere Reifung.
Aufbewahrung im Haushalt	Nicht im Kühlschrank. Am besten im Keller unter einer Käseglocke.
Verwendung	Nach Entfernung der Rotschmiere als Imbißkäse wie Limburger, aber auch auf der Käseplatte.
Passende Weine	Rassige Weißweine (Gewürztraminer) und bukettreiche Rotweine (Roter Pinot, Spätburgunder).
So ist er am besten	Geschlossene Oberfläche, leicht feuchte, rötliche, schmierige Rinde. Weiß-gelbe Schnittfläche (frz. Munster oft gefärbt), geschmeidiger Teig, mild im Aroma.
So darf er nicht sein	Verflüssigte Rinde, Schimmelbesatz, trockene, rissige Rinde, fester, kreidiger Teig.

Livarot und Pont-l'Evêque – Juwelen aus Calvados

Nahe Verwandte, die früher dem *Camembert*-Typ angehörten, sind der nur noch in einem normannischen Weiler hergestellte *Mignot* und der *Livarot*. Letzterer gehört zu den ältesten bekannten Käsen überhaupt.

Guillaume de Lorris, der Verfasser des ersten Teils des »Roman de la Rose« (Anfang des 13. Jahrhunderts) erwähnte ihn bereits unter dem damaligen Namen *Angelot*. Er wird wie eh und je nur in der Normandie hergestellt und ist nach dem Dorf Livarot im Département Calvados benannt, das 12 km von Camembert entfernt ist. Die Wiegen zweier großer Käse aus dem Lande mit den meisten Gourmets standen also sehr nahe beieinander, und wenn man dann noch berücksichtigt, daß auch der *Camembert* ursprünglich ein Schmierenkäse war, dann kann man sich kaum noch wundern.

Während man den *Livarot* früher nur aus entrahmter Milch herstellte, nimmt man heute Kesselmilch, die aus der entrahmten Milch des Vorabends und der vollfetthaltigen Morgenmilch gemischt wird.

Als man den *Livarot* noch ausschließlich auf Bauernhöfen herstellte, wurde er in unreifem Zustand – als »*Livarot blanc*« – von den Fertiglagerern, die in der Normandie Cavistes (Kellermeister) und nicht wie im übrigen Frankreich Affineurs heißen, übernommen und zur Ausreifung gebracht. Im Zeitalter der industrialisierten Fertigung leistet man sich auch jenseits des Rheins diesen Luxus nicht mehr, sondern bringt die Käse beim Hersteller zur Verkaufsreife.

Der aus vorgereifter Milch hergestellte und trocken gesalzene Käse wird zunächst für 2 bis 3 Wochen in einen Trockenraum gebracht und mehrmals mit einer schwachen Salzlösung geschmiert, wodurch sich die für ihn typische Schmierenflora ausbildet. Zur weiteren Ausreifung kommen die Käse in einen Keller mit hohem Ammoniakgehalt. Während der Reifung wird der Käse zudem mit dem orangegelben Farbstoff Uruku vom Orleansbaum eingerieben. Nach zwei Monaten hat der Käse seine Verkaufsreife erlangt und wird von den Kennern sehnsüchtig erwartet, denn der *Livarot* mit seinen 40 Prozent Fett

Französische Weichkäse mit
Schmierenbildung:
Livarot, Maroilles, Munster,
Boulette d'Avesnes, Reblochon,
Pont l'Evêque
(Foto: Sopexa)

i. Tr. hat einen sehr ausgeprägten Geschmack, der natürlich nicht jedem zusagt. Da bei einer zu schnellen Reifung die Gefahr besteht, daß der *Livarot* in der Mitte einfällt, werden die einzelnen Käse mit einem Band versehen, für das man früher in Streifen geschnittene Blätter des Breitblättrigen Rohrkolbens, heute jedoch Papierstreifen verwendet. Von diesem Streifen hat er seinen Spottnamen »*Le Colonel*« (der Oberst).

Der *Livarot* kommt in flachen Laiben von 450 bis 500 g Gewicht in den Handel. Die Rinde ist mit einer mehr trockenen als feuchten Schmiere bedeckt. Der gelbliche Teig ist weich, weist einige Löcher auf und ist von strengem, aber frischem Aroma. Nicht erwünscht sind Käse mit einem kreidefarbenen Kern. Der heutige Fettgehalt von 40 Prozent, der auch vorgeschrieben ist, wurde zu Zeiten der entrahmten Milch nicht erreicht, sondern lag damals mit 15 Prozent Fett i. Tr. ausgesprochen niedrig.

Relativ hoch ist der Salzgehalt der fertigen Käse mit 3 Prozent, der tatsächliche Fettgehalt liegt allerdings bei nur 20 g in 100 g Käse, der Eiweißgehalt je 100 g Käse beträgt 26 bis 27 g.

Ein rezenter *Livarot* und sein im Format kleinerer Bruder, der *Petit Lisieux*, verlangen nach einem kräftigen Rotwein zum Dessert. Zum deftigen ländlichen Imbiß weiß man auch hausgemachten Cidre oder einen »Calva« zu würdigen, wie der normannische Apfelschnaps aus Calvados im Volksmund genannt wird.

Bedarf es noch lobender Worte, wenn man bei Thomas Corneille in seinem bekannten Wörterbuch von 1708 Vimoutiers als die Stadt beschrieben liest, »wo man so ausgezeichnete Käse wie den *Livarot* und den *Camembert* hervorbringt«?

Der *Pont-l'Evêque* ist ebenso alt wie der *Livarot* und gehörte zu den »*Angelots*«, die Guillaume de Lorris im Rosenroman erwähnte. Erstmals hergestellt wurde er mit großer Sicherheit bereits im 12. Jahrhundert in Klöstern und bekam am Ende des 16. Jahrhunderts seinen heutigen Namen nach dem nächstgelegenen und bedeutenden Marktflecken Pont-l'Evêque im Calvados.

Zeitweilig schrieb man ihn auch »augelot«, was auf die Herkunftsbezeichnung aus seiner Heimat schließen läßt, er wäre nach dieser mehrfach belegten Schreibweise also aus dem Pays d'Auge.

Dieser Weichkäse, der seit 1953 definiert ist und in einem begrenzten Gebiet der Normandie immer noch zu einem erheblichen Umfang auf Bauernhöfen hergestellt wird, kann sowohl handgeschmiert wie auch trocken angetroffen werden. Für jedes Verfahren gibt es Befürworter, die meinen, nur ihre Methode bringe den *Pont-l'Evêque* zu seiner ganzen Geschmacksfülle.

Bei der Herstellung auf Bauernhöfen nimmt man vorzüglich die frisch gemolkene, noch kuhwarme, rohe Milch. Nach dem Salzen setzt die etwa 4 bis 6 Wochen dauernde Kellerreifung ein, deren Abschluß mitunter auch bei den Fertiglagerern nahe den Märkten erfolgt.

Neben den die Überzahl ausmachenden geschmierten und intensiv riechenden Käsen und denjenigen mit einer schwachen Schimmelrinde trifft man auch Mischformen an, die sowohl eine gelb-braune Schmiere als auch einen weiß-grauen Schimmelbelag tragen.

Im Idealfall ist der *Pont-l'Evêque* in seinem gelben, weichen und speckigen Teig leicht gelocht und hat ein kräftiges Aroma. Die geschmierten Käse sind ausgesprochen streng im Geschmack und leicht der Gefahr ausgesetzt, bei Überreife unangenehm bitter zu werden. Das Gewicht der viereckigen Käse, von denen derzeit etwa 7 Millionen Stück im Jahr hergestellt werden, liegt zwischen 325 und 400 g, der Fettgehalt in der Trockenmasse bei 50 Prozent.

Während vom *Pont-l'Evêque* noch ein 250 g schwerer *Petit* hergestellt wird, ist der nahe Verwandte, der *Pavé de Moyaux* (oder: *d'Auge*) dem *Pont-l'Evêque* in jeder Hinsicht sehr ähnlich, allerdings keine Variante, sondern der Ahnherr desselben ebenso wie des *Livarot.* Er wird unter regelmäßigem Salzen und feuchtem Abwaschen ein bis zwei Monate länger gereift und kommt mit einem Gewicht bis zu 800 g in den Handel.

So schwergewichtige Vertreter gab es übrigens früher auch vom *Pont-l'Evêque.* Auf den Bauernhöfen machte man aus 10 Litern frischer Kuhmilch einen 1 kg schweren Käse, der über 6 Monate reifte und außergewöhnlich pikant wurde.

Die Käse dieser Familie sollen ihren besonderen Geschmack übrigens dem Wirken eines recht hinterlistigen Pilzes, der *Candida albicans,* verdanken.

Zu allen diesen Käsen passen schwere und wuchtige Rotweine.

Maroilles – eine Ovation aus Flandern

Ein ganz berühmter Vertreter der Weichkäse mit Rotschmiere stammt aus der nordfranzösischen Landschaft Thiérarche (Flandern). Der Prälat Enguerrand aus dem früheren Königreich Cambrésis, das im Vertrag von Nimwegen (1678) an Frankreich kam, gab den Impuls zu einem Käse, den man auf dem Lande »*craquegnon*« nannte und der seit über 1000 Jahren den Namen seines Heimatortes Maroilles trägt. Aus einem Dokument des Jahres 1174 wissen wir, daß zu jener Zeit die Bauern der Umgebung aus der gesamten Morgenmilch des 24. Juni (Namenstag Johannes des Täufers, des Schutzheiligen der Abtei von Maroilles) Käse herstellten und nach der Reifung am 1. Oktober an die Abtei abliefern mußten.

Zuerst von Mönchen in Klöstern, dann von Bauern auf ihren Höfen hergestellt, fand der vorzügliche Käse bald weiteste Wertschätzung und wurde auch im Ausland berühmt. Zu seinen Liebhabern zählten die Könige Philippe Auguste, Louis IX., Charles VI., François I. ebenso wie das Mitglied der Académie Française, der Schriftsteller Fénelon, sowie der Marschall Turenne.

Philipp II. von Spanien bat die Mönche des Klosters nach seinem Besuch im August 1557, ihm jährlich aus dem Gesamtgemelk eines bestimmten Septembertages diese köstlichen Käse herzustellen. Ludwig XIV., der Sonnenkönig, erhielt noch vor der spanischen Besetzung als jährliches Geschenk der Mönche eine Kiste *Maroilles*. Bei einem Besuch der Abtei hatte man dem König und dem ihn begleitenden Dauphin frische *Maroilles*, denen extra ausgesuchte Gartenkräuter zugesetzt worden waren, serviert. Dieser Käse löste bei den königlichen Gästen hellste Begeisterung aus, und sie gestatteten, ihm fortan den Namen »*Dauphin*« zu geben. Mag bei dieser Namensgebung auch ein wenig Legende mitspielen, so steht doch fest, daß diese Variante des *Maroilles* bis heute hergestellt wird, und zwar in verschiedenen Formen als Herz, Wappenschild oder Mondsichel.

Für die Herstellung des *Dauphin* unter Zusatz von Estragon oder Pfeffer wird auch in unserer Zeit noch die allerbeste Milch ausgewählt, um die aromatischen Käse zu bekommen, die der Kenner sucht.

Für die Beliebtheit des *Maroilles* spricht ein Ereignis, das mit viel Feierlichkeit und großem Stolz begangen wurde: die Tausendjahrfeier des *Maroilles* am 28. Mai 1961. Die Pontifikalmesse wurde von dem Abt Lelong gehalten, der als Verfasser eines Buches zum Lobe des Käses (»Célébration du fromage«) hervorgetreten ist. Schon im 12. Jahrhundert diente der Käse sozusagen als Zahlungsmittel, denn neben der Lieferung von Obst und Ackerfrüchten als Grundzins an den Bischof lieferten die Rinderzüchter auch regelmäßig eine Kiste ihrer Käse mit.

Straßenhändler, der seine »guten Maroilles-Käse« ausruft. Lithographie von Carle Vernet, 1815

Wurde der *Maroilles* ursprünglich nur aus voller Kuhmilch hergestellt, so nimmt man in den heutigen Fabrik-Käsereien ausschließlich teilentrahmte Milch, der zum besseren Auslaben Calciumchlorid zugesetzt wird. Nach 24stündigem Verweilen im Salzbad erfolgen Trocknung und Reifung in 10 °C kühlen Kellern. Bei der Reifung, in deren Verlauf die im Frischezustand etwa 800 g schweren Käse auf ein Trockengewicht von 350 g zurückgehen, bildet sich zunächst ein Schimmelrasen aus, der abgewaschen wird, bevor die Käse mit Rotschmiere behandelt werden.

Nach vier Wochen bildet sich die schmierige Rinde von rötlich-gelber bis rötlich-grauer Farbe. Die rötliche Färbung tritt ohne Zusatz von Fremdstoffen hervor. Die so behandelten *Maroilles,* die in der Reifezeit 4- bis 6mal mit Salzwasser gewaschen wurden, können zwei bis drei Monate gelagert werden, während die spezialbehandelten, das heißt hier ohne Luftzutritt gereiften ähnlichen Käse wie der *Gris de Lille* und *Vieux Lille* bis zu 7 Monaten lagerfähig bleiben. In geringem Umfang wird der frische *Maroilles* als »Maroilles blanc« verkauft. Die gesamte Jahresproduktion liegt bei etwa 1500 Tonnen.

Für den *Maroilles,* dessen Herkunftsbezeichnung geschützt und der in einem Dekret vom 17. Juli 1965 definiert ist, werden ein weicher, cremeweißer bis goldgelber Teig, eine geschmierte Rinde von rötlicher Farbe und ein Fettgehalt bis zu 45 Prozent Fett i. Tr. vorgeschrieben. Die Käse haben viereckige Form und sind 13, 11, oder 8,5 cm im Quadrat, je nachdem, ob es sich um den eigentlichen *Maroilles* oder die Varianten *Quart Maroilles, Mignon, Sorbais, Gris de Lille, Vieux Lille* oder *Monceau* handelt. Das Gewicht ist demgemäß auch unterschiedlich, überschreitet aber nicht 800 g. Das Produktionsgebiet all dieser Käse ist vom Gesetzgeber ebenfalls in seinen geographischen Grenzen genau festgelegt worden.

Vacherin-Käse – Perlen aus dem Jura

Diese Käse gibt es in mehreren Variationen und unter verschiedenen Namen, überwiegend als *Vacherin* mit den Herkunftsangaben. Dieser Name deutet auf seine Ableitung aus dem lateinischen Wort vaccinus (zur Kuh gehörig, -kuh) hin. Im frühen Mittelalter nannte man einfachheitshalber alle aus Kuhmilch hergestellten Käse *Vacherin.*

Die *Vacherin-Käse* stammen ursprünglich aus dem Schweizer Jura. Der *Vacherin Mont-d'Or* kommt auch als *Mont-d'Or-de-Joux* in den Handel und hat im benachbarten Frankreich (Franche-Comté) gleiche oder ähnliche Bezeichnungen. Der *Vacherin Mont-d'Or* wird ähnlich dem *Freiburger Vacherin* (halbfester Schnittkäse) hauptsächlich im Herbst hergestellt, wenn die vorhandene Milchmenge für einen ganzen *Greyerzer* nicht mehr ausreicht. Da sich die Kühe zu diesem Zeitpunkt schon dem Ende der Laktationsperiode nähern, also »altmilchend« sind, ist zu diesem Zeitpunkt ihre Milch besonders gehaltvoll und auch schon leicht salzig. Der hohe Fettgehalt dieser Milch ist die Ursache für die weiche Konsistenz des *Vacherin Mont-d'Or.*

Der Käse wird in der Schweiz aus Vollmilch, die bestenfalls leicht abgerahmt sein darf, hergestellt. Die für kurze Zeit bei höheren Temperaturen vorgereiften Käse werden dann in einen Keller mit einer Temperatur von 14 bis 16 °C gebracht, wo sich auf den kleinen Laiben zunächst ein weißer Schimmelbelag ausbildet, der eine gute Grundlage für die spätere Schmierenbildung abgibt. Diese wird durch Behandlung mit Salzwasser gefördert. Nach etwa 5 Wochen sind die Käse so weit, daß sie abgepackt werden können, um bei den Händlern auszureifen.

Seit der *Vacherin Mont-d'Or* 1880 in Lausanne erstmals zum Kauf angeboten wurde, ist er so begehrt, daß die bäuerliche Produktion nicht mehr ausreichte und sich schließlich 60 Käsereien der Produktion zuwandten.

Die beste Zeit für diese Käse ist vom Spätherbst bis in den März hinein. Der *Vacherin Mont-d'Or* kommt in kleinen Laiben von 0,5 bis 3 kg in den Handel und hat meist eine faltige, glänzende Rinde. Der sehr weiche Käse schmeckt mild und rahmig, ein wenig nach Obst, öfter aber nach dem Holz der Verpackung. Die Schachteln sind meist aus Tannenholz gefertigt.

Während des Kriegs 1870/71 haben durchziehende französische Truppen die Rezepturen für diese duftigen Weichkäse in die benachbarten französischen Provinzen mitgebracht, wo man in Savoyen und dem französischen Jura eine vielfältige Palette dieser Käse herstellt, wie den *Vacherin Mont-d'Or, Vacherin d'Abondance, Vacherin des Bauges, Vacherin des Aillons, Vacherin de Joux.* Während der *Vacherin des Bauges* in den Voralpen Savoyens hergestellt wird, kommen alle anderen Sorten aus den Bergmassiven und Tälern des Jura.

In Frankreich wird der *Vacherin* noch überwiegend auf den Bauernhöfen hergestellt, und zwar ebenso wie in den Molkereien aus Vollmilch, die in Kupferkesseln – ähnlich der *Emmentaler*-Herstellung – verkäst wird. Nach dem Festwerden des haselnußgroßen Bruches in den Formen werden die hohen Käse (Tommes) in Scheiben geschnitten, die mit Baumrindenstreifen umgürtet werden. Diese wiederum werden mit Holzpflöcken zusammengehalten. Um die Molke besser ablaufen zu lassen, werden die Käse auf Bretter geschichtet und mit Steinen beschwert. Danach werden sie ins Salzbad gegeben oder regelmäßig von Hand gesalzen und getrocknet. Während der 4 bis 5 Wochen dauernden Reifung bei 13 bis 15 °C müssen die Käse mindestens einmal wöchentlich gewaschen werden.

Der *Vacherin des Bauges* wird während der Reifung mit einem Gemisch aus Weißwein, Salz und Gewürzen gewaschen, was ihm ein ganz besonders würziges Aroma verleiht. Sind die Käse marktfertig, werden sie in Spanholzschachteln verpackt.

Der *Vacherin* kommt in flachen, runden Laiben verschiedener Größe und Gewichtsklassen (bis zu 3 kg) auf den Markt. Der Rand der Käse ist mit einer dicken Banderole aus Baumrinde umgeben, die aus Tannenrinde (*Mont-d'Or*) oder Birken- bzw. Vogelkirschenrinde (*Vacherin des Bauges*) ist. Die Oberfläche der Käse ist wellig und von

Vacherin
(Foto: Sopexa)

einer gelb-weißen bis rötlichen Schmiere überzogen. Der cremeweiße Teig ist sehr weich.

Nach dem Anschneiden sollte man die Schnittfläche fest mit Folie abdecken, damit einem der Käse nicht wegläuft. Ist er schon im Normalzustand gut streichfähig, so kann man den laufenden *Vacherin* löffeln, was sich besonders für den *Vacherin des Bauges* empfiehlt. Der Geruch all dieser Käse ist kräftig, der Geschmack jedoch mildaromatisch und oft von der ihn umgebenden Baumrinde geprägt.

In der Schweiz gilt der *Vacherin,* mit Kümmel und heißen Pellkartoffeln serviert, als eine Delikatesse, die man mit fruchtigen Rosé- oder Weißweinen abrunden sollte, keinesfalls mit Rotwein, der den angenehm milden Geschmack überdecken würde.

Die *Vacherin-Käse* sind geschmacklich anders als *Brie* und *Camembert,* und darin liegt der Reiz der Versuchung. Leider, liebe Käse-

Vacherin Mont d'Or
(Foto: Kielwein-Daun)

freunde, haben Sie in Deutschland noch wenig Gelegenheit, diese Gaumenfreude zu genießen. Sollten Sie aber Gelegenheit haben, einen *Vacherin* zu erwerben, was natürlich in Frankreich keine Schwierigkeit ist, so achten Sie bei einem verläßlichen Käsehändler (Fromager) auf einen noch nicht allzu reifen Käse, der binnen kurzer Zeit aufgezehrt werden kann. Einmal angeschnitten, verliert er schnell sein unvergleichliches Aroma und seinen Charakter.

Wollen Sie sich das gastronomische Vergnügen mit einem *Vacherin,* der vom großen Stück immer saftiger und rezenter ist als in kleinen Einheiten, erhöhen, so bewahren Sie das angeschnittene Stück feucht auf, reiben es täglich ein- bis zweimal mit Salzwasser ab und pressen ein Holzbrett oder Glas fest gegen die Schnittfläche, damit Ihnen der duftende Genuß nicht unerwartet entgegenkommt. Und halten Sie immer frische, fruchtige Weißweine parat, mit denen er sich vollendet liiert!

Neben den führenden Schmierenkäsen gibt es in Westeuropa eine große Anzahl solcher Käse, die kaum über örtliche Bedeutung hinauskommen.

So werden in Österreich neben *Limburger* und *Romadur* auch Weichkäse mit Schmiere produziert, die unter verschiedenen Fantasienamen, wie *Klosterkäse* oder *Schloßkäse,* auf den Markt gelangen. Früher wählte man auch in Deutschland für zahlreiche Weichkäse mit einem Fettgehalt unter 45 Prozent solche wohlklingenden Bezeichnungen wie *Frühstückskäse, Delikateßkäse, Bismarckkäse, Alpenkäse, Gebirgskäse* u. a., um diesen fettarmen Vertretern wenigstens vom Namen her eine bessere Marktchance zu geben.

In der näheren Umgebung von Brüssel wird der *Fromage de Bruxelles* (auch: *Aettekees*) hergestellt, der zu den ältesten Käsen Belgiens gehört und dem *Scheppkaas* eng verwandt ist. Für den *Bruxelles* wird teilentrahmte Milch verwendet. Die zunächst etwa 950 g schweren Laibe, die nach einer zweiwöchigen Trocknung unter häufigem Salzen ausgereift werden, kommen in Portionsgrößen von jeweils etwa 160 g Gewicht, heutzutage in Folie verpackt, auf den Markt. Früher wurde er in Kohlblätter eingewickelt. Der würzige, sehr langsam reifende Weichkäse mit Schmiere hat einen Fettgehalt von 30 Prozent Fett i. Tr., eine ganz dünne Rinde und wird vorzugsweise als kräftiger Imbiß mit einem guten belgischen Bier genossen.

Weichkäse mit Schimmelbildung

Camembert – ein Normanne von Weltruf

Der *Camembert* ist ein junger Käse, der erst im 18. Jahrhundert in Frankreich aus Rotschmierkäsen entwickelt wurde.

Im Laufe des 19. Jahrhunderts fand er den Weg auch über die Grenzen Frankreichs hinaus. Heute werden Käse vom Typ des *Camembert* in vielen Ländern hergestellt. In den Dictionnaires von Corneille (1708) und Lamartinère (1741) wird bei einer Beschreibung von Vimoutiers der *Camembert* bereits beschrieben. Als »Mutter« des *Camembert* gilt Marie Harel, eine Bäuerin aus Roiville in der Normandie, die diesen Käse zusammen mit ihrer Tochter und deren Ehemann, Viktor Paynel, auf den umliegenden Märkten nachweislich ab dem Jahre 1791 verkaufte. Wenn Marie Harel, eine geborene Fontaine, auch nicht als die eigentliche Erfinderin des *Camembert* angesehen werden kann, so hat sie doch durch die Einführung einer gleichmäßigen Schimmelflora den Charakter dieses berühmten Botschafters der französischen Käsekunst entscheidend geprägt und durch ein eifriges Marketing wesentliche Impulse für die Verbreitung gegeben. Ihre Tochter mit gleichem Vornamen erbte die Geheimnisse um den Käse von ihrer Mutter, und diese Marie Harel II. war es auch, die dem auf der Durchreise zur Eröffnung der Strecke Paris-Granville befindlichen Napoleon II. einen *Camembert* überreichte. Das Rezept soll ihre Mutter übrigens von einem Mönch erhalten haben,

den sie während der Französischen Revolution, die zu dieser Zeit ihre blutigen Höhepunkte erreichte, vor seinen Verfolgern versteckt hielt.

Eine weitere Verbreitung über die Umgebung von Vimoutiers hinaus und auf die Pariser Märkte war vor rund 200 Jahren noch nicht möglich, denn der *Camembert* wurde damals noch in Stroh verpackt, so wie wir es heute noch beim *Brie* beobachten können. Erst 1890 wurde von einem Monsieur Ridel die Spanholzschachtel entwickelt, die den Siegeszug des *Camembert* um die ganze Welt einleitete. Im Jahre 1910 wandelte Roger den vorher »blauen« *Camembert* durch Verwendung von Schimmelpilzen aus der nordwestfranzösischen Landschaft Bray in den so appetitlich ansprechenden sattgelben Käse um. Von Ridel und Roger wird heute kaum mehr gesprochen, in Erinnerung blieb nur »Mutter« Harel. Der amerikanische Arzt Knirim, der die im Lazarett darniederliegenden Soldaten mit *Camembert* wieder in Schwung brachte, stiftete ihr ein Denkmal, das 1928 in Vimoutiers enthüllt wurde und folgende Inschrift trug:

A MARIE HAREL

CREATRICE DU FROMAGE DE CAMEMBERT

1761

AUX FERMIERES NORMANDES

Vor diesem Denkmal stand eine Statue der Mutter Harel. Bei der alliierten Landungsoperation wurde das Denkmal 1944 zerstört. Aus einer Sammlung der größten amerikanischen Käserei wurden die Mittel für ein neues Denkmal aufgebracht, das eine andere Inschrift bekam.

Zu der Zeit, als der *Camembert* in Frankreich schon eine weite Verbreitung gefunden hatte, gab es in Deutschland noch keine *Camembert*-Produktion. Deutsche Naturwissenschaftler beobachteten auf ihren Studienreisen die bewunderten Vorbilder jenseits des Rheins und berichteten über Einzelheiten der Herstellung, um damit den deutschen Käsereien Anregungen zu geben.

Begleiten wir einmal Lützen und Meyer auf ihren interessanten geschichtlichen Spuren. Sie schildern, wie die für den *Camembert* dickgelegte Milch in feingelochte Zylinder von 12 cm Durchmesser eingefüllt und auf Binsenmatten auf schräggestellten, langen Tischen aufgereiht wurden, damit die Molke besser ablief. Der eigentliche Käseraum hatte eine Temperatur von 18 °C, der anschließend benutzte Trockenraum aber eine konstante Temperatur zwischen 12 und 14 Grad. In diesem Trockenraum wurde der Boden immer mit frischem Stroh ausgelegt, außerdem wurden Fässer mit ungelöschtem Kalk aufgestellt, damit einerseits die Feuchtigkeit gebunden wurde, andererseits aber der Käse keine unerwünschten Gerüche aufnahm. Um die lästigen Fliegen abzuhalten, wurden alle Lüftungsöffnungen mit feinmaschigem Draht verschlossen. Der in der Trockenkammer begonnene Reifungsprozeß fand nach etwa drei Wochen seine Fortsetzung im eigentlichen Käsekeller, wo eine erhöhte Luftfeuchtigkeit (80 Prozent) mit weiter herabgesetzten Temperaturen das optimale

Denkmal der Marie Harel in Vimoutiers.
Errichtet aus amerikanischen Spenden nach dem Zweiten Weltkrieg anstelle des durch Kriegseinwirkungen zerstörten ursprünglichen Denkmals
(Foto: Kielwein)

Reifungsklima ergab. Wenn der diffizile Prozeß wie gewünscht ablief, konnte man den Käse nach weiteren 25 Tagen zum Verzehr ausliefern, wobei schon damals die Tastprobe des erfahrenen Händlers und Verbrauchers das zuverlässigste Beurteilungskriterium darstellte. Wie schwierig zu jener Zeit die Herstellung eines wirklich guten *Camemberts* eingeschätzt wurde, zeigt das Résumé von Dr. Meyer:

»... die Herstellung des *Camemberts* eine äußerst schwierige ist und eine Unsumme von praktischen Erfahrungen erfordert. Nach dem Urteile von Kennern und Fachleuten sind gerade bei dieser Käseart die Schwierigkeiten außerordentliche, ja sogar bedeutender als bei irgendeiner anderen.«

Der fertige Käse war, wie berichtet wird, ca. 3 cm hoch und hatte einen Durchmesser von 10 cm. Der Teig war gleichmäßig fest, gelblich und ohne Lochung. Die Rinde zeigte grünliche Flecken von den Resten der Schimmelbildung. Die Käse wurden zu jeweils 6 Stück in Lattenkisten oder eckige Flechtkörbe in Stroh verpackt und auf den Pariser Märkten verkauft.

Da wegen der leichten Verderblichkeit unter den damaligen Transportbedingungen ein Export kaum möglich war, gingen in Deutsch-

land die Bemühungen dahin, *Camembert* im eigenen Lande zu erzeugen. Im Jahre 1885 schrieb der »Milchwirtschaftliche Verein« eine Preiskonkurrenz zur Herstellung feiner französischer Weichkäse aus, um die sich aber nur 5 Käsereien bewarben, von denen wiederum nur eine ein Erzeugnis einreichte, das der Zulassung für würdig befunden wurde. Näheres über diesen Wettbewerb teilt uns der Chronist leider nicht mit.

Aus anderen Quellen wissen wir aber, daß der damals in Gießen tätige Chemiker Justus von Liebig die Einrichtung einer Käserei in Aufenau bei Wächtersbach (Hessen) anregte, wo unter Anleitung des französischen Käsers Nikolaus Danot zunächst *Briekäse* hergestellt wurde, der dem *Camembert* bekanntlich ähnlich ist. 1878 wurde das Käsewerk von Heinrich Prinz übernommen, es wurde zum Stammhaus der heutigen Käserei in Gensungen. Auch in Groß-Himstedt bei Hannover, in Heinrichstal bei Radeberg und in Soldin begann die *Camembert*-Herstellung. Der bayerische Hoflieferant Konrad Hoefelmayr hatte die Weichkäseherstellung während eines einjährigen Frankreichaufenthaltes genau studiert und erzeugte alsbald einen Käse, von dem Dr. Meyer anerkennend schrieb: »Ich selbst hatte Gelegenheit, seine in Bayern hergestellten Fabrikate zu prüfen; dieselben stehen wohl in keiner Weise hinter den französischen zurück.«

Die *Camembert*-Herstellung hat in der Zwischenzeit in Deutschland eine weite Verbreitung gefunden und in Qualität und Menge eine beachtliche Höhe erreicht. Wenn auf dem deutschen Markt der französische *Camembert* dem deutschen oft vorgezogen wird, so ist dies in erster Linie damit zu begründen, daß das französische Angebot die fetthaltigeren Käse enthält, die selbstverständlich ein volleres Aroma und eine geschmeidigere Konsistenz entwickeln. Während in Deutschland von Anfang an *Camembert* industriell hergestellt wurde, fand in Frankreich bis etwa 1880 die Herstellung des *Camembert* nur auf den Bauernhöfen statt. Der *Camembert* mit dem weißen Schimmelrasen, so wie wir ihn heute kaufen können, ist als solcher erst seit 1910 bekannt. Vorher waren die Käse mit einem Blauschimmelrasen besetzt, der aus *Penicillium album (Penicillium camembertii)* und *Penicillium glaucum* bestand. Im Jahre 1910 wurde dann der noch heute gebräuchliche Schimmelpilz *Penicillium candidum* eingeführt, der auf den Käsen einen weißen, samtigen Rasen bildet.

Da zu Recht immer wieder empfohlen wird, verschimmelte oder auch nur angeschimmelte Lebensmittel zu verwerfen, weil eine Reihe von Schimmelpilzen Giftstoffe (Mykotoxine-Aflatoxine) bilden kann, sind auch die Schimmelpilzkäse genau darauf untersucht worden, ob sie nicht etwa Giftstoffe enthalten könnten. Zahlreiche Untersuchungen haben zum Glück bestätigt, daß wir nicht auf den geliebten *Camembert* verzichten müssen, denn der Pilz *Penicillium candidum* bildet auch nicht die Spur von Giftstoffen.

In Deutschland wird der *Camembert* praktisch nur aus pasteurisierter Kuhmilch hergestellt. In Frankreich wird zum *Camembert* sowohl Rohmilch wie auch pasteurisierte Milch verkäst. Ein Verbot, die Kes-

Französische Käseplatte
(Foto: Sopexa)

selmilch für den *Camembert* zu pasteurisieren, ist zwar nicht ausdrücklich ausgesprochen worden, jedoch hat das »Syndicat des Fabricants du véritable Camembert de Normandie« für seine Mitglieder ein solches Verbot erlassen. Wird in Frankreich *Camembert* aus pasteurisierter Milch hergestellt, so muß dieser Käse mit dem Vermerk »*Camembert fabriqué avec du lait pasteurisé*« gekennzeichnet werden. In Frankreich wird streng unterschieden zwischen dem *Véritable Camembert* und den camembertähnlichen Käsen, die oft mit Fantasienamen bezeichnet werden. Für den *Véritable Camembert* sind ein Trockenmassegehalt von mindestens 47 Prozent und ein Fettgehalt von mindestens 45 Prozent i. Tr. vorgeschrieben.

Hergestellt wird der *Camembert* nur aus Kuhmilch in Form flacher Zylinder, die einen Durchmesser von 10,5 bis 11 cm und ein Gewicht von 240 bis 280 g und beim *Petit Camembert* einen Durchmesser von 8 bis 8,5 cm und ein Gewicht von 135 bis 145 g aufweisen. Eine

Teilung der Käse in Portionen ist nicht zulässig, da ein Käse, der weniger als 110 g Trockenmasse aufweist, nicht mehr *Camembert* genannt werden darf. Bei den camembertähnlichen Käsen, die auch mit einem Fettgehalt von unter 40 Prozent i. Tr. hergestellt werden dürfen, herrscht zwar auch die runde Form vor, die jedoch zuweilen hälftig geteilt wird (»demi-lune = Halbmond«). Fetthaltigere Käse aus der Gruppe der camembertähnlichen sind sehr häufig an ihrer ovalen, Spindel- oder Rhombusform zu erkennen. Das Syndicat des Fabricants du véritable Camembert de Normandie stellt seinen Mitgliedern Markenzeichen (Label) zur Verfügung, sofern ihr Käse aus ausgesuchter Milch – ausschließlich aus dem Gebiet des früheren Herzogtums Normandie – stammt, und falls die Käse einer strengen Prüfung standhalten.

In Deutschland durfte *Camembert* früher nur in runder Form und deren Teilung hergestellt werden. Ab 1957 war auch die Viereck- und Rechteckform zugelassen. Heute gibt es für die Form keine Vorschriften mehr, nur die Gewichte müssen zwischen 80 und 400 g liegen.

Die Herstellung des *Camembert* in Deutschland und in der Normandie unterscheidet sich im Prinzip nur sehr wenig, wenn man davon absieht, daß in Deutschland praktisch nur pasteurisierte Milch und in Frankreich noch Rohmilch verkäst wird. In Deutschland setzte sich die mechanische *Camembert*-Herstellung weitgehend durch. Dies bedeutete dann eine starke Variation der Herstellungstechnik. Das Grundprinzip der *Camembert*-Herstellung beinhaltet folgende Arbeitsgänge:

Der Kesselmilch werden Säurewecker, Schimmelpilzkultur und Lab zugesetzt. Nach dem Dicklegen wird die Gallerte sehr sorgfältig verschnitten. Die betriebsspezifisch erwünschte Bruchgröße schwankt zwischen einem und vier cm Durchmesser. Der Bruch wird etwa 25 Minuten nach dem Verschneiden in Formen ausgeschöpft. Nach kurzem Stehen der Käse in den Formen werden sie zum ersten Mal gewendet. Das Wenden wird in den nächsten Stunden, während die Käsemasse säuert und die Molke abläuft, noch mehrmals wiederholt. Nach etwa 20 Stunden kommen die Käse aus der Form in ein Salzbad, in dem sie je nach Größe 40 bis 150 Minuten verbleiben. In Frankreich wird vielfach noch trocken gesalzen. Anschließend an die Salzung werden die Käse bei einer Temperatur, die von 19 auf 17 °C gesenkt wird, bis zu 2 Tagen im Trockenraum getrocknet. Durch Einsatz von Ventilatoren wird vielfach die Trockungszeit erheblich abgekürzt. Im Reifungsraum, der eine höhere Luftfeuchtigkeit aufweist als der Trockenraum, wird die ursprüngliche Temperatur von 16 °C langsam auf 14 °C gesenkt. Nach etwa 3 bis 4 Tagen wird das erste Schimmelwachstum sichtbar. Nach 9 bis 11 Tagen ist die Schimmelbildung dann soweit fortgeschritten, daß die Käse verpackt werden können. In den folgenden 10 Tagen reifen die Käse dann auf ihrem Transport, im Käsegeschäft und beim Verbraucher zur Genußreife, sofern sie nicht im Kühlschrank gelagert werden.

Auf großen Horden reift der Camembert in den Reifungsräumen moderner Großbetriebe
(Foto: Luh)

Die Bruchmasse für den
Camembert wird in Formen gefüllt
(Foto: Sopexa)

Ein *Camembert*, der längere Zeit im Kühlschrank aufbewahrt wurde, kann in seiner Reifung so gestört werden, daß das erwünschte »Weichwerden« nicht mehr eintritt – der Käse »verhockt«. Während in Deutschland der *Camembert* in halbreifem Zustand mit der Rinde verzehrt wird, bevorzugt der Franzose einen voll durchgereiften Teig, bei dem aber noch kein Ammoniakgeruch den Genuß beeinträchtigt. In Frankreich wird die Rinde des sehr reifen *Camembert* häufig vor dem Verzehr entfernt, da mitunter auch Rotschmiere auf der Rinde angesiedelt ist.

Der *Camembert* wird als Dessert gegessen. Er eignet sich aber auch zum Imbiß, als Appetithappen und als Bestandteil einer Käseplatte. Die Klagen der Käsekenner, die nach dem vernichtenden Test der strengen Gourmets Gault und Millau (Autoren mehrerer gastronomischer Bücher und Herausgeber einer entsprechenden, über Frankreich hinaus renommierten Monatszeitschrift) in ganz Frankreich wegen der bis zur belanglosen Mittelmäßigkeit absinkenden Güte des *Camembert* laut wurden, treffen nicht die in klassischer Weise, sondern die fabrikmäßig hergestellten Käse. Der Einkauf des richtigen *Camembert* zum richtigen Zeitpunkt ist eine Kunst, die man lernen kann und in der die französischen Käsefreunde auf eine lange Tradition zurückblicken können. Der Steckbrief gibt Ihnen hierzu wertvolle Fingerzeige. Treffen Sie einen *Camembert* im bereits fortgeschrittenen Reifezustand an, so sollten Sie ihn zu einem »*Obatzten*« verarbeiten (siehe Rezeptteil).

Steckbrief der Camembertkäse

Rohmilch-Camembert aus der
Normandie
(Foto: Kielwein-Daun)

Form und Größe

Véritable Camembert: Flache Laibe, Durchmesser ca. 11 oder 8 cm, Gewicht 240 bis 280 g oder 135 bis 145 g (Petit Camembert).
Camembert-ähnliche Weichkäse (frz.): Runde, ovale, spindelförmige oder rhombusförmige Laibe, Gewicht etwa 250 g.
Deutscher Camembert: Rundform: Durchmesser 6 bis 11 cm, Gewicht 80 bis 330 g, auch Hälften oder Sektoren. Viereckform: Gewicht 130 bis 140 g.

Rinde	Schneeweiße, geschlossene Schimmelschicht mit leichter Verhärtung. Bei älteren Käsen nimmt die Schimmelschicht einen leicht bräunlichen Farbton an. Französische Camembertkäse werden am Rand oft leicht rötlich (Schmierenbildung).
Teig	Weiß bis gelblich, im Verlauf der Reifung gelb transparent. Konsistenz im frischen Zustand weich-brüchig, dann geschmeidig-plastisch und schließlich weich-speckig. Keine Lochbildung.
Trockenmasse, Fettgehalt und Eiweißgehalt	Véritable Camembert: Trockenmasse 47 %, Fett i.Tr. 45 bis 55 %. In 100 g Käse 21 bis 26 g Fett und 17 bis 21 g Eiweiß. Camembert-ähnliche Weichkäse (frz.): Trockenmasse 42 bis 47 %, Fett i.Tr. 40 bis 55 % (teilweise noch höher). In 100 g Käse sind 16 bis 26 g Fett und 16 bis 21 g Eiweiß. Deutscher Camembert: Trockenmasse 38 bis 52 %, fett i. Tr. 30 bis 85 %. in 100 g Käse 11 bis 44 g Fett und 17 bis 24 g Eiweiß.
Geschmack	Zunächst mild und leicht säuerlich, im Rindenteil champignonartig, dann vom Inneren ausgehend aromatisch. Im überreifen Zustand sind französische Camembertkäse oft leicht seifig, die deutschen ammoniakalisch.
Herstellung	Der Véritable Camembert wird häufig aus Rohmilch hergestellt. Für die camembertähnlichen französischen Weichkäse und die deutschen Camembertkäse wird pasteurisierte Milch verwendet. Die französischen Camembertkäse reifen bei niedereren Temperaturen als die deutschen und sind daher später reif.
Aufbewahrung im Haushalt	Bis der Käse die gewünschte Reife erreicht hat, sollte er bei 12 bis 16 °C in der Originalverpackung gelagert werden. Erst die reifen Käse lagert man in der Packung im Gemüsefach des Kühlschranks.
Verwendung	Als Dessert, auf Imbißbroten, zu Käseplatten, als Appetithappen oder in Croquetten. Zu empfehlen ist, bei gut reifen Käsen die etwas bittere Rinde zu entfernen, wie es die Franzosen tun.
Passende Weine	Feinblumige, kräftige Weißweine (Morio-Muskat, Ruländer), weiche, elegante Rotweine (Blauburgunder, Côtes-du-Rhône, Vougeot).
So ist er am besten	Die Rinde muß von einem sandigen Weiß sein. Beim französischen Camembert ist eine leicht rötliche bis bräunliche Pigmentation erwünscht. Der Kenner wertet dies als Zeichen dafür, daß der Käse »kommt« und nach spätestens einem Tag die ideale Verzehrreife erreicht hat. Der Kern des Camemberts soll weich sein, ohne jedoch zu »laufen«, was am besten durch Tasten geprüft wird. Der Geruch soll bukettreich und leicht champignonartig sein, der Teig gelblich und leicht transparent sowie plastisch.
So darf er nicht sein	Braune Rinde und ammoniakalischer Geruch zeigen an, daß der Camembert seinen Höhepunkt bereits überschritten hat und schon bitter schmeckt. Käse, die »laufen« oder randweich sind, das heißt, die einen fast verflüssigten Rand bei festem Kern aufweisen, soll man nicht kaufen. Dies gilt auch für Käse, die schwammig aufgetrieben sind. Vorsicht ist geboten bei Käsen, bei denen in die weiße Pilzschicht grünliche Farbflecken eingelagert sind, denn dies weist darauf hin, daß Fremdpilze den Käse verunreinigt haben.

Fromage de Brie – ein königlicher Käse

Der Dichter Saint-Amant (1594–1661), ein fröhlicher Genußmensch, vergleicht den *Brie* mit dem Golde und preist diese »eingemachte Quitte des Bacchus« in einem längeren Gedicht. Ähnlich blumenreich ist die Metapher, die Grimod de la Reynière sich im späten 18. Jahrhundert einfallen ließ: »Biskuit des Trunkenen« nannte er den *Brie*.

Die Heimat des *Brie* ist jener fruchtbare Landstrich gleichen Namens, der von den Flüssen Marne und Seine umschlossen wird; sie ist Teil der Kernlandschaft Frankreichs mit der Metropole Paris als Mittelpunkt, der Ile de France, die im 15. Jahrhundert zur Provinz wurde und heute 8 Départements umfaßt.

Das »Juwel der Ile de France«, wie der *Briekäse* auch genannt wird, war in Paris schon lange ein begehrter Käse, ehe er dann über Nacht weltberühmt werden sollte. Auf dem Wiener Kongreß (1814 bis 1815), wo die Herrscher und Diplomaten Europas die Fundamente des nachnapoleonischen Zeitalters legten, soll auf einem der zahlreichen Bankette oder Bälle die Frage nach dem besten Käse der Welt die Gemüter einmal ebenso erregt haben wie die große Politik. Auf Vorschlag des großen französischen Diplomaten und Gourmets Talleyrand wurde auf einem der nächsten Bankette eine Art Käseschau arrangiert. So wie Talleyrand es prophezeit hatte, wurde der heutige *Brie de Meaux* (der gekrönte kam von einem Monsieur Baulny in Villeroy) als bester von 60 Käsen herausgestellt und einstimmig zum »Roi des fromages«, zum König der Käse, gewählt.

»Frankreich hatte einen Krieg verloren, aber die Welt hatte einen Käse gewonnen.« (Androuët)

Dieser *Brie* aber war nicht nur der König der Käse geworden, sondern er war schon lange vorher der Käse der Könige. So schätzte ihn Ludwig XII. ebenso wie Heinrich IV. (Vater Ludwigs XIII.), der diesen Käse durch die Königin Margot kennengelernt hatte, welche durch ihr bewegtes Liebesleben nicht nur in Paris Furore machte. Mit dem *Brie de Meaux* soll auch Maria Lescinska, Gattin Ludwigs XV. und Königin von Frankreich, ihre aristokratischen Pasteten »bouchées à la Reine« bereitet haben. Auch der Dichter Alexandre Dumas muß den *Brie* hoch geschätzt haben, denn seine »Drei Musketiere« beendeten jede ihrer Mahlzeiten mit diesem duftigen Käse.

Die Geschichte des *Brie* läßt sich aber noch weiter zurückverfolgen. Schon in den Protokollen des Gerichtshofes der Champagne von 1212 wird ein »*fromage du pays de Brie*«, also ein Käse aus der Provinz La Brie im östlich von Paris gelegenen Département Seine-et-Marne, genannt. Auch der *Brie* war anfänglich, ähnlich wie der *Camembert*, ein Rotschmierkäse mit einem gelegentlichen Schimmelbelag, der bis zur Mitte des 19. Jahrhunderts ausschließlich auf den Bauernhöfen hergestellt wurde (*Brie fermier*).

Heute wird der meiste *Brie* molkereimäßig produziert, wobei mit Ausnahme des *Brie de Melun* die Kesselmilch oder auch der Käse selbst mit dem weißen Schimmelpilz *Penicillium candidum* beimpft wird.

Brie fermier –
hergestellt auf dem Bauernhof
(Foto: Kielwein)

Während man in Deutschland gewohnt ist, schlechthin vom »Brie« zu sprechen, unterscheidet der Franzose zwischen mehreren Sorten: Der größte aller französischen *Briekäse* ist der *Brie de Meaux*, den man vor dem Verzehr zur vollen Reife kommen läßt. Auch der *Brie de Melun*, dessen Reifung auf einem natürlichen Pilzbefall beruht, findet seine Liebhaber erst in vollreifem Zustand. Vom *Brie de Melun* gibt es noch die Varianten *Brie de Montereau* und *Ville Saint Jacques*.

Früher war es üblich, in den Sommermonaten einen *Brie* herzustellen, der zur besseren Haltbarkeit mit Asche bestreut wurde, der *Cendré de Brie*.

Auch nach Form und Größe lassen sich die *Briekäse* unterscheiden: *Tarte de Brie* (Torten-Brie), *Pointes de Brie* (Briespitzen) und *Pâte de Brie* (Brieteig). Der kleine *Brie* (*Petit Brie*) mit seinem milden

Brie – Coulommiers
(Foto: Sopexa)

Die Bäuerin Mme. Denise Storme ist verantwortlich für das Gelingen des selten gewordenen Coulommiers fermier
(Foto: Luh)

Aroma, der gern in unreifem Zustand, wenn gerade auch die ersten Pilzkolonien erscheinen, verzehrt wird, ist auch als *Brie de Coulommiers* bekannt und wird heute als eigenständiger Käse geführt (siehe *Coulommiers*).

Die Herstellung des *Brie* gleicht in den Grundzügen der des *Camembert*. Verkäst wird ein Gemisch aus vorgereifter Abendmilch und frischer Morgenmilch. Der französische *Brie* wird trocken gesalzen. Zunächst wird bei den 12 Stunden alten Käsen eine Seite mit grobem Salz eingerieben, dies ist das »Salz der zwölf Stunden« (sel des douze heures). Die genaue Einhaltung dieser 12 Stunden für das Salzen ist außerordentlich wichtig, damit die Rindenbildung nicht gestört wird. Nach weiteren 10 bis 12 Stunden wird dann die andere Seite mit feinem Salz eingerieben. Obwohl häufig bereits der Kesselmilch Kulturen beigegeben werden, besprüht man die gesalzenen Käse, sobald sie trocken sind, mit der Schimmelkultur. Der *Brie* reift bei einer relativ niedrigen Temperatur von 10 bis 12 °C etwa vier Wochen lang. Die Reifungsdauer kann aber, wenn niedrigere Temperaturen gewählt werden, auch mehrere Monate dauern.

In Deutschland wird der *Brie* in verschiedenen Formen und Größen im Gewicht zwischen 1 und 3 kg hergestellt. Im Gegensatz zu Frankreich, wo die ganzen *Brie*-Kuchen in den Handel kommen, wird deutscher *Brie* nur in einzeln verpackten Teilstücken (Sektoren) verkauft. Abgesehen davon, daß man die Kesselmilch stärker reifen läßt, wird in Deutschland der *Brie* in der gleichen Weise hergestellt wie der *Camembert*.

Der *Brie* ist ein bevorzugter Dessertkäse, der sich auch vorzüglich zu einem Imbiß eignet. Je nach Herstellungsart und Reifestadium ist er mild-aromatisch, ganz leicht säuerlich oder auch kräftig bis pikant. Den meisten Zuspruch finden die Käse milder Geschmacksrichtung. Wegen seines feinen Nußgeschmacks und der Feinheit des Teiges hat man ihn auch als »Feinbäckerei-Käse« gepriesen.

Der deutsche Käsefreund steht dem vollreifen *Brie*, besonders aus den Bauernhöfen, meist etwas skeptisch gegenüber. Er sollte aber bedenken, daß nur der ausgereifte *Brie* sein volles Aroma abgibt. Wer einen *Brie* mit noch hartem, festem Kern wählt, bringt sich um das Beste am *Brie*-Genuß und sollte nicht überrascht sein, wenn sich dieser Käse als schwer verdaulich herausstellt.

Auf eine Besonderheit sollte der kundige Käufer an der Käsetheke achten: Da die Käse zum Zwecke des besseren Ablaufens der Molke auf geneigten Regalen aufgestellt werden, verrutscht bei etlichen Exemplaren die Käsemasse ein wenig, und die fertigen Torten sind leicht uneben. Da die Reifung in den dickeren Partien verzögert abläuft, sollte man immer zu einem dünneren Teil greifen.

Weitere große Käse mit Außenschimmel

Coulommiers

Neben *Camembert* und *Brie* gibt es noch einige Weichkäse mit Schimmelbildung, die wegen ihrer überregionalen Bedeutung oder ihrer Besonderheiten die Aufmerksamkeit des Lesers verdienen.

Der *Coulommiers* ist der kleine Bruder des *Brie* und steht hinsichtlich seiner Größe und Eigenschaften zwischen *Brie* und *Camembert*, wird aber meist den *Briekäsen* zugerechnet. Seit 1933 ist der *Coulommiers* definiert und gilt somit als selbständiger Käse. Der Ursprung des *Coulommiers*, dessen Name auf die gleichnamige Stadt in der Ile de France zurückgeht, liegt im 11. Jahrhundert. Schon lange wird er auf den Pariser Märkten gehandelt und hochgeschätzt.

Heute wird er vornehmlich in den Départements Aube, Seine-et-Marne und Marne-et-Meuse hergestellt. Er kommt in Form flacher Zylinder mit einem Durchmesser zwischen 12,5 und 15 cm und einem Gewicht zwischen 300 und 500 g in den Handel. Die Käse sind von einem dünnen, weichen Schimmelrasen bedeckt. Der Fettgehalt i. Tr. liegt zwischen 45 und 50 Prozent (etwa 22,5 g Fett in 100 g Käse). Der *Coulommiers* wird frisch oder ausgereift verzehrt. Der frische Käse ist im Geschmack noch leicht säuerlich, der gereifte besitzt ein mildes, aber dennoch volles Aroma. Den für *Coulommiers* aus den Bauernhöfen typischen Mandelgeschmack vermißt der Gourmet bei den Molkereikäsen.

Steckbrief der Briekäse

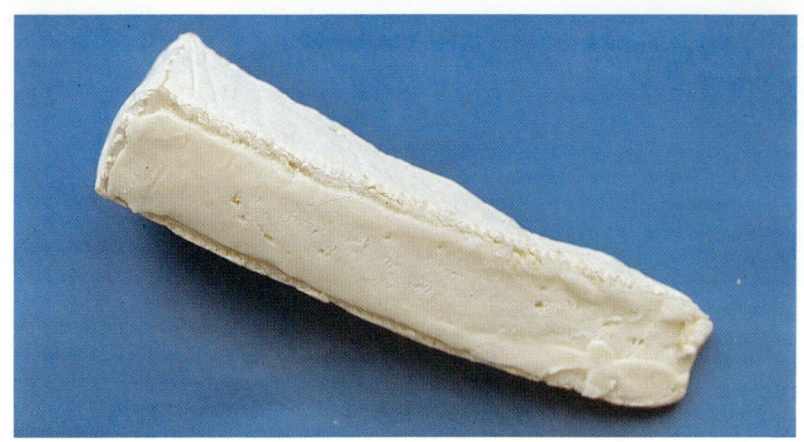

(Foto: Kielwein-Daun)

Form und Größe	Brie de Meaux: Flacher Laib, Durchmesser 36 bis 40 cm, Höhe 1,5 bis 2 cm, Gewicht 2,0 bis 2,5 kg.
	Brie de Melun: Flacher Laib, Durchmesser 24 cm, Höhe 3 cm, Gewicht ca. 1,5 kg.
	Brie de Coulommiers: Flacher Laib, Durchmesser 25 cm, Höhe 3 cm, Gewicht 1,25 kg.
	Deutscher Brie: Verschiedene Formen und Größen. Gewicht 1 bis 3 kg. Laibe meist geteilt in 10 Sektoren.
Rinde	Brie de Meaux: Weißer, geschlossener Schimmelrasen, manchmal zeigt der Rand Rotschmiere.
	Brie de Melun: Grau-blauer bis hellblau-weißlicher Schimmelrasen.
	Brie de Coulommiers: Weißer, geschlossener Schimmelrasen, leichte Rotschmiere am Rand.
	Deutscher Brie: Reinweißer, gleichmäßiger Schimmelrasen.
Teig	Cremeweiß bis goldgelb und fest. Beim Brie de Meaux ist der Teig geschmeidig, beim Brie de Melun etwas krümelig und beim deutschen Brie weich-elastisch bis plastisch und nicht so geschmeidig (lang) wie beim Brie de Meaux.
Trockenmasse, Fettgehalt und Eiweißgehalt	Französischer Brie muß mindestens 44% Trockenmasse aufweisen, beim deutschen Brie schwankt die Trockenmasse zwischen 44 und 52%. Beim französischen Brie beträgt der Fettgehalt mindestens 40%, meistens 45% und gelegentlich 50% i. Tr., d. h. in 100 g Käse sind 17 bis 22 g Fett enthalten. Der Fettgehalt der deutschen Briekäse liegt zwischen 45 und 60% i. Tr. In 100 g Käse sind 19 bis 30 g Fett enthalten. Der Eiweißgehalt schwankt, er liegt zwischen 20 und 25 g je 100 g Käse.
Geschmack	Angenehm mild und aromatisch, beim Brie de Melun kräftig bis pikant.
Herstellung	Ähnlich dem Camembert.
Aufbewahrung im Haushalt	Wie der Camembert darf auch der Brie erst in reifem Zustand im Kühlschrank aufbewahrt werden. Vorher lagert man ihn besser bei 12 bis 16 °C.
Verwendung	Als Dessert, zum Imbiß, zu Käsekroketten. Ein ganzer Tortenbrie ist die Zierde eines jeden Käsebuffets.
Passende Weine	Nervige, fruchtige Rotweine (Bordeaux, Burgunder), harmonisch-

runde Weißweine (Silvaner aus Rheinhessen, dem Kochertal).

| So ist er am besten | Tadellose Rinde. Bei französischen Briekäsen ist eine geringe Rotschmiere erwünscht. Die Konsistenz soll weich, aber noch nicht fließend sein, beim Brie de Melun etwas elastisch. Man erwartet einen champignonartigen Geruch und einen mild-aromatischen Geschmack, beim Brie de Melun soll ein kräftiger Gärgeruch vorhanden sein, und das Aroma soll bukettreich sein. |

So ist er am besten Tadellose Rinde. Bei französischen Briekäsen ist eine geringe Rotschmiere erwünscht. Die Konsistenz soll weich, aber noch nicht fließend sein, beim Brie de Melun etwas elastisch. Man erwartet einen champignonartigen Geruch und einen mild-aromatischen Geschmack, beim Brie de Melun soll ein kräftiger Gärgeruch vorhanden sein, und das Aroma soll bukettreich sein.

So darf er nicht sein Außer beim Melun rote Rinde, fester oder fließender Teig, bitterer Geschmack, Ammoniakgeruch, zu stark salzig. Die weiteren, beim Camembert beschriebenen Fehler treten auch beim Brie auf.

Olivet

Der *Olivet* wird heute nach der Art des *Coulommiers* hergestellt. Seinen Namen leitet er von dem südlich Orléans gelegenen Ort gleichen Namens ab. Er kommt häufig noch von den Bauernhöfen im Département Loiret.

Vom *Olivet* kennen wir drei Typen:

1. Nicht gereifte Käse aus Kuhmilch, denen oft noch Rahm zugesetzt wird und die im Sommer als weiße Frischkäse verzehrt werden.
2. Halbreife, manchmal blaugefärbte Käse (Schimmel!), deren Ausgangsmilch teilweise entrahmt wird. Dieser Typ ist der am weitesten verbreitete.
3. Vollgereifte Käse, die aus teilentrahmter Milch gemacht werden.

La Butte – eine Spezialität aus
Coulommiers
(Foto: Kielwein)

Die Bauernkäse werden in Blätter eingeschlagen und mit Asche bestreut, die beim Verbrennen der Kämme (Stiele) von Weintrauben anfällt. Der molkereimäßig hergestellte *Olivet* wird entweder in Heu eingepackt (*Olivet au foin*) oder mit Asche bestreut (*Olivet Cendré*). Früher reiften die Bauern den Käse in Wein- oder Platanenblättern. Der *Cendré* wurde rundum dicht mit Asche bestreut, um ihn für die Erntezeit und die Weinlese besser bevorraten zu können.

Der halbgereifte *Olivet* wird auch als *Olivet bleu* bezeichnet, da sich auf seiner Oberfläche ein bläulicher Schimmel ansiedelt. Bei den vollreifen Käsen setzt sich weißer Schimmel durch. Da der *Olivet* nicht zu den definierten Käsen gehört, schwankt seine Zusammensetzung häufig stark. Der Teig des in flachen Zylindern von 150 bis 200 g Gewicht gefertigten *Olivet* ist weich-speckig, sein Geschmack würzig und kräftig. Allgemein kann man von einem Fettgehalt zwischen 40 und 56 Prozent Fett i. Tr. ausgehen. Der *Olivet* liebt kräftige Rotweine als Begleiter.

Carré de l'Est

Der erst seit Ende der dreißiger Jahre unseres Jahrhunderts hergestellte Weichkäse mit Schimmelbildung wurde als Konkurrenzprodukt zu *Camembert, Brie* und *Coulommiers* entwickelt. Sein Name erklärt die quadratische Form und die Herkunft aus dem Osten Frankreichs. Dieser 1941 definierte Käse wird in den Départements Vosges, Marne, Haute-Marne, Meuse und Moselle produziert. Die

Käse haben ein Gewicht von 100 bis 250 g, neben denen es noch die kleinere Exporteinheit *Petit Carré* gibt. Sie sind vollständig von einer weißen Schimmelschicht bedeckt. Ihre Herstellung ähnelt stark der des *Camemberts*, doch findet eine etwas stärkere Bruchbehandlung statt. Dadurch bildet sich ein etwas festerer Teig, wodurch auch die vollreifen Käse noch einen festen Kern haben. Der *Carré de l'Est* kommt der deutschen Verbrauchererwartung von *Camembert* näher als der »*véritable*« *Camembert* aus der Normandie. Die Franzosen schätzen ihn wegen seiner mangelnden Individualität nicht besonders. Im frühreifen Stadium ist der Geschmack noch leicht säuerlich; wenn die Käse ausgereift sind, schmecken sie mild-aromatisch. Ein leichter Burgunder paßt am besten zum *Carré de l'Est*.

Saint-Marcellin

Dieser Weichkäse mit Schimmelbildung, der bereits 1461 auf den königlichen Tafeln im Louvre serviert wurde, wird seit 1900 in Saint-Marcellin (Département Isère) fast nur noch fabrikmäßig hergestellt. Ursprünglich war er ein reiner Ziegenmilchkäse und hat sich aus dem *Tomme* entwickelt. Heute nimmt man Kuhmilch. Er wird als Frischkäse ebenso geschätzt wie als vollreifer Käse. Die reifen Käse sind mit weißen und blauen Schimmelpilzen überzogen; ihr Ge-

schmack liegt zwischen dem eines *Camembert* und eines *Livarot* mit einer leicht ammoniakalischen Komponente. Kommen sie als Frischkäse in den Handel, so sind sie häufig mit Kräutern und Gewürzen vermischt und in Kastanienblätter eingeschlagen. Das Aroma dieser Käse ist frisch-säuerlich und bekommt seinen spezifischen Charakter von den besonderen Zutaten. Leichte Beaujolais und milde Côtes-du-Rhône-Weine passen am besten dazu. Über den *Saint-Marcellin* und König Ludwig XI. gibt es eine schöne Geschichte, die man noch heute erzählt:

Auf der Jagd im Dauphiné soll sich Louis XI. im Unterholz allein verirrt haben. Plötzlich sah er sich einem Bären gegenüber. Ohne Chance gegen das bullige Tier rief er die heilige Jungfrau an und legte das Gelübde ab, dem Dorf, dessen Bewohner ihn aus der Gefahr retten würden, eine wohltätige Stiftung zu machen. Zwei Holzfäller hörten sein Rufen, vertrieben den Bären und brachten den Dauphin in ihre Hütte. Dem Hungrigen konnten sie nichts weiter anbieten als Brot und Käse: *Saint-Marcellin* aus der Gegend. Der Dauphin war begeistert. Die beiden Holzfäller wurden 1447 geadelt, die versprochene Geldprämie bekamen sie allerdings von dem als geizig bekannten Ludwig nie zu sehen. Um mit dem Himmel ins Reine zu kommen, begründete er in dem Dorf Laurent-en-Royans am dritten Sonntag nach Ostern eine Tradition, die ihn nichts kostete, aber bis in unsere Zeit lebendig geblieben ist: Der Pfarrer und alle seine Nachfolger ›ad infinitum‹ dürfen auf einer Auktion die Titel eines Königs von Royans und viele andere Adelsprädikate verkaufen.

Caprice des Dieux

Der Weichkäse, der von einer Käserei in Bassigny in der Champagne hergestellt wird, hat auf dem deutschen Markt einen durchschlagenden Erfolg erzielt. Der aus pasteurisierter Kuhmilch gemachte Außenschimmelkäse hat eine ovale Form, durchweg ein Gewicht von 200 g und kommt in Schachteln verpackt auf den Markt. Hinter dem Markennamen steckt ein cremiger Käse (60 Prozent Fett i. Tr.), der als Dessertkäse immer seine Freunde findet. Ein leichter Beaujolais oder Portugieser steigern das Vergnügen des Gourmets!

Chaource

Seit dem 16. Jahrhundert kennt man den im Teig leicht krümeligen, aber bei 50 Prozent Fettgehalt sehr sahnigen und geschmeidigen *Chaource*, der nach dem Hauptmarkt in der Champagne benannt wurde und dessen Herkunft seit 1970 durch ein Dekret geschützt ist. Er kommt leicht gereift oder gereift (mit dünner Schimmelhaut) auf die Märkte. Man trifft ihn auch mit einer gelblichen, leichten Schmiere an. Höhe 6 cm, Durchmesser 12 cm, Gewicht 600 bis 650 g, fruchtig im Geruch, nußartig und leicht säuerlich im Geschmack, das sind seine Merkmale, die für die noch auf Bauernhöfen gemachten Käse ebenso zutreffen wie für die Molkerei-Laibe. Der *Chaource*, ein leckerer Dessertkäse, liebt die fruchtigen Weißweine, etwa Chablis, gleichermaßen wie die fruchtig-nervigen Roten. Am besten ist er im Frühsommer, wenn die Kühe das beste Futter antreffen.

Frischkäse

Unter Frischkäse versteht man ungereiften Käse, bei dessen Herstellung der Käsestoff (Quark) durch Säure- oder/und Labgerinnung aus der Milch abgetrennt wird. Die ausgefällte, von der Molke getrennte Bruchmasse wird ausgeformt und entweder gereift oder ungereift zum Verzehr angeboten. Der Wassergehalt der Frischkäse ist sehr hoch, der Fettgehalt unterschiedlich.

Frischkäse wurden wegen ihrer geringen Haltbarkeit früher nur zum Eigenverbrauch hergestellt. Der künstlichen Kühlung ist es zu verdanken, daß die molkereimäßig aus pasteurisierter Milch produzierten Frischkäse auch ungefährdet lange Reisen antreten können. Handel und Verbraucher müssen aber darauf achten, daß der Käse im Kühlschrank gelagert wird, denn die Haltbarkeit ist nur von kurzer Dauer.

Neben Rahm- und Doppelrahmfrischkäsen zählt auch der Quark zu dieser Gruppe. Während die Bauern in Frankreich schon seit Jahrhunderten Rahmfrischkäse herstellen, war in Deutschland seit altersher der Quark bekannt. Tacitus zählte schon zu den täglichen Speisen der Germanen »lac concretum«.

Französische Frischkäse

Die zahlreichen und in sich recht verschiedenen französischen Frischkäse hatten früher nur lokale Bedeutung und waren unter Bezeichnungen wie *Fromage frais, Fromage blanc, Fromage à la pie* und *Pâte fraiche* bekannt. Mit der Produktion in Molkereien kam auch die Sortenbezeichnung auf. Die Käse müssen neben ihrem Namen den Zusatz »*Fromage frais*« tragen, mit Ausnahme definierter Frischkäse, wie z. B. »*Suisse*« und »*Demi-Sel*«. Die Franzosen unterscheiden zwischen Frischkäse ganz allgemein (pâte fraîche) und geformtem Frischkäse (pâte moulée). Manchmal werden diese Käse auch stärker gereift als allgemein üblich und stellen so ein Mittelding zwischen Frischkäse und Weichkäse dar.

Suisse (Demi-Suisse, Petit Suisse)

Dieser beliebteste französische Frischkäse ist seit 1850 unter diesem Namen bekannt. Die im englischen Sprachraum verwendete Bezeichnung »Swiss« steht dort für den *Emmentaler*, in Frankreich aber hat es mit der Namensgebung eine andere Bewandtnis. In Villiers (Bray), einem kleinen Ort in der käsereichen Normandie, stellte die Bäuerin Madame Héroult einen Frischkäse her, den ihr Schweizer »Gastarbeiter« zum Großmarkt Les Halles in Paris brachte. Eines Tages nun schlug dieser Schweizer ihr vor, dem frischen Käse noch Rahm zuzusetzen, so, wie er es aus seiner Heimat kannte. Als der Melker nach den frischen oder gereiften Bondons nun diesen überfetten Frischkäse anbrachte, waren die Abnehmer begeistert. Madame Héroult aber nannte diese neue Variante zu Ehren des »Erfinders« ganz einfach *Suisse*.

Vielleicht wäre das Ganze eine lokale Rarität geblieben, hätte es auf dem legendären Pariser Großmarkt nicht die vom Handelsgericht zugelassenen Mandataires aux Halles gegeben, Zwischenhändler zwischen den Produzenten in der Provinz und den Einzelhändlern in der Hauptstadt. Einer nämlich, der die neuen Frischkäse aus Villiers-sur-Auchy weiterverkaufte, hatte einen Angestellten, der von den *Petits-Suisses* ganz begeistert war: Charles Gervais. Er tat sich mit der Bäuerin zusammen, ließ die Marke eintragen und gründete im normannischen Ferrières die erste *Gervais*-Fabrik.

Der zylindrische kleine Laib des *Suisse* hat einen Durchmesser von 4 cm, eine Höhe von 4,5 cm und wiegt 60 g, der *Petit-Suisse* nur 30 g. Der Fettgehalt liegt bei 60 Prozent Fett i. Tr. (Double-crème) oder 75 Prozent Fett i. Tr. (Triple-crème). Da diese sehr wasserhaltigen Käse nur den geringen Trockenmassegehalt von etwa 30 Prozent aufweisen, liegt der tatsächliche Fettgehalt bei nur 18 bis 25 Prozent, je nach Fettstufe.

Der *Suisse* ist, abgesehen von der Verwendung in verschiedenen Rezepten, vor allem ein beliebter Dessertkäse, zu dem Früchte und Kompotte serviert werden.

Demi-Sel

Die viereckigen, aus pasteurisierter Kuhmilch hergestellten *Demi-Sel*-Käse kommen ebenfalls aus der Normandie. Sie wiegen 75 bis 110 g und haben einen Fettgehalt von 40 bis 45 Prozent Fett i. Tr. bei einem Trockenmasseanteil von etwa 30 Prozent. Da sie gesalzen sind (etwa 2 Prozent), werden diese von Monsieur Pommel im 19. Jahrhundert entwickelten Käschen »*Demi-Sel*« genannt. Der *Demi-Sel* ist vor allem ein Dessertkäse.

Neufchâtel

Aus dem normannischen Pays de Bray kommt auch dieser von Bauern und kleinen Molkereien hergestellte Frischkäse, dem der Hauptmarktort seinen Namen gegeben hat und der schon im 15. Jahrhundert – wegen der Transportmöglichkeit nur im Winter – von englischen Händlern importiert wurde. Seit 1969 ist seine Herkunftsbezeichnung geschützt. Charakteristisch ist sein feiner Oberflächenschimmel. Er kommt als kaum gereifter Frischkäse (*Neufchâtel frais*), aber auch mittelgradig bis stark gereift (*Neufchâtel fleuri/Neufchâtel affiné*) in den Handel. Auch die Form der etwa 100 g schweren Käse ist verschieden und gibt den Varianten ihre speziellen Namen: *Bondon* oder *Bondart de Neufchâtel* in Zylinderform, *Carré* als viereckige Ausführung, *Briquette* (rechteckig), *Cœur* (Herz) und *Malakoff* (flache Zylinder).

Der Neufchâtel hat ein reines, frisches und manchmal leicht salziges Aroma mit einem leicht bitteren Nachgeschmack. *Neufchâtel* bereichert die Dessertplatte und ist einer der wenigen Frischkäse, die als Begleiter einen Wein, und zwar einen fruchtig-nervigen Roten wünschen.

Fast identisch ist der *Gournay* aus der gleichnamigen Stadt in der Normandie.

Boursin

Auch unter dem Fantasienamen »*Lucullus*« wird dieser Frischkäse mit Kräutern und Knoblauch angeboten. Seine Heimat ist ebenfalls die Normandie, wo er aus pasteurisierter Kuhmilch von dem Hersteller gleichen Namens in Pacy-sur-Eure hergestellt wird. Der *Boursin*, mit 70 Prozent Fett i. Tr. ein sehr geschmeidiger Brotaufstrich, hat auch in anderen Ländern viele Freunde gefunden.

Fontainebleau

Der *Fontainebleau* aus der Ile de France dagegen ist ein nur im ganz frischen Zustand vorzüglicher Käse, der im näheren Umkreis seiner Herkunftsstätte zu empfehlen ist, aber lange Transportwege wegen seiner leichten Verderblichkeit meidet. Am besten eignet sich der 60 Prozent fette Käse mit Früchten zum Dessert.

Deutsche Frischkäse

Deutsche Frischkäse
Von links nach rechts: Doppelrahmfrischkäse, Speisequark und
gekörnter Frischkäse
(Foto: CMA)

Speisequark

Speisequark, seit eh und je ein beliebtes urdeutsches Erzeugnis, kam 1977 auf die stattliche Verbrauchsmenge von 5,8 kg pro Kopf der Bevölkerung. Der Sucht nach Vereinheitlichung und Reglementierung aller Lebensbereiche sind, schade, schade, auch landschaftliche Originalbezeichnungen zum Opfer gefallen. Früher kaufte der Württemberger seinen »*Luckeleskäs*«, der Badener den »*Bibbeleskäs*« und der Ostpreuße eine »*Glumse*«. In Nordhessen gab es »*Matte*«, in Frankfurt »*Siebkäs*«, am Niederrhein »*Klatschkäs*«, und die Bayern und Österreicher hatten ihren »*Topfen*«.

Heute gibt es qua Verordnung nur noch *Quark* bzw. »*Speisequark*«. Das Wort geht auf das Mittelhochdeutsche »twarc« zurück, das vermutlich aus dem Slawischen kommt. Bei den Tataren heißt geronnene Milch »turak«, von dem sich das russische Wort »twarog« (ТВОРОГ) für *Quark* herleitet. Mit Sicherheit gibt es den *Quark*, seit die Menschen die Milch der Tiere als Nahrungsmittel entdeckt hatten. Er ist das feste Produkt, das beim Alterungsprozeß der Milch durch die Aktivität der Milchsäurebakterien zurückbleibt.

Dieses Rohprodukt, das mit frischen Gartenkräutern, Zwiebeln und anderen würzenden Zutaten vervollkommnet wird, wurde früher von der Hausfrau selber gemacht, heute geschieht das fast ausschließlich in Molkereien. Die Magermilch wird mit Milchsäurebakterien beimpft, manchmal auch schwach gelabt. Sobald ausreichende Säuerung eingetreten ist und die *Quark*-Masse sich abscheidet, wird die Molke abfiltriert.

Um *Quark* mit verschiedenem Fettgehalt zu erreichen, ging man früher von Milch mit unterschiedlichem Fettgehalt aus. Heute, da nur noch mit Magermilch gearbeitet wird, setzt man dem fertigen Produkt die erforderliche Menge an Rahm zu. Üblich sind bei uns die Fettstufen »Magerstufe – Halbfettstufe – Fettstufe«.

Zusammensetzung von Speisequark

Fettgehalt i.Tr.	In 100 Gramm Quark sind enthalten (in Gramm)				
	Wasser	Fett unter	Eiweiß	Kal.	Joule
Magerstufe unter 10%	79	1	17	88	370
Halbfettstufe 20%	76	5	13	124	517
Fettstufe 40%	72	12	12	179	747

Bei den *Speisequark*-»Zubereitungen« werden schon im Herstellerbetrieb Obst, Marmelade, Kräuter und anderes zugesetzt.

Speisequark ist ein vielseitig verwendbares Käseerzeugnis: zum Frühstück oder Abendessen, als Zwischenmahlzeit, süß oder salzig, mit oder ohne spezielle Zutaten, mit Früchten oder Kräutern, pur oder zu Brot und Pellkartoffeln, auch in der Küche. Immer neue Rezepte werden ausprobiert, und fast alle sind nachahmenswert.

Schichtkäse

Dem *Speisequark* sehr ähnlich ist der *Schichtkäse*, der möglichst drei gleichgroße Schichten aufweist, wobei die mittlere einen höheren Fettgehalt hat als die beiden anderen. Der Fettgehalt liegt bei 10, 20 oder 40 Prozent, bezogen auf die Gesamtmasse. *Schichtkäse,* der auch eine mit Annatto (kennzeichnungspflichtig) oder Carotin gefärbte, fettreichere Mittelschicht haben darf, wird in Quadern von 250 und 500 g hergestellt.

Rahmfrischkäse und Doppelrahmfrischkäse

Mit 50 bzw. 60 Prozent Fett i. Tr. gehören diese Frischkäse zu den nicht gerade für eine Schlankheits-Diät anempfohlenen Delikatessen. Quadratisch oder rechteckig, in Gewichten von 50, 62,5 oder 200 g sind sie im Handel und verlangen wegen ihrer Verderblichkeit nach baldigem Verzehr. Im Aroma angenehm mild bis leicht säuerlich, haben sie genau die richtigen Eigenschaften zum Appetitanreizen!

Auf Käseplatten, als Brotbelag, zum Dessert und in der Küche haben sie einen konstanten Rang in der Beliebtheitsskala.

Hüttenkäse (Cottage-Cheese)

Der statistische Durchschnittsamerikaner verzehrt pro Jahr 8,5 kg Käse, davon allein 2,4 kg *Cottage-Cheese*, der vor einem halben Jahrhundert in den Pazifikstaaten der USA entwickelt wurde. Er konnte sich unter verschiedenen Fantasienamen und unter den warenrechtlich geschützten Bezeichnungen *»Hüttenkäse«* (von Gervais-Danone) oder *»Jocca«* (von Kraft) auch auf dem deutschen Markt durchsetzen.

Cottage-Cheese ist ein feuchter, körniger Frischkäse aus reiskorngroßen Bruchkörnern, dem häufig leicht gesalzener Rahm zugesetzt wird. Er wird aus gesäuerter Milch hergestellt und in verschiedenen Verpackungsarten angeboten. Die Trockenmasse liegt bei 20 Prozent, der Fettgehalt im allgemeinen bei 20 Prozent Fett i. Tr., was bei dem recht hohen Wasseranteil von 70 bis 80 Prozent bedeutet, daß tatsächlich nur 4 g Fett in 100 g *Hüttenkäse, Jocca, Dessert-Quark* oder wie auch immer sein Name ist, enthalten sind.

Das eiweißreiche (14 g in 100 g Käse) und fettarme, aromatische Erzeugnis findet nicht nur bei figurbewußten Zeitgenossen großen Anklang, die auch bei genauem Zählen nur auf 108 Kalorien in 100 g Käse kommen. Nein, auch der Schlemmer fühlt sich angesprochen, denn *Cottage-Cheese* läßt sich so vielseitig anmachen und verfeinern, daß es eine wahre Freude ist: Mit frischen Kräutern und Radieschen, mit Tomatenscheiben und frischen Gurken, mit Heringshappen und Krabben gibt er dem Liebhaber kräftiger Zwischenmahlzeiten oder pikanter Cocktailhappen schon einige Anregungen. Wer lieber süße Desserts auf *Jocca-* und *Hüttenkäse*-Basis zubereiten will, hat eine schier unerschöpfliche Auswahl an Früchten und Zutaten. Am besten schreiben Sie an einen Hersteller, der Ihnen gern ein anregendes Rezeptheft zuschickt.

Cottage-Cheese kaufen Sie auch, wenn er *Dutch Cheese, Pot Cheese* oder *Schmierkäse* heißt. Die Amerikaner kennen ihn je nach der Konsistenz des Teigs auch als *Farm Style Cheese, Popcorn Cheese* und *Country Cheese*. Geht sein Fettgehalt über 4 Prozent hinaus, wird er als *Creamed Cottage Cheese* angeboten.

Liptauer – ein Frischkäse aus Ungarn

Der *Liptauer*, der heute auch in Österreich und Bayern Fuß gefaßt hat, stammt aus den Karpaten. Die ungarischen Schafhirten bringen den Rohkäse *»Gomolya«*, dem heute auch Kuhmilch beigemischt ist, regelmäßig zu den Sammelstellen, wo er etwa zehn Tage gereift wird. Dann wird die Oberfläche abgeschabt und der Käse gesalzen. Nach einigen weiteren Tagen der Reifung hat er die gewünschte buttrige Konsistenz erreicht und kann, in kleine Holzkästchen verpackt, die Reise zum Käsehändler antreten.

Der *Liptauer*, der örtlich auch *Landoch, Zips, Siebenbürger, Neusohl, Altsohl, Klencz* oder *Bryndsa* heißt und bei uns *Brinsen*, wird in Mazedonien auch unter der Bezeichnung *Ftinoporino* angeboten.

In Österreich stellt man dem Gast die zum Beimischen geeigneten Zutaten separat bereit, in Ungarn wird er teilweise auch mit den würzenden Zutaten wie Schnittlauch, Anchovis, Butter, Salz, Paprika, gehackten Zwiebeln, Kapern oder Senf fertig angeboten. Wer ihn geschmeidiger liebt, kann auch einen Schuß Bier beimengen. Bier ist überhaupt das Getränk zum *Liptauer*, allerdings wissen ungarische Freunde des *Liptauers* auch von dem rassigen Rotwein des Landes, dem »Stierblut«, ein Lied zu singen!

Lakekäse

In den warmen Ländern des Balkans und des östlichen Mittelmeers werden, meistens aus Schafmilch, *Weißkäse* hergestellt, die in einer Salzlake mit einem Salzgehalt von 4 bis 10 Prozent heranreifen. Diese Prozedur dauert durchweg mehrere Monate, denn die bereits im Teig stark gesalzenen Käse werden dazu in verzinnte Blechdosen, Holzfässer oder Plastikbehälter gepackt. Am bekanntesten ist der weiße *Schafkäse* aus Bulgarien, der auch in Deutschland viele Käsefreunde für sich eingenommen hat. Der aus Griechenland stammende *Feta* wird neuerdings sogar bei uns hergestellt. Der bedeutendste Käse Rumäniens, der *Telemea*, ist auch aus Schafmilch, ebenso wie die sowjetischen Lakekäse, die dort 10 Prozent der gesamten Käseproduktion ausmachen. Türkeireisende machen beim Frühstück Bekanntschaft mit einem milden, leicht salzig schmeckenden Schafkäse dieser Kategorie, der unter dem Namen *Beyaz peynir* im ganzen Land verbreitet ist.

Bjalo Salamureno Sirene (Bulgarischer Weißkäse aus Schafmilch)

Dieser den Käsekennern wohlvertraute Lakekäse, meist ganz einfach »Sirene« genannt, bestreitet rund 75 Prozent der gesamten bulgarischen Käseproduktion. Noch bis zum Beginn unseres Jahrhunderts war er ein reiner Hirtenkäse, der für den Eigenverbrauch auf Vorrat produziert wurde, denn die Schafe geben bekanntlich nur wenige Monate des Jahres Milch. Heute wird er von den Bauern aus Rohmilch, von Käsefabriken aus pasteurisierter Milch hergestellt. Bei der

Bulgarischer Schafskäse
(Foto: Rodopaimpex, Bulgaria)

Herstellung wird der Bruch zu einer festen Masse zusammengepreßt und in quaderförmige Stücke von ca. 1 kg Gewicht zerschnitten. Diese Stücke wandern für einige Stunden in eine hochprozentige Kochsalzlösung, werden dann aber noch einmal trocken gesalzen. Zur Reifung kommen sie in Gefäße aus Holz, verzinntem Blech oder Kunststoff. Dicht an dicht liegen sie nun in mehreren Lagen übereinander, mit einer Kochsalzlösung, eben der Lake, überschichtet und reifen bei einer Temperatur von 15 °C über einen Monat lang. Darauf werden sie noch mehrere Monate bei geringeren Temperaturen nachgereift.

Der fertige *Sirene* hat einen weißen, festen Teig ohne Lochung, der manchmal eine krümelige Struktur aufweist. Wenn Kuhmilch verwendet wurde, ist der Teig cremefarbig. Der *Sirene* hat den typischen Charakter aller Schafkäse: leicht säuerlich und salzig und oft leicht scharf. Zum Dessert, zur Zwischenmahlzeit und zur kräftigen kleinen Mahlzeit, mit Pellkartoffeln und Mixed Pickles, ist der *Sirene* stets recht.

Seit einiger Zeit machen die Bulgaren einen Lakekäse aus Kuhmilch, den *Bjalo* (Belo) *salamureno ot krave mieko.* Während sich die Einheimischen mit diesem recht milden, in der Konsistenz aber festen Käse noch nicht anfreunden konnten, ist er bei westlichen Touristen gerade wegen dieser Eigenschaften sehr beliebt.

Feta-Käse

In mehreren Ländern Südeuropas, besonders in Jugoslawien und in seiner Heimat Griechenland wird der *Fetakäse* produziert. Gewiß nicht ohne einen Blick auf die zahlreichen ausländischen Arbeiter aus diesen Gebieten hat ihn auch ein Hersteller in Schleswig-Holstein in sein Programm aufgenommen, verwendet allerdings ausschließlich Kuhmilch.

Fetakäse aus Schaf- oder Ziegenmilch sind in Griechenland seit Jahrhunderten heimisch und werden auch heute noch in den Bergen nach tradierter Art bereitet. Tagsüber wird die Milch in Ledersäcken aufbewahrt, wo sie durch die Tätigkeit der Milchsäurebakterien schnell gerinnt. Die geronnene Masse wird dann über dem Feuer erhitzt, der sich abscheidende Bruch in Formen gegeben und gesalzen. Man kann den *Feta* nun frisch verzehren oder in der Salzlake für die milcharme Jahreszeit aufbewahren. Auch im klassischen *Feta*-Land rückt unter der Flagge des »Fortschritts« neben dem Plastikbehälter zur Lagerung immer mehr die pasteurisierte Kuhmilch als Rohstoff vor. Kuhmilch-*Feta* ist aber nicht mehr das Vertraute: Er wird fester, der Teig ist nicht mehr weiß, sondern gelblich. Nicht nur Charakter verliert der Käse, sondern auch sein Aussehen. Während man in unseren Breiten oft versucht, dem Käse durch Zusatz von Carotin oder Annatto einen gelblichen Farbton zu geben, entziehen die griechischen Hersteller der Kuhmilch vor der Verarbeitung den gelben Farbstoff durch Chlorophyll, weil sich die dortigen Verbraucher nun einmal *Feta*-Käse nur weiß vorstellen können.

Auch der *Fetakäse* wird in würfel- oder quaderförmige Stücke geschnitten und in Behältern zum Reifen mit Salzlake übergossen. Nach 4 Wochen, bei Reifungstemperaturen von 10 °C, ist der *Feta* fertig. Er hat keine Rinde, einen weißen oder gelblichen Teig, der weich, aber schnittfest ist, und begegnet uns mit einem leicht säuerlichen, salzigen und oft auch etwas pikanten Aroma.

Deutsche Sauermilchkäse:
1 Kochkäse; 2 Handkäse; 3 Harzer;
4 Stangenkäse oder Quargel;
5 Mainzer
(Foto: CMA)

Sauermilchkäse

Sauermilchkäse werden aus Sauermilchquark hergestellt. Die Magermilch gerinnt durch natürliche Säuerung oder mittels zugesetzter Reinkulturen von Milchsäurebakterien. Der Sauermilchquark, den die Käsehersteller heute meist von Molkereien beziehen, unterscheidet sich vom Speisequark dadurch, daß er kein Fett enthält, eine höhere Trockenmasse aufweist und in der Regel ohne Labzusatz gewonnen wird. Früher machten auch das die Bauern selber. Sie ließen die Magermilch bei 25 °C etwa 5 Stunden lang säuern, dann wurde die Molke vom Quark getrennt. Heute verwendet man Kulturen, die eine Säuerung bei höheren Temperaturen ermöglichen, so daß der Quark bereits nach weniger als 2 Stunden abgeschieden wird. Der gemahlene Sauermilchquark kommt dann in die Käserei, wo er zur weiteren Behandlung mit Rotschmiere oder Schimmelpilzen beimpft wird. So entstehen Sauermilchkäse mit Schmiere und solche mit Schimmelbelag.

Im Ausland sind noch andere Sorten bekannt, so der gewürzte »*Fromage de panier*« (Korbkäse) in Belgien, der *Gammelost* mit Schimmelbildung in Norwegen, der *Tiroler Graukäse* und der *Sura*-Käse in Österreich sowie der *Toggenburger Ploderkäse* in der Ostschweiz.

Auch für *Kochkäse* wird als Ausgangsmaterial Sauermilchquark verwendet, der durch Kochen geschmolzen wird. Deshalb sind die Kochkäse den Schmelzkäsen zuzuordnen.

> Gewiß, es is des Handkäsrieche
> garnet immer e Vergniege.
> Is mer so schee beim Schoppetrinke
> un links und rechts duhn Handkäs stinke:
> Des kann aam stinke.
>
> Wer belästigt vom Geruch
> waaß von Handkees net genug,
> hat noch nie etwas geheert
> von seim innerliche Wert.
> Des is e Belehrung wert.
>
> Handkäs läßt sich leicht verkaue
> und vor allem gut verdaue.
> Mit seim Eiweiß is er Keenig,
> Kalorie hat er wenig.
> Des alaa is schon net wenig.
>
> Riecht er net grad wie er Rös'che,
> mit Musik, seim Zwiwwelsöß'che
> und mit Butter, Brot un Kimmel
> stinkt er net nur brav zum Himmel.
> Naa, mer fühlt sich wie im Himmel.
>
> Sowas Gutes un Gesundes,
> flaches, gelbes, speckig-rundes
> hat mer gern als Leibgericht:
> Dieser Käs is e Gedicht!
> Darum dieses Käs-Gedicht.

Mitten aus der Handkäse-Heimat kommt dieses launige Loblied von H. P. Müller, denn *Handkäse* wird in verschiedenen Gegenden Hessens schon seit Jahrhunderten auf Bauernhöfen zum Eigenverbrauch und Verkauf auf den nahen Wochenmärkten hergestellt. Sogar auf der Hoftafel des Soldatenkönigs Friedrich Wilhelm I. (1688 bis 1740) soll der »*Schlalachkäse*« nie gefehlt haben. Dieser laibförmige Sauermilchkäse, der mit Kümmel versetzt war, wurde erstmals um 1700 von einer Pastorenfrau in Schlalach (Mark Brandenburg) bereitet.

Die erste Sauermilchkäserei ist 1785 belegt, und um das Jahr 1820 soll der *Mainzer Handkäse* von einer Bäuerin in Groß-Gerau erfunden worden sein. Sie verkaufte ihr Produkt regelmäßig auf dem Markt in »Mainz am schönen Rhein«, wo der billige und wohlschmeckende Käse reißenden Absatz fand. Als die fleißige Bäuerin gestorben war, mußten die Mainzer zunächst auf *Handkäse* verzichten, bis nach 1850 in Groß-Gerau wieder die Produktion aufgenommen und bald durch eine von dem Gastwirt Frauser erfundene »Käsemaschine« vereinfacht wurde.

In vielen Gegenden der Bundesrepublik Deutschland sind die *Handkäse* aus der Gegend um Mainz, aus den hessischen Landschaften Wetterau und Hüttenberg, sowie die *Harzer Käse* aus der Umgebung von Hildesheim wegen ihres deftigen Geschmacks und erdhaften Aromas eine willkommene Abwechslung zwischen den vielen »feineren« Käsen.

Sauermilchkäse mit Schmierenbildung

Mainzer Handkäse, Bauernhandkäse, Korbkäse, Spitzkäse, Stangenkäse und *Olmützer Quargel* unterscheiden sich im wesentlichen nur in Form und Größe voneinander. Auch ein *Harzer Roller* wird gelegentlich anzutreffen sein, wobei es der Fantasie jedes einzelnen überlassen bleibt, eine Beziehung zu dem singfreudigen Kanarienvogel dieses Namens herzustellen.

Nach der Käseverordnung haben *Olmützer Quargel* ein Gewicht von 12 bis 17 g, die sonstigen Sauermilchkäse zwischen 25 und 125 g. Die Oberfläche aller dieser Käse ist glatt und hat eine goldgelbe bis rötlich-braune Schmiere. Ihr geschmeidiger bis fester Teig ist weißlich bis leicht gelb und weist sich durch einen milchsauren, milden bis pointiert pikanten Geschmack und Geruch aus.

Der *Sauermilchquark,* aus dem die Käse hergestellt werden, wird zunächst grob gemahlen. Dann werden Kochsalz und Reifungssalz, welche die überschüssige Säure binden sollen, beigemengt. Während der folgenden mehrstündigen Lagerung bei lockerer Schichtung beginnen dann schon die Hefen mit dem Abbau von Säure. Vor dem Ausformen wird der Quark fein gemahlen. Die ausgeformten Käschen, deren Oberfläche bereits durch Wärmeeinwirkung geglättet ist, werden auf Horden ausgelegt, für zwei bis drei Tage in einen Schwitzraum gebracht, damit sich auf der Oberfläche eine Haut aus Hefen (Speckhaut, Fetthaut), die die Säuren des Quarks abbauen soll, bilden kann.

Sobald die Hefen ihre Arbeit verrichtet haben, wird geschmiert: Der Käser reibt die einzelnen Exemplare mit einer Salzlösung ab, die Rotschmierekulturen enthält. Sobald die Käse abgetrocknet sind, müssen sie noch zwei bis drei Tage reifen, dann können sie in den Handel gegeben werden.

Harzer und *Mainzer* sind beliebt zu einer deftigen Mahlzeit, in Hessen liebt man sie »angemacht« als »*Handkäs mit Musik*« (siehe Rezeptteil), zu dem nichts besser paßt als ein purer »Äppelwoi«.

Sauermilchkäse mit Schimmelbildung

Hier unterscheiden wir nach der Form *Handkäse, Bauernhandkäse, Korbkäse, Spitzkäse* und *Stangenkäse*. Die Oberfläche kann gleichmäßig mit Camembertschimmel bedeckt sein, braucht aber auch nur wenig Schimmelbildung erkennen zu lassen, so daß sich mit zunehmendem Alter die Rotschmiere entwickelt. Die *Bauernhandkäse*, die seit Mitte der sechziger Jahre in der Wetterau nach Hausmacher Art produziert werden, und zwar ohne Zusatz von Rotschmierebakterien, kommen einem offensichtlichen Verbraucherinteresse entgegen. Da Sauermilchkäse große und leicht verdauliche Mengen aufgeschlossenes Eiweiß enthalten, die Milchsäurebakterien verdauungsfördernd sind und bei der Herstellung keine Farbstoffe verwendet werden, ist dieser preiswerte und schmackhafte Käse eine wertvolle Bereicherung unserer Käsepalette.

Olmützer Quargel

Der Erzbischof Johannes von Morara soll in seiner Residenz in Olmütz (an der oberen March in Mähren gelegen und seit 1061 Bischofssitz) schon diesen Käse zum Frühstück eingenommen haben. Jahrhundertelang wurde der Käse nur auf Bauernhöfen hergestellt, bis dann im Jahre 1770 die kommerzielle Erzeugung in dieser gewerbefleißigen Stadt aufgenommen wurde. Auch heute noch ist der *Olmützer Quargel* in der Tschechoslowakei so beliebt wie in Österreich und Deutschland, wo er seit langem hergestellt wird.

Österreichischer Sauerkäse – »Sura-Käse«

Die Heimat dieses rechteckigen, 200 g schweren typischen Vertreters seiner Art ist Vorarlberg, wo er wahrscheinlich schon seit der Besiedlung des Landes durch die Rätoromanen produziert wird. In Österreich wird der säuerliche, kräftig-pikante *Sura-Käse* bevorzugt mit jungen Kartoffeln und süßem Apfelmost serviert.

Tiroler Graukäse

Die Tiroler, die ihren *Graukäse* schon seit unvordenklichen Zeiten auf Bauernhöfen herstellen, schätzen ihn besonders als Zwischenmahlzeit, gewürzt mit Essig, Öl und Zwiebeln. Der Käse kommt in Laib-oder Brotform und einem Gewicht um 3 kg, mit einer bläulichgrauen bis graugrünen Rinde, die leichte landkartenartige Risse aufweist, in den Handel. Der Teig ist von außen nach innen grau bis grau-grün und im Kern weiß. Sein Name kommt wahrscheinlich von den grauen bis blaugrauen Schimmelpilzen, die die Reifung besorgen. Der säuerliche bis saure, von den Einheimischen als scharf-rassig eingestufte Geruch und Geschmack sind zwar nicht nach jedermanns Gustus, aber kulinarisch aufgeschlossene Touristen sollten ihn doch einmal probieren – vielleicht entdecken sie etwas, was nur schwer in Worten zu beschreiben ist.

Molken- und Ziegerkäse

Molkenkäse werden hergestellt, indem man der Molke Wasser entzieht und gegebenenfalls Sahne, Butter und andere Milcharten zusetzt.

Ziegerkäse werden aus Kuhmilch gemacht, auch wenn der Name, der übrigens bis heute nicht eindeutig geklärt ist, zu irreführenden Schlüssen verlockt.

In verschiedenen Gegenden des Allgäus wird der Quark als Zieger oder Topfen bezeichnet. Andererseits wird in der Schweiz noch die spät-althochdeutsche Schreibweise Ziger verwendet. In der Regel versteht man aber heute unter Zieger eine quarkähnliche Masse, die durch Säuern und Erhitzen von Molke oder Magermilch (oder einem Gemisch davon) gewonnen wird. Je nachdem hat man es dann mit Molkenzieger, Milchzieger oder Mischzieger zu tun. Ungeachtet des Rohstoffs gilt für Zieger, daß in ihm die ernährungsphysiologisch hochwertigen Molkeneiweiße der Milch enthalten sind.

In Schweden und Norwegen hat der *Molkenkäse* eine lange Tradition: *Mysost, Geitost, Mesost, Blandet* und *Gudbrandsdalost* sind beinahe Synonyme. Im Voralpengebiet wurde früher die beim Käsen anfallende Molke zu »Molkenzig« oder »Schottensick« verarbeitet. In Norwegen wurde früher auf den Bauernhöfen *Molkenkäse* aus Magermilch durch Eindampfen in eisernen Töpfen hergestellt. Die Molke wurde unter Erhitzen ausgefällt, das Wasser verdampfte, und übrig blieben die Molkeneiweiße und der karamelisierte Milchzucker. Die abgeschiedene Masse wurde geknetet und geformt. Mischmilch aus Kuh- und Ziegenmilch fand ebenso Verwendung wie beide Sorten in reiner Form. Da Ziege im Norwegischen Gjei heißt, nannte man *Molkenkäse* aus Ziegenmilch auch *Geitost* oder *Gjetost*, denn Ost heißt in den skandinavischen Sprachen Käse.

Etwa um 1890 begann man im norwegischen Gudbrandstal damit, der Molke noch Rahm zuzusetzen, womit die Qualität und der Wohlgeschmack des *Mysost* (norweg. Myse = Molke) wesentlich verbessert wurden. Seit 1908 wird der Käse molkereimäßig produziert.

Der *Mysost* ist mit 30 Prozent Produktionsanteil heute der beliebteste Käse Norwegens. Ohne ein Stück von dem rechteckigen, rindenlosen und im Teig braunen Käse ist dort ein Frühstück kaum vorstellbar. Der Geschmack des schnittfesten, kompakten *Mysost* ist süßlich und karamelartig; bei Verwendung von Ziegenmilchmolke schmeckt er penetrant nach Ziegenmilch.

Ricotta

Neben *Zieger-Frischkäsen* gibt es gereifte Ziegerkäse.

Wenn in Italien *Pecorino* und *Provolone* gemacht wird, nutzt man die Gelegenheit, um die anfallende Molke im selben Kessel zu erhitzen, wobei die hitzeempfindlichen Molkeneiweiße ausgefällt werden. Sobald sich das Eiweiß abgesetzt hat, wird es mit großen durchbohrten Löffeln ausgeschöpft und in Körbe gefüllt, abgepackt und entweder frisch vermarktet oder zur Reifung in die Käserei gebracht.

Heute macht man die bekannte *Ricotta* nicht nur in Italien, sondern in lateinamerikanischen Ländern ebenso wie in USA. In Italien wird der Schafkäse-Molke immer noch der Vorzug gegeben (*Ricotta di pecora*). Daneben steht die aus Kuhmilch-Molke gewonnene *Ricotta piemontese* oder *Ricotta vaccina*. In Italien kennt man etliche Varianten dieser *Molkenkäse*, die alle als Nebenprodukte der *Pecorino*-Käserei gelten: *Ricotta romana, Ricotta sarda, Ricotta siciliana*, womit die bekanntesten genannt seien.

Je nach Reifung unterscheidet man drei Typen: a) *Ricotta tipo dolce*, die entweder frisch (lecker mit Zucker bestreut) verzehrt wird oder sich in Salattunken und Süßspeisen wiederfindet. Hierzu zählt etwa die *Ricotta romana*, ein zartes, streichfähiges und angenehm süßlich schmeckendes Erzeugnis, das meistens in Pergamentpapier verpackt angeboten wird.

b) *Ricotta tipo Moliterno* wird in Sizilien durch Salzen und Trocknen der Käsemasse bereitet. Daher heißt sie auch »gesalzene«, *Ricotta salata Sarda*.

c) *Ricotta tipo forte* ist eine gesalzene und in gut belüfteten Räumen gereifte *Ricotta*, die fast ausschließlich in ihrem Herstellungsgebiet, der Provinz Puglia, verzehrt wird.

Weicher als die *Ricotta di pecora* ist die aus Kuhmilch hergestellte *Ricotta Piemontese*, die gern zur Pasta asciutta verwendet wird.

Mascherpone Mascarpone

Mascherpone, Mascarpone: Hier haben wir es mit einem italienischen *Ziegerkäse* zu tun, der aus Rahm hergestellt und durch Säurezusatz und Erhitzung dickgelegt wird. Der ungereifte, weiße bis gelbliche Teig ist weich und so streichfähig wie eine feste Buttercreme. Sein Geschmack ist milchig-aromatisch. In Italien gilt er als Delikateßkäse (*Formagio di lusso*), der, angemacht mit Zucker, Konfitüren oder süßen Gewürzen, in Verbindung mit Kuchen und Bisquits ebenso verlockend ist wie mit Rum oder Marsalawein gespritzt. Auch süßer Bohnenkaffee paßt vorzüglich zum *Mascarpone*.

Gaperon

Der Molken- oder Ziegerkäse *Gaperon* (Gapron) aus der Auvergne findet neuerdings seinen Weg auch in deutsche Käsegeschäfte. Die kugelförmigen, auf einer Seite abgeflachten Käse mit einem Durchmesser von etwa 9 cm wiegen 350 bis 500 g. Die Oberfläche ist leicht schmierig mit einem geringgradigen Schimmelbelag. Der weiße Teig ist fest und enthält oft einige Pfefferkörner. Geruch und Geschmack sind säuerlich. Der Zusatz von Knoblauch ist üblich.

Der fettarme Käse mit einem Fettgehalt i. Tr. um 30 Prozent eignet sich sehr gut als Abschluß einer Mahlzeit. Hierzu empfiehlt sich ein trockener Rotwein.

Kräuterkäse

Noch in den dreißiger Jahren konnte der Sonntagsausflügler in eines der vielen Lokale in Süddeutschland einkehren und zum durstlöschenden Bier ein kräftiges Stück Schwarzbrot mit Butter und geriebenem *Kräuterkäse* bestellen. Der Liebhaber dieser köstlichen Komposition würziger Käse und Kräuter muß heute in der Regel selbst zur Raspel greifen, falls er sich nicht mit dem bereits geriebenen *Kräuterkäse* begnügt.

In der Schweiz war der sehr harte, im Farbton dunkelgrau-grüne Käse in der abgestumpften Kegelform schon seit dem 13. Jahrhundert bekannt und wird dort auch heute noch als (Glarner) *Schabzieger* verkauft. Er wird aus Schabziegerklee und gereiftem *Zieger*, der nicht nur eine Milchsäuregärung, sondern auch eine Buttersäuregärung durchmacht, zubereitet. Der Schabziegerklee (»Zigerchruut« in der Schweiz, wissenschaftlich *Trigonella coerulea*) soll von der Mittelmeerküste, wo er beheimatet ist, in die Schweiz gebracht worden sein. Die veilchenblauen Blüten dieses Stein- oder Ziegerklees wachsen, in einem dichten Schopf zusammengedrängt, und verströmen einen betörenden Duft, der an Honig und Waldmeister erinnert. Möglich ist auch, daß er im 11. oder 12. Jahrhundert von Kreuzfahrern aus Kleinasien mitgebracht wurde ins Glarner Unterland, denn der Schabziegerklee ist ursprünglich in Südrußland, im Kaukasus und im Donaubecken heimisch. Heute wird er in der »March« im Kanton Schwyz und in Südfrankreich angebaut.

Der *Schabzieger* hat eine nicht minder historische Dimension vorzuweisen. So hat er glaubwürdigen Berichten zufolge schon im Jahr 1250 als Abgabe an das Kloster Säckingen gedient. Die noch heute bestehende Glarner Landsgemeinde erließ 1464 Vorschriften über die Herstellung des *Schabziegers* und verlieh ihm eine Schutzmarke. Auch in den Nachbarkantonen fand er frühen Widerhall. Im 16. Jahrhundert widmete der Professor für Ethik und Physik, Konrad Gessner, dem Glarner Bürgermeister die erste Schweizerische Milchwirtschaftliche Druckschrift in lateinischer Sprache, »Libellus de lacte operibus lactariis« mit den Worten:
»Da vom Glarner Volk sich ein großer Teil mit der Viehzucht beschäftige und die Milch zu allerlei Speisen verarbeite, worunter der berühmte Schabzieger gehört, so scheint mir daher diese Arbeit für Euer Volk nicht unpassend.«

Trotz aller Berühmtheit scheint das Urteil über den *Glarner Schabzieger* nicht immer ungeteilt gewesen zu sein, denn in dem 1705 erschienenen Buch »Von dem Glarnerischen Schabzieger« lesen wir, daß »schon zu Gesseneri Zeiten vil waren, die mit diesem Glarneriger ihr Gespött trieben und ihm verächtlicherweise gehalten vor das Element der Erden wie den Zürcher Wein vor das Wasser«.

Bei der Herstellung von *Schabzieger* geht man so vor:

Bereits auf den Alpen geben die Käser der Magermilch eine stark angesäuerte Molke (»Sauer«) zu und erhitzen dieses Gemisch auf 90 bis 92 °C. Die sich abscheidenden Milcheiweiße werden in ihrer Gesamtheit – also Käsestoff *und* Molkeneiweiße – mit einer durchlöcherten Käsekelle stückweise aus dem Kessel genommen, abgekühlt und dann in besondere Fässer gegeben. In diesen für den Molkenablauf mit Löchern versehenen »Ziegertrucken« oder »Banzen« wird der Zieger gepreßt und für 4 bis 5 Wochen einer Milchsäure- und Buttersäuregärung überlassen. Dann ist der Rohzieger fertig! In den Fabriken wird dann der gereifte Zieger mit Salz versetzt, gemahlen, getrocknet, nochmals gemahlen und mit dem ebenfalls getrockneten und gemahlenen Ziegerkleepulver vermischt. Diese Mischung wird dann zu den abgestumpften Kegeln ausgeformt und in dieser typischen Form, nach völliger Trocknung, verkauft.

In Deutschland werden meist noch Weinrautekraut und Pfeffer beigemischt. Neben dem reibfesten *Kräuterkäse*, der sich durch diese Zutaten von anderen Provenienzen geschmacklich unterscheidet, wird hierzulande auch streichfähiger *Kräuterkäse* in Würfelform gemacht. Auch *Schmelzkäse* oder *Frischkäse mit Kräuterzusatz* werden oft unter dieser Bezeichnung angeboten, dürfen aber nicht mit dem aus Zieger hergestellten Kräuterkäse verwechselt werden.

Am häufigsten wird er zum Verfeinern von Speisen und, fifty-fifty mit Butter vermischt, als Brotaufstrich verwendet. Auf Kräckern, mit einem würzigen Apfelwein oder einem kühlen Bier, ist das ein leckerer Fernsehsnack!

Schmelzkäse
(Foto: Reybier)

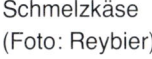

Schmelzkäse

Lab-, Sauermilch-, Lake- und *Ziegerkäse* wurden eigentlich mehr zufällig entdeckt und dann weiterentwickelt. Ganz anders ist es mit dem *Schmelzkäse*. Ihn wollte man finden, denn die Wissenschaftler suchten eine Käsezubereitung, die sich problemlos konservieren und transportieren läßt. Gewiß, auch Hartkäse bewahren die wertvollen Nährstoffe der Milch bei sachgemäßer Lagerung über mehrere Jahre und werden dabei immer besser. Schnittkäse und gar Weichkäse lassen sich nur begrenzte Zeit aufbewahren, und sobald sie in heiße Zonen exportiert werden, werden sie von der sogenannten »Äquatorkrankheit« heimgesucht, die die Käse geschmacklich und strukturell verändert.

Ein Kompromiß zwischen Haltbarkeit und Wohlgeschmack fanden einige Allgäuer Käsereien, indem sie Weichkäse in Blechdosen verpackten und pasteurisierten. Jan Hendrikson Eysen ließ 1899 sein Verfahren patentieren, wärmebehandelte *Holländer*-Käse in Blechdosen tropenfest zu machen. Gleiche Versuche mit Hartkäse waren indes nicht von Erfolg gekrönt.

Den Hartkäseherstellern der Schweiz ließ es keine Ruhe, daß über eine Million Dosen Weich- und *Holländer*-Käse problemlos den Weg auf überseeische Märkte fanden, sie aber an dem lukrativen Geschäft nicht teilhatten. So machten sich die Schweizer Walter Gerber und Fritz Stettler aus Thun mit Nachdruck daran, in umfangreichen Forschungs- und Versuchsarbeiten ein Verfahren zu finden, das den *Emmentaler* haltbar und tropenfest macht. Nach siebenjährigen Arbeiten waren sie 1911 am erstrebten Ziel: *Schmelzkäse* hieß die Zauberformel.

Vorläufer hatten sie in dem Kieler Johann Christian Lassen und dem Chemiker Hermann Lassig. Lassen hatte am 14. September 1896 beim Kieler Patentamt sein Verfahren zur Herstellung eines Schmelzkäses ohne Einsatz von zitronensauren Salzen, sogenannten Schmelzsalzen, angemeldet. Er brachte Magerkäse mit Butter- und Vollmilchzusatz bei mäßiger Wärme zum Schmelzen, füllte die Masse in Formen, die das Format des *Tilsiters* hatten, und ließ sie erstarren.

Lassig, der auch als Fachschriftsteller einen Namen hatte, ließ sein Verfahren zur Herstellung von Eiweißpräparaten aus Käsebruch patentieren. Die Idee lag in der Luft, aber das Verdienst, sie realisiert zu haben, gebührt der Schweizer Firma Gerber & Co, die unter Verwendung von Salzen der Zitronensäure einen »*Emmentaler Schachtelkäse*« (1911) herausbrachte, der gute Verkaufserfolge hatte.

Wenige Jahre später startete der von deutschen Einwanderern abstammende Amerikaner J. L. Kraft die Herstellung von *Cheddar-Schmelzkäse*, wobei er als Schmelzsalze Monophosphate einsetzte. Der Schmelzkäse als echte Dauerware machte seinen Siegeszug rund um die Welt. In England heißt er »*Process/Processed Cheese*«, die Franzosen nennen ihn »*Fromage fondu*«.

Was ist das Grundprinzip dieser Herstellung und worin liegt die volkswirtschaftliche Bedeutung? Die fein vermahlene Käsemasse, die in einem bestimmten Verhältnis aus jungen und gereiften Käsen zu-

Deutsche Schmelzkäse
(Foto: CMA)

sammengesetzt ist, wird mit Natriumphosphaten oder anderen Schmelzsalzen unter Erwärmung verflüssigt. Während man anfangs auf 90 °C erhitzte, wird heute meist unter Druck bei Temperaturen bis zu 120 °C gearbeitet. Die geschmolzene Masse wird in Formen gefüllt, wo sie beim Abkühlen erstarrt.

Die deutsche Käseverordnung beschreibt den *Schmelzkäse* wie folgt: »Schmelzkäse ist das Erzeugnis, das aus Käse durch Schmelzen unter Anwendung von Schmelzsalzen hergestellt ist.«

Die Vorteile, die der *Schmelzkäse* aufweist, hatten bereits die Erfinder des Verfahrens vor über 60 Jahren im Auge. Kurz gesagt, ist es möglich, durch Wärmeeinwirkung in Verbindung mit Schmelzsalzen einen physikalisch, chemisch und bakteriologisch stabilen Zustand der Käse zu erreichen. So kann man auch Käse, die wegen kleiner Mängel (Risse, Fehllochung, Strukturfehler) als zweite Wahl gehandelt und im Preis herabgesetzt werden müßten, ebensogut zu *Schmelzkäse* verarbeiten wie Partien, die in Überschußzeiten keine Lagerkapazität finden oder solche, die bei weiterer Lagerung eine

233

Käsezubereitung: Rohware für
Schmelzkäse
(Foto: Kraft, Eschborn)

Kochkäse

Qualitätsminderung erfahren müßten. Durch das Umschmelzen werden hochwertige Fertigprodukte gewonnen, die auch hitzestabil sind und sich ohne Angst vor Tropenkrankheit auch auf Märkte wagen können, die dem empfindlichen Hartkäse verschlossen blieben. Die boshafte Vermutung, in den Schmelzkäse könne man alles einbringen, auch verdorbene Ware, ist unsinnig. Nicht nur, weil das nach lebensmittelrechtlichen Vorschriften verboten ist, sondern auch deshalb, weil ein einziges Stück die ganze Charge verderben könnte und damit den Hersteller teuer zu stehen käme. So ist für den Verbraucher ein wirksamer Schutz gegeben.

Wer Wert legt auf standardisierten Geruch, Geschmack und stets gleiche Konsistenz, wählt den *Schmelzkäse.*

Da man auch verschiedene Konsistenzen und geschmacksformende Zutaten wie Nüsse, Pistazien, Mandeln oder Gewürze hinzufügen kann, da man durch Räuchern und Beimischen von Butter, Schinken, Wurst, Molkeneiweißen und vielen anderen Zutaten appetitanregende Varianten ohne viel Aufwand herstellen kann, verwundert es nicht mehr, daß der schnittfeste oder streichfähige Käse so beliebt ist. Zu unterscheiden ist, und so schreibt die Käseverordnung auch vor, zwischen Schmelzkäsen mit Sortennamen, die also nur aus einer Käsesorte hergestellt sind, und solchen ohne Sortennamen, die aus mehreren Käsesorten stammen. Dazu kommen die verschiedenen Schmelzkäsezubereitungen.

Seit neuestem wird auch der *Kochkäse* den *Schmelzkäsen* zugerechnet, obwohl er wegen seines Ausgangsprodukts auch den Sauermilchkäsen zuzuordnen wäre.

Er war zunächst ein rein bäuerliches Produkt, das in Hessen und Thüringen hergestellt wurde. In Österreich ist er als »Abgesottener« oder *Glundner Käse* bekannt, in Frankreich als *Cancoillotte.*

Zur Herstellung nimmt man gereiften *Sauermilchquark,* dem zur Geschmacksverbesserung die Gewürze Kümmel oder Nelken, auch Butter, Butterschmalz oder Sahne zugegeben werden. Neben Sauermilchquark verwendet man in Deutschland auch Labquark. Zerkleinert und gereift nimmt der Quark in den Reifungskästen bald eine hellgelbe, glasige Farbe an. Dann wird er in einem doppelwandigen Kessel unter Zusatz von Wasser und Magermilch unter ständigem Rühren bei ca. 72 °C ungefähr 45 bis 60 Minuten erhitzt. Kurz vor Beendigung des Kochprozesses werden etwa 2 Prozent Kochsalz und Kümmel beigemischt, in Frankreich auch Wein und Eier.

Kochkäse kommt in verschiedenen Fettstufen auf den Markt und hat eine unterschiedliche Konsistenz aufzuweisen. In Kunststoffgefäßen, seltener in Metalldosen abgefüllt, kauft man den magersten mit nur 10 Prozent Fett i. Tr. oder einen mit höheren Fettgehalten bis hin zur Doppelrahmstufe mit 60 Prozent Fett i. Tr. Man verzehrt ihn gern pur zu kräftigem Brot, aber auch – je nach Geschmack – weiter verbessert oder angemacht mit Essig, Öl, Pfeffer und Zwiebeln.

Ziegenkäse

In Deutschland sieht man in der Ziege die Kuh des kleinen Mannes, die Bahnwärter- oder Bergmannskuh. In vielen anderen Ländern dagegen gilt der Besitz an Ziegen, von denen es immerhin auf der Welt etwa 250 Millionen (Kühe über 800 Millionen) gibt, als Zeichen von Reichtum. Ziegen sind anspruchslose Tiere, die auch auf spärlichen und trockenen Weiden noch leben können und die im Jahr etwa 400 bis 500 Liter Milch produzieren. Umgerechnet auf das Körpergewicht ist die Milchleistung einer Ziege nahezu doppelt so hoch wie die einer Milchkuh.

In Deutschland erlangte nur der *Altenburger Ziegenkäse*, der ursprünglich nur zum Hausgebrauch bereitet wurde, Bedeutung. Seit der Jahrhundertwende wird er auch molkereimäßig hergestellt. In der Deutschen Demokratischen Republik wird dieser Käse aus pasteurisierter Kuhmilch mit einem Zusatz von 15 Prozent Ziegenmilch unter Beigabe von Kümmel nach Art eines *Camemberts* gemacht. Auch im Schwäbischen Allgäu wurde in den sechziger Jahren *Ziegenkäse* nach Altenburger Art produziert. Diese *»Allgäuer Gaiskäsle«* waren Weichkäse mit Schmierenbildung oder Oberflächenschimmel. Vermutlich durch die zunehmende Beliebtheit französischer Ziegenkäse angespornt, versucht man auch neuerdings andernorts, die Gunst der Käufer auch für deutschen Ziegenkäse zu gewinnen.

In Frankreich sind *Ziegenkäse* schon immer beliebt gewesen. Die Herstellung erfolgte früher ausschließlich auf den Bauernhöfen, in neuer Zeit zum Teil auch in Molkereien. Besonders beliebt sind Käse, die auf landwirtschaftlichen Betrieben erzeugt werden, die sich ausschließlich der Ziegenhaltung und Ziegenmilchkäserei verschrieben haben. Hinweisschilder an den Straßen zeigen den Durchreisenden, wo man einen vorzüglichen *Bauern-Ziegenkäse* (chèvre fermier) kaufen kann.

Auch bei der Ziegenmilchkäserei bereitet ebenso wie bei der Herstellung von *Schafkäse* das jahreszeitlich stark schwankende Angebot an Milch Schwierigkeiten. Eine Ziege gibt nur über eine Zeit von etwa acht Monaten Milch im Jahr. Da sich bei den Ziegen praktisch nur in den Monaten Februar und März der Nachwuchs einstellt, fällt im Sommer viel, im Winter dagegen kaum Ziegenmilch an. Der Markt verlangt aber das ganze Jahr über ein gleichmäßiges Angebot an Ziegenkäse. Deshalb ging man dazu über, im Sommer den überschüssigen Bruch einzufrieren, um diesen dann im Winter zu Käse weiter zu verarbeiten.

In Frankreich darf ein Käse nur dann als *»fromage de chèvre«*, *»chèvre«, »pur chèvre«* oder auch *»Bleu de chèvre«* bezeichnet werden, wenn zu seiner Herstellung ausschließlich Ziegenmilch verwendet wurde und wenn der Fettgehalt nicht unter 45 Prozent i. Tr. liegt. Käse, die aus einer Mischung von Kuh- und Ziegenmilch hergestellt sind, dürfen die Bezeichnung *»Fromage mi-chèvre«* tragen, wenn der Anteil der Ziegenmilch mindestens 50 Prozent beträgt. Die traditionellen Formen der *Ziegenkäse* – Rolle und Pyramide – sind nur dem reinen *Ziegenkäse* vorbehalten.

In Frankreich werden die meisten *Ziegenkäse* aus Rohmilch in Bauernhof-Käsereien hergestellt. Dies hat nicht nur zur Folge, daß die Käse relativ viel Fett (um 50 Prozent i. Tr.) enthalten, sondern daß je nach Jahreszeit die Trockenmasse und der Fettgehalt erheblich schwanken können.

Verbindlich definierte Rezepturen für die Herstellung von *Ziegenkäse* gibt es nicht. Jeder Hersteller arbeitet nach seinem erprobten Hausrezept und legt das Hauptgewicht auf die beliebte Art der Außenschimmelkäse.

Die Konsistenz des oft nur schwach gereiften Teiges der *Ziegenkäse* ist meist halbfest.

Auf dem Gehöft von M. und Mme Legoupil in Moyon, der einzigen Ziegenmilchfarm der Normandie, konnten wir uns an Ort und Stelle über die Herstellung des *Moyonnais* – ein *»fromage de chèvre fermier«* – informieren. Auf dem Familienbetrieb der Legoupils ist die Arbeit auf die Familienmitglieder gleichmäßig verteilt. Der Vater ist zuständig für Ziegenhaltung und Ziegenzucht, ein Sohn für die Milchgewinnung und ein weiterer Sohn sowie Madame Legoupil für die Käserei. Verkäst wird die unverfälschte Rohmilch in einer blitz-blank sauberen Käseküche teils zu Frischkäse, teils zu einem 10 bis 12 Tage reifenden Käse mit Oberflächenschimmel. Die Schimmelpilzkulturen werden nicht, wie dies beim *Camembert* üblich ist, der Kesselmilch zugefügt, sondern den ausgeformten und mit »schwarzem Salz« bestreuten Käsen aufgesprüht. Das »schwarze Salz« ist heute ein Gemisch aus Holzkohle und Kochsalz. Die Vorfahren von M. Legoupil stellten es noch so her, daß sie Rebholz mit aromatischen Kräutern verbrannten und die Asche mit Salz vermengten. Die auf vielen Ausstellungen prämierten Käse von M. Legoupil finden in Paris, im Elsaß und auch in Belgien ihren Markt. Nur nach Deutschland kann er seine *Frischkäse* bisher nicht exportieren, da er die Einhaltung einer bestimmten Trockenmasse nicht garantieren kann, weil – »die Ziegenmilch auch nicht immer gleich zusammengesetzt ist«.

Groß ist die Zahl der Namen für die verschiedenen *Ziegenkäse* in Frankreich, die nach Form, Aussehen, Reifungsart und vor allem nach ihrer Herkunft unterschieden werden. Oft tragen sehr ähnliche Käse die verschiedensten Namen, da jedes Dorf seinen eigenen Käse besitzt. Frankreichs Käsepapst Androuët meint, die großen *Ziegenkäse* seien die, die, in Platanen- oder Kastanienblätter eingewickelt, in Töpfen sorgfältig aufgeschichtet heranreifen, um dann im Kreise der Familie zu Weihnachten, Silvester und Neujahr serviert zu werden.

Auch in Deutschland bekanntgeworden und geschätzt ist der mit *Camembert*-Schimmel überzogene *Sainte-Maure*. Diese Käse werden in Rollenform angeboten; sie sind 15 cm lang, weisen einen Durchmesser von 5 cm auf und wiegen etwa 300 g. Bei uns bekommt man allerdings nur den aus Molkereien stammenden *»Sainte-Maure Laitier«*, nicht jedoch den auf Bauernhöfen bereiteten *»Sainte-Maure Fermier«* zu kaufen. Da der *»Sainte-Maure Fermier«* auf Strohmatten

Im Reifungskeller der Ziegenkäserei von M. Legoupil in Moyon
(Foto: Luh)

Bekannte französische Ziegenkäse
Von oben nach unten: Valençay –
Crottin – Sainte Maure.
Ihre beste Verzehrzeit liegt vom
April bis November, denn im Winter
geben die Ziegen kaum Milch.
Die Winterkäse werden vorwiegend aus
tiefgefrorener Bruchmasse
hergestellt
(Foto: Sopexa)

heranreift, kann man ihn vom Molkereikäse durch die in der Rinde erhalten gebliebenen Eindrücke der Strohhalme leicht unterscheiden. Auch ist der Schimmel an der Oberfläche der Bauernkäse nicht gleichmäßig weiß, sondern oft eher grau-grün.

Der Teig des *Sainte-Maure* ist weich, im Kern oft auch noch etwas fest und brüchig. Das Aroma ist mild bis rezent. Die für *Ziegenkäse* typische Geschmacksnote bietet sich in der Regel nur zurückhaltend an. Beim Kauf der unter den verschiedensten Namen angebotenen Käse nach Art eines *Sainte-Maure* sollte man unbedingt darauf achten, daß der Teig nicht insgesamt krümelig ist. Gegessen wird der *Sainte-Maure* zum Dessert, er kann aber auch auf einer Käseplatte eine hervorragende Stellung behaupten. An Wein empfehlen sich zum *Sainte-Maure* trockene, fruchtige und nervige Rot- und Weißweine.

Der aus dem Département Indre stammende *Valençay* ist das Vorbild der Pyramidenkäse. Die Oberfläche der Käse ist entweder nur mit weißem Schimmel bedeckt oder auch mit schwarzem Salz eingestreut, so daß der Schimmel nur spärlich wächst. Der Teig der 250 bis 300 g schweren Käse ist weich, weiß, trocken, er soll aber nicht krümelig sein. Der Geschmack ist mild, frisch und von deutlichem *Ziegenkäse*-Charakter. Die zum Dessert oder zur Zwischenmahlzeit zu empfehlenden Käse vertragen sich gut mit einem trockenen Weißwein.

Auch der *Valençay* wird häufig noch als Bauernkäse hergestellt.

Ziegenkäse reizen den Käsefreund besonders zu Entdeckerfreuden. Wir haben die Erfahrung gemacht, daß sich ein Versuch eigentlich immer lohnt, sei es mit einem *Banon*, einem *Chabichou* oder einem der zahlreichen anderen Ziegenkäse.

Die Käsepalette Bayerns:
1 Emmentaler; 2 Edelpilzkäse; 3 Weißlacker;
4 Handkäse; 5 Doppelrahm-Frischkäse; 6 Bergkäse;
7 Gouda; 8 Tilsiter; 9 Bayrischer Schnittkäse;
10 Verschiedene Schmelzkäse; 11 Brie; 12 Edelpilzkäse;
13 Camembert; 14 Edamer; 15 Gouda (Brot);
16 Geheimratskäse; 17 Butterkäse; 18 Weinkäse;
19 Münster; 20 Romadur; 21 Limburger
(Foto: Landesvereinigung der
Bayerischen Milchwirtschaft – ApA)

Käse
hat Heimat

Ein Streifzug durch die Käsekunst
europäischer und anderer Reiseländer

Wilster-
marsch

Camembert

Tilsiter
Gouda
Edamer

Edamer

Gouda
Edamer

Schnitt- und
Weichkäse
Camembert
Handkäse

Hand-
käse

Edamer

Münster

Harzer

Butterkäse
Edamer

Edamer
Münster

Tilsiter

Mainauer

Emmentaler
Bergkäse

Weißlacker

Edelpilz-
käse

Edamer

Tiefländer
Tollenser

Sauermilch-
käse

Altenburger
Ziegenkäse

Hamburg

Bremen

Hannover

Dortmund
Essen
Düsseldorf
Köln
Bonn

Frankfurt

Nürnberg

Stuttgart

München

Rostock

Berlin

Magdeburg

Leipzig

Erfurt

Dresden

Weser

Rhein

Main

Donau

Oder

Elbe

Bundesrepublik Deutschland

Deutschlands beliebteste Feriengebiete sind auch seine bedeutendsten Käselandschaften:

Grüne, blumengeschmückte Weiden in Süddeutschland und satte Marschland-Wiesen im Norden erfreuen nicht nur den Blick des Wanderers, sondern reizen auch den Appetit der Rotbunten und Schwarzbunten Niederungskühe, des Höhenfleckviehs (Simmentaler) und des Graubraunen Höhenviehs.

So verschieden die Milchtiere sind, so verschieden ist die Milch, und so verschieden ist naturgemäß ein *Tilsiter* aus dem Allgäu gegenüber einem *Tilsiter* aus Schleswig-Holstein, mag das Herstellungsverfahren auch völlig identisch sein.

Diese reizvolle Variation liegt aber nicht nur an den Rindviehrassen, sondern auch an den klimatischen und botanischen Besonderheiten der Landschaft. So ist es nicht möglich, außerhalb des Alpen- und Voralpengebietes einen *Emmentaler* herzustellen, der alle die Eigenschaften aufweist, wegen derer man ihn schätzt. Gewiß, in ganz Deutschland wird von Molkereien und Großbetrieben, gelegentlich noch von Bauern, Käse hergestellt, doch hat sich die Käsewirtschaft in großem Ausmaße dort entwickelt, wo eine intensive Milchwirtschaft möglich ist, weil genügend Niederschläge die Voraussetzung für ertragreiche Grünland- und Weidewirtschaft schaffen. Das Voralpengebiet bis etwa zur Donau ist außergewöhnlich von Feuchtigkeit gesegnet, weil sich die vom Westen hereinziehenden Regenwolken vor den Bergen abregnen. Der Salzburger Schnürlregen, der manchmal die Landschaft bis zum Bodensee recht trostlos dreinschauen läßt, ist aber auch für den vorübergehend mürrischen Urlauber wiederum eine positive Sache, denn die hohe Bodenfeuchtigkeit ist Voraussetzung für das üppige Futter, das über die Milch in so herrliche Käse wie *Emmentaler, Bergkäse, Tilsiter, Bavaria Blu, Camembert* und *Weißlacker* umgewandelt wird, die den Urlauber schon am Frühstückstisch ergötzen. So sind nicht nur Oberbayern und das Bayerische Allgäu imponierende Käselandschaften, sondern auch das Württembergische Allgäu um Wangen mit seinem Käsemuseum und der Lehr- und Forschungsanstalt für Milchwirtschaft (Oskar-Farny-Institut) sowie Oberschwaben gehören vollwertig zur »Süddeutschen Milchküche«.

Rund um den Federsee in Oberschwaben wird die Milch gewonnen, aus der einer der delikatesten *Tilsiter* des deutschen Südens hergestellt wird. Gute *Münsterkäse* und *Edamer* kommen aus dem Illertal; das Bodenseegebiet ist durch eine Vielzahl von Käsesorten bekannt und hat durch den bodenständigen *Mainauer* auch einen Platz in der Spezialitätenliste erlangt. Das unmittelbare Voralpengebiet ist in seiner ganzen Ausdehnung die Domäne des *Emmentalers*. Der Tourist, der in diesen Gebieten auf Einkaufsreise geht, kann sich in den meisten Käsereien frisch aus dem Keller eindecken, so etwa mit einem urwüchsigen *Weißlacker* in Wertach, wo er zwar nicht mehr hergestellt wird, aber immer noch zu kaufen ist.

Auf keltisch-römischem Siedlungsboden liegt die alte Handelsstadt Kempten, heute Sitz einer bedeutenden Käsereifachschule, einer milchwirtschaftlichen Untersuchungsanstalt und der Käsebörse – ein echtes Käsezentrum.

Bayern nimmt bei der Käseherstellung nicht nur in qualitativer Hinsicht eine Spitzenstellung ein, sondern übertrifft mit der Pro-Kopf-Erzeugung noch das führende Käseland Frankreich und hält somit in der EG den ersten Platz, ebenso wie es mit 70 Prozent der gesamten deutschen Käseproduktion alle anderen Regionen weit übertrifft. Unter den traditionsreichen bayerischen Käselandschaften darf auch der Chiemgau nicht vergessen werden, wo heute z. B. bekannte Frischkäse hergestellt werden. Bereits im 13. Jahrhundert wurden hier 12 Käsesorten in Urkunden erwähnt, und Funde von Käsepressen belegen eine Käsekultur, die bis ins 12. Jahrhundert zurückreicht.

An der östlichen Peripherie Bayerns tritt Franken nicht nur mit herzhaften Weinen in Erscheinung, sondern mischt auch mit *Edamer, Camembert, Brie* und *Butterkäse* erfolgreich in der deutschen Käseproduktion mit.

Vom Odenwald bis zum Harz reicht das traditionelle Herstellungsgebiet der bei uns so beliebten

Alte Geräte aus einer Emmentalerkäserei, ausgestellt im Käsemuseum Wangen im Allgäu (Foto: Luh)

Alte Käsepresse einer handwerklichen Emmentalerkäserei, ausgestellt im Käsemuseum Wangen im Allgäu (Foto: Luh)

Sauermilchkäse, die noch bis zur Mitte unseres Jahrhunderts vielfach auf Bauernhöfen gemacht und direkt vermarktet wurden, heute von überwiegend kleineren Käsereien aus ihre Marktchance wahrnehmen. Im Zentrum dieses Raumes konzentriert sich, mit dem Vogelsberg als östlicher Begrenzung, eine reiche Produktionspalette, die von Frischkäse über Weichkäse bis zu Schnittkäse und Hartkäse (*Jarlsberg*-Typ) reicht.

Der Niederrhein ist heute ein Produktionsgebiet für *Gouda* und *Edamer*. Hier ist eine uralte Käsekultur nachweisbar, denn das Kloster Werden an der Ruhr wies einst für jeden Klosterbruder 0,5 bis 1 kg Käse auf dem wöchentlichen Verpflegungszettel aus.

An den Erzbischof von Köln mußten täglich zwei Käse geliefert werden, die nach einer alten Beschreibung so groß waren, daß der kleine Finger, bei in der Mitte aufgesetztem Daumen, den Rand noch nicht berührte.

Die großen Milchströme der norddeutschen Küstengebiete fließen wegen des hohen Bedarfs der Großstädte an Trinkmilch und Frischprodukten nur zum geringeren Teil in die Käsereien. Was daraus entsteht, sind durchweg schmackhafte Schnittkäse, wie *Tilsiter, Edamer, Gouda* und *Butterkäse*; aber auch in Schleswig-Holstein versteht man sich auf die Herstellung vorzüglicher *Camembert*-Käse, die ein aus Bayern zugewanderter Käser in der Gegend von Bad Segeberg in einer Qualität fertigt, die auf allen Märkten konkurrieren kann.

Spezialitäten aus dem Land zwischen den Meeren, wo man früher in den grundherrschaftlichen Meiereien noch mageren »Dienstkäse« und fettreichen »Herrenkäse« klassenbewußt trennte, sind der zart-aromatische *Wilstermarschkäse* und der würzig-pikante *Lütter Molfseer*, ein *Tilsiter*-ähnlicher Schnittkäse mit roter Rinde, der südlich von Kiel hergestellt wird.

Deutsche Demokratische Republik

In Mecklenburg werden in kleinen Mengen Hartkäse hergestellt, und zwar eine Art *Emmentaler* unter der Bezeichnung »*Tiefländer*« sowie *Chester* und *Cheddar*, die zudem vorwiegend für die Schmelzkäseproduktion dienen.

Weite Verbreitung haben der *Tollenser*, ein *Tilsiter*-Typ, der *Steppenkäse* und der in Brandenburg beheimatete *Steinbuscher*, der auch in Norddeutschland und Bayern hergestellt wird. Von ebenso bescheidener Qualität wie Produktionsmenge sind die *Limburger-, Romadur-* und *Camembertkäse*.

Traditionsreich, qualitativ gut und vorwiegend in Sachsen, Thüringen und Sachsen-Anhalt angeboten sind die verschiedenen Varianten von *Sauermilchkäse*, die mit 20 Prozent Produktionsanteil eine beachtliche Stellung einnehmen.

Österreich

In den viehreichen Landschaften Österreichs, das auch alle internationalen Sorten produziert, wurden einige beachtenswerte Käse entwickelt, die sich auch gegen den von schweizerischen Sennen in Tirol und Vorarlberg heimisch gemachten *Emmentaler* (ca. 50 Prozent Gesamtproduktionsanteil) behaupten konnten.

Alpkäse und die weithin hergestellten *Bergkäse* runden das Angebot an Hartkäsen ab. Seit dem 17. Jahrhundert wird im Salzburger Land der *Pinzgauer Bierkäse* gepflegt, und am Mondsee macht man ei-

nen ausgezeichneten Käse vom *Münster*-Typ, der vor dem Verpacken von seiner penetrant riechenden Schmiere befreit wird.

Ob es sich nun um den *Glundnerkäse* aus Kärnten, einen Sauermilchkäse, um *Frischkäse* oder die im Lande sehr beliebten *Edelpilzkäse* handelt, eines haben sie gemeinsam: Der guten österreichischen Alpenmilch verdanken sie eine ausgezeichnete Qualität, die unser Tourist in des Deutschen liebstem Ferienland leicht selbst beurteilen kann.

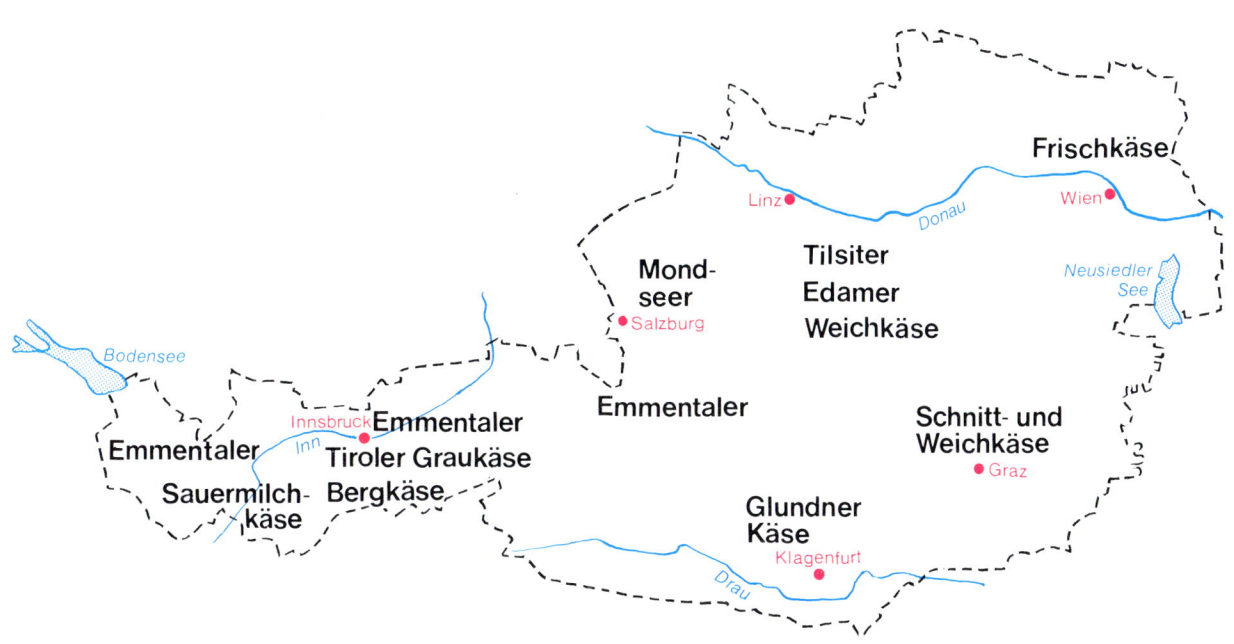

Frankreich

Wenn es ein Käseparadies gäbe, dann wäre es von den Nachfahren der Gallier besiedelt. Wo anders als in Frankreich ranken sich um große Persönlichkeiten der Käseschöpfung solche Legenden wie hier, wissen Dichter, Diplomaten, Sänger und Satiriker so nuancenreich über Käse zu urteilen.

Die lange Geschichte einer schier unübersehbaren, an Arten und Abkünften individualisierten Vielfalt hat mit der Ergänzung der wissenschaftlich

gefertigten Käsemassen der modernen Großbetriebe nur eine weitere Etappe erreicht. Kein anderes Land auch setzt Käsern und Erfindern so viele Gedenksteine, nirgendwo sonst gibt es touristische Pfade, die den Weg durch große Käselandschaften weisen, und, liebevoll beschildert, als »Route« einladen. Kein Land hat so kritische Verbraucher und so käsekundige Propagandisten wie die oft auch in Bruderschaften zum Lob der Käse Frankreichs ver-

einten Käsemeister, die maîtres fromagers.

Schaut man aus großer Höhe auf dieses paradiesische Sechseck herab, das unsere Nachbarn liebevoll »la douce France« nennen, dann entdecken wir kaum einen weißen Fleck auf der Käselandkarte. Zu den berühmten lassen sich schnell ein halbes Hundert und mehr kleine Käse aufzählen, die nur lokal verbreitet sind und die den Kenner durch edle, bodenständige Eigenschaften überraschen. Allerdings muß man zu ihnen reisen, denn sie finden nicht den Weg auf entfernte Märkte.

So wie die verschiedenen Landschaften ihre bevorzugten Schaf-, Ziegen- und Rinderrassen haben, so hat sich die Käsekunst des Landes Schwerpunkte geschaffen, die bei der Wahl der tradierten Sorten von den Gegebenheiten der jeweiligen Region geprägt wurden und nur mit Einschränkung auf die Großmolkereien zutreffen, die dank moderner Kühltechniken ihre Standortwahl etwas freier treffen können.

Schauen wir aus dem Pariser Becken, dem Herzen des Landes, über die Landschaft Brie nach

Osten, nach Norden und in die in weiten Teilen an England erinnernde Normandie mit ihren lebenden Hecken, den Bocages, dann geht der Blick über die Heimat der Weichkäse, vertreten durch große Namen: *Maroilles, Brie, Camembert, Carré de l'Est,*

Region kommt beinahe von selbst auf den Tisch!

Folgt unser Freund den Touristenpfaden entlang dem Atlantik, gelangt er zu den mächtigen Pyrenäenkäsen aus Kuhmilch oder Schafmilch und unterwegs an mehreren Orten begegnet er dem Lieb-

Rustikal angerichtete französische Käseplatte –
eine Einladung zum Schlemmen:
1 Sainte Maure; 2 Munster; 3 Roquefort; 4 Valençay;
5 Weichkäse mit Schimmelbildung;
6 Camembert; 7 Chabichou
(Foto: Sopexa)

Chaource, Munster, Géromé und Livarot.

In geringerem Umfang werden hier Schnittkäse (*Saint-Paulin* und *Pont-l'Evêque*), Hartkäse (*Mimolette*) und Frischkäse hergestellt. In der Normandie kann der historisch interessierte Käseliebhaber auf der Route du Camembert seine Gedanken in die Vergangenheit entlassen und der vom Meer geprägten Gastronomie seine Referenz erweisen, einen »normannischen Champagner«, den aus Äpfeln hergestellten Cidre bouché, und natürlich einen uralten Calvados dazu genießen. Die Käseplatte der

lingskäse der Franzosen, dem *Saint-Paulin.* Im Poitou sollte er die regionalen Ziegenkäse nicht übersehen, denn gerade in kleinen Dörfern warten geschmackliche Besonderheiten auf ihn. Eine Delikatesse dieses Gebiets ist ein Käsekuchen, der mit frischem Ziegenkäse bereitet wird und nach dem Bakken in sehr heißen Öfen eine schwarze Schicht trägt, *»Tourteau fromager«.*

Der ganze Stolz der Causses in Zentralfrankreich ist der *Roquefort,* der im Berg Combalou gereift wird. Auf den kargen Hochflächen hat man auf wasserundurchlässigen Lettenschichten künstliche Tränken (»lavognes«) für die weidenden Schafherden angelegt. *Blauschimmelkäse* dominieren hier ebenso wie in der nördlich anschließenden Auvergne, wo die *Fourme d'Ambert* und *Bleu d'Auvergne* zu Hause sind, wo man aber auf den Bauernhofkäsereien nach traditioneller Art frische *Ziegenkäse, Rigottes,* herstellt.

Aus dem Zentralplateau der Auvergne, einem der faszinierendsten Vulkangebiete Europas mit seinen Aschekegeln, Quellkuppen, Domen (Puy de Dôme, 1463 m) und Explosionstrichtern, kommt der wohl älteste Käse Frankreichs, der *Cantal.* Im Sommer leben dort auf den grünen Bergweiden die Kühe völlig frei, versorgt von Hirten, die seit alters her in den Berghütten (»Burons«) diesen auch *»Fourme de Salers«* genannten Schnittkäse machen.

Nicht weit vom 1860 m aufsteigenden Cantal, der diesem Käse seinen Namen gab, liegt das malerische Dorf Saint-Nectaire, die Heimat eines nußartig schmeckenden, sahnigen Schnittkäses.

Die wuchtigen Räder des *Emmentalers, Gruyère de Comté, Beaufort* und der *Tomme de Savoie* beherrschen die Käselandschaften in den Gebirgen Ostfrankreichs, während aus den Vogesen bekanntlich zwei vorzügliche Rotschmierekäse stammen, die an den Vogesenhängen kreiert wurden und beinahe überall kopiert werden: *Munster* und *Géromé.* Wer die Bergwelt durchreist und eine der 500 Bergkäsereien besichtigen will, kann sich unter Telefon 141 in Poligny dafür anmelden!

Schließlich decken Frischkäse aus Ziegen- und Schafmilch (*Banon, Poivre d'Ane*) und der *Niolo* von Korsika die südöstlichen Landschaften ab.

Sollte für die Pracht nicht generell gelten, was der »Prinz der Käse«, Monsieur Curnonsky, einmal über den *Roquefort* schrieb?

»Er bringt den Duft der Erde und das Aroma der Weiden mit sich . . ., er erhebt und veredelt unsere besten Weine.«

Belgien und Luxemburg

Herve, Limburger und *Rem₁₁dou* sind die klassischen Käse Belgiens, deren Entwicklung in die Jahrhunderte zurückgeht. Neben diesen in Klöstern erfundenen und gepflegten Käsen brachte Belgien bis um die Wende zum 20. Jahrhundert nur wenig hervor, denn erst mit dem Verfall der Getreidepreise im 19. Jahrhundert begann in dem eigentlich dafür prädestinierten Süden des Landes eine auf Fleisch- und Milcherzeugung ausgerichtete Viehwirtschaft. Die ersten Molkereien entstanden noch vor der Jahrhundertwende, und als in den nächsten fünfzig Jahren die Nachfrage nach Schnittkäse vom Typ *Gouda* und *Saint-Paulin* kontinuierlich anstieg, erlebte die Produktion auch fremder Sorten einen Aufschwung.

Die Gegend um Lüttich erlebte in jüngster Zeit eine Renaissance klassischer Weichkäse, insbesondere des von Bruderschaften (Confréries) geförderten *Herve,* aber auch des *Remoudou,* des *Korbkäses* und des *Limburgers,* der allerdings in Deutschland höhere Produktionsziffern erreicht.

Im Süden werden hervorragende, meist in Körben mit Walnußblättern abgedeckte Frischkäse (*Plattekaas*) angeboten, zu denen sich verschiedene Sorten französischer Herkunft gesellen, die besonders für Flandern typisch sind. Ein bodenständiger Käse ist der *Hettekaas (Brüsseler Käse, Fromage de Bruxelles)* aus pasteurisierter, teilentrahmter Milch. Internationale Schnittkäse wie *Emmentaler, Gouda, Edamer* und *Cheddar* sowie Weichkäse wie *Camembert* und *Brie* wurden längst übernommen und werden auch exportiert.

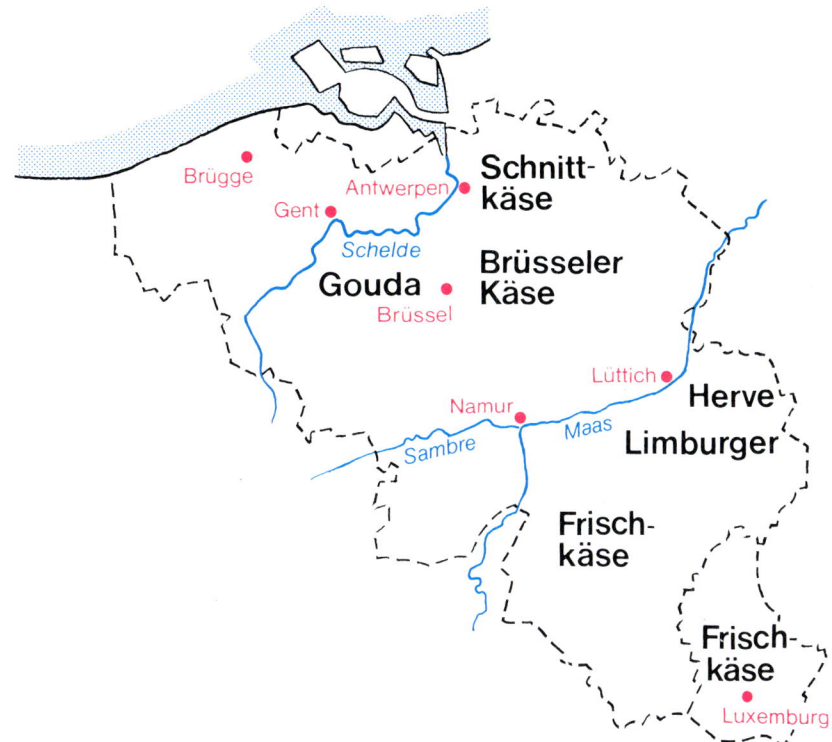

Wenn wir auf belgischem Käse das Gütezeichen, ein Brueghel-Gemälde mit zwei Käseträgern, sehen, können wir sicher sein, daß er strenge staatliche Kontrollen erfolgreich bestanden hat.

Luxemburg kennt aus eigener Erzeugung lediglich einige Frischkäse wie den *Fromage blanc* und den *Cottage Cheese* sowie den *Kachke-Käse*, der dem französischen *Concaillotte* nahe verwandt ist.

Schweiz

»Ein Saanenkäse soll so hart sein wie der Schweizer Franken.«

Daß die Schweizerische Eidgenossenschaft ein Phänomen besonderer Art ist, einzigartig und unvergleichlich, darüber sind sich alle Beobachter einig. In der Schweiz muß nach dem Vorbild der unverrückbaren Berge alles fest und beständig sein: die Währung, die Demokratie, die Uhren und auch der Käse.

In Frankreich wird mit viel Raffinesse gekäst, in der Schweiz mit Geduld. Die Schweizer Käser, die ihr Handwerk als Berufung verstehen und oft vom Vater auf den Sohn vererben, lassen die Käse langsam und bedächtig heranreifen.

Der *Emmentaler* ist der bekannteste schweizerische Käse neben dem *Greyerzer* aus der West-

schweiz, dem *Appenzeller* aus der Ostschweiz und dem *Sbrinz* aus der Innerschweiz. Der aus dem Berner Oberland stammende *Saanen* wird der schweizerischen Lebensauffassung von Sorgfalt, Qualitätsbewußtsein und Beständigkeit am meisten gerecht. Der Reifungsprozeß dieses Käses nimmt 3 bis 4 Jahre in Anspruch; oft wird er 10 bis 12 Jahre gelagert.

In der Schweiz hält man nicht viel von den Käsen, die »heute produziert und morgen verzehrt werden«. So wird auch der *Tilsiter* in der Schweiz länger gereift als bei uns.

In einem Land, in dem aus geographischen und klimatischen Gründen die Milchproduktion im Mittelpunkt der Landwirtschaft steht, ist es nicht verwunderlich, daß Milch und Käse auch im Volks-

Ein Alpkäser bringt den fertigen Laib zu Tale
(Foto: Schweizerische Käseunion, Bern)

brauchtum einen breiten Raum einnehmen. Der Almauftrieb im Frühjahr und der Almabtrieb im Herbst sind ebenso Höhepunkte der Folklore und touristische Anziehungspunkte wie die »Kästeilet« im Berner Oberland, bei der die Aufteilung der auf den Alpen während des Sommers genossenschaftlich produzierten Käse auf die Besitzer der Kühe erfolgt. Wie hoch der Käse von den Bergbauern im Berner Oberland und im Wallis als Nahrungsmittel eingeschätzt wird, läßt sich auch daran erkennen, daß man dort den Toten Käse und Brot als Nahrungsmittel für den langen Weg, den sie zu beschreiten haben, ins Grab gibt.

Der Tourist in der Schweiz hat reichlich Gelegenheit, an Ort und Stelle die verschiedensten schweizerischen Käse zu kosten. Auch bei den Käsen gilt wie bei guten Weinen die Regel, daß sie am Ort der Herstellung am besten schmecken. Man nütze also auch in der Schweiz die Gelegenheit und vergesse dabei nicht, daß die Schweiz nicht nur ein weintrinkendes, sondern auch ein weinerzeugendes Land ist.

Ein Pinot noir aus der Westschweiz, ein Clevner aus der Ostschweiz – Spitzenweine sind die »Föhnweine« aus Graubünden, dem St.-Galler Rheintal und dem rechten Ufer des Zürichsees – oder ein

Merlot aus dem Tessin können den Genuß der Käse noch steigern.

»Die« oder »das« *Fondue* (Ulrich Klever entscheidet sich deshalb für das grammatikalisch richtigere »die«, weil er meint, eine so hübsche Sache könne nicht sächlich sein!) ist das eigentliche Nationalgericht der Schweiz. In vielen Familien kommt es wöchentlich auf den Tisch, und wenn man mit Freunden einen gemütlichen Abend verbringen will, lädt man zur *Fondue* ein.

Die Rezepte sind vielfältig. Meistens serviert man die *Fondue* ohne Vorspeisen und Zutaten. Als Getränk liebt der Schweizer zur *Fondue* Tee – weil er dem Magen zuträglich ist – oder Weißwein. Wie auch immer die *Fondue* zubereitet ist und welches Getränk sie auch begleitet, eine Fondue-Regel gilt immer: »Wer einen Brotbrocken verliert, gibt ein Pfand, das später nach alter Väter Brauch unter Hallo eingelöst wird. Direkte Naturen vermeiden diesen Umweg: Sie lassen Damen ihr Mißgeschick mit einem Kuß bezahlen und bürden Herren die nächste Flasche Wein auf. Im Wiederholungsfall muß der Sünder, der seine Brotbrocken chronisch nicht richtig feststeckt, zur nächsten Fondue einladen.«

Die schweizerische Käsewirtschaft legte schon

immer großen Wert auf Qualität. Nicht nur die fertigen Käse werden streng kontrolliert, sondern auch bereits die Milcherzeugung unterliegt einer ständigen Überwachung durch die »Milchfecker«, von den Käsereigenossenschaften beauftragte, zuverlässige Bauern, die regelmäßig Stallkontrollen bei den Milcherzeugern durchführen.

Neben den ursprünglichen schweizerischen Käsen produziert man heute in der Schweiz, vielleicht unter dem Einfluß des Tourismus, auch *Brie, Camembert, Romadur, Limburger* und andere ausländische Käsesorten.

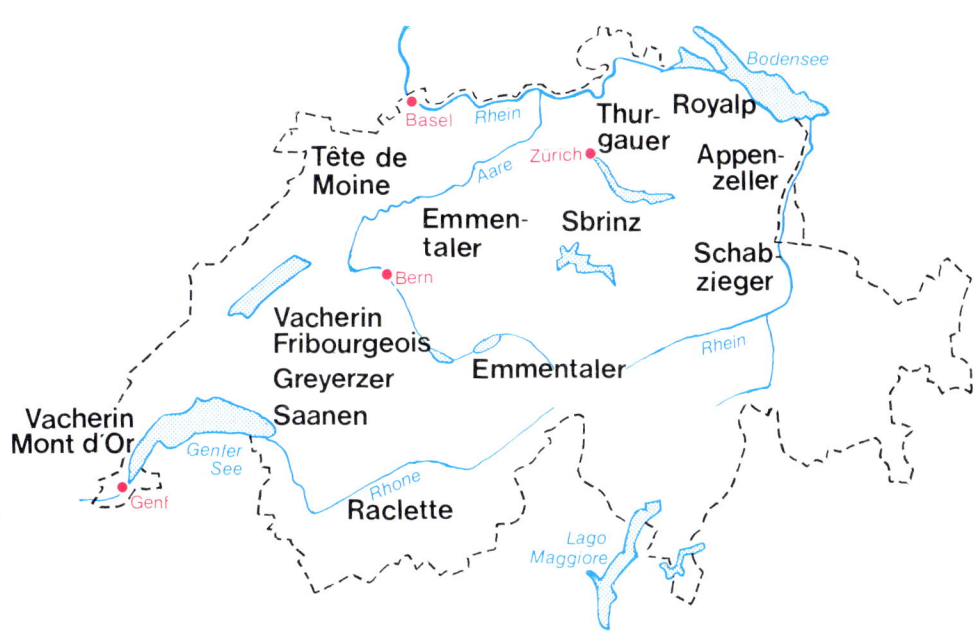

Italien

In Italien kann die Käsekunst auf eine lange Tradition zurückblicken, die auf einer glücklichen Kombination griechischer Erfindergabe und römischer Geschicklichkeit basiert. Italiens Käse gehören zu den großen der Welt. Die Italiener, die begeisterte Käsefreunde sind, begnügen sich aber nicht nur mit den Käsen ihrer Heimat, sondern sie greifen auch gerne auf importierte Käse aus Deutschland, der Schweiz, aus Österreich und Frankreich zurück. Immerhin überschreitet der jährliche Pro-Kopf-Verbrauch an Käse 10 kg.

Die italienischen Herstellungsgebiete für Käse sind weitgehend konzentriert auf die Alpen, die Voralpenregionen und die Poebene, soweit es sich um Kuhmilch handelt, sowie auf Süditalien, Sizilien und Sardinien für Schaf- und Ziegenkäse. Das Käseangebot Italiens ist sehr vielseitig. Die meisten Käse sind Labkäse, die in vier Gruppen eingeteilt werden:

1. Weichkäse (Formaggi a pasta molle)
   Beispiele: *Crescenza, Taleggio, Rabiola*
2. Schnittkäse (Formaggi a pasta semidura)
   Beispiele: *Bel Paese, Italico, Gorgonzola, Fontina* und *Montasio.*
3. Hart- und Reibekäse (Formaggi a pasta dura oder a pasta molto dura)
   Beispiele: *Parmesan – Parmigiano, Grana Padano* und *Pecorino.*
4. Filata- oder Knetkäse (Formaggi a pasta filata)
   Beispiele: *Mozzarella* – ungereift, gut für Pizza geeignet –, *Provolone, Caciocavallo.*

Aus Norditalien, besonders aus der Lombardei, stammen die Weich- und die Schnittkäse sowie der *Parmesankäse*, bei denen die Italiener streng zwi-

schen dem *Parmigiano Reggiano* und dem *Grana Padano* unterscheiden.

Aus dem bergigen Hinterland Neapels stammt der *Provolone*, aus Sardinien kommt der *Pecorino Sardo* und aus Sizilien der *Pecorino Siziliano*.

Käse nimmt auf der apenninischen Halbinsel im kulinarischen Fahrplan einen ebenso unersetzlichen Platz ein wie der Wein. In der italienischen Küche ist Käse Bestandteil der Pizza und vieler anderer Gerichte. In jedem Restaurant steht ein Gefäß mit geriebenem *Parmesan* zur Selbstbedienung auf dem Tisch. Gedeck, Brot und *Parmesan* werden pauschal (coperto) bezahlt. Man streut den geriebenen *Parmesan* auf die zur Vorspeise (antipasti) gereichten Teigwaren (pasta asciutta), auch auf die minestra oder zuppa (Suppen). In einem guten Lokal kann man davon ausgehen, daß der *Parmesan* stets frisch gerieben ist und nicht etwa aus einer Plastikverpackung stammt. Der Italienreisende sollte, schon allein der Kalorien wegen, beim Dessert manchmal auf das so geliebte Eis verzichten und sich einen *Gorgonzola, Bel Paese* oder *Provolone* servieren lassen. Er wird es nicht bereuen.

Eine nachahmenswert bescheidene Mahlzeit! Daß die italienischen Gastronomen mit Käse umgehen können, kann man selbst im Speisewagen italienischer Schnellzüge erleben.

In Italien kauft man Käse auf dem Markt oder in einem der zahlreichen Lebensmittelgeschäfte, die auch am Sonntagvormittag geöffnet sind. Das An-

Sortiment italienischer Käse
(Foto: Latteria soresinese, Soresina)

Beliebt ist in Italien als Zwischenmahlzeit die Kombination von Brot, Wein und Käse. Die vielbesungene Osteria, die man leider in ihrer ursprünglichen Form nur noch in Mittel- und Süditalien antrifft, bietet neben erfrischendem »vino rusticale« oder »vino tipico« selten mehr als Brot und Käse.

gebot ist vielseitig und infolge des in Italien gut funktionierenden Vertriebssystems allgemein frisch. Neben der in Folien abgepackten Massenware findet man in den Geschäften ausgesprochene Köstlichkeiten. Mit Sicherheit jedoch einen sich auf dem Höhepunkt befindenden *Gorgonzola*.

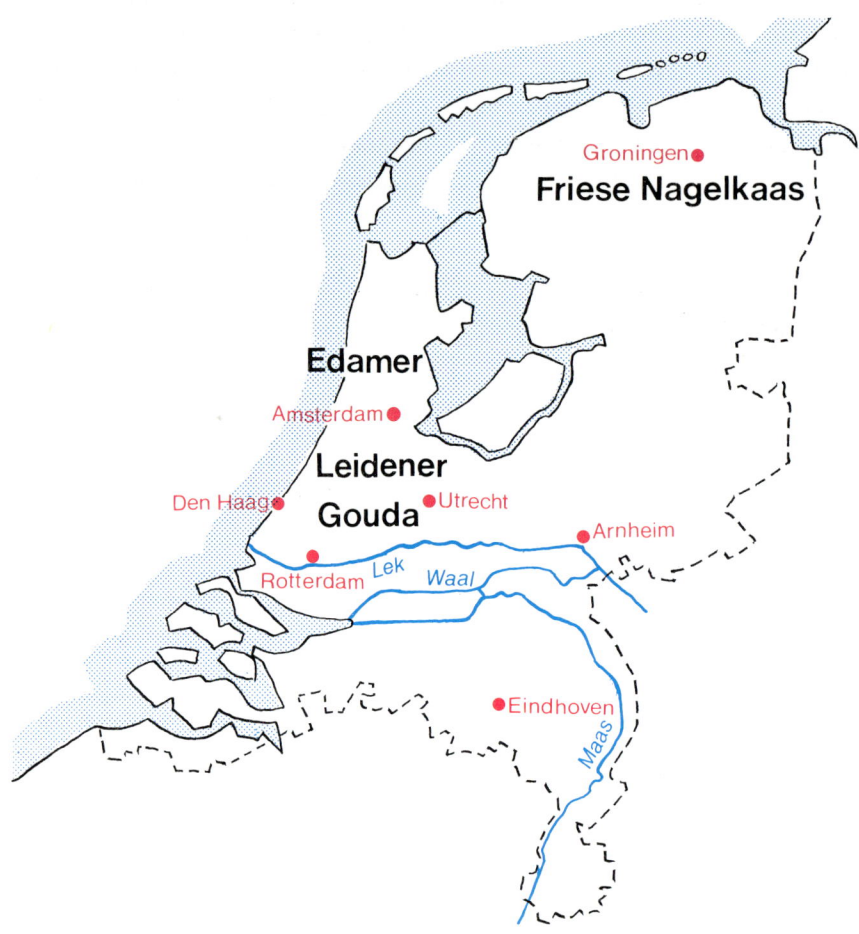

Niederlande

Das Land im Mündungsgebiet von Rhein, Maas und Schelde liegt, hinter Deichen geschützt, teilweise 6 m tief unter dem Meeresspiegel, was insbesondere die fruchtbaren Marschen betrifft.

Funde von gelochten Formen zur Käseherstellung aus dem 1. Jahrhundert belegen die alte Käsetradition der sehr stark auf Viehhaltung gerichteten Wirtschaft des Landes. Auch Kaiser Karl d. Gr., ein wahrer Käseliebhaber, ließ sich regelmäßig mit friesischem Käse beliefern. Als die Käsekunst im Mittelalter ihren ersten Höhepunkt erreicht hatte, wurden Käsemärkte begründet und Stadtwaagen geschaffen.

In der Käsetradition stehen Alkmaar, Leiden und Leeuwarden in dieser Hinsicht ganz oben. Der farbenprächtige Käsemarkt von Alkmaar hat sich bis in unsere Zeit erhalten und lockt in der Saison (Ende April bis Mitte September) an jedem Frei-

tagmorgen Abertausende von Touristen an die Stätte dieses historischen Schauspiels. Die Stadtwaage von Alkmaar, die ursprünglich eine dem Heiligen Geist geweihte Kapelle war, wurde 1582 zur Zentralwaage der Stadt umgebaut und erfreut mit den Reitern des Spielwerks, die unter den Trompetenstößen des Herolds ein Lanzenturnier austragen, allstündlich die Besucher der Käsestadt. Die Käseträgerzünfte beleben mit ihren traditionellen Gewändern und bunten Hüten den Markt.

Auf der nördlichen Seite des IJsselmeers liegt das saftige friesische Weideland, das über ein Drittel der Gesamtfläche Frieslands einnimmt und das einen wesentlichen Anteil an der Stellung Hollands als größtem Käseexporteur hat.

Mitten in den Käseprovinzen Süd-Holland und Utrecht liegt die berühmte Geburtsstadt des *Gouda* am Zusammenfluß zweier Flüsse. Hier hielt man schon im Mittelalter Viehmärkte ab. Unter der Kaaswaag, die Pieter Post, der Baumeister aus Haarlem, 1668 schuf, werden auch heute noch – wie bereits geschildert – große Käsegeschäfte mit einem traditionellen Handschlag besiegelt. Wer den historischen Bauernkäsemarkt (Anfang Juni bis Anfang September) in Aktion erleben will, muß sich früh aufmachen, denn um 10 Uhr ist er schon vorbei. Die weltbekannten *Goudakäse* werden nicht nur in technisierten Molkereien hergestellt, sondern auch von rund 1000 Bauernhöfen, die ihre Produkte in den Wettbewerb schicken.

Das touristisch attraktive Nord-Holland hat mit Edam auch eine berühmte Käsestadt aufzuweisen. Die Tradition der Bauernhofkäse wird bei unseren nordwestlichen Nachbarn vor allem beim *Leidener*

Käse aufrechterhalten. Dazu kommen etliche kleinere Namen, die den Ruhm der holländischen Käsekunst begründen halfen. Wer konstante Qualität zu schätzen weiß, wird gern zur Kenntnis nehmen, daß die seit 1906 durchgeführten staatlichen Qualitätskontrollen besonders streng bei Exportkäse gehandhabt werden. Nur wirklich einwandfreie Ware erhält den Herkunftsstempel »HOLLAND«, nach dem auch die Holländer selbst kritisch Ausschau halten. Da die Verwendung von Käse in Küchenrezepten erst in jüngster Zeit an Boden gewinnt, die Holländer aber vor allem einen guten Käse zum Imbiß und als Brotbelag schätzen, hat Ware mit selbst leichten Fehlern keine Chance, verkauft zu werden.

Die Waage von Alkmaar
Lithographie von R. de Vries
(Aus: Deutsche Molkereizeitung Kempten)

Skandinavien

In Dänemark, Norwegen und Schweden besteht eine alte Tradition bäuerlicher Käseherstellung. Es handelt sich hierbei vornehmlich um Sauermilch- und Molkenkäse; Labkäse fanden erst mit der Einrichtung von Molkereibetrieben Verbreitung. In neuerer Zeit werden in den skandinavischen Ländern überwiegend Käse nach ausländischen Vorbildern produziert.

In Dänemark handelt es sich bei den auf den Bauern- und Herrenhöfen hergestellten Käsen um Quarkkäse vom Typ der *Handkäse*. In der zweiten Hälfte des vergangenen Jahrhunderts setzte die

molkereimäßige Käseproduktion ein, die sich stark an ausländischen Vorbildern orientierte. Die dänischen Nachahmungen ausländischer Käse entwickelten sich jedoch bald zu eigenen Sorten, die in der Zwischenzeit auch eigene Namen erhalten haben, so zum Beispiel der vom *Tilsiter* abgeleitete *Havarti*.

Die Dänen sind große Käsefreunde, die jährlich pro Kopf über 10 kg Käse verzehren und auch auf gute Qualität Wert legen. Hauptsächlich kennt man feste Schnittkäse und Blauschimmelkäse (*Danablu*). Gegessen werden die Käse als Brotbelag zum Smørrebrød, wie man in Dänemark ein mehrfach

Dänischer Käse beim Zoll
(Foto: Dänischer Käseexportausschuß)

mit Fisch, Fleisch, Eiern und Käse belegtes Butterbrot nennt. Auch zum Frühstück wird in Dänemark stets Käse gereicht.

Bis zum Jahre 1856, als die ersten genossenschaftlichen Käsereien entstanden, kannte man in Norwegen nur eine auf Eigenbedarf ausgerichtete bäuerliche Käsefertigung. Aus fettarmem Quark wurde der variantenreiche, zum alsbaldigen Verbrauch bestimmte *Pultost* sowie der unter Schimmelpilzeinwirkung gereifte *Gammelost* (gammel = alt; ost = Käse) hergestellt.

Der von den Norwegern am meisten geschätzte Käse – der *Mysost* – geht auf einen alten, aus Ziegenmilch hergestellten Molkenkäse, den *Gjetost*,

(Gjei = Ziege) zurück. Schon die Wikinger sollen den *Mysost* auf ihren Reisen mitgeführt haben. Er hat ihnen der Legende nach Mut und Ausdauer gespendet. Mit der gleichen Ausdauer servieren die Norweger heute den *Mysost* täglich zum Frühstück.

Seit dem vergangenen Jahrhundert wurden neben den einheimischen auch zunehmend ausländische Käsesorten molkereimäßig hergestellt, wie *Gouda, Edamer, Tilsiter, Cheddar, Emmentaler (Sveitser)*. Eine norwegische Käseneuentwicklung ist der mit *Emmentaler*-Lochung versehene *Jarlsberg*.

In Norwegen wird Käse als Brotbelag gegessen oder in der Küche als Zugabe zu Saucen und anderen Gerichten verwendet. Berühmt ist das armlange, dick mit Butter bestrichene und mit Fisch, Fleisch, Salat und Käse belegte Brot »Landgang«, zu dem Bier, begleitet von ein bis zwei Gläsern Aquavit, getrunken wird.

Obwohl Schweden auf eine alte Käsetradition zurückblicken kann, stößt der Tourist nur noch selten auf einen ursprünglichen, landestypischen Käse wie den *Prästost* (Priesterkäse) oder *Molkenkäse*. Der *Prästost* wurde früher im Haushalt der Pfarrhöfe aus Milch hergestellt, mit der die Pächter ihren Pachtzins für die der Kirche gehörenden Weiden bezahlten. Diese Käse dienten jedoch nicht nur zur Eigenversorgung der Pastorenfamilie, sondern wurden auch als Handelsgut gebraucht, für das sich Fleisch, Fisch und andere lebensnotwendige Dinge eintauschen ließen. Heute wird der *Prästost* aus pasteurisierter Milch fabrikmäßig hergestellt.

Mit Beginn unseres Jahrhunderts setzte in Schweden die molkereimäßige Herstellung von Käse ein, die schließlich dazu führte, daß eine Vielzahl von Käsen nach ausländischem Vorbild produziert wird. So findet man Sorten mit Schnittkäsecharakter, die eine Rundlochung aufweisen und dem *Emmentaler* oder *Edamer* nahestehen, wie der milde *Herrgårdsost*. Noch milder und nahezu ausdruckslos ist die »Drabant« genannte und in Folien gereifte Variante des *Herrgårdsost*. Ebenfalls mild ist der *Svenskedam*. Zu den festen Schnittkäsen mit Schlitzlochung gehören der schon erwähnte *Prästost* und eine Reihe anderer Käse mit den verschiedensten Namen, die besonders in der in Schweden sich immer mehr durchsetzenden, foliengereiften Form sehr mild sind und im Geschmack kaum Unterschiede aufweisen.

Dies gilt mehr oder weniger auch für die Kopien ausländischer Käse: *Tilci, Havarti, Ambrosia* (eine *Tilsiter*-Variante), *Schwedischer Cheddar, Gouda* und *Port-Salut.* Auch die Schimmelpilzkäse entsprechen nicht ganz unseren Vorstellungen, wie etwa der »*Party*«, eine Zwischenstufe zwischen *Camembert* und *Brie*, der »*Stockkumla*« (eine Art *Stilton,* jedoch ohne die typische Rinde) oder der Edelpilzkäse »*Ädelost*«. Neben den wenig charaktervollen Sorten schwedischer Käsefabrikate findet man in Schweden ein großes Angebot norwegischer, französischer, holländischer und auch deutscher Käse.

Die Schweden essen Käse hauptsächlich als Brotbelag zusammen mit Fleisch und Fisch auf dem Smörgäsbrod. Auch dient Käse zum Garnieren von Fleisch oder von Hamburgern. Hierzu wird oft *Schmelzkäse* in Scheiben oder auch in Pastenform aus Tuben verwendet. Den *Camembert* verzehrt man in Schweden auf besondere Art: Der Käse wird in Stücke zerschnitten, paniert und gebraten. Hierzu ißt man ein Kompott aus hjortron (Hjortbeeren), gelben, kleinen, kirschgroßen Beeren aus den Mooren Nordschwedens, die dem Sanddorn ähnlich sind und ein an Himbeeren erinnerndes Aroma aufweisen.

Nur durch Zufall kann der Tourist in Schweden Bekanntschaft machen mit den aus roher Ziegenmilch bereiteten Molkenkäsen *Gjetost* oder *Mysost* oder dem von den Lappen nur zum Eigengebrauch aus Rentiermilch hergestellten *Renost.* Diesen steinharten und flachen Käse tauchen die Lappen vor dem Verzehr in Kaffee oder in Rentiermilch.

Die Käsewirtschaft Finnlands steht auf einem technologisch und qualitativ hohen Niveau. Käsefachleute aus allen Käseländern reisen gerne nach Finnland, um sich über die dortige Käsereiwirtschaft zu informieren. Hierbei geht es jedoch nicht um die Käse finnischen Ursprungs, von denen lediglich noch der weiche und rahmige *Turunmaa* hergestellt wird, sondern um *Emmentaler,* dessen Produktion von dem Schweizer Rudolf Kloessner 1856 in Finnland eingeführt wurde. Lange schon ist man vom schweizerischen Rezept der *Emmentaler*-Herstellung abgewichen und produziert jetzt vornehmlich in Großbetrieben aus pasteurisierter Milch einen

Eine Anglerkuh in Dänemark
(Foto: Dänischer Käseexportausschuß)

Emmentaler, der weniger fest und weniger süß ist als der mitteleuropäische. In Finnland nimmt jedoch hinsichtlich der Beliebtheit der *Edamer* die Spitzenstellung ein. Der Käsefreund wird bei einer Reise keine Gelegenheit zu Neuentdeckungen haben. Er wird jedoch überrascht sein von der guten Qualität nicht nur des *Emmentalers* und *Edamers,* sondern auch des *Kesti* und *Kreivi* (Tilsitertypen), *Juhla* (Cheddar), *Luostari* (Port-Salut), *Kappeli* (Art Romadur) oder des Edelpilzkäses *Aura.*

In Finnland ißt man Käse zum Dessert und verwendet ihn auch in der Küche. Wie beliebt Käse in Finnland geworden ist, zeigt sich daran, daß der jährliche Pro-Kopf-Verbrauch 1920 nur 0,5 kg, 1972 jedoch 5,9 kg betrug.

Sowjetunion

In Rußland wurde früher nur wenig Käse hergestellt. In den letzten zwei Jahrzehnten jedoch entwickelte sich die Käsereiwirtschaft zu einem hohen Stand. Am bekanntesten ist eine Art *Tilsiter*. Daneben kennt man Käse vom Typ eines *Emmentalers,* *Edamer, Cheddarkäse,* einige Weichkäse und die landschaftlich unterschiedlichen *Lakekäse.* Besonders beliebt ist *Frischkäse,* dem oft Zucker, Nüsse, Schokolade oder Gelee zugesetzt sind.

Spanien

Der offizielle, vom spanischen Landwirtschaftsministerium herausgegebene Katalog der spanischen Käse – Catalogo de Quesos Españoles – gibt insgesamt 36 eigenständige Sorten an, und zwar 17 Schafkäse, 7 Ziegenkäse und 12 Kuhmilchkäse. Mehrere dieser Käse sind jedoch so nahe verwandt, daß der tatsächliche Variantenreichtum wesentlich geringer ist. Die spanische Käseproduktion ist ohnehin völlig auf den Inlandsverbrauch eingestellt. An der Spitze stehen der aus La Mancha kommende *Schafkäse Manchego* und der auf den Balearen vorwiegend aus Kuhmilch produzierte *Queso de Mahón*, gefolgt von einer Reihe von Käsen, die einen gewissen Grad an Bedeutung haben, wie etwa

a) die Schafkäse:

   Queso de Burgos
   Queso de Villalón
   Queso de Idiazabal
   Queso del Roncal
   Queso de Aragón

b) die Ziegenkäse:

   Queso fresco de cabra de Cádiz
   Queso fresco de cabra de Málaga
   Queso añejo de cabra de la sierra de Huelva

c) die Kuhmilchkäse:

   Queso del Cebrero
   Queso de Ulloa (Gallego)
   Queso Pasiego
   Queso de San Simón
   Queso Tetilla.

Ganz am Ende der Skala stehen Käsesorten, die es nicht über lokale Bedeutung hinausbringen, wie etwa der *Queso de vaca de Léon*, ein Kuhmilchkäse mit einer Jahresproduktion von nur 800 kg.

Der *Manchego (Queso Manchego)* ist der bekannteste unter den Käsen Spaniens. Er stammt ursprünglich aus der zentralspanischen Provinz »La Mancha« im südlichen Kastilien, die die Provinz Ciudad Real und Teile der südlichen und östlichen Nachbarprovinzen umfaßt. In diesem durch Don Quijote berühmt gewordenen Steppenland mit rauhem Klima, sehr langen und heißen Sommern und ständigem Wassermangel wird der *Manchego* schon seit langem von Schafhirten aus der aromatischen Milch der Manchegoschafe hergestellt. Heute ist die Produktion des *Manchego* nicht nur auf dieses Gebiet beschränkt, sondern in ganz Spanien verbreitet. Unterschiedliche Weidebedingungen und Schafrassen in den verschiedenen Erzeugungsgebieten haben jedoch einen großen Reichtum an Geschmacksnuancen zur Folge.

Beim *Manchego* wird unterschieden zwischen dem frischen, nur 10 bis 20 Tage bei 12 bis 14 °C gereiften »*Manchego fresco*«, dem etwa 3 Monate gereiften »*Curado*« und dem 6 Monate bis 1 Jahr gereiften »*Viejo*«. Legt man den noch jungen *Manchego* in Olivenöl ein, dann kann er bis zu einem Jahr alt werden und ist dann als »*Manchego en aceite*« eine Delikatesse für Käse-Snobs.

Der *Manchego* wird in flachen Zylindern mit einem Gewicht von 2,3 bis 3 kg hergestellt. Seine Rinde ist strohgelb, manchmal paraffiniert und beim *Manchego en aceite* auch dunkelbraun bis schwarz. Der je nach Alter unterschiedlich feste und elastische Teig ist weiß bis rahmgelb, zeigt eine geringgradige, reiskorn- bis kleinerbsengroße Lochung und zeichnet sich durch einen dem *Emmentaler* ähnlichen Geruch aus: leicht säuerlich und angenehm frisch. Der Geschmack ist mild, leicht säuer-

lich und voll-aromatisch, aber nicht aufdringlich, dem *Tilsiter* ähnlich. Wie nahezu alle Schafkäse ist der *Manchego* mit 57 Prozent Fett i. Tr. sehr fetthaltig. Typisch für den *Manchego* ist die Rindenstruktur, die beim noch handwerklich hergestellten Käse die kunstvollen Muster der aus Espartogras geflochtenen Körbe (Pleitas), in denen der Käse ausgeformt wird, erkennen läßt. Damit auch der fabrikmäßig hergestellte *Manchego* diese Optik bekommt, verwendet man jetzt Metallformen, in die eine Imitation des Korbmusters eingearbeitet ist.

Nach der alten nordspanischen Stadt Burgos, die früher Hauptstadt der Grafschaft Alt-Kastilien war und die auf der gleichnamigen Hochebene gelegen ist, wird der aus Schafmilch hergestellte »*Queso de Burgos*« benannt. Dieser in 1 bis 2 kg schweren, flach-zylindrischen Laiben hergestellte, ungereifte Frischkäse soll noch am Tage der Herstellung verkauft werden, denn er ist höchstens 48 Stunden haltbar. Das Aroma des weißen und festen Teiges ist ausgesprochen mild. Angenommen wird, daß aus einem dem Burgos ähnlichen Käse der erste *Roquefort* entstanden ist.

Dem *Burgos* sehr ähnlich ist der »*Queso de Villalón*«, der aus der »Tierra de Campos« stammt und der auch unter der Bezeichnung »*Campos*« oder »*Pata de Mulo*« (Huf des Maulesels) in den Handel kommt. Die 0,5 bis 2,5 kg schweren, stangenförmigen Käse sind ebenfalls zum sofortigen Verzehr vorgesehen. Er kann aber auch in einer gereiften Form hergestellt werden und ist dann etwas haltbarer. Produziert wird der *Villalón* aus der Milch der Churra-Schafe, einer in Nordspanien verbreiteten Schafrasse, die sich durch eine große Milchergiebigkeit auszeichnet.

Im Baskenland wird im Frühjahr und Sommer der »*Queso de Idiazabal*« produziert, und zwar ausschließlich von Bauern, die diesen Schafkäse oft durch Räuchern haltbar machen und direkt an den Verbraucher verkaufen. Dem *Idiazabal* ähnliche Käse sind der »*Queso de gorbea*« und der in den Bergen hergestellte »*Queso presando de orduña*«.

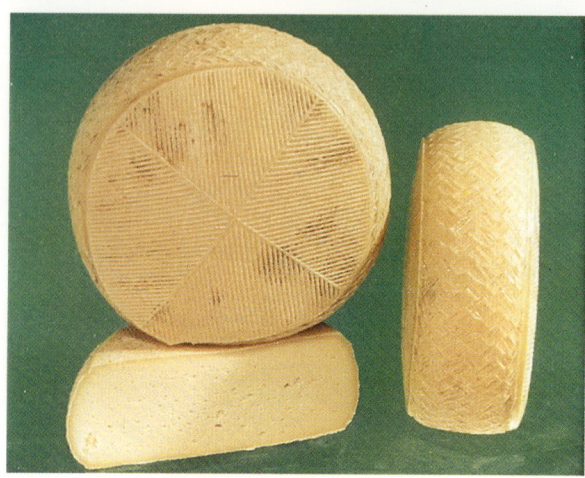

Manchego
(Fotos S. 258-260: Ministerio de Agricultura, Madrid)

Queso de Burgos

Queso de Villalón

Die etwa 1,25 bis 2 kg schweren, zylindrischen Laibe des *Idiazabal* zeigen eine braungelbe, harte und glatte Rinde und haben einen festen Teig von weißlich-gelber Farbe. Geruch und Geschmack sind betont rauchig.

Der »*Queso del Roncal*«, benannt nach dem Roncaltal in Navarra nahe der französischen Grenze, ist nicht nur ein in Spanien, sondern auch in den benachbarten französischen Gebieten geschätzter Hartkäse aus Schafmilch. Die flach zylinderförmigen Käse im Gewicht von 1,2 bis 2 kg besitzen eine schmierige Rinde, die mit Schimmelpilzen bewachsen ist. Bei der Reifung in sehr feuchten und kühlen Kellern wird diese Schimmelbildung stark gefördert. Das Aroma des *Roncal* ist voll und leicht pikant.

In den Provinzen Ternel und Castellón de la Plana (Küstenzone des Mittelmeeres) wird der Bauernkäse »*Queso de Aragón*« produziert, dessen Form unverwechselbar charakteristisch ist: ein flacher Kegelstumpf mit eingezogener Ober- und Unterfläche. Dieser nur eine Woche gereifte Käse wird entweder von reiner Schafmilch oder auch aus einem Gemisch aus Schafmilch und Ziegenmilch, deren Anteil jedoch 50 Prozent nicht übersteigen darf, bereitet. Der *Aragón* ist nur kurz haltbar und muß innerhalb von 15 bis 20 Tagen gegessen werden.

Im Süden Spaniens zwischen Cádiz und Málaga wird Ziegenkäse hergestellt, so der »*Queso fresco de cabra de Cádiz*«, ein nur wenig haltbarer, gereifter Frischkäse mit einem angenehm kräftigen Aroma. Der »*Queso añejo de cabra de la sierra de Huelva*« ist ein Ziegenkäse mit Schmierenbildung, der entweder frisch verzehrt wird oder auch als halbfester Schnittkäse etwa 3 Monate haltbar ist. Wird er in Olivenöl konserviert, so kann man ihn bis zu einem Jahr aufbewahren. Das Aroma dieses Käses ist kräftig und pikant. Hergestellt wird er in der Sierra de Aracena.

Aus den Bergen um Málaga stammt der »*Queso fresco de cabra de Málaga*«, ein Ziegenkäse, der als Frischkäse oder gereifter Frischkäse produziert wird und einen relativ hohen Fettgehalt von etwa 58 Prozent i. Tr. aufweist. Sein Aroma ist ausgesprochen mild. Allgemein wird er in Olivenöl eingelagert und ist dann zwei bis drei Monate haltbar.

In ganz Spanien erhält man die verschiedensten lokalen Sorten Frischkäse aus Ziegenmilch, die früher üblicherweise lediglich durch Labzusatz aus Rohmilch gewonnen wurden, ohne daß eine eigentliche Säuerung eintrat. Solche Käse enthielten noch sehr viel Molke. Sie waren schwer verdaulich und bargen immer die Gefahr der Krankheitsübertragung in sich. Professor Rossel, zunächst Arzt, dessen junge Frau an einer Infektionskrankheit gestorben war, die sie sich vermutlich durch einen solchen Käse zugezogen hatte, widmete sich in seinem späteren Leben in dem von ihm gegründeten Institut der Milchforschung und trat aufgrund seiner eigenen Erfahrung für die Pasteurisierung der Käsereimilch und für eine Säuerung der Frischkäse in Spanien ein. Die auf die Empfehlung von Professor Rossel hergestellten Frischkäse fanden bei der einheimischen Bevölkerung rasch Anklang. Auch dem Touristen können diese Käse empfohlen werden, während für die nur noch vereinzelt anzutreffenden, dem Touristen wohl kaum zugänglichen Frischkäse aus Ziegenmilch, die nach alter Art gemacht werden, die Warnung des englischen Käsekenners T. A. Layton gilt: »Nicht sehr gut, ihre Qualität ist schwankend. Sie auszuprobieren ist ein Risiko und eine stumpfsinnige Aufgabe.«

Dagegen lohnt sich auch für den verwöhnten Käsefreund der Versuch mit dem auf den Balearen, speziell auf Menorca hergestellten *»Queso de Mahón«*, der einen Fettgehalt von 45 Prozent i. Tr. aufweist. Dieser meist aus Kuhmilch mit einem geringen Zusatz von Schafmilch hergestellte Käse ist attraktiv, im Geschmack mild und hat die Konsistenz eines Schnittkäses. Er wird in rechteckigen Laiben hergestellt, deren Kanten abgerundet sind und die ein Gewicht von 2 bis 4 kg haben. Die Rinde ist trocken, ölig glänzend und von gelblich-brauner Farbe mit einigen schwarzen Flecken. Der Teig ist weiß bis gelblich und enthält zahlreiche kleine Löcher. Um ihn bis zu einem Jahr haltbar zu machen, wird der *Mahón* in Olivenöl eingelegt und in Holzkisten verpackt.

In der Provinz Galicia im nordwestlichen Zipfel Spaniens stellt man mehrere Sorten traditioneller Käse aus Kuhmilch her, wie den *Cebrero*, den *Ulloa*, den *San Simón* und den *Tetilla*.

Die pilzartige Form des *Queso del Cebrero*, dieses festen Schnittkäses, ist darauf zurückzuführen, daß die Bruchmasse so in die hölzerne Form gegeben wird, daß ein Teil von ihr über diese hinausragt.

Dieser etwa 2 kg schwere, reine Bauernkäse, der mehrere Monate haltbar ist, weist einen stark säuerlichen Geruch und Geschmack auf.

Der *»Queso de Ulloa«*, auch nach seiner Herkunft aus Galicia *»Gallego«* genannt, wird entwe-

Queso de Idiazabal

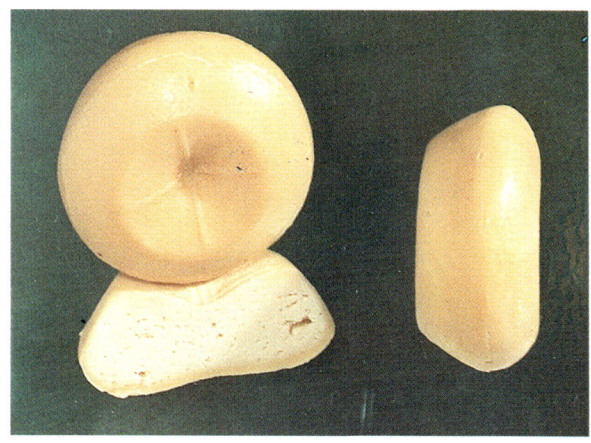

Queso de Aragón

Queso del Cebrero

der als halbfester Schnittkäse oder, wenn er fünf bis sechs Monate gelagert wurde, als Hartkäse verzehrt. Die etwa 0,75 bis 1,25 kg flachen, zylindrischen Laibe weisen ein mildes und leicht säuerliches Aroma auf.

Der Teig des birnenförmigen »*Queso de San Simón*« ist fest, leicht gelblich und von süßlichem Geschmack. Für das liebliche und pikante Aroma des *San Simón* ist das Räuchern über Birkenholzspänen verantwortlich.

Auch der »*Queso Tetilla*« zeigt eine birnenartige Form, ist jedoch am Boden mehr abgeflacht als der *San Simón*. Der Geschmack dieses Käses ist säuerlich und leicht salzig.

In der Provinz Santander in Nordspanien stellt man den »*Queso Pasiego*« aus reiner Kuhmilch oder auch mit Zusatz von Schafmilch her. Im allgemeinen wird der *Pasiego* als gepreßter Käse – *Queso Pasiego presando* – als Weichkäse bereitet. Im Hochland von Sureste stellt man ihn auch als Frischkäse – *Queso Pasiego sin prensar* – her.

Der gepreßte *Pasiego* wird in zylindrischen Laiben von 0,8 bis 1,5 kg produziert, während der ungepreßte *Pasiego* eine Scheibenform mit einer Dicke von 2 bis 4 cm und einem Durchmesser von 8 bis 11 cm aufweist. Das Aroma des gepreßten *Pasiego* ist mild, süßlich, etwas ausdruckslos und sahnig, das des ungepreßten *Pasiego* süßlich und an Milch erinnernd.

Die Käse Spaniens, von denen nur die wichtigsten besprochen werden konnten, sind im allgemeinen einfache, natürliche Produkte, die vielfach von den Bauern selbst hergestellt werden und im wesentlichen über lokale Bedeutung nicht hinauskommen. Mit der Entwicklung milchwirtschaftlicher Betriebe treten die Kuhmilchkäse immer mehr in den Vordergrund, weil zunehmend ausländische Käse wie *Gouda, Edamer* und *Camembert* nachgemacht werden. Die traditionellen spanischen Käse werden zusätzlich durch steigende Mengen importierter Käse immer mehr in ihrer Bedeutung eingeschränkt. So darf sich der Käsefreund nicht wundern, wenn er an den Brennpunkten der Touristik die typisch spanischen Käse vergeblich sucht.

Der Spanier verzehrt Käse meist zum Dessert. Wer dem spanischen Käse Referenz erweist, sollte sich bewußt sein, daß es dazu Weine gibt, vor denen man den Hut ziehen kann. Das Landesgetränk Wein ist zwar gemeinhin von schlichter Qualität, besonders die weißen Sorten, doch unter den Rotweinen gibt es einige wenige, die auch das weinselige Frankreich aufhorchen lassen. Doch das kommt nicht von ungefähr, waren es doch reblausgeschä-

Queso de Ulloa

Queso de San Simón

Queso Tetilla

digte Winzer aus den Weinbaugebieten um Bordeaux, die vor über 100 Jahren ihre Heimat verließen und sich im Rioja-Tal zwischen den kantabrischen Bergen und der Gebirgskette Kastiliens niederließen. Sie brachten ihre Kenntnisse und vor allem ihre Rebsorten mit und übergaben später, als sie wieder heimkehrten, eine Weinbaukultur, die bis heute in Blüte steht.

Die Weine, die hier, manchmal unter Beimischung hinzugekaufter Trauben, heranreifen, haben ihren ganz besonderen Charakter und sollten deshalb nicht direkt mit französischen Lagen verglichen werden. Ist der rote Konsumwein der Gegend schon spritziger und runder als jeder französische »vin ordinaire«, so stehen die Spitzenweine mit denen Frankreichs auf gleicher Höhe.

Das Rioja-Gebiet im Norden des ehemaligen Königreichs Kastilien profitiert von Sommern, die nicht so trocken sind wie sonst allenthalben in Spanien, und von einem langen, sonnigen Herbst. In den Bodegas wird der Wein in der Regel noch richtig ausgelagert, allerdings sind die Jahrgangsbezeichnungen sporadisch und die Lagebezeichnungen ohne Parzellenangabe. Diese werden den jeweils besten Weinen eines Weinguts vorbehalten. Die leichteren Riojaweine werden im Laufe mehrjähriger Lagerung etwas dünner, dafür aber gewinnen die schweren Sorten an typischem Duft und Geschmack. Ihnen allen ist aber eines gemeinsam: eine Delikatesse, die sich aus Duft, Zartheit und Frische zu einer verlockenden Komposition verbindet.

Portugal

Die Portugiesen, von Haus aus große Käseliebhaber, bereicherten ihre Käsetafel seit dem 15. Jahrhundert mit Importen aus Holland. Daran konnten auch die kriegerischen Auseinandersetzungen mit den Niederländern nichts ändern, die 1661 König Alfonso VI. veranlaßten, eine große Menge holländischer Käse in den Hafen von Lissabon werfen zu lassen.

Lange Zeit wurde in Portugal nur zum Hausgebrauch Käse hergestellt. Dies galt und gilt besonders für die in den Bergen Mittel- und Südportugals produzierten Ziegen- und Schafkäse. Die Bauernkäse wurden und werden zwar alle nach gleichem Grundprinzip bereitet, sie unterscheiden sich aber in Größe, Form, Farbe, Konsistenz und besonders im Geschmack von Bauernhof zu Bauernhof. In den letzten Jahren hat die Regierung begonnen, die Käsereiwirtschaft zu fördern, um die Individualität der eigenständigen Käse zu festigen und die fabrikmäßige Produktion bekannter europäischer Käsesorten (*Camembert, Emmentaler* und *Bola*, eine Art *Edamer*) zu intensivieren. Wenn auch die Standardisierung der bodenständigen Käse mit einer Nivellierung verbunden sein wird, so ist sie doch zur Qualitätsverbesserung dringend notwendig. Die holländische Käsespezialistin Nancy Eekhof-Stork schätzt aufgrund portugiesischer Untersuchungen bei den Bauernkäsen, daß 10 Prozent sehr schlecht, 80 Prozent annehmbar und die restlichen 10 Prozent hervorragend sind.

In Portugal kann man überall auf Märkten und in Lebensmittelgeschäften Käse kaufen. Ein Käseeinkauf auf einem der täglich stattfindenden lokalen Märkte lohnt sich, wenn man sich auf Spitzenprodukte beschränkt.

Aus den Gebirgsgegenden, besonders der Serra da Estrêla im mittleren Portugal, stammt der *Queijo da Serra*. Gewöhnlich wird er noch auf Bauernhöfen aus roher Schafmilch in verschiedenen Varianten hergestellt, und nur vereinzelt hat man mit der fabrikmäßigen Produktion aus pasteurisierter Milch begonnen.

Die flachen und runden Laibe des *Queijo da Serra* sind sehr variantenreich: Der Fettgehalt schwankt zwischen 40 und 55 Prozent, der Teig kann halbfest, hart und fest oder krümelig sein, je nach Alter der Käse. Auch das Aroma schwankt von mild bis kräftig-rezent mit dem typischen Schafmilchcharakter. Interessant ist, daß sich bei der Herstellung des *Queijo da Serra* eine im alten Rom gebräuchliche Technologie aus der Zeit der römischen Besatzung nach der Unterwerfung der Lusitanier durch Brutus 27 v. Chr. über die Zeiten erhalten hat: Eingelabt wird mit dem Saft der Blütenblätter der Cardone, einer Variante der Artischocke, die mit ihren meterhohen Stengeln entweder wild wächst oder angebaut wird. Übrigens könnte man auch die Blätter der nicht ganz so hoch wachsenden Artischocke selbst oder der auch hierzulande als Zierpflanze angebauten Krebs- oder Eselsdistel (*Onopordon acanthium*) verwenden. Das pflanzliche Lab wird in der Weise zur Milch gegeben, daß man die angefeuchteten und zerkleinerten Distelblätter in Tücher schüttet, durch die man die Milch seiht. Vom *Queijo da Serra* kennt man zahlreiche Varianten, wie den *Alcobaça*, einen kleinen, scheibenförmigen Käse mit weißem Teig oder Käse mit den Namen *Niza, Azeitas, Serpa, Toman* oder *Castelo de Vide*.

Sehr harte Käse von der Konsistenz eines Reibekäses sind der aus Schafmilch hergestellte *Alvorca* und der aus Ziegenmilch bereitete *Queijo de Evora*. Beide Käse sind sehr scharf und salzig und werden gewöhnlich in Olivenöl eingelegt verkauft.

Als *Queijo Fresco* wird ein meistens noch in der Holz-Form zum Verkauf angebotener Frischkäse mit recht unterschiedlicher Qualität bezeichnet. Ausgesprochen salzig schmeckt der *Queijo Seco*, ein mit Salzlake behandelter und konservierter *Queijo Fresco*.

Wer als Reisender portugiesischen Käse kennenlernen will, sollte nicht unbedingt mit *Queijo Fresco* beginnen, sondern nach einem *Queijo da Serra*, den man in den verschiedensten Reifestufen und Konsistenzen vom Weich- bis zum Extrahartkäse vorfindet, Ausschau halten. Am besten sind die Käse, deren Teig »derrete« (= schmelzend) ist.

In Portugal wird Käse zum Dessert gegessen. Man trinkt dazu vinho verde, einen jungen, moussierenden Wein, der »grün« (verde) ist im Sinne von jung und unfertig. Meistens handelt es sich um einen Weiß-, selten um einen Rotwein, der dann aber trotzdem »vinho verde« genannt wird. Bei den Bauern ist es üblich, eine ganze Mahlzeit aus Käse, Brot und Wein aufzubauen. Warum sollte der Tourist diese natürliche Kombination nicht auch versuchen?

Balkanländer

In den Balkanländern, in Griechenland und in der Türkei trifft man vier Gruppen von Käsen an:
1. Weiß- und Lakekäse, meist aus Schafmilch
2. Brühkäse vom Typ des *Kaschkawal*
3. Molkenkäse
4. Europäische Standardsorten (*Emmentaler, Tilsiter, Edamer*, Weichkäse u. a.)

In Ungarn kennt man sowohl traditionelle Schafkäse (*Kaschkawal, Lakekäse, Liptauer*) als auch die bekannten europäischen Käse *Emmentaler, Tilsiter (Ovárer), Trappistenkäse, Cheddar, Edamer* u. a.

Eine Spezialität Ungarns ist die *Gomolga*, über dem Feuer eingedickte Milch, die auch *Tarhó* oder *Turo* genannt wird. Diese Art Weißkäse ist wesentlicher Bestandteil der túrócsusza, einem Teigwarengericht, das praktisch jeden Tag gegessen wird.

Die nichtbäuerliche Bevölkerung Jugoslawiens sieht im Käse lediglich eine Ergänzung der dort sehr beliebten Wurstwaren und verzehrt ihn vornehmlich zum Frühstück. In einem guten Hotel kann man auch einmal zur Vorspeise Käse serviert bekommen. Hierbei lernt jedoch der Tourist nicht die ursprünglichen Käse Jugoslawiens kennen, sondern er

trifft wohlbekannte Käsesorten wie *Emmentaler (Ementalac), Special (Edamer), Gorgonzola*, Weichkäse (*Kamember, Romadur*), *Bel Paese, Gervais* an.

Die traditionellen Käse des Landes werden nur zum Hausgebrauch hergestellt. Bei diesen schon seit Jahrhunderten bekannten Käsen handelt es sich meist um Schafkäse, die man als Fremder höchstens einmal auf dem Markt eines kleinen Gebirgsortes antreffen kann. Viele dieser Käse sind Lakekäse, so in Mazedonien der *Bijeni Sir* und in Bosnien der *Beli Sir u Kriskama*. Daneben findet man die verschiedensten Hartkäse und besonders die Brühkäse *Presukaca* (Bosnien und Herzegowina) und *Kaschkawal* (Kackavalj).

Jugoslawien kennt auch Molkenkäse. Der *Manur* soll griechischen Ursprungs sein. Es ist ein langgereifter, harter Reibekäse. Die Molkenkäse *Urda* und *Skuta* werden meistens frisch verzehrt. Sollen sie jedoch für die milchlose Zeit aufbewahrt werden, dann werden sie gesalzen. In Slowenien formt man sie noch zu Kugeln, in Mazedonien würzt man sie mit Paprika.

Im Süden Jugoslawiens wird viel Käse gegessen. Beliebt in der Küche ist der Frischkäse *Keimak* (aus

Schafmilch), der mit Hackfleisch zusammen gebraten wird.

Übrigens wird man in Jugoslawien vergeblich nach Ziegenkäse Umschau halten. Dies hat seinen Grund darin, daß die Ziegenhaltung verboten wurde, um die Aufforstung der kahlen Gebirgsgegenden nicht zu gefährden.

Spricht man von Bulgarien, dann denkt der Käsefreund sofort an Schafkäse. Auch außerhalb Bulgariens sind die Weißkäse *Bjalo Salamureno Sirene* – oft nur Sirene genannt – und der *Káskaval* bekannt und berühmt geworden.

Nach Beendigung des Zweiten Weltkrieges setzte in Bulgarien eine Intensivierung der Kuhhaltung ein. Dies hatte zur Folge, daß heute nicht nur der *Sirene* oft aus Kuhmilch produziert wird, sondern daß sich auch eine Palette internationaler Standardkäse entwickeln konnte.

Die Käse Rumäniens sind vielfältig und abwechslungsreich. Ursprünglich wurde fast nur Schafkäse erzeugt, heute basiert jedoch ein beträchtlicher Anteil der Käseproduktion auch auf Kuhmilch.

Als *Kasch (Caş)* bezeichnet man in Rumänien den aus der Schafmilch gewonnenen Bruch, der oft von den Hirten selbst gewonnen wird und der als Ausgangsmaterial für die streichfähigen Käse *(Brînză)* dient. Unterschieden wird je nach der Art der Verpackung *Brînză in coajă de brad* (in Tannenrinde), *Brînză de Moldova* (in Holzgefäßen) und *Brînză de Burduf* (in Ledersäcken). Der *Brînză de Burduf*, der oft auch nur *Burduf* genannt wird, ist ein Käse mit dem stattlichen Gewicht von etwa 30 bis 60 kg, der Ähnlichkeit aufweist mit dem türkischen *Tulum peyniri*.

Den *Burduf* verwendet man zur Bereitung eines typischen rumänischen Gerichtes, Mămăligă cu brînză, zu dessen Herstellung Maisbrei, mit Käse geschichtet, im Rohr gebacken wird.

Der bekannteste rumänische Käse ist der *Telemea*, auch *Brăila* genannt. Hierbei handelt es sich um einen Lakekäse, der oft mit Kümmel vermischt wird. Dieser Käse wird im allgemeinen zum Frühstück gegessen.

Seit römischer Zeit wird in Rumänien auch *Kaschkawal (Caşcaval)* hergestellt. Hierbei unterscheidet man den *Caşcaval Penteleu* aus den Karpaten und den *Caşcaval Dobrogea* aus der Steppe. Diese Käse werden als Reibekäse auf Teigwaren gestreut, die jedoch nicht wie in Italien mit Saucen, sondern nur gesalzen serviert werden. Aber auch

beim Abendessen wird zu kalten Platten *Kaschkawal* verzehrt.

Auf den Märkten wird außer dem *Caş* auch die *Urda*, ein frischer und süßer Molkenkäse, angeboten, der der italienischen *Ricotta* ähnlich ist. Die *Urda* wird, mit Dill gewürzt und in Teig eingeschlagen, gebraten, ein Käsegericht, das man in ähnlicher Art auch in der Türkei antrifft.

Griechenland

Die Käse Griechenlands unterscheiden sich kaum von den Käsen des Balkans und der Türkei. Dies ist nicht verwunderlich, denn die Lakekäse und Molkenkäse wurden schon seit Homers Zeiten in Griechenland hergestellt. Von Griechenland ausgehend breitete sich die Käsereikunst in viele andere Länder aus. Dem römischen Erfindergeist war es vorbehalten, die griechische Käsekunst weiter zu entwickeln.

Schaf und Ziege sind die traditionellen Milchlieferanten Griechenlands. Erst neuerdings gewinnt auch Kuhmilch als Käsereirohstoff für die neu errichteten Käsefabriken Bedeutung. Die Masse der Käse wird wie schon seit Jahrtausenden von den Schafhirten in den Bergen oder unter der Dunstglocke des modernen Athens bereitet. Die Schafkäse bilden weitgehend die Ernährungsgrundlage der ländlichen Bevölkerung. Der jährliche Pro-Kopf-Verbrauch der Griechen an Käse ist übrigens der höchste der Welt. Im Jahre 1965 betrug er 13 kg, während die Franzosen im gleichen Jahr durchschnittlich 11,9 und die Deutschen nur 8,2 kg Käse verzehrten.

Die bedeutendsten griechischen Käse sind die Lakekäse *Feta* und *Telemes*. Beliebt sind auch Molken-

käse wie der *Mitzithra*, der entweder frisch oder als luftgetrockneter Reibekäse verzehrt wird.

Griechische Hartkäse sind der *Kefalotiri* (der auch lokal unterschiedliche Namen trägt) und der Knetkäse *Kasseri*, ein dem italienischen *Provolone* ähnlicher Käse.

In Griechenland ißt man zum Frühstück, zum Mittagessen und zum Abendessen Käse zusammen mit Oliven, Trauben und Gurken oder auch Wassermelonen. Bei der einfachen Bevölkerung ist der Verzehr von Fleisch Luxus, so daß der Eiweißbedarf weitgehend mit Käse gedeckt werden muß.

Obwohl die einheimischen Käse in den Städten immer mehr durch Imitationen ausländischer Käse verdrängt werden, kann der Tourist noch vielfach mit den bodenständigen Käsen Griechenlands Bekanntschaft machen. Wie in der Türkei wird auch in Griechenland zum Frühstück stets Käse (*Feta*) gegessen. Auch viele Speisen werden mit Käse zubereitet, entweder gratiniert oder in Teig eingebakken. Käse ist auch zum Dessert und als Zwischenmahlzeit üblich. Der Käsefreund darf allerdings keine Spitzenkäse erwarten, sondern kräftige, natürliche und »ehrliche« Käse.

Türkei

Einerseits bietet die türkische Küche dem Mitteleuropäer viel Vertrautes, wenn auch schärfer gewürzt, andererseits läßt sie manch hochgespannte Erwartung unerfüllt. So muß sich der Kenner der reich-

haltigen Käsepalette Frankreichs, Italiens und der Alpenländer hier sehr bescheiden. Das Angebot ist nicht vielseitig, und da für die Käseherstellung keine Normen bestehen, ist die Qualität sehr

Der typische türkische Frühstückskäse:
Beyaz peynir
(Foto: Kielwein)

schwankend und entspricht nicht immer den Vorstellungen des Käsefreundes. Wer in der Türkei reist, sollte aber auf jeden Fall die heimischen Erzeugnisse probieren. Der türkische Gastgeber wird selbst an einem Feiertag bemüht sein, einen guten *Tulum peyniri* aufzutreiben, um ihn mit einem einheimischen Anisschnaps, Raki, zu servieren. Da dieser Schnaps beim Verdünnen mit Wasser das Aussehen von Milch annimmt, nennen ihn die Türken auch »Löwenmilch«, Arslan süt.

Auch reicht man am Bosporus einen Käse zum Nachtisch, besonders regelmäßig aber zum kräftigen Frühstück. Mehr als die Hälfte des erzeugten Käses indessen wird in der Küche verwendet, und zwar mit Vorliebe in Teig eingebacken.

In der Türkei werden 15 Prozent der jährlich produzierten 5 Millionen Tonnen Milch (Bundesrepublik Deutschland: 21 Millionen Tonnen) zu Käse verarbeitet. Bei dem im Lande erzeugten Käse unterscheidet man zwischen Sorten türkischer und fremdländischer Herkunft. Während die Käsesor-

ten ausländischer Provenienz (*Edamer, Gorgonzola, Greyerzer, Cheddar, Tilsiter*) häufig aus Kuhmilch hergestellt werden, dient für die Käsesorten türkischer Herkunft als Ausgangsmaterial ausschließlich Schaf- oder Ziegenmilch, gelegentlich auch Büffelmilch.

In einigen neuen, ganz modern eingerichteten Käsewerken werden die Käse fremder Herkunft – einschließlich des *Kaschkaval* – hergestellt und in einem qualitativ durchweg beachtlichen Geschmacksreichtum auf den Markt gebracht. Die Masse der Käse türkischer Herkunft wird in kleinen handwerklichen Käsereien unter oft primitiven Bedingungen gefertigt und ist demgemäß qualitativ breit gestreut. Die am meisten verbreiteten Käse türkischer Herkunft sind der Hartkäse *Kaschkaval* (*Kaşar peyniri*) und die auf den ersten Blick schwer zu unterscheidenden Weichkäse *Beyaz* und *Tulum peyniri*. In der Türkei werden eine Reihe von Varianten dieser drei landesweit bekannten Käse hergestellt. So kommt der *Kaşar* in verschiedenen lo-

Blick durch das Schaufenster eines Käsehändlers
im Bazar von Izmir

(Foto: Kielwein)

kalen Formen auf den Markt, etwa unter der Bezeichnung *Dil peynir* (Ohrenkäse) in 8 bis 10 cm langen und 0,5 cm breiten Streifen.

Der *Tulum peyniri* wird mit Schimmelbildung als *Küflü tulum peyniri* angeboten, und der *Beyaz peynir* wird unter anderem durch Zusatz bestimmter Kräuter variiert.

Der *Lor peyniri* ähnelt im Aussehen dem *Cottage Cheese*, ist aber im Gegensatz zu diesem ein Molkenkäse.

Der *Kaşar peyniri* (gesprochen: Kaschar pe:iniri) ist ein dem *Kaschkawal* verwandter Hartkäse. Er wird hauptsächlich aus Schafmilch, seltener aus Kuhmilch hergestellt. Der ausgepreßte Bruch wird erwärmt und als Masse in Form gebracht, die Reifung erfolgt in kühlen Kellern über 3 bis 6 Monate. Der Teig des *Kaşar peyniri* ist grauweiß, fest, trokken und zeigt eine geschichtete Struktur. Nur gelegentlich finden sich kleine Löcher im Teig. Der Geschmack ist leicht salzig, aromatisch, aber mild und rezent. Die flachen Laibe von etwa 10 bis 12 kg Gewicht haben eine dunkelgelbe bis bräunliche Rinde. Da Geruch und Geschmack stark variieren, ist der Übergang zwischen normalem und fehlerhaftem Käse fließend. Deshalb ist bei offensichtlich angeschimmelten Käsen vom Verzehr abzuraten. Der *Kaşar* harmoniert gut mit Raki, schmeckt aber ebenso zu dem herben türkischen Rotwein. Zum Frühstück wird er nur selten gereicht, man sollte ihn aber mit Feigen oder Weintrauben kosten, da er sich hierbei dem Käsefreund voll entfaltet.

Der *Beyaz* oder eine seiner zahlreichen Varianten fehlt bei keinem türkischen Frühstück. Dieser Lakekäse ähnelt äußerlich stark dem *Weißlacker*, unterscheidet sich aber von diesem deutlich im Geschmack. Bei der Herstellung dieses Weißkäses wird der Bruch auf einem Tisch zu einem Bruchkuchen gepreßt, der dann in Würfel von 7 bis 8 qcm zerschnitten und ins Salzbad eingelegt wird. Nach 4 bis 6 Stunden wird er fest in Blechdosen eingepreßt und mit Salzlake überschichtet. Eingelötet in den Dosen, reift nun der Käse drei bis vier Monate lang bei einer Temperatur von 4 bis 6 °C. Der weiße Teig des *Beyaz* ist fest und elastisch, aber leicht krümelig. Gelegentlich ist auf der Schnittfläche eine feine Lochung zu erkennen. Der Geschmack ist auffallend salzig, und häufig setzt sich der typische Schafmilchgeschmack geradezu penetrant durch. In der Regel ist der Käse milder als der Weißkäse, allzuoft aber auch ausdruckslos. Dieser beliebte Frühstückskäse wird zur Abwechslung mit frischen Feigen und anderen süß-würzigen Früchten serviert.

Mit besonderem Interesse dürfte sich der europäische Käseliebhaber dem *Tulum peyniri* zuwenden. Tulum bedeutet Schlauch, denn dieser bemerkenswerte Käse wird, in einem zum Schlauch geformten Ziegenfell eingenäht, zur Reifung gebracht. Dieses heutzutage noch übliche Verfahren deutet darauf hin, daß der *Tulum peyniri* schon sehr alt ist, denn in biblischen Zeiten wurde auch der Wein in Schläuchen gelagert. Als Ausgangsmaterial für diesen Käse dienen Schafmilch, Ziegenmilch oder Büffelmilch. Der Milch wird zum Auslaben Yoghurt beigemengt, worauf der besondere Wohlgeschmack des *Tulum* beruht. Der Bruch wird auf 50 bis 60 °C erwärmt, dann wird Kochsalz, manchmal auch Olivenöl, zugegeben. Danach wird die Masse in ein zusammengenähtes Ziegenfell gefüllt und reift über 3 bis 6 Monate in einem Keller bei einer Temperatur von 6 bis 8 °C. Der weiße bis grauweiße Teig des *Tulum peyniri* ist mitunter leicht krümelig, meist jedoch fest und geschmeidig und häufig mit Löchern durchsetzt. Geschmack und Geruch sind aromatisch und pikant, jedoch nicht so aufdringlich salzig, wie wir das beim *Beyaz peynir* kennengelernt haben. Die Qualität ist sehr schwankend, wie uns bei einem Rundgang durch einen Basar schon bei bloßem Augenschein auffiel. Bei diesem guten Käse sollte man deshalb wählerisch sein und nach einem gut gereiften, weißen Produkt mit nicht zuviel Lochung Ausschau halten, zumal sich einige Lira mehr für einen *Tulum* mit Sicherheit bezahlt machen.

Großbritannien

Durch die langen und starken Bindungen an das Commonwealth hat England immer ein wenig am Rande Europas gelegen, findet aber in neuester Zeit mit der Annäherung an den Kontinent auch als Käseland immer stärkere Bindungen über den Ärmelkanal und läßt bei uns auch das Interesse an seinen gastronomischen Leistungen immer größer werden.

Dies ist nicht verwunderlich, wenn man den Blick einmal auf die tief in der Geschichte und Tradition verwurzelte Käsekultur wirft. Was die jährlich

wachsende Zahl an Touristen kennenlernt, möchte sie auch im Alltag wiederfinden, und so mühen sich die Fachgeschäfte auch bei uns, neben den bei Gourmets schon bekannten Spitzenkäsen *Cheddar* und *Stilton* auch Raritäten des Käsegartens England auf unseren Tisch zu bringen. Die Voraussetzungen für die milchwirtschaftliche Position Englands sind mit den kühlen Sommern und milden Wintern außerordentlich günstig. Da die Briten passionierte Milchtrinker sind, decken sie den Inlandsbedarf an Käse nur zum Teil aus der heimischen Erzeugung,

exportieren andererseits mit nur 3 Prozent der Gesamtproduktion zur Zeit noch wenig. Aus den lieblichen Landschaften Dorset und Somerset kommt mehr als ein Viertel aller englischen Käse, darunter der seit Jahrhunderten in der Gunst ganz oben rangierende *Cheddar*, den der Historiker William Camden (1551 bis 1623) bereits als »erstaunlichen Käse von delikatem Geschmack« rühmte.

Als die Bauern noch die alleinigen Käsehersteller waren, wurde streng unterschieden zwischen den fettarmen Käsen für das einfache Volk und den fettreichen, die in die Gutshäuser und Landsitze wohlhabender Adliger geliefert wurden. Diesen Farmhouse-Cheese konnten auch die fabrikmäßig hergestellten Käse nicht ganz verdrängen, denn Gourmets lieben nun einmal das Besondere. Welcher Kraftaufwand hinter der Herstellung steckt, belegt

am anschaulichsten eine englische Redensart: »The bigger the dairymaid – the better the cheese.« Da die für die Käsebereitung zuständigen Milchmädchen in den Hauskäsereien unter Einsatz großer Körperkräfte durch Aufstützen und Pressen die Molke aus dem Bruch drücken mußten, konnte man die zierlichsten Vertreterinnen der Weiblichkeit hierzu nicht gebrauchen. Wenn die mit so ungeheuerlichen Mühen erzeugten Käse einwandfrei waren, dann konnte man sie jahrelang lagern und auch ungefährdet über größere Entfernungen verkaufen. Schon im 17. Jahrhundert, als sich die Bauern des Gebiets von Cheddar zu einer Art Genossenschaften zusammentaten, war ein bedeutsamer Handel über die ganze Insel im Gang. Noch heute schwören sie, daß nur die Shorthornkuh die für einen guten *Cheddar* nötige Milch liefert.

Als die Waliser um die Wende zum 19. Jahrhundert den frischen und zarten *Caerphilly* auf den Markt brachten, war es auch möglich, dem *Cheddar* ohne Umsatzsorgen lange Reifungszeiten zu gönnen, denn mit dem *Caerphilly* konnte ein rascher Umsatz erzielt und elastisch auf die Marktsituation reagiert werden. Ursprünglich ein vorwiegend von den Bergleuten in Süd-Wales geschätzter Käse, wird der *Caerphilly* heute im gesamten Westen hergestellt.

Tausend Jahre alt ist der *Gloucester-Käse*, der im 19. Jahrhundert Furore machte. Heute ist er die Hauptattraktion bei Frühlingsfesten in der Gegend von Gloucester-City. Am volkstümlichsten ist das Pfingstmontags-Fest auf dem Coopers Hill, wenn die mit Schleifen und Girlanden bunt dekorierten Käse, verfolgt von einer fröhlichen Kinderschar und »moderiert« von einem festlich gewandeten Zeremonienmeister, bergab gerollt werden. Besonders effektvoll ist das Schauspiel mit dem doppeltschweren »*Double Gloucester*«.

Die südlich von Liverpool sich dehnenden Landschaften Cheshire und Shropshire sind durch eine intensive Weidewirtschaft für die Entwicklung von Käseprodukten von der Natur vorbestimmt. Die Käsewirtschaft in Cheshire geht auf die Klosterkultur des 12. Jahrhunderts zurück. Die Patres erzeugten nicht nur Likör, sondern unterhielten neben einer »Lehrkäserei« auch eine Art Laboratorium, wo sie Labrezepte ausklügelten und mit dieser gezielten Arbeit am Käse einen wesentlichen Beitrag zum frühen Aufblühen der Käsekunst des Landes leisteten. Bereits im Reichsgrundbuch Englands von 1085 (Domesday Book) ist der Käse aus Cheshire aufgeführt, und schon die römischen Soldaten der 20. Legion, die in Chester stationiert war, wußten Englands ältesten Käse zu schätzen, der seinen feinen, nicht imitierbaren Geschmack den prähistorischen Überschwemmungen der Landschaft verdankt, wodurch der Boden einen erhöhten Salzgehalt bekam. Dieser Hauch von Salzgeschmack findet sich in der Milch der Weidekühe wieder und geht auch in den in drei Varianten – weiß, blau, rot – hergestellten Käse ein. Der Exportmarkt von Chester gab übrigens dem mit Uruku eingefärbten *Cheshire* seinen speziellen Namen im Ausland.

Nicht minder zum Ruhme englischer Käsekunst trägt der noble *Stilton* aus den East Midlands bei,

um dessen Erfindung sich mehrere Leute streiten, der aber ungeachtet dieses alten Urheberstreits seit etwa 300 Jahren im zentralenglischen Leicestershire hergestellt wird. In seinem Strahlenkranz freuen sich einige kleinere Brüder gleicher Art, wie etwa der *Blue Wensleydale* aus Yorkshire, wachsender Beliebtheit. Dieser *Wensleydale* wurde zuerst im Zisterzienserkloster von Jervaulx nach normannischen Rezepten gemacht, ist also ein direkter Abkömmling des *Bleu de Bresse*. Als Heinrich VIII. im

Englische Käseplatte
(Foto: The English Country Cheese Council)

16. Jahrhundert die Klöster rabiat auflöste, gaben die Mönche ihre Produktionsgeheimnisse an die Bauersfrauen der Gegend weiter, die fortan in der Käseküche Regie führten. Der Lieblingskäse der Nord-Engländer geht mit Vorliebe in die Apple Pie.

Mit der verkehrsmäßigen Erschließung des Landes kam auch die Möglichkeit zu raschem Milchtransport, und viele gute Regionalkäse mußten den größeren Sorten weichen, die sich ihrerseits dem wachsenden Druck des am Massengeschmack orientierten Industriekäses widersetzen müssen.

Zu den ganz großen Vertretern zählt natürlich auch der mild-zarte *Leicester*, der mit seiner intensiven Annatto-Färbung einen auffallenden Farbtupfer auf jede Käseplatte bringt.

Auf den kargen Hängen von Lancashire machen die Bauern nach alten Rezepten einen sahnigen Käse, der vor allem in Toasts und Suppen seine ganze, mit wachsendem Alter pikant werdende Aromafülle verströmt. Köstliche Varianten auf Englands Käsetafel sind die mit Salbei versetzten Festkäse *»Sage« Derby* und *Lancashire*.

Die Schotten erzeugen im Norden Großbritanniens vor allem *Cheshire* und einige kleinere Käse, die international nicht bekannt geworden sind. Aus der Grafschaft Ayrshire kommt als eigenständiger Käse der *Dunlop*.

Irland

Irland, dank regelmäßiger Regenfälle eine große saftige Weide, lernte das Käsen von den ins Land eingefallenen skandinavischen Seefahrerstämmen. Heute spielen eigenständige Sorten praktisch keine Rolle mehr, die großen kontinentalen Sorten werden in Molkereien nachgemacht und, da der Eigenverbrauch im Vergleich zu England relativ gering ist, weitgehend exportiert.

Vereinigte Staaten von Amerika

Vor der Besiedlung Amerikas durch die Europäer gab es auf diesem Kontinent überhaupt keine Käsewirtschaft. Die europäischen Siedler brachten ihr Vieh mit, benötigten dies aber anfangs nur als Zugtiere, später zogen dann riesige Rinderherden zur Fleischproduktion über das Land.

Erst im 19. Jahrhundert konnte man systematisch an die Züchtung von Milchvieh denken. Der Beginn der amerikanischen Käsewirtschaft war gar nicht so einfach, wie man aufgrund der Vorgaben aus Europa annehmen könnte, denn es fehlte an jeglichem Gerät. So war die Farmhouse-Käserei auch nur für den Eigenbedarf von Interesse und wurde bald von der industriellen Fertigung abgelöst. Vom Staat New York ausgehend, breitete sich die Käsefabrikation über den gesamten Dairy Belt (Milchgürtel) bis westlich der Großen Seen und in die südlichen Grenzlande Kanadas aus. Das Wachsen der großen Städte und der Ausbau des Verkehrsnetzes beschleunigten den Aufschwung der Molkereiwirtschaft in den USA, wenngleich sie im 19. Jahrhundert auch einige Tiefen zu durchstehen hatte. Wisconsin wurde das Zentrum der Käsewirtschaft, viele andere Staaten bis zum Pazifik folgten.

Schier endlos scheint die Kette der Käse zu sein, die unter verschiedensten Namen dem *Cheddar* nachempfunden sind und von dem Millionen dicke Scheiben auf den in der amerikanischen Gastronomie so verbreiteten »Hamburgers« schmelzen, als Imbiß zwischen zwei Brotscheiben wandern oder in die in der Küche so beliebten Apple Pie eingehen.

Hinter dem *Cheddar*, der über 40 Prozent des amerikanischen Käseverbrauchs ausmacht, steht der *Cottage Cheese*, den es von ganz mager über mild-fett bis sehr fett (»Whipped Cream Cheese« mit Schlagsahne-Zusatz) gibt. Aber auch diese letztgenannte Variante hat einen tatsächlichen Fettgehalt, der dem Käse noch Zugang in die Rezepte der Diätbewußten ermöglicht.

Frisch- und *Schmelzkäse* mit verschiedenen Geschmackszusätzen halten kontinuierlich einen Anteil von rund 30 Prozent am Verbrauch. Als uramerikanisch können der vom *Cheddar* abgeleitete *Brick* und der dem *Limburger* verwandte *Liederkranz* gelten.

Von den großen europäischen Käsen ist keiner vergessen: Sie werden allein schon deswegen nachgemacht, weil die Importmengen mit der großen

Nachfrage nicht Schritt halten können. Der Hang zum Sterilen macht auch vor Käse nicht halt: Man kann sich kaum einmal ein Stück vom Laib ab-schneiden lassen, denn auch gutgelungene Laibkäse werden portioniert und maschinell in Plastikfolie eingeschweißt!

Kanada

Zwischen den Rocky Mountains am Pazifik und den Ausläufern der Appalachen im Südosten Kanadas liegen fruchtbare Weidelandschaften, die auch zu-gleich Zentren der Milchwirtschaft geworden sind. Franzosen und Engländer brachten Milchkühe in das Land, und 1864 wurde die erste Käsefabrik in Ontario gegründet, die die für den Eigenbedarf täti-gen Bauernhofkäsereien ablösen sollte.

Der kanadische Lieblingskäse *Cheddar* stellte 1893 auf der Weltausstellung einen Rekord auf, der erst 1964 von den Amerikanern gebrochen wurde: Der größte *Cheddar*, ein Zehntonner, der über 100 000 Liter Milch in sich hatte, wurde ausgestellt. Die Käsemacher aus Wisconsin aber stellten einen 200 Tonnen schweren Käse her, der nach mühseli-gem Spezialtransport einige Monate lang zu bewun-dern war.

Ein rundes Hundert kanadischer Käse, darunter viele Nachahmungen europäischer Vorbilder, ma-chen die Käsekarte Kanadas aus. Boden, Klima und Verarbeitung sind anders, und so gewinnen sie doch einige Besonderheiten, die sie von den Vorbildern abheben. So begegnen wir dem *Oka* aus Québec, der dem *Port-du-Salut* ähnelt und dem *Richelieu*, der dem *Bel Paese* nachempfunden ist, aber einen dem *Brie* ähnlichen und leicht schmelzenden Teig aufweist. Neben allen auch in den USA erzeugten Sorten gelten als bodenständige Käse der kanadi-sche *Colby*, der milder ist als der amerikanische, ebenso wie der *Eremite*, ein Blauschimmelkäse aus Kuhmilch. Ebenfalls eine Spur milder als die Ame-rikaner machen die Kanadier einen *Cheddar*, den *Washed Curd*.

Deutscher Wein und deutscher Käse
(Foto: CMA)

Käse und Wein

Zwei unzertrennliche Genüsse

»Jeder Käse hat seinen Lieblingswein,
so wie jeder Wein seine besondere
Liebe hat.«

(Maurice des Ombiaux, 1868 bis 1943,
Belgischer Gastronom und Schriftsteller)

Wer der Harmonie von Käse und Wein bisher noch keine wahre Gaumenfreude abgewinnen kann, hat interessante Entdeckungen vor sich, – es sei denn, er ist ein Snob, der eine Mésalliance vermutet, wo die Natur eine sinnliche Liaison wollte.

Wir haben es mit zwei köstlichen Produkten zu tun, lebenden Produkten, die sich noch entwickeln, wenn sie eigentlich schon fertig sind, und die sich von anderen dadurch unterscheiden, daß sie wesentlich nur aus einem einzigen Grundstoff – hier die Traube, dort die Milch – entstehen. Kein Wunder, daß sie sich gegenseitig anziehen, ergänzen und erhöhen. Nur wenige Käse finden sich mit anderen Getränken besser ergänzt als mit Wein; die meisten harmonieren vorzüglich mit Wein, und zwar mit vielen Weinen, so daß es uns nach ausgiebigen Proben müßig erschien, eine allzu umfassende und die persönliche Auswahl einengende Liste aufzustellen. Der Entdeckerfreude unserer Leser soll keine Grenze gesetzt sein.

Wenn wir, besonders in den Steckbriefen, bestimmte Weine empfehlen, dann wollen Sie dies bitte als die optimale Kombination verstehen, keineswegs aber als die einzig mögliche. Wer also den von uns empfohlenen Wein nicht findet, braucht keine Minute zu verzagen, sondern ist mit einem ähnlichen ebenso gut bedient. Viel zu sehr sind die Weine gleich den Käsen dem Wandel unterworfen, als daß man einen solchen Rat als Vorschrift nehmen müßte. So wie es große und kleine Weinjahre und somit gewaltige Schwankungen in ein und derselben Lage gibt, so ist der Käse in seinem unterschiedlichen Reifezustand, in der verwendeten Milchqualität und dem daraus kommenden Aroma viel zu verschieden, als daß sich für diese lustvolle Verbindung starre Regeln eignen würden, obwohl es immer wieder versucht wird.

Wir können Ihnen also nur raten: Probieren Sie selbst, was Ihnen schmeckt und bekommt. Immer wieder erfahren wir, wie amüsant und reizvoll es ist, neue Kombinationen zu versuchen.

Um Ihnen aber die Wahl zu erleichtern, geben wir über die einzelnen Weinempfehlungen hinaus dennoch eine Zusammenstellung nach generellen Gesichtspunkten. Ein gutes Weinbuch, das die Lagen und Sorten in allen Einzelheiten charakterisiert (z. B. von Hans Ambrosi und Helmut Becker, Friedrich A. Cornelssen, Ernst Hornickel, Hugh Johnson,

Rudolf Krämer-Badoni), ist für den, der hierbei ins Detail gehen möchte, eine Ausgabe, die sich bestimmt lohnt. Lassen Sie sich von neuen Harmonien überraschen, die noch kein »Experte« aufgelistet hat!

Besseres als Wein hat sich, von bestimmten Sorten einmal abgesehen, zum Käse noch nicht gefunden. Gewarnt sei der durstige Käsefreund vor Wasser, denn Wasser verträgt sich nicht gut mit Käse.

Da manche Käseländer die Verbindung Wein – Käse gar nicht kennen und bestimmte Gegenden, sogar in Frankreich (!) Bier, Schnaps, Apfelwein, Cidre, Tee oder gesüßten Bohnenkaffee zum Käse schätzen, sieht man, wie vielfältig die Geschmäcker dieser Welt sind ...

Bleiben wir beim Wein: Wahllos sollte man auch hier nicht vorgehen. In Frankreich ist die Meinung weit verbreitet, die erste Pflicht eines Weines, der einen Käse begleiten soll, bestehe darin, daß er von roter Farbe sowie fruchtig, erdig und aromatisch ist. Diese Meinung dürfte darauf zurückzuführen sein, daß man in Frankreich die voll ausgereiften Käse mit kräftiger Aromakomponente besonders schätzt. Ein *Pont-l'Evêque*, ein *Maroilles*, ein *Camembert* mit Rotschmierebesatz rufen direkt nach einem kraftvoll-alkoholhaltigen Rotwein. In Deutschland und auch in vielen anderen Ländern liebt man dagegen mehr die milden Käsesorten und die mit ihnen harmonierenden Weißweine.

Man wird nie zum Käse den falschen Wein wählen, wenn man entweder die Käse und Weine der gleichen Landschaft oder Weine und Käse von gleichem Charakter verbindet. So mögen Weißweine im allgemeinen die milden Käse aus der Gruppe der Schnittkäse, aber auch alle Arten Frischkäse begleiten. Sehr wohl fühlen sie sich auch in der Gesellschaft wenig gereifter Ziegenkäse. Zu sehr milden Käsen, wie etwa zum *Italico (Bel Paese)* oder zum *Butterkäse* kann auch ein Weißwein mit Restsüße serviert werden. Das milde, aber doch schon etwas stärker ausgeprägte Aroma eines *Edamer,* eines jungen *Gouda* oder auch eines dänischen Schnittkäses wird in der Gesellschaft eines spritzigen, blumigen Weißweines betont. Ein *Tilsiter* mit seinem etwas pikanteren Aroma verlangt nach einem mildfruchtigen Weißwein oder auch nach einem samtigen Rotwein.

Überhaupt sollte man einen aromatischen Käse durch einen entsprechend aromatischen Wein zum

Wein und Käse (zu Seite 275)
(Foto: Deutsche Weininformation)

Ziegenkäse mit ihrem kräftigen Aroma verbinden sich am besten mit einem wuchtigen Rotwein
(Foto: Sopexa)

vollen Genuß führen. Gerade die fruchtigen Weine – wobei fruchtig bedeutet, daß das ursprüngliche Traubenaroma noch durchschlägt – fühlen sich in der Gesellschaft der ausgereiften Käse besonders wohl. Zu den Schmierenkäsen deutscher Herkunft mit ihrer oft noch nicht voll ausgeprägten Reife wird man einen etwas lieblicheren und auch leichteren Weiß- oder Rotwein wählen; die etwas kräftigeren Schmierenkäse aus dem Elsaß *(Münster)* oder aus der Normandie vertragen sich am besten mit einem kräftigen und herben Weißwein, wie einem Gewürztraminer oder einem bukettreichen Rotwein.

Um Wein und Käse in gleicher Weise zur Geltung zu bringen, sollte man beachten: Je kräftiger der Käse, desto kräftiger und vollmundiger soll der Wein sein. Scharfe Käse vertragen auch einen süßen Wein. Während ein *Edelpilzkäse* vom Typ des *Bavaria Blu* noch gut mit einem zarten, süffigen Weißwein mit Eleganz und Frische harmonieren kann, wird man zu einem kräftigen Blauschimmelkäse, einem französischen *Bleukäse* oder gar zu einem *Ro-*

quefort einen alkohol- und körperreichen französischen Rotwein oder eine deutsche Spätlese oder gar Auslese servieren. Es ist nicht allein gute Tradition, zum edlen *Stilton* Portwein zu wählen.

Hartkäse aus dem Alpengebiet sind mit kräftigen und frischen Weinen aller Couleurs zu kombinieren. Zum *Emmentaler* schmeckt jeder nicht allzu schwere Weiß- und Rotwein, vom leichten spritzigen Vesperwein bis zu den großen Lagen.

Beim Käse zum Dessert oder zur Zwischenmahlzeit kann die Wahl des Weines noch auf den einzelnen Käse abgestimmt werden. Bei einer reichhaltigen Käseplatte geht dies nicht mehr. Vor einem sollte man sich jedoch hüten: Allzu feingliedrige, delikate Weine benötigt der Käse nicht. Je kräftiger der Käse, desto robuster der Wein!

Entdecken Sie nun den Wein, der Ihnen am besten zum *Gouda,* zum *Appenzeller* oder *Stilton* schmeckt und lassen Sie sich dann von keiner Liste mehr irritieren! Aber bitte, verraten Sie es Ihren guten Freunden, denn »de gustibus est disputandum« – über den Geschmack läßt sich streiten!

Harmonische Verbindung
von Käse und Wein

Käse

Frische, milde und wenig gereifte Käse

Beispiele:
Frischkäse
milde Butterkäse
junger Gouda
Port-Salut
Schmelzkäse

Milde, aber schon würzige Käse

Beispiele:
junger Emmentaler
Jarlsberg
Edamer
milde dänische Schnittkäse
deutscher Tilsiter
kräftigere Butterkäse
Cantal
Brie
deutscher Camembert
Fontina
Fontal
Pyrenäenkäse
Vacherin
frische Ziegenkäse

Gereifte und aromatische Käse

Beispiele:
vollreifer Emmentaler
Appenzeller
Greyerzer
Schweizer Tilsiter (Royalp, Thurgauer)
Havarti
Camembert mit hohem Fettgehalt
Chaource
mittelalter Gouda
Cheddar
Provolone
Tête de Moine
Coulommiers

Empfohlene Weine

Milde, leichte, spritzige Weine von feiner Säure (Weiß und Rot)

Beispiele:
Rieslinge aus Berglagen
Gutedel aus dem Wallis (Fendant oder Dorin),
    aus dem Markgräfler Land und aus der Südsteiermark
Rosé aus dem Jura und Anjou
Portugieser und junger Beaujolais

Harmonische, runde Weißweine mit feiner Säure und zartem Bukett
Samtige und mild-fruchtige Rotweine

Beispiele:
Sylvaner aus Franken
    vom Kaiserstuhl
    aus Rheinhessen
    aus dem Wallis
    vom Kochertal
Kerner aus der Pfalz oder aus Württemberg
Samtrot aus Württemberg
Beaujolais
Bardolino vom Gardasee

Feinblumige, vollmundige, kräftige Weißweine
Fruchtige, würzige, kernige Rotweine

Beispiele:
Scheurebe von der Pfalz
    aus Rheinhessen
    von der Nahe
Weißburgunder aus Baden, der Rheinpfalz oder Frankreich
Morio-Muskat aus der Rheinpfalz und Rheinhessen
Ruländer aus Baden
    aus der Pfalz
    aus Franken
    aus der Schweiz
Frascati secco aus den Albaner Bergen oder Orvieto
    (Italien)
Spätburgunder aus dem Rheingau
    von der Ahr
    aus Baden
    aus Württemberg
    aus Burgund

Käse

Empfohlene Weine

Schweizer Spätburgunder aus Graubünden, vom Bühler-
oder vom Neuenburger-See
Blauburgunder aus dem Burgenland
Chianti Classico (Italien)

Vollreife, ausdrucksvolle und würzige Käse

Rassige, vollmundige Weißweine mit edler Säure.
Kräftige, fruchtige Rotweine

Beispiele:
Münster
Romadur
Limburger
Weinkäse
Steinbuscher
Pont-l'Evêque
Saint-Nectaire
Herve
Esrom
gereifte Ziegenkäse
Bavaria blu
Gorgonzola

Beispiele:
Rieslinge vom Rheingau
    von der Pfalz
    aus dem Gebiet Saar-Ruwer
    aus Württemberg
Trollinger aus Württemberg
    und aus Südtirol

Altgelagerte, pikante Käse

Leichte, spritzige, aber auch edle, große Weißweine von Eleganz und Harmonie.
Fruchtige, geschmeidige Rotweine mit vornehmem Bukett

Beispiele:
alter Emmentaler
alter Bergkäse
Sbrinz
alter Saanen
Pecorino
Parmesan
alter Gouda

Beispiele:
Gewürztraminer vom Kaiserstuhl
    aus der Pfalz
    aus Rheinhessen
    aus dem Elsaß
    aus Österreich
Gumpoldskirchner Rieslinge
Spätburgunder vom Rheingau
    und von der Ahr
Lemberger aus Württemberg
    und aus Österreich
Côtes du Rhône (Châteauneuf-du-Pape)
Médoc (Château Margaux)
Merlot aus dem Tessin

Scharfe und kräftige Käse

Alkoholreiche, wuchtige Rotweine

Beispiele:
Roquefort
Edelpilzkäse
Bleukäse
Stilton

Beispiele:
alkoholreiche Bordeauxweine
    (Pomerol, Graves)
Châteauneuf-du-Pape
Spätburgunder vom Rheingau, von
    der Ahr und aus Baden
Trollinger aus Württemberg
Blauburgunder aus dem Burgenland
Rioja (Spanien)
Tokajer Szamorodni
Zum Stilton Portwein und bei festlichem Anlaß auch To-
kajer Aszu oder eine große Rieslingauslese

Käse
und Küchen-
geheimnisse

(Foto: Landesvereinigung der Bayerischen Milchwirtschaft München)

Ausgewählte Rezepte und
wie man Käse selber macht

Käsefondue

Für 4 Personen

300 g Emmentaler
400 g Greyerzer
10 g (= 4 TL) Weißmehl oder Kartoffelmehl
0,3 l trockener Weißwein
1 TL Zitronensaft
1 Gläschen Kirschwasser oder ein anderer Klarer
Pfefferkörner
Muskatnuß, Stangenweißbrot, Perlzwiebeln, Cornichons, Maiskölbchen, Kochschinken.

(Foto: Schweizerische Käseunion, Bern)

Fondue bedeutet Geschmolzenes (frz. fondre = schmelzen). Deshalb ist stets ein gut schmelzender Käse zu verwenden. Der Aufwand ist gering, um so größer ist das Vergnügen, besonders wenn Birkenholz im Kamin knistert und den Raum, in dem sich die Gäste um den Caquelon versammelt haben, durch das ständig wechselnde Licht der Flammen mit einem wohltuenden Hauch von Nostalgie erfüllt. Man sollte aber die Fondue für nicht mehr als 6 Teilnehmer ausrichten, denn mehr kämen sich mit

ihren Gabeln allzuoft ins Gehege, und die Käsemasse würde auch rasch abkühlen.

Die notwendigen Gerätschaften sind ein irdener Caquelon von guter Qualität, denn ein minderwertiger Topf kann leicht platzen, und dann verteilt sich der heiße Käse recht unangenehm über Tisch und Gäste. Die langstieligen Gabeln haben farbige Köpfe, damit man sie leicht unterscheiden kann, das Réchaud wird mit Spiritus betrieben, und die Teller sollten mit lustigen Zeichnungen und Sprüchen versehen sein.

Ob Sie sich nun an das oben empfohlene Grundrezept halten oder eine Variante ausprobieren möchten, hat für den gelungenen Verlauf des Fondueabends keine wesentliche Bedeutung. Die Zubereitung beginnt mit dem Ausreiben der Fonduepfanne mit der Knoblauchzehe, die Sie ganz am Schluß auch kleingehackt in die servierbereite Fondue geben können. Dann wird der grobgeriebene Käse in die erhitzte Pfanne gefüllt. Im Mixer vermischen Sie den Wein mit dem Mehl und dem Zitronensaft und ziehen diese Mischung unter den Käse. Dann bringen Sie die Masse unter ständigem Rühren zum Kochen. Damit der Käse keine Fäden zieht, rührt man mit dem Holzlöffel stets in Form einer Acht (8). Sobald der Käse aufgekocht hat, fügen Sie das Kirschwasser, einige Umdrehungen Pfeffer und etwas Muskat zu, eventuell eine halbe kleingehackte Knoblauchzehe. Nun wird das Réchaud angezündet. Falls Sie für das Kochen eine besondere Pfanne verwendet haben, füllen Sie nun die Masse in den Caquelon, andernfalls setzen Sie den Caquelon vom Herd auf das Réchaud um, wo nun die Fondue leicht weiterköcheln muß.

Das aufgespießte Brot, dem abwechselnd ein Schinkenwürfel beigefügt wird, sollte immer über den Boden des Caquelons geführt werden, damit die Fondue nicht anbrennt. Beim Herausnehmen dreht man die Gabel, damit der Käse nicht wegtropft.

Ein Partytip: Wer sein Brot in die Fondue fallen läßt, muß ein Pfand zahlen! (Quelle und Foto: »Kraft-Küchen-Service«)

Allgäuer Emmentaler Kuchen

Für 4 bis 6 Personen

250 g Allgäuer Emmentaler
250 g Schinken oder Speck

250 g Champignons

1 mittelgroße Zwiebel

2 Paprikaschoten

250 g Weintrauben (je nach Saison)

2 Eier

2 EL gehackte Petersilie

Mürbeteig:

125 g Mehl

1 TL Backpulver

75 g Butter

1 Prise Salz

1 Ei

Emmentaler, Champignons, Paprikaschoten, Zwiebel kleinschneiden und mit Weintrauben in die mit Mürbeteig ausgelegte Form füllen, mit verquirlten Eiern übergießen und ca. 45 Minuten backen. Mit gehackter Petersilie bestreuen und heiß servieren. (Foto: Milchwirtschaftlicher Verein im Allgäu e.V. Kempten/Allgäu)

Quiche Lorraine

Vorspeise für 6 Personen

1 Paket tiefgefrorener Blätterteig (ca. 300 g)

1 EL Semmelbrösel

200 g Toast Scheibletten

250 g Schinkenspeck

2 mittelgroße geschälte Zwiebeln

3 EL gehackte Petersilie

1 Becher saure Sahne

4 Eier

1 TL Paprikapulver

Blätterteig nach Anleitung auf der Packung auftauen lassen. Springform, ⌀ 26 bis 28 cm, gut fetten und mit kaltem Wasser abspülen. Backofen vorheizen.

Blätterteig in der Größe der Springform ausrollen, die Form auslegen und einen Rand von ca. 2,5 cm hochdrücken. Teigboden mit einer Gabel ein- oder zweimal einstechen. Mit Semmelbröseln bestreuen. Zwiebel und Schinkenspeck würfeln und in der Pfanne mit wenig Öl glasig dünsten, abkühlen lassen.

Scheibletten würfeln.

Saure Sahne und Eier verquirlen, würzen (Vorsicht mit Salz, der Schinkenspeck ist oft sehr scharf).

Alle weiteren Zutaten zugeben, gut durchmischen und auf dem Teigboden verteilen.

Im vorgeheizten Backofen 40 Minuten schön knusprig backen. Etwas abkühlen lassen, aber noch warm servieren.

Backtemperatur: E-Herd 225, G-Herd 3 bis 4

Backzeit: 40 Minuten

(Quelle und Foto: »Kraft-Küchen-Service«)

Käswähe

Für 6 Personen

1 Paket (= 300 g) tiefgefrorener Blätterteig
4 EL Semmelbrösel
250 g durchwachsener Speck
10 Toast-Scheibletten
$^1/_8$ l saure Sahne
3 Eier
je eine Prise Salz und Paprikapulver zum Würzen

Tiefgefrorenen Blätterteig auftauen lassen. Backofen vorheizen: E-Herd 225
Aufgetauten Blätterteig in der Größe des Backblechs etwa 3 mm dick ausrollen. Auf das Blech legen, Ränder an den Seiten leicht hochdrücken. Mit Semmelbröseln bestreuen.
Schinkenspeck in dünne Scheibchen, Käsescheiben in Dreiecke schneiden, auf der Teigplatte verteilen. Saure Sahne und Eier verquirlen, würzen. Darübergeben.
Im vorgeheizten Backofen etwa 30 Minuten schön knusprig backen.
(Quelle und Foto: »Kraft-Küchen-Service«)

Extra guter Käseauflauf

Für 4 Personen

40 g Butter oder Margarine
40 g Mehl
$^1/_4$ l Milch
250 g streichfähiger Schmelzkäse
je 1 Prise Salz und frisch gemahlener Pfeffer
1 Messerspitze geriebene Muskatnuß

4 Eier
1 Messerspitze Backpulver

ein Stückchen Margarine zum Ausfetten der Form.
Eine feuerfeste Auflaufform, $\varnothing$ 20 cm, fetten.
Backofen vorheizen: E-Herd 175
Butter zerlassen, Mehl zugeben und glattrühren.
Unter ständigem Rühren nach und nach die Milch zugeben, einmal aufkochen lassen.
Den Käse in Flöckchen zerteilen, in die heiße Sauce geben. So lange rühren, bis der Käse cremig geschmolzen ist. Würzen. Eier trennen. Eidotter unter die Käsesauce rühren.
Eiweiß mit dem Backpulver zu sehr steifem Schnee schlagen. Käsemasse auf den Eischnee geben und locker unterheben.
Käseauflaufmasse in die feuerfeste Form füllen und im vorgeheizten Backofen ca. 50 Minuten backen.
Nach 5 Minuten Backzeit die Oberfläche kreisrund einschneiden. Sofort servieren.
(Quelle und Foto: »Kraft-Küchen-Service«)

Greyerzer Pfannkuchen

Für 4 Personen

$^1/_2$ l Sauce Béchamel vermischt mit:
250 g geriebenem Greyerzer
3 EL süßer Sahne
1 EL Kirschwasser oder Obstler

6 nach üblichem Rezept hergestellte, ausgebreitete Pfannkuchen mit der vorbereiteten Sauce bestreichen und aufrollen, dann in eine mit Butter ausgestrichene, flache Gratinform legen, mit dem Rest

der Sauce überziehen, mit Butterflocken belegen, mit geriebenem Greyerzer reichlich bestreuen und bei guter Oberhitze überbacken.
(Foto: Schweizerische Käseunion, Bern)

Emmentaler Käserösti

Für 4 Personen

1 kg Kartoffeln
100 g Butter
100 g geriebener Emmentaler
50 g Emmentaler in Scheiben

Die Kartoffeln in der Schale dämpfen, schälen, grob raffeln oder in Scheiben schneiden, mit Salz und Pfeffer würzen und in einer großen Bratpfanne in 100 g Butter langsam braten. Oft wenden und nach einer Viertelstunde mit dem geriebenen Emmentaler vermischen, zu einem flachen Kuchen zusammenschieben, mit den Emmentalerscheiben bele-

gen und zugedeckt weiterbraten, bis der Käse zerfließt.
Dazu passen Salat und gegrilltes Fleisch.
(Foto: Schweizerische Käseunion, Bern)

Risotto Ticinese

Für 4 bis 6 Personen

1 l kräftige Bouillon (heiß)
300 g Reis
1 Zwiebel
1 EL Speiseöl
1 Glas Weißwein
150 g Champignons
1 Prise Safran
50 g Butter
$^1/_8$ l Sahne
100 g geriebener Sbrinz, Parmesan oder Pecorino

Den Reis und die feingehackte Zwiebel in Öl andünsten, mit dem Wein und etwas Bouillon ablöschen, so daß der Reis knapp mit der Flüssigkeit bedeckt ist. Die Champignons hinzufügen und immer soviel Bouillon nachgießen, wie vom Reis aufgesaugt wird, jeweils gut umrühren. In der letzten Tasse Bouillon – nach ca. 15 Minuten – 1 Prise Safran auflösen und dazugeben. Vor dem Servieren die Butter, die Sahne und den geriebenen Käse mit dem Reis vermischen.
(Foto: Schweizerische Käseunion, Bern)

Pizza capricciosa

Für 3 bis 4 Personen

Hefeteig:
300 g Mehl
30 g Hefe
etwas Salz
$^1/_8$ l Wasser
4 EL Öl

Belag:
1 Dose geschälte Tomaten
125 g Salami
125 g gekochter Schinken
1 kl. Dose Champignons
einige Sardellenfilets
gefüllte Oliven
2 bis 3 Peperonis
Oregano, Pfeffer
150 g Allgäuer Emmentaler

Aus den Zutaten einen Hefeteig bereiten, ein Kuchenblech damit belegen, den Teig dünn mit Öl bepinseln, die nicht abgetropften, etwas zerkleinerten Tomaten darauf verteilen, ebenso Salami- und Schinkenscheiben, abgetropfte Sardellenfilets, zerschnittene Champignons, Oliven und kleingehackte Peperonis. Mit Pfeffer und Oregano würzen, dann alles mit dünnen Scheibchen vom Emmentaler abdecken. Im vorgeheizten Rohr bei Mittelhitze für ca. 20 Minuten backen; heiß servieren.
(Quelle und Foto: Landesvereinigung der Bayerischen Milchwirtschaft, München)

Allgäuer Kässpätzle

Für 4 bis 5 Personen

250 g geriebener Allgäuer Emmentaler
500 g Mehl
5 bis 6 Eier
1 große Zwiebel
etwas Salz
Butter nach Belieben

Mehl, Eier und etwas Salz mit Wasser zu einem zähflüssigen Teig anrühren. Den Teig durch ein Spatzensieb oder mit dem Spatzenhobel in kochendes Wasser streichen. (Eine echte Schwäbin benutzt hierzu ein Spätzlesbrett.) Nach kurzem Aufkochen werden die Spätzle mit dem Schaumlöffel aus dem Wasser gehoben. In eine Schüssel gibt man lageweise Spätzle, in Butter geröstete, feingeschnittene Zwiebeln, geriebenen Käse und etwas Butter. Damit der Käse besser zerfließt, stellt man die abgedeckte Schüssel vor dem Servieren kurz ins Wärmefach. Zu Kässpätzle schmecken grüner Salat und – wer's mag – auch Tomatensoße.
(Foto: Milchwirtschaftlicher Verein im Allgäu e.V., Kempten/Allgäu)

Krabbensoufflé

Für 3 bis 4 Personen

40 g Butter	200 g Krabbenfleisch
30 g Mehl	Salz, Curry
$^1/_4$ l Milch	4 Eier
200 g Butterkäse	50 g Schnittkäse
	$^1/_2$ TL Weinbrand

Die Butter zerlassen, das Mehl zugeben, kurz mit der Butter binden und mit Milch aufgießen und kochen. Danach den in Würfel geschnittenen Käse hinzufügen und rühren, bis der Käse geschmolzen ist.

Das feingehackte Krabbenfleisch unter die Masse mischen, mit Curry, Weinbrand, Salz und Pfeffer aus der Mühle abschmecken, die Eigelbe nach und nach unterziehen, das Ganze nochmals gut durchrühren und zum Schluß das geschlagene Eiweiß unterziehen.

Man füllt das Ganze in eine gut ausgebutterte Auflaufform, belegt mit dünnen Scheiben von Schnittkäse. Nun in der Form 20 bis 30 Minuten bei 180 Grad im Ofen backen (pochiert).

Das Gericht muß sofort serviert werden.

Dazu können eine Tomatensauce und grüner Salat serviert werden.

Erfunden von Peter Welte, Küchenmeister, Bad Kissingen

(Quelle und Foto: Centrale Marketinggesellschaft der Deutschen Agrarwirtschaft m.b.H., Bonn-Bad Godesberg)

Gespickte Camembert-Bällchen

Für 1 Person

40 g Mehl	dazu Tomaten-Coulis
50 g Eier	100 g Tomaten
10 g Butter	10 g Zwiebeln
$^1/_{16}$ l Milch	5 g Petersilie
90 g Camembert, 30 %	2 g Butter
5 g Mandeln	

Milch mit Butter zerlaufen lassen, das Mehl untermengen, dann alles schön abbrennen lassen. Leicht auskühlen lassen, die Eier daruntergeben und mit Pfeffer und Paprika würzen. Jetzt erst den nicht zu reifen, zerdrückten Camembert untermengen. Nun die Masse mit einem Löffel in Nockerlform abstechen, mit Mandelsplittern spicken (soll wie ein Igel aussehen) und in nicht zu heißem Fett ausbacken.

Tomaten-Coulis: Tomaten abziehen und vierteln. Butter mit Zwiebeln angehen lassen und die Tomaten dazutun. Alles verkochen lassen, bis es musig wird. Abwürzen. Als Garnitur eignen sich ungespritzte Weinblätter.

Erfunden von Rolf Unsorg, Stellvertr. Küchenchef, Bad Vilbel.(Quelle und Foto: CMA Bad Godesberg)

Gratinierte Zwiebelsuppe

Für 1 Person

50 g geriebener Sbrinz, Parmesan oder Pecorino
1 kleine Zwiebel

20 g Butter
1 Tasse Bouillon
einige feingeschnittene Scheiben Weißbrot

Die feingeschnittene Zwiebel in Butter dämpfen, mit Bouillon ablöschen und eine halbe Stunde bei schwacher Hitze ziehen lassen. Die Brotscheiben mit Butter bestreichen, kurz rösten und abwechslungsweise mit dem geriebenen Käse in feuerfeste Tassen oder Schälchen füllen, dick mit Käse bestreuen, mit der Bouillon übergießen und im heißen Ofen kurz überkrusten.
(Foto: Schweizerische Käseunion, Bern)

Käsestrudel Tilsit

Für 4 bis 6 Personen

750 g Mehl
750 g Tilsiter in Scheiben
750 g Schweinemett
4 Eier
2 Brötchen
2 Zwiebeln
1 rote Paprika
1 grüne Paprika
125 g Champignons I. Wahl
1 Karotte
2 Zitronen
75 g süße Sahne
125 g Butter
1 EL Öl
125 g Vollmilch
4 Tomaten
1 Kopfsalat
1 Bd. frischer Dill
Salz, Pfeffer, Muskat, Knoblauchpulver,
1 Würfel Fondor

Teig aus 500 g Mehl, 3 Eiweiß, Salz und Wasser mittelweich mengen, ausrollen und papierdünn ausziehen. Schweinemett mit 1 Ei, 2 eingeweichten Brötchen, Pfeffer, Muskat, Salz und Knoblauchpulver mengen. Paprika, Karotten und Zwiebeln in dünne Streifen schneiden, in etwas Butter mit den Champignons ausdünsten, dann mit Salz, Pfeffer und Muskat würzen und auskühlen lassen. Den ausgezogenen Teig zunächst mit Käsescheiben belegen, darauf das Schweinemett verteilen, anschließend etwas von dem gedünsteten Gemüse. Gleichmäßig fest aufrollen. Auf ein gefettetes Backblech legen und bei mittlerer Hitze ca. 20 bis 25 Minuten ausbacken. Herausnehmen, mit dem Rest der Käsescheiben belegen und nochmals so lange überbak-

ken, bis der Käse geschmolzen ist. Wieder herausnehmen, mit gehackter Petersilie bestreuen, auf Salatblätter legen und mit Tomaten- und Zitronenscheiben garnieren.
Sauce: Butter und Mehl angehen lassen, mit Milch ablöschen. Käsereste in Stückchen beigeben. Mit Fondor, Salz, Muskat und Zitrone abschmecken, aufkochen und mit dem Rest Eigelb und Sahne legieren. In Sauciere geben und mit Petersilie und Dill bestreuen.
Erfunden von Artur Maser, Küchenmeister, Frankenberg
(Quelle und Foto: CMA Bad Godesberg)

Käsesülze

Für 4 Personen

$^1/_2$ l kräftig abgeschmeckte, entfettete Fleischbrühe
8 Blatt weiße Gelatine
1 Glas Mixed Pickles
200 g Emmentaler, ca. $^1/_2$ cm dick geschnitten
3 hartgekochte Eier
4 Scheiben Kasseler-Fleisch, $^1/_2$ cm dick
2 abgezogene Tomaten
1 große, rote, eingelegte Paprikaschote
$^1/_2$ Bund Petersilie

Von einer kräftigen Brühe einen Aspik kochen. Eine Kastenform von 24 oder 26 cm Länge mit kaltem Wasser ausspülen und einen Spiegel von $^1/_2$ cm Höhe gießen. Mixed Pickles etwas kleiner schneiden. Käsescheiben viereckig, dreieckig oder rund ausstechen. Übrige Zutaten in Streifen, Scheiben oder Stückchen schneiden. Damit im bunten Wechsel den Boden und die Seiten auslegen. Dann die Mitte der Form ausfüllen. Zwischendurch etwas von dem Aspik daraufgeben. Der Aspik muß zum Schluß die Füllung bedecken.
Die Käsesülze kaltstellen, aber nicht gefrieren lassen.
Erfunden von Armin Flöre, Witten-Rüdungshausen.
(Quelle und Foto: CMA Bad Godesberg)

Wie kommt das Kaninchen in das »Welsh Rabbit«?

Man sollte es nie so wörtlich nehmen wie es da steht, denn möglicherweise hat die Volkssprache den Namen eines Gerichts geprägt, hinter dem etwas gänzlich anderes steht, als der Uneingeweihte vermutet. Wer solchermaßen unvorbereitet in einer Kölschen Gaststätte einen »Halve Hahn« nach der Karte bestellt, sollte dem Köbes nicht böse sein, wenn er statt gegrillten Geflügels ein Roggenbrötchen mit einer dicken Scheibe alten Holländer Käses serviert. Ähnlich ist es auch um das in Britannien so geliebte »Welsh Rabbit« bestellt, das mit der gleichen Hartnäckigkeit auch »Rarebit« geschrieben wird, aber jedesmal das gleiche ist: geschmolzener Cheddar-Käse, gewürzt mit Bier, Senf und Worcestersauce, auf frischem knusprigem Toast serviert.
Wie kommt nun aber das Kaninchen (engl. Rabbit = Kaninchen) in das uralte Lieblingsgericht der Waliser? Zum unten angeführten Originalrezept gehört die Originalschreibweise, so wie sie in alten angelsächsischen Kochbüchern steht. Geht man diesen volkstümlichen Spuren der Sprachschöpfung nach, dann sieht sich der Name gar nicht mehr so unlogisch an. Wir stoßen dann nämlich auf einen Bischof der Anglikanischen Kirche, der eines Abends unverhofft zur Dinnerzeit bei einem Pfarrherrn in Wales eintraf. Fleisch war in dieser armen, abgelegenen Gegend selten vorrätig, und so bekam der Bischof statt eines echten nur einen »Walisischen Hasenbraten«, zu dem die grundehrlichen, einfachen Nahrungsmittel der lokalen Tafelkunst beigesteuert wurden: Brot, Käse und Bier. So wurde das »Welsh Rabbit« in die Welt gebracht, bald im ganzen Lande heißgeliebt und hatte seinen legendären Namen, der auch durch die gelehrter klingende Form bis heute nicht vergessen wurde.

Welsh Rarebits

Für 4 Personen

350 g harten Chester oder Cheddar oder alten Edamer
100 g Butter

Salz, Pfeffer
1 TL Paprikapulver
1 Messerspitze Senfpulver
¹/₄ Tasse helles Bier
6 Weißbrotscheiben
75 g Butter zum Toasten

Varianten dieser Schnittchen sind bei uns schon recht bekannt geworden, das englische Originalrezept wird Sie deshalb sicherlich interessieren.
Raspeln Sie den Käse zu flockigen Streifen und mischen Sie dazu zerlassene Butter, Salz, Pfeffer, Paprika, Senf und soviel Bier, bis eine leicht knetbare, teigähnliche Masse entsteht. Die Weißbrotscheiben legt man, mit Butter bestrichen, in eine blanke Bratpfanne und toastet sie auf beiden Seiten. Danach nochmals mit Butter bestreichen und die Ränder abschneiden. Die Käsemasse streicht man pyramidenförmig auf die Brotscheiben und halbiert diese diagonal, so daß Dreiecke entstehen. Sie sollen auf dem Rost mit viel Oberhitze im Ofen schnell braun werden.
(Quelle und Foto: »Kraft-Küchen-Service«)

Welsh Rabbit

Für 4 Personen

3 EL Milch
250 g streichfähiger Schmelzkäse
¹/₄ l helles Bier (mit Schaum gemessen)
1 TL scharfer Senf
1 Prise Pfeffer
1 Tropfen Worcester-Sauce
4 bis 6 Scheiben Toastbrot

Den Käse in Flöckchen zerteilen und zusammen mit der Milch bei milder Wärmezufuhr erwärmen. Dabei mit dem Schneebesen schlagen, bis er cremig geschmolzen ist. Das geht gut, wenn der Käse nicht aus dem Kühlschrank heraus verwendet wird, sondern vorher ein paar Stunden bei Zimmertemperatur liegt.
Mit Senf, Butter und Worcester-Sauce würzen, zum Schluß das Bier darunterrühren und bis kurz vor's Kochen bringen.
Weißbrot toasten, schräg durchschneiden. Auf jeden Teller zwei Ecken heißen Toast legen und das heiße, würzige Welsh Rabbit darübergießen. Wer will, kann den Toast natürlich noch leicht buttern. Sofort servieren!
(Quelle und Foto: »Kraft-Küchen-Service«)

Birnen-Toast

Toastbrotscheiben hell toasten. Mit etwas frischwürzigem leichtem Dressing bestreichen. Halbierte

Birnen oder Schnitze aus der Dose etwas abtropfen lassen. Die Toasts damit belegen, darüber je eine Scheiblette geben und garnieren. Unter dem vorgeheizten Grill so lange überbacken, bis der Käse cremig zerläuft. Chili-Sauce darübergeben.
(Quelle und Foto: »Kraft-Küchen-Service«)

Pfirsichtoast

Für jede Portion eine Scheibe Toastbrot in wenig Butter in der Pfanne auf einer Seite anrösten. Umdrehen, mit ein paar Schinkenwürfeln und einem halben Pfirsich aus der Dose belegen. Toast-Schei-

blette in der Mitte über Kreuz einschneiden, auf den Pfirsich legen.
Pfanne zudecken und noch so lange weiterbraten, bis der Käse cremig geschmolzen ist.
Sofort servieren.
(Quelle und Foto: »Kraft-Küchen-Service«)

Pizza-Toast mit Champignons

Champignons (frisch oder aus der Dose) halbieren, kurz durchbraten, würzen. Auf leicht getoastete Toastbrotscheiben verteilen und mit je einer Toast-Scheiblette belegen. Mit ein paar Champignons garnieren und im vorgeheizten Backofen (E-Herd 250) oder unter dem vorgeheizten Grill so lange überbacken, bis der Käse cremig zerläuft.

Pizza-Toast mit Tomaten und Speck

Toastbrotscheiben toasten, mit Butter oder frischwürzigem leichtem Dressing leicht bestreichen. Tomaten in Scheiben schneiden, die Toastbrote damit belegen und mit einer Prise Salz und frisch gemahlenem Pfeffer leicht würzen. Darüber je eine Pizza Scheiblette geben und mit einer Tomatenscheibe, hauchdünnem Frühstücksspeck und einem Sardellenfilet garnieren.
Im vorgeheizten Backofen (E-Herd 250) oder unter dem vorgeheizten Grill so lange überbacken, bis der Käse cremig zerläuft.
(Quelle und Foto: »Kraft-Küchen-Service«)

Toast Prinzessin

Für 1 Person

1 Toastscheibe
1 Teelöffel Kräuterbutter
1 gebratenes Kalbsschnitzel
1 in Scheiben geschnittenes, hartgekochtes Ei
4 bis 5 Spargelspitzen
einige Tropfen Zitronensaft

1 Scheibe Butterkäse
Petersilie zum Garnieren

Gebratenes Kalbsschnitzel auf gebutterte Toastscheibe geben, mit den Eierscheiben belegen, die
abgetropften Spargelspitzen auf die Eischeiben legen, mit Zitronensaft bespritzen, mit dem Butterkäse belegen und überbacken. Mit Petersilie garnieren und heiß servieren.
(Foto: Landesvereinigung der Bayerischen Milchwirtschaft, München)

Toast London Style

Hauchdünne Scheibe Frühstücksspeck in der
Pfanne knusprig anbraten, daneben ein Spiegelei
backen. Mit einer Toast Scheiblette belegen, cremig

schmelzen lassen. Toastbrotscheibe hell toasten,
leicht buttern.
Darauf das Spiegelei und den Frühstücksspeck
geben.
(Quelle und Foto: »Kraft-Küchen-Service«)

Pizza-Toast mit Paprikaschoten

Grüne und rote Paprikaschoten in Ringe schneiden
und in etwas Öl in der Pfanne kurz durchbraten.
Auf hell getoasteten Toastbrotscheiben verteilen.
Mit je einer Toast-Scheiblette belegen, garnieren.
Im vorgeheizten Backofen (E-Herd 250) oder unter dem vorgeheizten Grill so lange überbacken, bis
der Käse cremig zerläuft.

Gebackene Kartoffeln mit Philadelphia Spread

Für 2 Personen

125 g Philadelphia Frischkäse
2 EL feingehackte Kräuter, wie Petersilie, Schnittlauch, Dill
1 TL Zitronensaft
je 1 Prise frisch gemahlener Pfeffer und Knoblauch-
salz extra stark
6 bis 8 mittelgroße Kartoffeln

Den Frischkäse verrühren, Kräuter und Gewürze
dazugeben. Den angemachten Philadelphia auf ein
Stück Alufolie geben und zu einer Rolle formen. In
den Kühlschrank legen. Die Kartoffeln unter flie-
ßendem Wasser sauber bürsten, abtrocknen und mit
einer Gabel mehrmals rundum einstechen. Jede
Kartoffel in extra starke Alufolie einwickeln. In der
Glut am Rande der Grillschale etwa 40 Minuten
backen. Die Kartoffeln mit einer Zange ab und zu
wenden. Die Kartoffeln werden direkt aus der Folie
gegessen. Dazu die Kartoffeln über Kreuz einschneiden und eine Scheibe Philadelphia Spread
drauflegen.
(Quelle und Foto: »Kraft-Küchen-Service«)

Cottage-Cheese –
Rührei mit Tomatensalat

Für 2 Personen

1 Ei
1 EL Wasser
je 1 Prise Salz und frisch gemahlener Pfeffer
100 g körniger Frischkäse
1 große Tomate
Schnittlauch
Zwiebelringe
Italian Dressing

Ein Ei mit 1 EL Wasser verquirlen, mit einer Prise Salz und frisch gemahlenem Pfeffer würzen.
In einer beschichteten Pfanne das gequirlte Ei kurz stocken lassen. Den körnigen Frischkäse dazugeben und mit einem breiten Schaber vorsichtig zu einem Rührei zusammenschieben. Mit frisch geschnittenem Schnittlauch bestreuen.
Eine große Tomate in Achtel oder Scheiben schneiden und mit ein paar hauchdünnen Zwiebelringen anrichten.
1 EL Italian Dressing darübergeben.
(Quelle und Foto: »Kraft-Küchen-Service«)

Gefüllter Orangenstern

Als Dessert: pro Person 1 Orange

Orangen
körniger Frischkäse

Eine Orange sehr gut schälen (am besten mit einem scharfen Küchenmesser).
Die einzelnen Spalten so trennen, daß sie unten noch zusammenhängen. Von oben leicht auseinanderdrücken, damit der Stern entsteht.
100 g körnigen Frischkäse locker in die Mitte der Frucht füllen.
(Quelle und Foto: »Kraft-Küchen-Service«)

Gekörnter Frischkäse
im Orangenkörbchen

Für 2 Personen

2 große Orangen
200 g gekörnter Frischkäse
50 g gehackte Mandeln
2 Teelöffel Honig
1 Scheibe Ananas
2 Kirschen

Aus den Orangen Körbchen schneiden, das Fruchtfleisch entfernen, enthäuten, entkernen, in Würfel schneiden. Die Orangenfleischwürfel mit dem gekörnten Frischkäse und den Mandeln vermengen,

mit Honig abschmecken. Die Masse in die Orangenkörbchen füllen, mit Ananasstückchen und Kirschen garnieren.
(Foto: Gervais Danone AG, München)

Rahmfrischkäse mit Nüssen

Für 2 Personen

2 Scheiben Pumpernickel
20 g Butter
2 EL gehackte Walnüsse
125 g Rahmfrischkäse
2 EL süße Sahne
etwas Paprika edelsüß

Die Brote mit Butter bestreichen, mit den Walnüssen belegen, darauf je die Hälfte des Rahmfrischkäses legen, mit Edelsüßpaprika bestreuen und mit Sahne begießen.
(Foto: Gervais Danone AG, München)

Obatzter

Für 1 Person

125 g Camembert
25 g Butter
1 Zwiebel
Kümmel, Pfeffer, edelsüßer Paprika

Der Camembert (45 % fett i. Tr.) sollte zur Verarbeitung weich sein – also nicht gerade erst aus dem Kühlfach genommen –, auch kann er gut durchgereift sein; denn der Obatzte ist ohnehin so etwas wie Resteverwertung. Den Käse kleinwürfeln, mit der Gabel zerdrücken und mit der ebenfalls weichen Butter gut vermengen. Die feingehackte Zwiebel sowie eine Prise zerquetschten Kümmel und zwei Umdrehungen aus der Pfeffermühle dazugeben. Sodann mit reichlich edelsüßem Paprika alles vermengen – der Obatzte muß eine appetitliche, rötliche Farbe haben. Am besten schmeckt ein dunkles Landbrot dazu und natürlich ein Glas Bier.
(Quelle und Foto: Landesvereinigung der Bayerischen Milchwirtschaft, München)

Sauerer Käse

Für 1 Person

2 Rollen Olmützer Quargel
1 große Zwiebel
2 EL Essig
1 EL Öl
Pfeffer
Salz
Senf
Schnittlauch
Kümmel

Olmützer Quargel, kleine runde Sauermilchkäse – eine bayerische Käsespezialität – in Scheiben schneiden und auf einem Teller schuppenartig anordnen. Die Zwiebel in Ringe schneiden und über den Käse verteilen. Essig in große Tasse gießen, zwei bis drei Umdrehungen Pfeffermühle hineinge-

Angemachter Käse – zünftig und rustikal:
1 Obatzter, 2 Pikantes Käsetöpfchen, 3 Liptauer Käse,
4 Sauerer Käse

ben sowie einen Spritzer Senf, alles gut verschlagen, erst dann das Öl dazugeben und kräftig vermischen; diese Marinade über den Käse gießen. Schnittlauch mit der Schere kleinschneiden und mit dem zerquetschten Kümmel überstreuen. Anstelle von Quargel können auch bayerische Weichkäse ohne Schimmel – wie Romadur oder Limburger – genommen werden.
(Quelle und Foto: Landesvereinigung der Bayerischen Milchwirtschaft, München)

Liptauer Käse

Für 1 Person

100 g Magerquark
1 EL Rahm
Sardellenpaste, Senf
25 g geriebener Käse

25 g Butter
$^1/_2$ Zwiebel
Schnittlauch
Petersilie
edelsüßer Paprika

Speisequark durch ein Haarsieb passieren – wer nicht unbedingt auf Kalorien achten muß, der nimmt einen Quark mit 20 oder 40 % fett i. Tr.: Der »Liptauer« schmeckt dann besser. Je einen Spritzer Sardellenpaste und Senf im Rahm auflösen, mit der weichen Butter zum Quark geben, sodann den geriebenen Emmentaler untermischen. Es kann auch ein geraffelter Limburger sein; jedenfalls gehört zu einem »echten« Liptauer immer gereifter Naturkäse. Kleingehackte Zwiebel sowie feingewiegte Kräuter und Paprika zugeben, alles gut vermengen und 1 Stunde ziehen lassen.
(Quelle und Foto: Landesvereinigung der Bayerischen Milchwirtschaft, München)

Pikantes Käsetöpfchen

Für 1 Person

2 Weinkäse à 62,5 g
75 g Cabanossi
2 Cornichons
2 Perlzwiebeln
1 EL Remoulade
1 EL Joghurt
Senf
Pfeffer
Kümmel
geriebener Meerrettich
grüner Pfeffer

Die Weinkäse zur besseren Verarbeitung für eine gute Stunde in den Kühlschrank gestellt, kleinwürfeln. Sind die Käse schon recht reif, vorher mit dem Messerrücken leicht »abziehen«. Cabanossi – oder eine andere würzige Hartwurst, wie Landjäger o. dgl. – ebenfalls kleinwürfeln, so auch Cornichons und Perlzwiebeln. Den Joghurt verschlagen und mit der Remoulade gut vermischen; Spritzer Senf und etwas geriebenen Meerrettich sowie Prise Pfeffer dazugeben. Diese Marinade mit Käse und Wurst vermengen und gut ziehen lassen. Zum Servieren mit Kümmel und grünem Pfeffer bestreuen.
(Quelle und Foto: Landesvereinigung der Bayerischen Milchwirtschaft, München)

Appenzeller Salat

Für 4 Personen

200 g Appenzeller
2 kleine Zwiebeln
150 g gekochter Schinken
3 EL Essig
4 EL Öl
etwas Salz, Pfeffer und Senf

Den Appenzeller und den Schinken in Streifen, die Zwiebeln in Ringe schneiden und vermischen. Alles zusammen mit einer Marinade aus Essig, Öl und den Gewürzen übergießen, eine halbe Stunde ziehen lassen und dann servieren.
(Foto: Schweizerische Käseunion, Bern)

Münchner Wurstsalat

Für 4 Personen

250 g Allg. Emmentaler
250 g frische Fleischwurst
3 Zwiebeln
1 Gewürzgurke
1 EL Öl
2 EL Essig
4 EL Wasser
Salz, Pfeffer, Senf
Schnittlauch

Käse in dünne, kurze Stifte schneiden; die frische Wurst – das kann Lyoner, Stadtwurst, Mortadella, Regensburger o. dgl. sein – und die Gurke ebenfalls in kurze Stifte schneiden; alles behutsam miteinander vermengen und in eine große, breite Schüssel geben, die – wer mag – vorher mit einer Knoblauchzehe ausgerieben wurde. Darüber die in Ringe geschnittenen Zwiebeln legen. In einem kleinen Topf Essig und Wasser mit Salz, Pfeffer und 1 TL Senf gut verschlagen, das Öl dazugießen und mit Schneebesen gut verschlagen; diese Marinade über die Zutaten gießen, etwa $1/2$ Stunde ziehen lassen. Vor dem Servieren gewiegten Schnittlauch überstreuen.
(Quelle und Foto: Landesvereinigung der Bayerischen Milchwirtschaft, München)

Brotzeit ist die schönste Zeit:
1 Münchner Wurstsalat, 2 Gurke nach Art der Sennerin,
3 Allgäuer Salätle, 4 Schwäbische Lumpensuppe

Allgäuer Salätle

Für 4 Personen

4 Zwiebeln, Salz
375 g Allg. Emmentaler
4 EL Öl
4 EL Essig
Salz
Pfeffer
Senf
Knoblauchzehe
Kümmel
Sardellenpaste
Kapern

Die Zwiebeln in dünne Scheiben schneiden, auf Teller ausbreiten und Salz überstreuen, gut 10 Min. ziehen lassen, dann in Küchenkrepp o. dgl. gut ausdrücken, damit sie wieder fast trocken sind. Den Käse in sehr feine, dünne Streifen schneiden und mit den Zwiebelringen vorsichtig vermengen, in eine breite Schüssel geben. Öl und Essig in einen Mixer geben, sowie dazu: Salz, Pfeffer, Spritzer Senf und Sardellenpaste, eine halbe zerquetschte Knoblauchzehe, eine Prise zerdrückten Kümmel sowie einige zerschnittene Kapern. Mixer nach und nach auf volle Touren bringen, bis alles gut verschlagen ist, dann über die Zutaten gießen.
(Quelle und Foto: Landesvereinigung der Bayerischen Milchwirtschaft, München)

Schwäbische Lumpensuppe

Für 4 Personen

200 g Limburger
125 g Roten Pressack
125 g Weißen Pressack
2 Zwiebeln

¹/₂ EL Öl
¹/₄ l Essig
¹/₂ l kalte Fleischbrühe
Salz
Pfeffer
Kümmel
Petersilie
Radieschen

Einen Limburger (20 % fett i. Tr.) leicht mit dem Messerrücken auf allen Seiten abziehen, einmal längs durchschneiden und dann in dünne Scheiben schneiden. Den Pressack – man kann auch nur Roten nehmen oder eine andere dunkle, feste Wurst – in gleich große Stückchen schneiden; alles gut untereinander vermengen. Fleischbrühe von Würfeln bereiten, kalt werden lassen und völlig entfetten, mit dem Essig und etwas Öl gut verschlagen, salzen und pfeffern. Käse und Wurst auf 4 tiefe Teller verteilen, die in Ringe geschnittenen Zwiebeln darübergeben und die Marinade aufteilen. Feingewiegte Petersilie, zerquetschten Kümmel und Radieschenscheiben überstreuen. Dazu werden frische Laugenbrezn oder – noch besser – Sauerteigsemmeln mit Griebenschmalz serviert.
(Quelle und Foto: Landesvereinigung der Bayerischen Milchwirtschaft, München)

Gurke nach Art der Sennerin

Für 4 Personen

1 grüne Salatgurke
200 g bayer. Schnittkäse
125 g gekochter Schinken
75 g Pökelzunge
¹/₂ Becher Sauerrahm
¹/₂ Becher Joghurt
Salz
Pfeffer
Senf
1 Schalotte
frische Kräuter
2 Radieschen
1 hartes Ei
1 Stückchen Meerrettich
geschroteter Pfeffer

Die Gurke gut abbürsten und in Scheiben schneiden, die Scheiben auf einer großen Platte schuppenartig auslegen. Käse, Schinken und Pökelzunge in recht dünne Stifte schneiden. Joghurt mit dem Sauerrahm in passender Schüssel gut verschlagen, mit Salz, Pfeffer und Senf würzen, dann die feingewiegten Kräuter und die kleingehackte Schalotte dazugeben, sowie die in Stifte geschnittenen Zutaten. Alles miteinander vermengen und auf die Gurkenscheiben häufen. Ei und Radieschen in Scheiben schneiden, darüber verteilen, vom Meerrettich Späne abtrennen und mit grobgeschrotetem Pfeffer über die Eischeiben geben. Dazu gibt es ein Butterbrot.
(Quelle und Foto: Landesvereinigung der Bayerischen Milchwirtschaft, München)

Bayerische Tomaten

Für 4 Personen

8 große Tomaten
Salz
Pfeffer
175 g Edelpilzkäse
1 Pckg. Doppelrahmfrischkäse
1 Eigelb
1 bis 2 EL Rahm
1 kleine Zwiebel
Schnittlauch

Von den Tomaten Deckel abschneiden und aushöhlen. Deckel und inneres Tomatenfleisch ohne Kerne würfeln; das Innere der Tomaten leicht salzen und pfeffern. Den weichen Edelpilzkäse mit der Gabel zerdrücken und zusammen mit dem Doppelrahmfrischkäse durch ein Sieb passieren, mit Eigelb und Rahm vermengen, Tomatenwürfel und die feingeriebene Zwiebel zugeben. Die Mischung in die Tomaten füllen, feingewiegten Schnittlauch überstreuen.

(Quelle und Foto: Landesvereinigung der Bayerischen Milchwirtschaft, München)

Münchner Käsebissen

Allgäuer Emmentaler
Tilsiter
Edelpilzkäse
Camembert oder Brie
Romadur
– weitere Zutaten im Text –

Den Käse – insgesamt pro Person ca. 75 g – wie folgt verarbeiten:
Emmentaler grob raffeln und mit etwas Joghurt, gewiegtem Schnittlauch und gewiegten Nußkernen vermischen. Tilsiter grob raffeln und mit Rahm, Senf und geriebenem Meerrettich vermischen. Edelpilzkäse zerdrücken und mit etwas Rahm und Eigelb vermischen. Camembert zerdrücken und mit Butter, geriebenem Apfel und Schuß Kirschwasser vermischen. Romadur zerdrücken und mit Butter, geriebener Zwiebel und Kümmel vermischen. Dann verschiedene »Träger« zubereiten: Scheiben von grüner Gurke, Delikateßgurke, Tomaten, Fleischwurst, Salami, frische Salzstangen, Weißbrot und Pumpernickel; Streifen von Staudensellerie und Paprikaschote; Kartoffelchips und Cräcker. Nun je nach Geschmack die angemachten Käse auf die Träger verteilen. Wer mag, gibt noch »Garnierungen« obenauf: Olivenscheiben, Kapern, Nußkerne usw.

(Quelle und Foto: Landesvereinigung der Bayerischen Milchwirtschaft, München)

Bunte Käsewürfel

Verschiedene Käse in Würfel von ca. 2 cm Kantenlänge schneiden, mit Holzpickern Zutaten aufspießen. Gute Kombinationen sind:
Edamer
Ananas
Maraschinokirsche
Allg. Emmentaler
Salamischeibe
Olive
Bayer. Gouda
Maiskölbchen
Perlzwiebel
Allg. Emmentaler
Tomatenachtel
Champignon
Edelpilzkäse
blaue und grüne Weinbeeren
Tilsiter
Eischeibe
Sardelle
Edamer
Artischockenherz
Cornichon
Tilsiter
Scheibe Lyoner
eingelegte Paprikaschote
Edelpilzkäse
Birnenspalte
eingelegte Pflaume
Butterkäse
Schwarze Olive
Ananasstift

(Quelle und Foto: Landesvereinigung der Bayerischen Milchwirtschaft, München)

Käsekugeln

Für 1 Person

70 bis 100 g Camembert
10 g Butter
Paprikapulver
Curry
Schnittlauch
Petersilie

Pumpernickel
Kümmel
Pfefferkörner
Walnüsse

Den weichen Camembert mit der Gabel zerdrücken und mit weicher, frischer Butter vermischen. Daraus kleine Kugeln von ca. 2 cm Durchmesser formen – sie sind als »Mundbissen« gedacht. Die Käsekugeln für ¹/₂ Stunde in den Kühlschrank stellen. Inzwischen die weiteren Zutaten jeweils auf eine Untertasse geben: die Kräuter feingewiegt, Pumpernickel feingerieben, Pfefferkörner – weiße und schwarze getrennt – grobgeschrotet und Nußkerne feingewiegt. Jeweils eine Käsekugel in einer Zutat gut wälzen, dabei fest andrücken.
(Quelle und Foto: Landesvereinigung der Bayerischen Milchwirtschaft, München)

Handkäs mit »Musik«

Hier bei uns in Oberhessen
wird Handkäs mit »Musik« gegessen.
Pfeffer, Essig, Öl und Zwiebel
riecht zusammen gar nicht übel.
Genießt mit Hochgenuß den Duft!
Die gute Wetterauer Luft.
Nach alter Sitte hier und Brauch,
da rumpelt's bald in Deinem Bauch!
Du spürst, kein Wunder, was »ne Frag«,
Die Wirkung schon am gleichen Tag;
denn die »Musik«, die man dann hört,
ist sehr gesund und lobenswert!!

Die populärste Frankfurter Spezialität ist sicherlich diese Zubereitung des hierzulande außerordentlich beliebten Handkäs', den die Frankfurter »dorch und dorch«, also ohne weißen Kern, haben wollen. So ausgereift schmeckt die leichte Kost (pro Stück ca. 75 Kalorien!) nicht nur vorzüglich, sondern ist auch am besten verdaulich. Die ›Mussick‹ dazu, eine Marinade aus Essig, Öl, Pfeffer und Zwiebeln, welche in Scheiben oder kleine Würfel geschnitten einige Zeit im Essig ziehen soll, kommt zünftig in einem Schüsselchen auf den Tisch.
Serviert wird die Spezialität nicht nur zu Hause, sondern auch in den Äppelwei-Wirtschaften im Frankfurter Raum, hier und da auch schon in Restaurants mit gehobenen Ansprüchen.
Ein kräftiges Schwarzbrot mit Butter bestrichen und als Getränk echten Apfelwein, das ist die rechte Kombination. Zum rechten Verzehr, der bei Eingeweihten ohne Gabel erfolgt, gibt Heinz P. Müller einige präzise Ratschläge: »Man bestreicht das Brot mit Butter, völlig oder nur den Teil, den man zuerst in den Mund stecken will. Vom Käse schneidet man ein entsprechendes Stück ab und legt es mit der Klinge auf das Brot. Nun wird entweder ins Brot gebissen oder das Stück abgeschnitten und mit den Fingern dem Mund zugeführt. Es gibt noch etliche andere Möglichkeiten, man lernt durch Zuschauen.«
Der Rohstoff, Handkäse in der Gewichtsklasse 62,5 g, kommt aus Mainz, Frankfurt, dem Odenwald, der Wetterau und Hüttenberg in Mittelhessen. Falls der Käse beim Einkauf innen noch weiß ist, lassen Sie ihn so lange an einem nicht zu kühlen Ort liegen, bis er ›dorch un dorch‹ ist!

298

Handkäse – selbst gemacht

Warum sollten wir unseren Käse nicht einmal selber machen? Nichts ist leichter, als den ursprünglichsten, den unter verschiedenen Namen heute weitgehend von Käsereien hergestellten Sauermilchkäse zu bereiten – und mehr als ein Stück Nostalgie ist es gewiß. Wollen Sie es einmal versuchen? Wir haben in einem alten Kochbuch »aus Großmutters Zeiten« ein leicht anwendbares Rezept gefunden, und die Zutaten dazu finden Sie in jedem Lebensmittelgeschäft. Also, los geht's wie anno 1906:

Man nimmt 5 l abgerahmte, saure, dicke Milch und vermischt sie mit 1 l heißem Wasser, wobei man durch ein in die Milch gehaltenes Thermometer darauf achten muß, daß die Mischung 28 ° Reaumur (35 °C, d. V.) zeigt, weil bei größerer Hitze der Käse hart und bröcklig wird. Die abgeschiedene Käsemasse legt man auf ein mit einem nassen Tuch ausgelegtes Sieb, beschwert sie und läßt sie erst gut abtropfen, bevor man den Quark weiter benutzt.

Dieser frische Quarkkäse wird mit etwas Salz und Kümmel vermischt, mit einem Tuch bedeckt und an einen warmen Ort gestellt, wo man den Käse so lange stehen läßt, bis sich über ihm eine Haut gebildet hat. Dann knetet man die Käsemasse gut durch, formt sie zu runden Handkäschen wie die bekannten Harzkäse und legt sie nun auf ein sauberes Brett. Man stellt die Käse warm und läßt sie stehen, bis sich um sie eine fette Haut bildet, dann sind sie baldmöglichst zu verzehren.

(Aus dem Kochbuch der Henriette Davidis-Holle)

Käseplatte – Genuß beim Plaudern

Erwartet man ein Dutzend oder mehr Gäste, mit denen sich der Hausherr und die Hausherrin gern unterhalten, dann ist das Zeitproblem kaum zu lösen, es sei denn, Sie zaubern. Zaubern Sie doch einmal mit Käse! Käse, als Hauptgericht auf einer großen Platte, die Auge und Gaumen zufriedenstellt und anregend serviert wird, macht weniger Kosten und Aufwand als ein warmes Abendessen – und der Abend verläuft nicht ohne Gastgeber.

Die Vorbereitung ist hierbei fast noch wichtiger als das Servieren, denn Improvisation kann das gutgemeinte Vorhaben leider völlig zum Scheitern bringen. So darf man selbstverständlich den Käse nicht in letzter Minute irgendwo um die Ecke kaufen, sondern man bespricht alle Einzelheiten einige Tage vorher mit einem anerkannt guten Fachhändler. Er kann Ihnen Ratschläge über die Zusammenstellung, die benötigten Mengen und das Angebot der Saison geben. Er kann die ausgesuchten Käse richtig temperiert für Sie lagern und Ihnen vom Großhändler noch die eine oder andere Rarität besorgen. Die Palette soll ja vom ganz milden bis zum pikanten Käse reichen, und je nach Jahreszeit sollten ein alter Bergkäse, ein Sage Derby oder ein Vacherin der lukullischen Tafel die Krone aufsetzen. Für Kenner läßt sich sicher auch eine Rarität auftreiben, wie ein kräftig nach Knoblauch duftender Gaperon, eine Boulette d'Avesnes, ein Bleu d'Auvergne oder ein ganzer Tête de Moine.

Damit das Auge ergötzt wird, kann man noch einige Schalen mit Käsewürfeln und Oliven (Spießer nicht vergessen!) dazwischen aufstellen. Ohne fremde Hilfe läßt sich Frischkäse appetitanregend aufwerten, indem Sie Originalwürfel in gestampftem Pfeffer, Estragon, Paprika, Kümmel oder gestampften Nüssen wälzen und zu dieser bunten Platte einige Streifen Dörrfleisch als Garnierung legen.

So vielseitig wie die dargebotenen Käse sollen auch die bereitstehenden Weine sein. Trockene und würzige Weißweine, wie Chablis und Frankenweine in ihren dekorativen Bocksbeuteln, sollten etwa das erste Drittel der Käse, die mild, fruchtig und leicht gereift sind, begleiten. Ist die Tafelrunde zu den Rotschmierekäsen, pikanten Ziegenkäsen und rezenten Hartkäsen vorgeschritten, dann kommt die Stunde der Rosé- und Rotweine, die mit jungem Beaujolais und Schillerwein beginnen kann. Danach kommen wuchtige Rotweine aus Bordeaux und deutsche Spätburgunder aus Württemberg, vom Rhein und der Ahr auf den Tisch. Neben feinen Auslesen kredenzt der sachkundige Gastgeber zu den Blauschimmelkäsen einen nicht zu jungen Châteauneuf-du-Pape und einen Portwein. Kein Knigge wird Ihnen die Leviten lesen, wenn Sie statt dieses anspruchsvollen und wohlabgestimmten Sortiments einen würzigen roten Landwein wählen, der mit allen Käsen harmoniert. Zünftig in Karaffen oder kleinen Holzfässern zum beliebten Selberzapfen angeboten, brauchen Sie nur noch für regelmäßigen Nachschub des Weins zu sorgen, denn Käse macht Durst: Pro Person sollten Sie mit einem Liter rechnen. Damit jeder Gast Ihre Mühe zu schätzen weiß, die letztlich auch »nur« eine so durchdachte Käseplatte macht, umrahmen Sie das Menü noch optisch und appetitanregend mit einem knackigen Salat, bunten Rohkostplatten (Karotten, Fenchel, Oliven, Sellerieblätter, Nüsse, Feigen, Weintrauben) und einem guten Brot. Neben krachigem Weißbrot in Stangenform sollten kräftiges Bauernbrot, Kümmelbrot und Knäckebrot stehen. Für Joule- und Kalorienbewußte, die den Käse lieber »pur«, also ohne Brot und Butter, mögen, legt man einige spitze Gäbelchen bereit.

Wenn sich die Gäste selbst bedienen, sollten Sie einige Käsemesser und Käsebeilchen bereitliegen haben, mit denen sich fast alle Käse problemlos schneiden lassen. Eine »Guillotine« mit ihrem scharfen Stahlfaden darf nur zum sauberen Zerteilen der Blauschimmelkäse verwendet werden, damit der Faden nicht verbogen und unbrauchbar wird. Wenn wir einmal von Reibekäse absehen, der ohnehin auf einer Käsetafel nichts verloren hat, dann interessiert uns aber noch ein Käsehobel, der für sehr feste Käse, vor allem aber zum Abhobeln feiner Späne vom Tête de Moine gebraucht wird. Das kunstvolle Anschneiden dieser Käsespezialität aus der Schweiz ist nicht nur ein Ritual für den Kenner, sondern hat vor allem den höchst praktischen Sinn, den angeschnittenen Käselaib durch Abdecken mit der ausgehöhlten Originalrinde lange Zeit frisch zu halten. Schließlich läßt sich durch Verwendung von Porzellantellern mit aufgedruckten historischen Motiven, Käselandschaften oder Käsesorten, wie sie von der Käsewerbung angeboten werden, auch vom Geschirr her noch ein Bezug zur Käseparty herstellen.

Das kräftige Käsegericht verträgt einen erfrischenden Schlußpunkt, und zwar auch, um den Käsegeschmack vom Gaumen zu vertreiben: Wählen Sie eine Eistorte oder Eisbombe oder als besondere Überraschung eine Großpackung Sorbet mit intensivem Fruchtgeschmack, und der Erfolg ist ganz auf Ihrer Seite. Das Sorbet müßte allerdings eine halbe Stunde vor dem Servieren aus dem Tiefkühlfach genommen werden, damit es nicht eiskalt auf den Tisch kommt.

Wer sich zum richtigen Käsefan entwickelt hat und stets einen kleinen Vorrat im Hause hat, muß sich mit der gar nicht einfachen Aufgabe des schonenden Aufbewahrens vertraut machen. Die wieder in Mode gekommene Käseglocke ist nur zugelassen, wenn unter ihr Käse der gleichen Art aufbewahrt werden. Vertraut man ihr nämlich vom Frischkäse über Weichkäse bis zu alten Hartkäsen und Blauschimmelkäsen alle Vorräte an, dann bildet sich unter der hermetisch abschließenden Glocke ein Geschmacks- und Duftgemisch, das dem Gourmet das Gruseln beibringt. Außerdem entwickeln sich rasch fremde Schimmelkulturen auf anderen Käsen, was nicht nur unerwünscht ist, sondern auch den Blick verstellt für die schädlichen Pilze. Frischkäse kann man bedenkenlos ziemlich luftdicht aufbewahren. Weichkäse, die noch nicht ganz reif sind, erreichen ihre Vollreife, wenn man sie bei 13 bis 16 °C noch einige Tage in der Originalpackung ruhen läßt. Dann bewahrt man sie bis zum Verzehr am besten im kühlen Keller, mit einem leicht angefeuchteten Tuch abgedeckt. Wenn sie zu kalt lagern, bleibt ihr Geschmack fad, wenn sie aber zu warm liegen, beginnen sie bald zu laufen. Das unterste Fach im Kühlschrank bzw. Gemüsefach ist ein akzeptabler Kompromiß. Eine Stunde vor dem Servieren muß er aber spätestens aus diesem für seine Geschmacksentfaltung zu kühlen Lager herausgeholt und ausgepackt an die Zimmertemperatur gewöhnt werden. Dies hat er mit den meisten Rotweinen gemeinsam.

Hartkäse soll man, abgesehen vom Verbrauch in Rezepten, nur mit gewachsener Rinde und am Stück kaufen. Foliengereifte Ware mit ihrem höheren Wasseranteil erreicht nicht die Ansprüche, die ein Kenner stellt, kann aber in allen Gerichten und auch in der Fondue empfohlen werden, zumal diese Käse meist preiswerter angeboten werden.

Der Unterschied liegt darin, daß Käse in der Rinde gut ausreifen können. Die so ›gesund‹ aussehenden und natürlich einwandfreien foliengereiften Käse haben diese Chance nie bekommen. Wer also ›schönen‹ Käse kauft, legt sich selber rein, denn die Natur (Viva vita!) bringt Lebendiges, folglich Unvollkommenes hervor: Wo Leben ist, ist Inkonsequenz! Schnitt- und Hartkäse halten sich, in Alufolie eingepackt, am besten im wärmsten Teil des Kühlschranks. Man kann auch ein Tuch leicht mit Wein befeuchten und den Käse damit einschlagen. Wenn

Eine zünftige Schweizer Käseplatte:
1 Emmentaler, 2 Greyerzer, 3 Sbrinz,
4 Schweizer Tilsiter (Royalp), 5 Appenzeller,
6 Camembert, 7 Romadur, 8 Brie
(Foto: Schweizerische Käseunion, Bern)

Frischhaltefolie verwendet wird, legt man am besten ein oder mehrere Stücke Würfelzucker dazu, denn dieser saugt die sich bildende Feuchtigkeit, das Schwitzwasser, auf. Käse ist aber keine Dauerware, abgesehen von dem speziell für längere Bevorratung hergestellten Schmelzkäse, und sollte in angebrochenem Zustand nach etwa 3 Tagen aufgezehrt sein. Gehen Sie lieber öfter zum Händler und decken Sie Ihren Bedarf kurzfristig, größere Vorräte lagern besser im ganzen Stück im Lagerraum des Fachhändlers. Käse mit Edelschimmel kann ebenso behandelt werden, ein schwach angefeuchtetes Tuch ist hier die bestgeeignete Umhüllung.

Käse wird heutzutage zum Frühstück, zur Zwischenmahlzeit, selbstredend auf der Käseparty und selbstverständlich als Dessert gegessen. Man kann sich zum Dessert mit *einem* ausgezeichneten Käse begnügen, kann aber auch eine Auswahl von 3 bis 5 Sorten anbieten. Wer diese kosten will, beginnt mit den frischen und leichten, parallel zum Wein, und kommt über Weichkäse und Schnittkäse zu den pikanten Blauschimmel- und eigenwilligen Ziegenkäsen. Wenn Käse serviert wird, sollten einige Messer bereitliegen, damit ein Appenzeller oder Emmentaler mit einem anderen Gerät geschnitten werden kann als der Saint-Albray oder Gorgonzola, die meist Spuren hinterlassen, um einige Beispiele zu nennen. Als Bestandteil eines Menüs kommt der Käse üblicherweise nach dem letzten Hauptgang und vor dem süßen Dessert. Im Restaurant überläßt man das Servieren von Käse in jedem Fall dem Kellner. Er sollte die weniger bekannten Käse erläutern und fachgerechte Portionen abschneiden.

Butter zum Käse oder nicht? Der Gourmet-Streit über diese Frage wird nicht verstummen, solange es zwei Lager gibt. Puristen lehnen Butter zum Käse strikt ab, die Gemäßigten empfehlen Butter aufs Brot nur in Verbindung mit ganz bestimmten Käsesorten, mit anderen aber soll es Blasphemie sein. Lösen Sie dieses Problem ganz diplomatisch: Stellen Sie stets eine erstklassige, aber nicht gesalzene Butter zur Käseplatte und lassen Sie jeden nach seiner Façon selig werden. Wenn mit diesem Kompromiß alle zufrieden sind, dann dürfen Sie als Gastgeber es auch sein!

Deutsches Bier und deutscher Käse:
1 Emmentaler, 2 Limburger, 3 Romadur, 4 Brie,
5 Edelpilzkäse, 6 Handkäse mit Schmiere,
7 Handkäse mit Schimmel
(Foto: CMA)

Käse-Lexikon

Fachlexikon mit Register

Anmerkung zum Fachlexikon:
Die halbfett gedruckte Seitenzahl
verweist auf eine ausführliche
Darstellung des jeweiligen Käses,
die kursiv gedruckte Seitenzahl
auf eine Abbildung.
Spanische Käse finden Sie in der Regel
unter dem Stichwort **Queso** . . .

* = Rezept

Abbaye d'Entrammes, s. Entrammes. 177

Abendmilch(gemelk), die am Abend ermolkene Milch, oft getrennt aufbewahrt vom Morgengemelk.

Abertam, böhmischer Hartkäse aus Schafmilch.

Abgesottener Käse, Kochkäse aus Österreich. 234

Abondance, auch Vacherin d'Abondance, Weichkäse mit geschmierter Rinde aus Savoyen; 45 % Fett i. Tr., ein regionaler Käse aus Kuhmilch.

Ädelost, schwedischer Blauschimmelkäse aus Kuhmilch. 255

Æltet Gouda, frühere Bezeichnung für den dänischen Schnittkäse Maribo. 135

Aettekees, auch Fromage de Bruxelles, magerer Weichkäse, sehr scharf, 6 bis 8 Monate Reifungszeit, aus Kuhmilch. 201

Agrafa, griechischer Hartkäse aus Schafmilch, wird auch als »falscher Gruyère« angeboten.

Agrini, Weichkäse aus Ziegenmilch (Schweiz).

Aisy, auch Aisy cendré, Kuhmilchkäse aus Burgund; Weichkäse mit Schmiere, der in der Asche von Rebholz gereift wird.

A la Pie, ein Coulommiers, der frisch verzehrt wird.

Albumin, Eiweißkörper der Molke. 39

Alcobaça, portugiesischer Bergkäse aus Schafmilch, der manchmal Kuhmilch beigemischt wird. Verwandt mit dem Serra, in flachen Scheiben hergestellt, von lokaler Bedeutung. 261

Alemannenkäse, einfacher bäuerlicher Sauermilchkäse (historisch). 28

Alentejo, portugiesischer Weichkäse aus Schafmilch, teils unter Zugabe von Ziegenmilch. Die Milch wird mit dem Blütensaft einer Distelart dickgelegt. Kommt in drei Größen als zylindrisch geformter Käse auf den Markt. Relativ lange Reifungszeit, Fettgehalt 30 % i. Tr.

Allgäuer Emmentalerkuchen* 280 f.

Allgäuer Kässpätzle* 284

Allgäuer Salätle* 295

Allmoge Ost, schwedischer Weichkäse aus Kuhmilch, rund oder in Backsteinform.

Alpée, Bezeichnung für Raclettekäse. 132

Alpenkäse, Fantasiebezeichnung für mageren Schmierenkäse aus Österreich. 28, 201

Alpkäse, Schweizer Bezeichnung für Hartkäse nach Art der Bergkäse. 28

Alpsberg, Firmenbezeichnung für einen in Deutschland hergestellten Käse vom Typ des Jarlsberg. 84

Altaiski, sowjetischer Hartkäse, der auch zum Reiben verwendet wird. In Laiben bis 20 kg, trockene Rinde, 50 % Fett i. Tr.

Altenburger Kuhkäse, eine Art Handkäse, mit Kümmel versetzt. Auch Berliner Bierkäse oder Berliner Kuhkäse.

Altenburger Ziegenkäse, sehr scharfer Ziegenkäse (Weichkäse mit Schimmel und Rotschmiere). 235

Alter Kuhkäse, auch Berliner Kuhkäse oder Berliner Bierkäse (Sauermilchkäse).

Altier, kleiner Ziegenkäse aus der Auvergne.

altmilchend, Milchtiere, die nur noch wenig, jedoch konzentrierte Milch kurz vor dem Versiegen der Milchsekretion geben.

Altsohler, Weichkäse aus Schafmilch. Art Liptauer. 221

Alvorca, Hart- und Reibkäse aus Schafmilch (Portugal). 262

Ambrosia, Schnittkäse vom Tilsitertyp (Schweden). 255

Aminosäuren, Bausteine der Eiweiße. 38, 40, 46, 58 ff.

Ammoniak, Abbauprodukt der Aminosäuren.

Amou, französischer Schnittkäse aus dem Département Landes, aus Schafmilch. Wird auch aus Kuhmilch hergestellt, erinnert an den Saint-Paulin.

Amsterdammer kaas, eine Gouda-Variante. 118

Ancona, italienischer Schafkäse. Lokale Variante des Pecorino. 92

Angelot, historische Bezeichnung für Schmierenkäse aus der Normandie,

Vorläufer des Camembert. 194, 196

Anivier, auch Anniviers, Raclettekäse aus der Schweiz. 130

Annatto, pflanzlicher Farbstoff zum Färben von Käse – gewonnen aus dem Samen des Annattobaumes (Bixa orellana).

Ansó, spanischer Hartkäse aus Schafmilch.

Aostakäse, italienischer Schnittkäse. Fantasiebezeichnung für den Fontal. 115, 141 f.

Aostin, milder Kuhmilchkäse aus Norditalien.

Appenzeller, Hartkäse aus der Schweiz. 27, **75** ff., *76, 79, 301*

Appenzeller-Salat* 294

Aragatski, aus Schafmilch-Kuhmilch-Gemisch im Kaukasus hergestellter Käse mit Schmiere, von lokaler Bedeutung.

Aravis, auch Persillé des Aravis, Ziegenkäse mit Beimischung von Kuhmilch, in Savoyen hergestellt. Geronnene Abendmilch wird mit frischer Morgenmilch vermengt und beimpft.

Andere Bezeichnungen: Persillé de Thônes, de Clusac, du Grand-Bornand.

Ardi-Gasna, baskische Bez. für Arnéguy und Esterencuby. Laibkäse aus Schafmilch, ca. 5 kg schwer, mind. 45 % Fett i. Tr.; Fermier aus dem Baskenland.

Armavir, geräucherter Sauermilchkäse aus Schaf-, Büffel- oder Kuhmilch, entfernter Verwandter des Handkäses, im Kaukasus hergestellt.

Arthon, Ziegenkäse (45 % Fett i. Tr.) aus dem Berry (Frankreich).

Asadero, mexikanischer Schnittkäse, auch Oaxaca nach seiner Herkunft, leicht schmelzender Kuhmilchkäse, bis zu 5 kg schwer.

Asiago, Schnitt-, Hart- und Reibkäse aus Kuhmilch (Italien). **142** f.

Augen, Löcher im Hartkäse, besonders beim Emmentaler.

Aunis, französischer Schafkäse aus der Gegend von Saintonge.

Aura, finnischer Blauschimmelkäse, in Laiben oder Portionspackungen in Zinnfolie. 255

Ausfällen, siehe Labfällung, Säurefällung.

Ausschußkäse, mißratene, wenig gut gelungene, nachgegorene Käse, die zu Kochkäse oder – falls noch verwendbar – zu Schmelzkäse verarbeitet werden.

Avesnes, siehe »Boulette d'Avesnes«.

Aveyron, Blauschimmelkäse aus Zentralfrankreich.

Azeitas, Hartkäse aus Portugal, dem Queijo da serra (s. d.) ähnlich. 262

Baby-Gouda, kleiner Gouda. 118

Backkäse, auch »nordfriesischer Bitterkäse«, ein Sauermilchkäse, der geschmacklich dem Gammelost nahesteht.

Backsteinkäse, auch »Backsteiner«, magerer Limburger von kräftigem Geschmack (Belgien und Deutschland). 190

Bagnes, Schweizer Alpkäse (Hartkäse), 50 % Fett i. Tr., als Raclettekäse geschätzt. 130

Bagozzo, dem Asiago ähnlicher italienischer Hartkäse aus Kuhmilch.

Baguette laonnaise, Weichkäse mit geschmierter Rinde aus der Ile de France. Ähnlich dem Limburger; liebt kräftige Rotweine zum Dessert (Burgunder und Côtes-du-Rhône).

Baguette de Thiérarche, Weichkäse, s. Baguette laonnaise.

Baker, in England und USA hergestellt, dem Cottage Cheese nahe verwandt, aber saurer und wasserhaltiger, findet vorwiegend Verwendung zur Herstellung von Backwaren.

Balg, Hartkäse vom Balkan, der in Tierhäuten gereift wird, aus Kuhmilch, sehr salzhaltig.

Ballet, dänischer Frischkäse mit 70 % Fett i. Tr.

Banbury Cheese, Hartkäse aus England. Wird kaum noch hergestellt. 31

Banon, französischer Ziegenkäse, in Kastanienblätter gewickelt. 237

Barberey, halbfetter Weichkäse, dem Camembert verwandt, mit Asche bestreut. Napoleon lernte ihn auf dem Durchmarsch kennen und ernannte zum Dank den Sohn der Bäuerin, die ihm das damals rare Labsal darbot, zum Korporal.

Battelmatt-Käse, Hartkäse aus dem Kanton Tessin. Wird auch im Aostatal hergestellt. Früher auch im Bregenzer Wald. 97

Bauernhandkäse, Sauermilchkäse, oft mit Schimmel. 31, 226

Bavaria Blu, Firmenbezeichnung für milden Blauschimmelkäse. **154 f.**

Bayrische Tomaten* 296 f.

Beaufort, Hartkäse (50 % Fett i. Tr.) aus Hochsavoyen. Wenig gelochter, uralter Käse, der vielfach zur Schmelzkäseherstellung verwendet wird. *73*

Beaumont, dem Saint-Paulin ähnlicher Kuhmilchkäse (50 % Fett i. Tr.) aus Savoyen. 144, **180**

Beli Sir u Kriškama, Lakekäse aus Jugoslawien. 262

Bella Alpina, italienischer halbfester Schnittkäse (Italicotyp). 173

Bella Milano, italienischer halbfester Schnittkäse (Italicotyp). 173

Bellelay, Herkunftsbezeichnung für den Tête de Moine (siehe dort).

Belo, siehe Bjalo Salamureno Sirene. 144, 162

Bel Paese, italienischer halbfester Schnittkäse. Firmenbezeichnung für den Italico. **173 ff.**, *174, 175*

Bel Piano Lombardo, italienischer halbfester Schnittkäse (Italicotyp). 173

Bel Piemonte, italienischer halbfester Schnittkäse (Italicotyp). 173

Belsano, Bezeichnung für Raclettekäse. 132

Bergkäse, Hartkäse mit Lochbildung, aus dem Alpenraum. 28, 41 f., 49, **77** ff., *80, 279*

Bergues, in der Gegend von Dünkirchen hergestellter, magerer Schnittkäse, der während der dreiwöchigen Reifungszeit täglich mit Bier abgewaschen wird (15 bis 20 % Fett i. Tr.).

Berliner Leichenfinger, frühere Bezeichnung für längliche Sauermilchkäse.

Bethmale, Schafkäse aus den Pyrenäen (Schnittkäse bis Hartkäse).

Béthune, Weichkäse vom Typ des Maroilles.

Beyaz peynir, Weißkäse aus Schafmilch (Türkei). 222, *265*, **266** f.

Bibbeleskäs, Bezeichnung für Speisequark in Baden und im Elsaß.

Bierkäse, in Mitteldeutschland ein überreifer Sauermilchkäse, der mit Bier oder verdünntem Essig behandelt und in Töpfen aufbewahrt wird, aus denen man ihn zum Verzehr mit Brot oder Kartoffeln heraussticht, sehr pikant.
In den Oberbayrischen und Tiroler Alpen versteht man unter Bierkäse einen Weißlacker.

Bijeni sir, Lakekäse aus Jugoslawien. 262

Binner, Bergkäse aus dem Wallis. 130

Birnen-Toast* 288 f.

Bismarckkäse, Fantasiebezeichnung für Weichkäse mit Schimmel. 201

Bitto, Hartkäse aus der Lombardei. Aus einem Gemisch von Schafmilch mit Kuhmilch oder Ziegenmilch in 16 bis 34 kg schweren Laiben hergestellt, aus teilentrahmter Milch und nach bis 2 Jahren Lagerung als Reibkäse, aus Vollmilch als Tafelkäse geschätzt. 142

Bixin, Käsefarbstoff aus dem Samen des Annattobaums, s. »Annatto«.

Bjalo Salamureno ot krave mieko, Bulgar. Lakekäse aus Kuhmilch. 223

Bjalo Salamureno Sirene, bulgarischer Schafkäse. **222** f., *222*

Blandet-Geitost, Molkenkäse aus Norwegen. 228

Blauschimmelkäse, Käse mit Innenschimmel (Edelschimmel). 144 ff.

Bleu, (französischer Blauschimmelkäse) mit folgenden Herkunftsbezeichnungen: **156** ff., *159*
Bleu d'Auvergne **157** f.
Bleu de Basillac 158
Bleu de Bavière 143
Bleu de Bresse *158*, 159
Bleu de Chèvre 235
Bleu de Corse 159
Bleu de Gex (de Laqueuille) **157** f., *159*
Bleu de l'Aubrac 158
Bleu de Loudes 158
Bleu de Quercy 158

Formen geknetet werden zu können.

Brüsseler Käse, Weichkäse mit Schmiere (Belgien). 246

Bryndza, Bezeichnung für Brinse in Polen und CSSR. 221

Buko, dänischer Doppelrahmfrischkäse.

Bunte Käsewürfel* 297

Burduf, rumänischer Lederbalgkäse (siehe Brînză de Burduf).

Burger Raclette, Bezeichnung für einen Raclettekäse. 132

Burielli con occhi, eine Mozarella-Art. 103

Büttenkäse, auch Holsteiner Magerkäse, halbfester Schnittkäse aus Magermilch unter Zusatz von Buttermilch.

Butter Cheese, kanadischer Bel Paese. 174

Butterkäse, milder, halbfester Schnittkäse (Deutschland). *65,* 143, *162,* **162** ff., *163*

Cabécou, aus Quercy, Béarn und Périgord kommende, kleine, runde Käse aus Ziegen- oder Schafmilch, die von April bis Dezember hergestellt werden.

Cabicou, industrielle Ziegenkäse mit 50 % Fett i. Tr., ähnlich Cabrion und Cabriou.

Cabrales, spanischer Ziegenkäse mit Kuhmilchbeimischung, in Naturhöhlen Asturiens gereift; dabei entsteht eine Pilzflora ähnlich wie im Roquefort. Mild und angenehm im Geschmack.

Cabrion, französischer Weichkäse aus Ziegenmilch, in Weintraubenmaische eingelegt und in Platanenblätter eingewickelt.

Caccio, gelegentliche Schreibweise für Cacio.

Cachait, gelegentliche Schreibweise für Cachat.

Cachat d'Entrechaux, Schafmilch- oder Ziegenmilchkäse vom Ventoux, der frisch, trocken oder ausgereift verzehrt wird. Fettgehalt 45 % i. Tr.

Cacio, bedeutet Käse (Italien), auch für Italico verwendet. 173

Caciocavallo, Hartkäse vom Filatatyp (Italien). 99, **102**

Cacio Fiore, italienischer Laibkäse aus Schafmilch mit Ziegenmilchzugabe. Mit Safran gefärbt, in Norditalien auch unter der Bezeichnung Fromagella angeboten. Dicklegen der Milch mit dem Auszug aus Blüten der wilden Artischocke.

Cacioreale, Bezeichnung für den Italico. 173

Cacio Romano, Sauermilchkäse (Italien).

Caciotta, Weichkäse aus Schafmilch (Italien).

Caerphilly, Schnittkäse vom Cheddartyp (England). *105,* 106

Caillebotte, Frischkäse aus Kuhmilch, vorwiegend in der Bretagne und im Poitou hergestellt, mitunter mit Ziegenmilchbeimischung. Mit Kompott und Obst vermischt ein erfrischender Nachtisch.

Calciumchlorid, (CaCl$_2$) wird der Kesselmilch zugesetzt, um die Labgerinnung von pasteurisierter Milch zu fördern. Gute, naturbelassene Rohmilch bei der Emmentaler- und Bergkäseherstellung benötigt diesen Zusatz nicht.

Camembert, Weichkäse mit Außenschimmel. 27 f., 42 f., *48,* 60 f., *187,* **201** ff., 207, *207, 245, 273, 275, 279, 301*

Camembert-Bällchen* 285

Campos, Frischkäse aus Schafmilch (Spanien), auch Queso de Villalón oder Pata de Mulo.

Cancoillotte, Kochkäse aus Sauermilchquark (Frankreich). 234

Cantal, Schnitt- bis Hartkäse aus der Auvergne. 31, 114, **136** ff.

Cantalon, kleiner Cantal. 137

Cantal Salers, aus dem höheren Bergland stammender Cantal. 136

Caprice des Dieux, französischer Weichkäse mit Außenschimmel. **215,** *245*

Caprini, andere Bezeichnung für den Rabiola.

Caprino Romano, italienischer Hartkäse. 92

Carick-Käse, Weichkäse vom Balkan, durch Rahmzusatz sehr fett.

Carotin, Vorstufe von Vitamin A, wird zum Anfärben von Käse verwendet. Kommt in grünen Pflanzen und Karotten vor.

Carré de Bray, normannischer Weichkäse aus Kuhmilch (45 % Fett i. Tr.).

Carré de l'Est, Weichkäse mit Oberflächenschimmel aus Ostfrankreich, mit quadratischer Form. *199,* **213** f.

Carsenza, andere Bezeichnung für Creszenza. 171

Caş, rumänische Bezeichnung für Quark und Bruch.

Casein, siehe Kasein.

Caseus Alpinus, lateinische Bezeichnung für Bergkäse. 25, 78

Caseus helveticus, (lat.) Sbrinz. 94

Caşkaval, rumänischer Kaschkaval.

Caşkaval Dobregea, C. aus der Steppe (Rumänien).

Caşkaval Penteleu, C. aus den Bergen (Rumänien).

Castelmagno, italienischer Schnittkäse aus Rohmilch, mit Blauschimmel.

Castelo de Vide, portugiesischer Schaf- oder Ziegenkäse. 262

Celi 22, Bezeichnung für einen Raclettekäse. 132

Cendré, mit Asche bestreuter Schimmelkäse.

Cendré de Brie, mit Asche bestreuter Brie.

Chabichou, französischer Ziegenkäse mit Außenschimmel. 237, *245*

Chabissou, andere Schreibweise für Chabichou.

Chambourcy, industriell hergestellter, milder Frischkäse.

Champenois, ein mit Asche bestreuter Briekäse (Frankreich).

Chaource, Frisch- bis Weichkäse mit Außenschimmel (Frankreich). **215**

Charolles, Ziegenkäse mit Kuhmilchzugabe, gut von April bis Dezember.

Chaschöl d'Alp, schweizerischer Hartkäse aus Kuhmilch in Laibform.

Chavognol-Sancerre, Weichkäse aus Ziegenmilch mit 45 % Fett i. Tr. (Frankreich).

Cheddar, englischer Hartkäse. 27, **104,** *105,* **109** ff., *111*

Cheddarisieren, das bei der Herstellung von Cheddar und ähnlichen Käsen übliche Verfahren, den zu-

Edelpilzkäse, Käse mit Innenschimmel.

Edelschimmelkäse, Käse aus Kuhmilch mit Innenschimmel. 49, 62, 65, **153** ff., *155, 162, 273, 279, 303, 323*

Eggiwilerkäse, Alpkäse (Schweiz). 68

Eiweiß, besser ist die Bezeichnung Protein – stickstoffhaltige Aufbausubstanz tierischer und pflanzlicher Gewebe, zusammengesetzt aus Aminosäuren. 39, 58 ff.

Ejdammer, dänischer Edamer. 135

Elbo, dänischer Schnittkäse. 134

Ementalec, Hartkäse Emmentalertyp (Jugoslawien).

Emiliano, sehr harter italienischer Käse vom Granatyp in Laibform, Gewicht 20 bis 30 kg, Reifungszeit 1 bis 2 Jahre.

Emmentaler, Hartkäse mit Lochbildung. 26 ff., 30 f., 46 ff., *47, 50, 54, 57,* 60 f., *65,* **67** ff., *73, 74, 74, 79, 273, 275, 301, 303, 323*

Emmentaler Käserösti* 283

Emmi Raclette, Bezeichnung für einen Raclettekäse. 132

Entrammes, Trappistenkäse, der im Kloster von Notre Dame de Port-du-Salut in Entrammes hergestellt wird. 177

Enzyme, Fermente: siehe Labenzym, Proteinasen, Lipasen. 39, 48

Époisses, Weichkäse aus Vollmilch, 250 bis 350 g Gewicht, kleine Zylinder von 10 cm Durchmesser mit einem Fettgehalt von 45 % i. Tr. Den seit Jahrhunderten in Burgund hergestellten Dessertkäse schätzten bereits Kaiser Napoleon und der berühmte Gourmet Brillat-Savarin. Der Käse wird mit Weißwein und Tresterschnaps (Marc) geschmiert, wodurch er einen nobel-delikaten Geruch und Geschmack erhält, was ihn unter den Rotschmierekäsen unverwechselbar macht.

Erdelens, Bergkäse aus dem Wallis. 130

Éremite oder Ermite, kanadischer Käse mit Innenschimmel. 271

Erhitzen, Wärmebehandlung der Milch zur Abtötung von Bakterien; siehe Pasteurisieren und Thermisieren.

Esrom, dänischer Butterkäse. 143, **169** ff., *170*

Essex, harter Reibkäse (England). 31

Estrella, portugiesischer Schafkäse, 500 bis 2000 g schwer.

Euchylos, griechische Käsetörtchen. 20

Fähstchäs, Bezeichnung für Appenzeller. 68

Farbstoffe, werden zum Färben des Teiges oder der Rinde von Käsen verwendet; siehe Annatto, Bixin, Lactoflavin, Karotin.

Farmer's Pressed Cheese, Frischkäse (USA), der in Musselintücher verpackt wird, schnittfest und sehr wasserhaltig (78 % Wasser).

Farmkäse, deutscher Schnittkäse mit gelbem, speckigem Teig mit Lochung, einer geschlossenen Rinde und 45 % Fett i. Tr. Der Käse vom Typ des Steppenkäse hat einen mild-säuerlichen, aromatischen Geschmack.

Farm Style Cheese, siehe Country-Cheese. 220

Felsberg, in Deutschland hergestellter Käse vom Typ des Jarlsberg. 84, *84*

Fermier = Fromage fermier (frz.), Käse vom Bauernhof.

Fertiger, moderne Form des Käsekessels in Großkäsereien. 52, *53*

Feta, Lakekäse: Griechenland, Jugoslawien und Deutschland. 222 f., 264

Fettgehalt, üblicherweise wird für Käse der Fettgehalt in Prozent der Trockenmasse (% i. Tr.) angegeben. 39, 55 ff.

Filata, Knetkäse, gesponnener Käse (Italien). Siehe Brühkäse. 26, **99** ff.

Fin de Siècle, sehr sahniger Weichkäse (72 % Fett i. Tr.) aus der Normandie, Spezialität mit Fantasienamen.

Fior d'Alpe, italienischer halbfester Schnittkäse. 173

Fiore Sardo, italienischer Schnittkäse aus Schafmilch, Gewicht 1,5 bis 6 kg, 45 % Fett i. Tr., in Kegelform hergestellt. Pikant, in altem Zustand als Reibkäse bevorzugt.

Flat, Cheddar in USA. 109

Folien, Kunststofffolien, in die Käse nicht nur zum Versand und Verkauf, sondern manchmal schon vor der Reifung eingepackt werden (rindenlose Käse).

Fondue* 248, 280, *331*

Fontainebleau, franz. Frischkäse. 218

Fontal, fester Schnittkäse (Italien). **142**

Fontina, fester Schnittkäse – s. auch Aosta-Käse – (Italien). 115, **141**, *141*

Forclaz, Bergkäse aus dem Wallis. 130

Form, Gefäße zur Aufnahme des Bruches aus Holz oder Metallblechen in verschiedener Gestalt: zylindrisch, rechteckig, quadratisch. *52, 53, 71*

Formaggio, Käse (ital.)

Formaggi a pasta molle, Weichkäse (ital.)

Formaggi a pasta semidura, Schnittkäse (ital.)

Formaggi a pasta dura, Hartkäse (ital.)

Formaggi a pasta filata, Brühkäse (ital.)

Formaggio di Lusso, Delikateßkäse. 229

Formaggio di Monte, Bergkäse (Italien). 77

Formaggio Dolce, Hartkäse; Italien und Tessin (siehe auch Battelmattkäse).

Formaggio Montagna, Hartkäse aus Piemont. 77

Fourme, Käse in Trommelform aus der Auvergne. 136

Fourme d'Ambert, Käse mit Innenschimmel aus der Auvergne. 158 f., 246

Fourme de Rochefort, kleiner Cantal. 137, 157

Fourme de Salers, Bezeichnung für Cantal. 246

Fourme du Cantal, andere Bezeichnung für Cantal. 136

Freiburger Vacherin, Weichkäse bis halbfester Schnittkäse aus dem Kanton Freiburg (Fribourg Vacherin). *79*, **184** f.

Friesenkäse, holländischer Schnittkäse. 114

Friesischer Nelkenkäse, Friesenkäse mit Nelkenzusatz (siehe Nagelkaas). 124, *124*

Frinault, Weichkäse aus der Gegend von Orléans mit 50 % Fett i. Tr., schmeckt am besten von Oktober bis Juni.

Frischkäse, nicht oder nur wenig gereifte Käse.

Frival, Bezeichnung für einen Raclettekäse. 132

Fromage, (franz.) Käse.

Fromage à la Pie, Frischkäse aus Frankreich. 216

Fromage à pâte dure, (franz.) Hartkäse.

Fromage à pâte molle, (franz.) Weichkäse.

Fromage à pâte persillée, (franz.) Blauschimmelkäse.

Fromage à pâte pressée (non cuite), (franz.) Schnittkäse.

Fromage blanc, (franz.) Frischkäse. 216

Fromage de Bruxelles, s. Brüsseler Käse. 201, 246

Fromage de Panier, Sauermilchkäse (Belgien). 225

Fromage de Trappiste, Trappistenkäse. 178

Fromage des Pyrénées, Pyrenäenkäse. 140 f.

Fromage dit du Pays, Landkäse, Vorläufer des Pyrenäenkäse. 140

Fromage fondu, (franz.) Schmelzkäse.

Fromage frais, (franz.) Frischkäse.

Fromage Gris, Bezeichnung für Bleu de Gris (Blauschimmelkäse). 158

Fromageon, im Midi allgemein übliche Bezeichnung für Ziegenkäse von der Art des Cabécou.

Frühstückskäse, deutscher Weichkäse nach Limburger-Art, in Gewichten von 100 bis 300 g, auch in Belgien hergestellt. 201

Frutigkäse, Bergkäse (Schweiz). 78

Ftinoporino, Weichkäse aus Schafmilch (Jugoslawien). 221

Fynbo, dänischer Schnittkäse, dem Gouda ähnlich. 113, **134** f.

Gallego, siehe Queso de Ulloa. 259
Gallerte, siehe Dickete.
Gamalost, siehe Gammelost.

Gameneu, siehe Queso de Gamonedo.

Gammelost, alt gereifter, harter Sauermilchkäse (Norwegen). 134, 225, 271

Gaperon, Molken- oder Ziegerkäse aus der Auvergne. 229

Gapron, siehe Gaperon.

Gebackene Kartoffeln* 290

Gebirgskäse, Fantasiebezeichnung für einen fettarmen Schmierenkäse (Österreich). 201

Gefüllter Orangenstern* 291

Geheimratskäse, Schnittkäse, ähnlich Edamer. *117,* 124, *125*

Geislinger Bauernkäse, kümmelhaltiger Weichkäse mit Oberflächenschimmel.

Geitost, Molkenkäse aus Ziegenmilch (Norwegen). 228

Gekörnter Frischkäse im Orangenkörbchen* 291

Gelbschmiere, siehe Rotschmiere.

Gemelk, Milch von einem oder mehreren Milchtieren von einer Melkzeit (Abend-Morgengemelk).

Genziano, italienische Bezeichnung für Aostakäse. 141

Géromé, auch Jérômé, Weichkäse, dem Münster ähnlich, aus den Vogesen. **192** ff.

Gervais, Firmenname für Doppelrahm-Frischkäse. 217

Gespickte Camembertbällchen* 285

Gessenay, Bezeichnung für einen Raclettekäse. 132

Giganti, großer Provolone.

Gioncata, italienischer Weichkäse aus Kuhmilch, der in kleinen Binsenkörben zum Verkauf angeboten wird, ein fetter und im Geschmack milder Käse. 228

Gjetost, auch Gjedost, Molkenkäse aus Ziegenmilch (Norwegen). 228, 255

Glarner Alpkäse, Schnittkäse aus dem Kanton Glarus. 78

Glarner/Glarnischer/Glarnerischer Schabzieger, Reibkäse, mit Kräutern versetzt. Hergestellt aus Zieger. 28, **230** f.

Glärner Käse, siehe Sapsago.

Gläs, unerwünschte Spalten im Emmentaler durch Nachgärung.

Gloucester, Hartkäse aus England, dem Cheshire ähnlich. 269

Glumse, Bezeichnung für Quark in Ostpreußen. 218

Glundner Käse, schnittfester Kochkäse aus Kärnten. 234, 243

Glycinas, römische Käsetörtchen. 24

Gomolga/Gomolya, Weißkäse aus durch Kochen eingedickter Milch (Ungarn). 220, 262

Gomser (Alpkäse), Bezeichnung für einen Raclettekäse. 78, 130

Gorgonzola, Käse mit Innenschimmel (Italien). 26, *49,* **159** ff., *160, 161*

Gorgonzola Bianco (Dolce), siehe Pannerone. 161, 171

Gouda, Schnittkäse (Holland, Deutschland). *17, 27,* **114** ff., *115, 117, 119,* 119 f., *125, 273, 275*

Goudse Boerenkaas, in Holland auf den Bauernhöfen hergestellter Gouda. 115, 117 f.

Gournay (Frais), ein mehr oder weniger gereifter Frischkäse (Normandie). 217

Grana 26

Grana Lodigiano, fettarme Variante des Grana Padano. 91

Grana Lombardo, Variante des Grana Padano. 91

Grana Padano, Reibekäse (Parmesan), Italien. 84, **90** ff., *91, 251*

Grana Reggiano, Variante des Grana Padano. 91

Grandval, Bezeichnung für einen Raclettekäse. 132

Gratinierte Zwiebelsuppe* 285 f.

Graubündner Alpkäse, Bergkäse (Schweiz). 78

Graviera, Hartkäse vom Greyerzertyp (Griechenland). 81

Gravyer peyniri, Hartkäse vom Greyerzertyp (Türkei). 81

Greyerzer, Hartkäse aus der Schweiz. 67 f., *79,* **81** ff., *82, 83, 301*

Greyerzer Pfannkuchen* 282

Grindelwaldner Käse, auch Grindelwald-Käse, Bergkäse (Schweiz). 68, 77

Gris de Lille, Schmierenkäse, Variante des Maroilles. 198

Grojer, Hartkäse vom Greyerzertyp (Jugoslawien und Polen). 81

Grosseto, lokale Variante des Pecorino. 92

Groyer, Greyerzer in Österreich.

Grüner Käse, s. Sapsago.

Grünschimmelkäse, Bezeichnung für Edelpilzkäse.

Gruyère, französischer Greyerzer. 26, **81** f., *82*

Gudbrandsdalost, Molkenkäse (Norwegen). 228

Gurke nach Art der Sennerin* 296

Hagenberger Schloßkäse, österreichischer Weichkäse vom Romadurtyp, aus Kuhmilch.

Handkäse, Sauermilchkäse. *224,* **225** ff., *273, 303*

Handkäs mit Musik* 298

Handkäse selbstgemacht* 299

Harfe, Gerät mit Längs- oder Querdrähten zum Zerschneiden der Dickete. 43

Harzer, Sauermilchkäse. 31, *224,* 226

Harzer Roller, kleiner, runder Sauermilchkäse von ca. 25 g Gewicht, der leicht körnig ausfällt. 226

Haudères, Bergkäse (Schweiz). 130

Havarti, dänischer Schnittkäse (Tilsiter). 114, 126, 133, **135,** *135*

Hecho, Schafkäse (Spanien).

Heemratskaas, Schnittkäse aus Holland nach dem Ort Heemrat. Übersetzung »Geheimratskäse« ist falsch. 124

Heida, Bergkäse (Schweiz). 130

Hermelinkäse, tschechischer Weichkäse von Camembert-Art, 45 % Fett i. Tr.

Herrgårdsost, Hartkäse (Schweden). 83, 254

Herve, Schmierenkäse (Belgien). **188** f.

Hertog van Brabant, s. Saint-Bernard.

Hettekaas, Hettkees, s. »Brüsseler Käse«. 246

High Moisture Jack, Weichkäse (USA).

Hobelkäse, s. Saanen-Käse.

Hohenheimer, Weichkäse von regionaler Bedeutung, der auch als »Hohenheimer Grünschimmelkäse« mit leichter Rotschmiere und 45 % Fett i. Tr. hergestellt wird.

Holländer, Bezeichnung für Edamer und Gouda.

Holsteiner Marsch, s. Wilstermarsch-Käse.

Homogenisieren, Zerkleinern der Fettkügelchen in der Milch, um Aufrahmen zu verhindern.

Hopfenkäse, deutscher Sauermilch-Reibkäse, der zwischen Hopfen reift. Dem Nieheimer ähnlich, ca. 100 g schwer. Als Kräuterkäse ist er dem Schabzieger verwandt.

Hüttenkäse, Firmenname für Cottage Cheese bzw. körnigen Frischkäse. **220**

Iglesias, lokale Variante des Pecorino. 92

Igny, halbfester Schnittkäse vom Typ Saint-Paulin. 178

Illiez, Bergkäse (Italien). 130

Impérial, französischer Frischkäse, dem Demi-Sel ähnlich (50 % Fett i. Tr.), wird in Österreich mit geringerem Fettgehalt hergestellt.

Incanestrato, Schnittkäse bis Hartkäse aus Schafmilch (Italien), auch Canestrato genannt.

Innerschweizer Käse, ein nicht vollwertiger Sbrinz (s. dort). 94

Italico, italienischer halbfester Schnittkäse, s. auch »Bel Paese«. **173** ff.

Jack Cheese, vollfetter, US-amerikanischer Hartkäse.

Jarlsberg, Hartkäse mit Lochbildung (Norwegen). **83** f.

Jéromé, s. Géromé. 182 ff.

Jerome, halbfester Schnittkäse (Österreich).

Jocca, Firmenbezeichnung für gekörnten Frischkäse. **220**

Juhla, Hartkäse vom Cheddartyp (Finnland). 255

Kačkavalj, Hartkäse (Jugoslawien, Rumänien, Bulgarien und Südrußland).

Kachke-Käse, Cancoillotte-Variante (Luxemburg). 247

Kajmak, überfetter Rahmkäse aus Schafmilch (Türkei, Jugoslawien). 262 f.

Kamember, Weichkäse (Jugoslawien).

Kantenkäse, holländischer Schnittkäse mit Kümmel. 124

Kappeli, Romadur-Art (Finnland). 255

Kaşar peyniri, Hartkäse (Kaschkaval) in der Türkei. *266* f.

Kasch, siehe Caş. 263

Kaschkaval, harter Schafkäse (Bulgarien). 99, 262, 264

Käse-Auflauf* 282

Käsebörse, Käsemärkte in einzelnen Käseländern, wo wöchentlich der Käsepreis festgesetzt (notiert) wird. In der Bundesrepublik in Kempten, Oldenburg, Hamburg, Köln und in Berlin.

Käsebohrer, Gerät zum Ausstechen eines Böhrlings bei der Beurteilung von Käse. 72

Käsebruch, s. Bruch.

Käsefertiger, s. Fertiger.

Kasein, auch Käsestoff; phosphorhaltiges Eiweiß der Milch, das mit Lab oder Säure ausgefällt werden kann und Ausgangsmaterial der meisten Käse ist. 39 f., 42

Käse-Fondue* 280

Käsekessel, Behälter, in denen bei der Käseherstellung das Kasein ausgefällt und der Bruch bearbeitet wird. 52

Käse-Kugeln* 297 f.

Käseplatte 299 ff.

Käse-Rösti* 283

Käs-Spätzle* 284

Käse-Strudel Tilsit* 286

Käse-Sülze* 287

Käse-Töpfchen* 294

Käs-Wähe* 282

Käse-Würfel* 297

Kasseri, griechischer Hartkäse vom Filata-Typ. 264

Katzenkopf, Bezeichnung für Edamer. 121

Kefalotiri, griechischer Reibkäse. 264

Keimak, (Kajmak) Frischkäse (Jugoslawien). 262

Kellerbehandlung, Schmieren, Waschen und Salzen der Käse im Gär- oder Lagerkeller.

Kesselmilch, zu verarbeitende Käsereimilch. 45

Kesti, Tilsiter-Art (Finnland). 255

Kieler Fettkäse, war der erste Schmelzkäse der Welt, seit 1896

312

hergestellt.

Kingston, englischer Schnittkäse, dem Gouda und Cheddar verwandt.

Klatschkäs, Bezeichnung für Quark am Niederrhein. 218

Kleinlimburger, Weichkäse (Deutschland). 189

Kleinmünster, Weichkäse (Deutschland). 193

Klencz, Bezeichnung für Liptauer. 221

Klosterkäse, Fantasiename für Weichkäse mit Schmiere (Österreich). 201

Knaost, Sauermilchkäse (Norwegen und Dänemark).

Kochkäse, durch Erhitzen geschmolzener Sauermilchquark mit Zusätzen. *224, 225,* **234**

Korbkäse, Sauermilchkäse (Deutschland). 226 f.

Körniger Frischkäse, deutsche Bezeichnung für Cottage-Cheese. 220

Krabbensoufflé* 285

Kräuterkäse, harter Ziegerkäse mit Zusatz von Kräutern (siehe auch Schabzieger). Auch Frisch- und Schmelzkäse mit Kräuterzusatz. **229** ff.

Kreivi, Tilsiter-Art (Finnland). 255

Küflü tulum peyniri, Käse mit Innenschimmel (Türkei).

Kuhbächer, aus Vollmilch hergestellt nach Art des Limburgers (Oberbayern).

Kulturen, Bakterien, die der Kesselmilch zugesetzt werden und die für die Säuerung und Reifung der Käse verantwortlich sind.

Lab, Extrakt aus dem Labmagen von Wiederkäuern, der das Kasein durch »Labfällung« ausfällt. 40 ff.

La Butte, sehr fetter Weichkäse mit Schimmel (70 % Fett i. Tr.), lokale Spezialität aus der Brie. *213*

Laguiole, auch Laguiole-Aubrac, Variante des Cantal. 136 f.

Lajta, ungarischer Weichkäse mit Schmiere, dem Steinbuscher ähnlich, von säuerlich-mildem Geschmack und mit 50 bis 55 % Fett i. Tr.

Lakekäse, in Salzlake gereifte Käse. **222** ff.

Laktat, Salz der Milchsäure.

Laktobazillen, stäbchenförmige Milchsäurebakterien. *45,* 46

Laktose, Milchzucker.

Lancashire, Hartkäse (England). *105,* 105 f.

Landoch, Bezeichnung für Liptauer. 221

Langres, Weichkäse bis halbfester Schnittkäse (Frankreich). 144

Lauterbrunner Käse, Bergkäse (Schweiz). 78

Laval, Variante des Saint-Paulin. 178

Le Cavo, Bezeichnung für einen Raclettekäse. 132

Leicester, Hartkäse vom Cheddar-Typ (England). 104, *105*

Leichenfinger (s. Berliner Leichenfinger), wurstförmiger, dünner Sauermilchkäse, der auch Goldleistenkäse genannt wird.

Leidener, Schnittkäse (Holland). 114, **123** f.

Leidse Boerenkaas, auf dem Bauernhof hergestellter Leidener. 123, *123*

Leidse Kaas, s. Leidener.

Leonessa, Variante des Pecorino. 92

Le Superbe, Bezeichnung für einen Raclettekäse. 132

Leydener, s. Leidener.

Liederkranz, US-amerikanischer Weichkäse aus Kuhmilch, der dem Limburger entfernt verwandt ist. 270

Limburger, Weichkäse mit Schmiere. 28 f., **65,** 167, *187,* 188, **189**ff., *190, 273, 301, 303*

Lipase, fettspaltendes Enzym.

Liptauer, Frischkäse aus Schaf- oder Kuhmilch. **220** f.

Liptauer Käse* 293

Livarot, Weichkäse mit Schmierenbildung, auch Colonel (Frankreich). 31, 48, **194** ff., *195*

Lodigiano, (Lodisianer, Lombardo), italienischer Hartkäse, auch als Reibkäse verwendet; die 29 bis 50 kg schweren Laibe können 3 bis 4 Jahre reifen, werden im Geschmack pikanter als andere Granakäse, gelegentlich auch bitter.

Kleiner im Format und kürzere Zeit gereift ist der »Lombardo«.

Longhorn, Cheddar-Art (USA). 109

Lor, sowjetischer Schafmilchkäse, der frisch verzehrt wird.

Lor peyniri, weicher Ziegerkäse, in Lake gereift (Türkei). 266

Lormes, Ziegenkäse mit Außenschimmel (Frankreich).

Lucardese, halbfester Schafkäse (Italien), auch Raviggiolo.

Luckeleskäs, Bezeichnung für Quark in Württemberg. 218

Lucullus, Fantasiename für einen überfetten (75 % Fett i. Tr.) Frischkäse mit Kräuterzusatz. 218

Lunchkaas, kleiner Gouda (Baby Gouda). 118

Lüneberger, ein dem Limburger ähnlicher Schnittkäse, der in Vorarlberg und im Walsertal hergestellt wird. Vor dem Einlaben wird die Milch mit Safran gefärbt.

Luniensischer Käse, altrömischer Käse (Caseus Luniensis) aus der Toskana.

Luostari, halbfester Schnittkäse vom Port-Salut-Typ (Finnland). 255

Lütter Molfseer, Schnittkäse nach Tilsiter-Art mit roter Rinde (Schleswig-Holstein). 242

Macarella, US-amerikanischer Frischkäse, der dem Provolone ähnelt.

Macquée, belgischer Weichkäse aus teilentrahmter Milch, der in Backsteinform oder in Musselinsäckchen eingenäht in den Handel kommt.

Maggengo, im Mai produzierter Parmigiano Reggiano. 86

Magnum, überfetter, »triple-crème«, Weichkäse aus der Normandie mit 75 % Fett i. Tr., dem Excelsior ähnlich.

Maikäse, Gouda, der im Mai nach dem Austrieb hergestellt wird. Bezeichnung auch für unter der Aufsicht des Rabbinats hergestellten Käse. 118 f.

Mainauer, halbfester Schnittkäse. 143, **166**

Mainzer, Sauermilchkäse. 31, *224,* 226

Majocchino, aus Kuh-, Ziegen- und Schafmilchgemisch in der italienischen Provinz Messina hergestellter runder Käse, der dem Incanestrato (Canestrato) ähnlich ist.

Malakoff (Gournay frais), französischer Weichkäse aus pasteurisierter Kuhmilch, Rundkäse von 120 g Gewicht und mit 45 % Fett i. Tr. 217

Malzou, tschechischer Weichkäse nach Camembert-Art.

Mamirolle, halbfester Schnittkäse aus pasteurisierter Kuhmilch, benannt nach dem Herkunftsort in der Franche-Comté. Dem Limburger ähnlich, aber milder, mit Schmierenbildung, 500 bis 600 g Gewicht, 40 % Fett i. Tr.

Manbollen, großer Edamer. 121

Manchego, spanischer Schafkäse. 256 ff., *258*

Mandarini, kugelförmiger Provolone. 99

Manni, = Manur, in Serbien aus Kuh- oder Schafmilch hergestellt, leicht gesalzen, unter Zusatz von Buttermilch gelabt. 262

Manteca, auch: Burielli con occhi. Variante der Mozzarella mit eingeschlossenem Stück Butter. 103

Manur, siehe Manni.

Maredsous, belgischer Schnittkäse, dem Saint-Paulin ähnlich, aus pasteurisierter Milch, in der Abtei Maredsous hergestellt. Tafelkäse mit 50 % Fett i. Tr. und in Gewichten von 1,2 kg.

Marenda, Bezeichnung für einen Raclettekäse. 132

Maribo, Schnittkäse vom Gouda-Typ (Dänemark). 133, **135**

Marienhofer, Limburger-Art (Österreich). 188

Maroilles, Weichkäse mit Rotschmiere (Frankreich). 27, *195*, **197**

Maroilles blanc, ungereifter frischer Maroilles.

Marzolino, Schafkäse (Italien). 86

Mascarpone (Mascherpone), Rahmfrischkäse (Italien). **229**

Maskarponi, Schweizer fetter Ziegenkäse.

Matte, Bezeichnung für Quark in Hessen. 218

Maurenkopf, Bezeichnung für Edamer. 121

Mauritiuskäse, deutscher Weichkäse mit Außenschimmel und 30 % Fett i. Tr.

Mazot, Bezeichnung für einen Raclettekäse. 132

Mecklenburger, schnittfester Kuhmilchkäse aus entrahmter Milch, mit 45 % Fett i. Tr.

Medynsk, russischer Weichkäse aus Mischmilch, mit 45 % Fett i. Tr.

Meloni, großer Provolone. 99

Mesitra, Frischkäse aus entrahmter Schafmilch, auf der Halbinsel Krim (UdSSR) hergestellt.

Mesost, Molkenkäse (Schweden). 228

Mignon, Variante des Maroilles. 198

Mignot, Weichkäse mit Schmierenbildung, ähnlich dem Livarot, aus der Gegend von Vimoutiers (Normandie). 194

Milano, italienischer Käse aus der Lombardei, dem Bel paese ähnlich, bis zu 3 kg schwer, muß binnen 3 Monaten verzehrt werden.

Milchsäure, von Milchsäurebakterien aus Laktose gebildete Säure. Kommt auch im Muskel vor. 45, 72

Milchsäurebakterien, Bakterien, die Milchzucker zu Milchsäure abbauen: Streptokokken und Laktobazillen. 42, 45, *45*

Milchzucker, nur in der Milch vorkommender Zucker, der aus Glukose und Galaktose aufgebaut ist. 38 f., 45

Milval, Bezeichnung für einen Raclettekäse. 132

Mimolette, dem Edamer ähnlicher Schnittkäse (Frankreich). 114, 121, *139*, **139** f.

Mini-Esrom, ganz kleiner Esrom.

Mini-Fynbo, ganz kleiner Fynbo.

Mischling, schnittfester, sehr aromatischer bis strenger Käse aus Westösterreich.

Mitzithra, Schafkäse (Griechenland). 264

Modena, US-amerikanischer Käse nach Art des Parmesan, aber fettarmer.

Molbo, Schnittkäse vom Edamer-Typ (Dänemark). 133, **135**

Moldau-Käse, russischer Weichkäse aus Kuh- oder Schafmilch, mit 50 % Fett i. Tr.

Molke, Flüssigkeit, die bei der Herstellung von Käse nach Abscheiden des Kaseins und des Fettes anfällt. 42 f.

Molkeneiweiß, Molkenproteine.

Molkenkäse, aus Molke durch Eindampfen hergestellter Käse. **228** ff.

Molkenproteine, in der Molke gelöste Proteine.

Molkenzig, auch Schottensick, eingedickte Molke, Ausgangsmaterial für Molkenkäse. 228

Monceau, Variante des Maroilles. 198

Mönchskopf, siehe Tête de Moine. **128** ff.

Mondseer, Weichkäse mit Schmiere, dem Münster ähnlich (Österreich). **185**

Monsieur-Fromage, fetter Weichkäse (60 % Fett i. Tr.) aus der Normandie, mit Außenschimmel, rund, ca. 150 g schwer, dem Chaource sehr ähnlich. Nach seinem Erfinder benannt.

Montasio, Hart- und Reibkäse (Italien). 115, 143

Mont-Cenis, Kuhmilchkäse, mitunter Ziegenmilchbeimischung. In Savoyen auf Almen hergestellt, beste Zeit von Juli bis Dezember, Blauschimmelkäse mit 45 % Fett i. Tr. und einem Gewicht von 8 bis 12 kg.

Mont-des-Cats, Weichkäse mit Schmierenrinde aus der gleichnamigen Trappisten-Abtei in Flandern, im 20. Jahrhundert als Saint-Paulin-Typ entwickelt, 45 % Fett i. Tr.

Mont d'Or-de-Joux, andere Bezeichnung für Vacherin Mont d'Or.

Monterey, erstmals 1892 unter dem Namen »Jack« in Kalifornien hergestellter Schnitt- oder Weichkäse mit 50 % Fett i. Tr. Mit dem Übergang zur Molkereiherstellung (1916) bekam der Käse den Landschaftsnamen Monterey. Langgereifter Monterey auch als Reibkäse verwendbar.

Montségur, französischer Käse, der dem Saint-Paulin sehr ähnlich ist. Gewicht: ca. 3 kg schwere Laibe, 45 % Fett i. Tr.

Morbier, französischer Schnittkäse mit dunklem Innenstreifen aus Asche oder Holzkohlenpulver. 114, *138*, **138** f.

Moskovsky, sowjetischer Hartkäse, dem Edamer ähnlich, 50 % Fett i. Tr.

Moudon, Bezeichnung für einen Raclettekäse. 132

Moyonnais, Ziegenkäse aus der Normandie. 236

Mozzarella, ungereifter Filatakäse (Italien) für Pizza. 99, **102** f.

Münchner Käsebissen* 297

Münchner Wurstsalat* 294

Munster / Münster, Weichkäse mit Schmierenbildung. 29, 48, *187*, **192** ff., *193, 195, 245*

Murol, weicher Schnittkäse vom Saint-Nectaire-Typ, in der Auvergne (Murols) hergestellt. Käse mit geschmierter Rinde, von mildem Geschmack, ca. 400 g schwer, mit 45 % Fett i. Tr. Der Murol hat in der Mitte ein Loch, damit die Reifung beschleunigt wird und der Käse unverwechselbar ist.

Mycella, Edelpilzkäse (Dänemark). 126

Mynster, dänischer Weichkäse vom Münster-Typ.

Mysost, Molkenkäse (Norwegen). 228

Nachgärung, erneute Gasbildung besonders in Emmentalerkäse nach der Lochbildung.

Nachwärmen, Erhitzen des Molke-Bruch-Gemisches – s. Brennen.

Nagelkaas, holländischer Schnittkäse vom Leydener Typ mit Zusatz von Gewürznelken. 124, *124*

Nantais = Fromage du curé, vor etwa einem Jahrhundert von einem Pfarrer (Curé) in der Vendée erfunden, heute überwiegend in der Bretagne hergestellter Weichkäse in runder und viereckiger Form, 200 g schwer, mit 40 % Fett i. Tr.

Nata, spanischer Schnittkäse aus Schafmilch.

Neufchâtel, schwach gereifter Frischkäse aus der Normandie. **217**

Neusohler, Frischkäse aus Schafmilch, eine Art Liptauer. 221

Nidwaldener Spalenkäse, andere Bezeichnung für Spalen (Sbrinz).

Niederungskäse, Niederunger, Werderkäse, Elbinger Käse, Schnittkäse vom Gouda-Typ.

Nieheimer Hopfen, Sauermilchkäse, der zum Reifen in Hopfen eingepackt wird und dem Kümmel und andere Gewürze zugegeben sind. Wird auch als Reibekäse verwendet.

Niolin / Niolo / Niulincu, korsischer Käse, der meist aus einem Gemisch von Ziegen- und Schafmilch von Hirten hergestellt wird. Nach dreimonatiger Reifungszeit verliert der Niolo etwa $^1/_3$ seines Gewichts und wird dann im Geschmack sehr würzig-pikant, 45 % Fett i. Tr. 246

Nißler, Käsefehler.

Nitrat, Salz der Salpetersäure. 63

Niva, tschechischer Edelpilzkäse aus Kuh- oder Schafmilch.

Niza, Variante des Queijo da Serra (Portugal). 261

Nögelost, s. Nøkkelost.

Nøkkelost, Schnittkäse aus Norwegen mit Kümmel und Nelkenzusatz.

Norbo, norwegischer Schnittkäse aus Kuhmilch, leichte Lochung, Laibe ca. 10 kg schwer, 45 % Fett i. Tr., mild.

North Wiltshire, Hartkäse vom Cheddar-Typ (England). 106

Obatzter* 292

Oberländerkäse, Alpkäse aus dem Berner Oberland. 68

Obersimmentaler Käse, Bergkäse (Schweiz). 78

Occhi di Bufala, Form der Mozzarella (Büffelaugen). 103

Oelenberg, elsässischer Trappistenkäse mit 45 % Fett i. Tr.

Österzola, österreichischer Grünschimmelkäse (45 bis 50 % Fett i. Tr.) nach Art des Gorgonzola.

Ohrenkäse, siehe Dil peynir.

Oka, halbfester Schnittkäse (Kanada). 271

Old Heidelberg, romadurähnlicher US-amerikanischer Käse (vgl. Liederkranz).

Olivet, Weichkäse mit Außenschimmel. **213**

Olivet au foin, Olivet in Heu. 213

Olivet bleu, halbgereifter Olivet. 213

Olivet cendré, mit Asche bestreuter Olivet. 213

Olmützer Quargel, Sauermilchkäse. 31, *224*, 226, **227**

Opstukken Gouda, Schnittkäse aus Dänemark, alte Bezeichnung für Fynbo. 134

Orangenstern, gefüllter* 291

Oro, Bezeichnung für Aostakäse. 141

Orsières, Bergkäse (Raclette). 130

Ost, Bezeichnung für Käse in Skandinavien.

Ovárer, Hartkäse (Ungarn). 262

Ovčji Sir, gesprochen [utschi sir], jugoslawischer Schafkäse (sir-Käse), der in den Bergen Sloweniens aus einem Gemisch von Morgen- und Abendmilch hergestellt wird. Die 3 bis 4,5 kg schweren Laibe reifen 3 Monate lang.

Oxygala, altgriechischer und altrömischer Sauermilchkäse, der zu verschiedenen Gerichten verarbeitet wurde (Von Cato dem Älteren und Columella erwähnt).

Oxygalaktinos Tyros, griechischer Käse, historisch. 20

Pago, jugoslawischer Schafkäse, Gewichte von 0,5 bis 4 kg, sehr hart und fett, auf der Insel Pago hergestellt.

Pannerone, auch Pannarone, Weichkäse (Italien) vom Stracchino-Typ. Reifung: Milchsäure- und Alkoholgärung. Auch Gorgonzola bianco (weißer G.). **171**

Paraffin, wachsähnliche Substanzen, mit denen die Rinde von Käsen behandelt werden kann.

Parenica, gut gesäuerter Schafkäse (ČSSR). 99

Parmigiano Reggiano, Hart- und Reibkäse (Italien). 84, **85** ff., *87, 89*

Parmesan, deutsche Sammelbezeichnung für Parmigiano Reggiano und Grana Padano. 24, 84 ff., *87, 89*

Party, Weichkäse mit Schimmel, Schweden. 255

Passe l'An, französischer Hartkäse, dem Parmesan ähnlich.

Pasta azul, Edelpilzkäse (Spanien).

Pasteurisieren, Erhitzen der Milch.

Pata de Mulo, s. Queso de Villalón.

Pâte Fraiche, Frischkäse (Frankreich). 216 ff.

Pâte Fraiche Persillée, s. Persillé.

Pavé d'Auge (Pavé de Moyaux), Weichkäse aus der Normandie, dem Pont l'Evêque sehr ähnlich und überwiegend in Kleinkäsereien hergestellt. Beste Verzehrzeit: Oktober bis April. 196

Pecorino, italienischer Hart- und Reibkäse aus Schafmilch. 26, 84, **92** ff., *93*

Pecorino degli Abruzzi, Variante des Pecorino. 92

Pecorino di Asiago, Variante des Pecorino. 142

Pecorino Pepato, Variante des Pecorino. 93

Pecorino Romano, Variante des Pecorino. **92** f.

Pecorino Sardo, Variante des Pecorino. 92

Pecorino Toscano, Variante des Pecorino. 92

Pecorino Viterba, Variante des Pecorino. 92

Penicillium, Gruppe von Schimmelpilzen, wie: Penicillium camemberti, Penicillium candidum, Penicillium roqueforti, die zur Herstellung von Käsen mit Oberflächen- oder Innenschimmel verwendet werden. *48*, **146** ff., 153

Pepato, sizilianischer Schafkäse, der auch in Michigan/USA hergestellt wird. Dem Käsebruch wird Pfeffer zugesetzt. 93

Perilla, Schnittkäse (Spanien).

Perniön Gruyère, Hartkäse vom Greyerzer-Typ (Finnland).

Persillé, in Frankreich Bezeichnung für Käse mit Innenschimmel. 156

Persillé de Mont-Cenis, Blauschimmelkäse mit Zusatz von Ziegenmilch.

Petit, vor verschiedene französische Käsenamen gesetzt, bezeichnet »Petit« im Format kleinere Käse.

Petit Brie, kleiner Brie.

Petit Camembert, kleiner Camembert.

Petit Carré, milder Weichkäse, auch Ancien impérial (Frankreich). 214

Petit Lisieux, kleiner Schmierenkäse, Art Livarot. 195

Petit Munster, kleiner Münsterkäse. 192

Petit Suisse, Frischkäse mit hohem Fettgehalt (Frankreich). 216 f.

Pfirsich-Toast* 289

Pfister (-Huber), Hartkäse (Schweiz).

Philadelphia, Frischkäse mit hohem Fettgehalt (USA, auch in der Bundesrepublik Deutschland erhältlich).

Phrygischer Käse, Ziegen- oder Schafmilchkäse mit Zusatz von Stuten- oder Eselmilch (antikes Griechenland).

pH-Wert, Maßstab für den Grad der Säuerung.

Picadou, Ziegenkäse oder Schafkäse (Frankreich).

Picodon, Ziegenkäse (Frankreich).

Picón, spanischer Käse mit Innenschimmel.

Pie (Fromage à la Pie), Frischkäse (Frankreich).

Pikieren, Anstechen von Käsen mit Innenschimmel, damit der zum Schimmelwachstum benötigte Sauerstoff in die Käse eindringen kann. 49, 107

Pinzgauer Bierkäse, Schnittkäse (Österreich). 77, 243

Piora, Bergkäse (Schweiz). 78

Pierre-Qui-Vire, im gleichnamigen Kloster in der Bourgogne von Benediktinern hergestellter Weichkäse (45 % Fett i. Tr.) mit geschmierter Rinde. Dank der speziellen Fütterung der klostereigenen Kuhherde in einem biologisch bevorzugten Milieu erreicht der etwa 2 Monate gereifte Käse einen würzigen, landschaftstypischen Geschmack.

Pikantes Käsetöpfchen* 294

Pithiviers, nur noch selten hergestellter Verwandter des Coulommiers, der, in Heu eingepackt, gereift wird.

Pizza Capricciosa* 284

Pizza-Toast mit Champignons* 289

Pizza-Toast mit Paprikaschoten* 290

Pizza-Toast mit Tomaten und Speck* 289

Plateau de Herve, belgischer Rotschmiere-Käse, dem Remoudou verwandt, aber weniger pikant.

Plattekaas, Frischkäse aus Belgien. 246

Ploderkäse, s. Toggenburger Ploderkäse.

Pohccovuosta, Rentiermilchkäse (Lappland), s. Renost. 39

Pointes de Brie, besondere Form des Briekäse (Brie-Spitzen).

Poivre d'Âne, Ziegenkäse aus Frankreich mit Zusatz von Kräutern. 246

Pont-l'Évêque, Schmierenkäse (Frankreich). 188, *195*, **196** f.

Popcorn Cheese, grobkörniger Cottage-Cheese (USA). 220

Port-du-Salut, halbfester Schnittkäse (Frankreich). **176** ff., *177*

Port-Salut, s. Port-du-Salut.

Pot Cheese, andere Bezeichnung für Cottage-Cheese (USA, in England Sauermilchkäse). 220

Prästost, Schnittkäse (Schweden). 254

Prattigau, aus dem gleichnamigen Tal der Schweiz stammender, auch in den franz. Alpen hergestellter Kuhmilchkäse, der dem Limburger ähnlich ist und in 9 bis 11 kg schweren Laiben in den Handel kommt.

Present, andere Bezeichnung für den Boerenkaas (Bauernhof-Gouda).

Pressato, Schnittkäse (Italien). 141

Pressen (der Käse), Zusammendrücken der frischen Käse, damit die Molke austritt und sich die Rinde verfestigt. 45, 52, *52* f.

Presukaca, Hartkäse (Knetkäse) aus Jugoslawien. 262

Priesterkäse, s. Prästost.

Princ' Jean, belgischer Weichkäse mit Außenschimmel, Spezialität.

Prince de Navarre, Bergkäse aus Schafmilch, mit hellbrauner Rinde und festem, glattem Teig. Wird in den Pyrenäen erzeugt, reift 3 bis 6 Monate.

Process(-ed) Cheese, englische Bezeichnung für Schmelzkäse. 262

Propionsäurebakterien, Bakterien, die im Käse Essigsäure, Propionsäure und Kohlendioxydgas bilden und damit die Lochbildung im Emmentalerkäse auslösen. 47 f., 71

Protein, Eiweiß. 39, 58 f.

Proteinasen, eiweißspaltende Enzyme.

Provatura, italienischer Weichkäse aus Büffel- oder (meist) Kuhmilch. Der milde Käse vom Caciocavallo-Typ wird frisch verzehrt.

Providence, als »Bricquebec« vom Trappistenkloster gleichen Namens im Cotentin (Normandie) und auch als »Trappiste de Bricquebec« fabrikmäßig hergestellter, dem Saint-Paulin sehr ähnlicher Schnittkäse mit 45 % Fett i. Tr.

Provole, andere Bezeichnung für Provolette (s. dort).

Provolette, kleine, runde Provolone-Käse. 99

Provolone, italienischer Hartkäse vom Filata-Typ (Knetkäse). **99** ff., *100, 101, 251*

Provoloncini, andere Bezeichnung für Provolette (s. dort). 99

Provolotini, andere Bezeichnung für Provolette (s. dort). 99

Puant Macéré, s. Béthune.

Puglia, Pecorino aus der italienischen Provinz Puglia. 92

Pultost (Knaost, Ramost als regionale Bezeichnungen), norwegischer Sauermilchkäse, der mit Kümmel oder Anis gewürzt ist. Verzehr frisch oder nach kurzer Reifung. 254

Pyrenäenkäse, halbfester Schnittkäse (Frankreich). 114, *140,* **140** f.

Quacheq, jugoslawischer Schafkäse (frisch oder gereift).

Quargel, s. Olmützer Quargel. *224*

Quark, s. Sauermilchquark und Speisequark.

Quartirolo, Weichkäse (Italien).

Quart, dem Maroilles ähnlicher Rotschmierekäse. 198

Queijo, portugiesisch = Käse.

Queijo de Evora, Reibekäse aus Ziegenmilch. 262

Queijo Fresco, Frischkäse. 262

Queijo Fundido, Schmelzkäse.

Queijo Seco, mit Salz konservierter Queijo Fresco. 262

Queijo da Serra, Hartkäse. **261** f.

Queso, spanisch = Käse.

Queso Añejo de Cabra de la Sierra de

Huelva, halbfester Schnittkäse mit Schmiere (Ziegenmilch). **256,** 258

Queso Azul, Blauschimmelkäse.

Queso de Aragón, halbfester Schnittkäse aus Schaf- oder Ziegenmilch. 256, 258, *259*

Queso de Burgos, Frischkäse aus Schafmilch. **256** f., *258*

Queso de Cabra de Alicante, Frischkäse aus Ziegenmilch, 37 % Fett i. Tr.

Queso de Cabra de Soria, Frischkäse aus Ziegenmilch.

Queso de Cervera, Frischkäse aus Schaf- und Kuhmilch.

Queso de Gamonedo (Gameneu), dem Cabrales ähnlicher Schnittkäse aus Kuhmilch unter Zusatz von Schaf- und Ziegenmilch. Die 2 bis 5 kg schweren Laibe haben einen gelben Teig mit leichtem Innenschimmel und eine dünne gelbliche Rinde. Fettgehalt: 33 % Fett i. Tr. Reifung erfolgt in Naturhöhlen, die Käselaibe werden in Farnblätter eingewickelt.

Queso de Gorbea, Hartkäse aus Schafmilch. 257

Queso de Grazalema, dem Manchego ähnlicher Hartkäse aus Schafmilch, in Cádiz hergestellt, 51 % Fett i. Tr.

Queso de Idiazabal, geräucherter Hartkäse aus Schafmilch. 256 ff., *259*

Queso de la Estrella, andere Bezeichnung für Queso Oropeso.

Queso del Cebrero, halbfester Schnittkäse aus Kuhmilch. 256, 259, *259*

Queso de Lebeña, Schnittkäse aus Kuhmilch.

Queso de Mahón, Weich- bis Hartkäse aus Kuhmilch. 256, **259**

Queso de los Pedroches, Schnittkäse aus Schafmilch.

Queso de los Veyos, Hartkäse aus Schaf- oder Ziegenmilch.

Queso del Roncal, Hartkäse aus Schafmilch. 256, 258

Queso de Oropeso, Hartkäse aus Schafmilch.

Queso del Puzol, Frischkäse aus Schafmilch.

Queso de San Simón, birnenförmiger,

halbfester Schnittkäse aus Kuhmilch. 256, 260, *260*

Queso de Serena, Hartkäse aus Schafmilch, 52 % Fett i. Tr., milder Geschmack.

Queso de Ulloa, halbfester Schnittkäse aus Kuhmilch. 256, 259, *260*

Queso de Vaca de León, halbfester Schnittkäse aus Kuhmilch. 256

Queso de Villalón, Frischkäse aus Schafmilch. 256 f., *258*

Queso Fresco de Cabra de Cádiz, Frischkäse aus Ziegenmilch. 256, 258

Queso Fresco de Malaga, frischer oder gereifter Frischkäse aus Ziegenmilch. 256, 258

Queso Fresco Valenciano, s. Queso de Cervera.

Queso Manchego, Hartkäse aus Schafmilch. **256** f., *258*

Queso Pasiego, Weichkäse aus Kuhmilch, auch mit Schafmilchzusatz. 256, 260

Queso Prensado de Orduña, Hartkäse aus Schafmilch. 257

Queso Tetilla, Weichkäse aus Kuhmilch. 256, 260, *260*

Queso Torta de Casar, Weichkäse aus Schafmilch.

Quesucos, Schnittkäse (Spanien) aus Kuhmilch, oft mit Schaf- und Ziegenmilchzusatz.

Quiche Lorraine* 281

Racland, Bezeichnung für einen Raclette-Käse. 132

Raclette (Walliser Raclette), Bergkäse (Schweiz). 78, **130** ff., *131*

Raclette* 131 f.

Raclette Goldbach, Bezeichnung für einen Raclette-Käse. 132

Radolfszeller, Weichkäse mit Schmiere.

Radstätter, Sauermilchkäse (Österreich).

Ragusano, Hartkäse (Italien), ähnlich dem Provolone. Die 6 bis 12 kg schweren Laibe werden über 12 Monate gereift, auch geräucherte Stücke werden hergestellt. Beliebt auch als Reibkäse.

Rahmfrischkäse, fettreicher Frischkäse. 219 f.

Rahmfrischkäse mit Nüssen* 292

Rahmkäse, Kurzbezeichnung für Kä-

se der Rahmfettstufe (mindestens 50 % Fett i. Tr.).

Ramost, Sauermilchkäse (Norwegen).

Ramoudou, s. Remoudou.

Räßkäse, Hartkäse (Österreich), auch Appenzeller. 76 f.

Raviggiolo, Schafkäse (Italien).

Reale, Bezeichnung für Italico (Italien). 173

Reblochon, weicher Schnittkäse (Frankreich). **181** f., *182, 195*

Rechthoekige kaas, Gouda in Blockform. 118

Refa Diana Raclette, Bezeichnung für einen Raclette-Käse. 132

Reifung (der Käse), Umsetzen von Milchinhaltsstoffen durch Mikroorganismen und deren Enzyme.

Reiterkäse, Übersetzung: Caciocavallo. 102

Remoudou, Weichkäse mit Schmiere (Belgien). 188 f.

Rempompré, belgischer Schnittkäse (45 % Fett i. Tr.) aus pasteurisierter Kuhmilch mit Schmierenrinde.

Renost, sehr haltbarer Käse aus Rentiermilch in Norwegen und Schweden. 39, 255

Rennin, Bezeichnung für Labenzym.

Rheinwald-Käse, Hartkäse aus Graubünden.

Riceys, les (Champenois), Weichkäse aus Magermilch mit lokaler Bedeutung (Frankreich), mitunter in Asche gewälzt (»Riceys cendré«), 30 bis 40 % Fett i. Tr., 1 bis 2 Monate Reifungszeit, 350 bis 400 g schwer, wird fast nur in Kleinkäsereien hergestellt.

Richelieu, halbfester Schnittkäse, ähnlich dem Italico (Kanada). 271

Ricotta, Molken- bzw. Ziegerkäse (Italien). **228** f.

Ricotta de Pecora, (Italien). 229

Ricotta Piemontese, (Italien). 229

Ricotta Romana, (Italien). 229

Ricotta Salata Sarda, (Italien). 229

Ricotta Sarda, (Italien). 229

Ricotta Siciliana, (Italien). 229

Ricotta Vaccina, (Italien). 229

Rigottes (de Condrieu), kleine, runde, 50 g schwere Käschen aus Kuhmilch unter Zusatz von Ziegen-

milch, 45 bis 50 % Fett i. Tr., aus dem Gebiet um Lyon kommend.

Risotto Ticinese* 283

Robbiola, s. Robiola.

Robbiolini, halbfester Schnittkäse bis Weichkäse (Italien).

Robiola, halbfester Schnittkäse bis Weichkäse (Italien). 144, **173**

Rocamadour, auch Picadou, französischer Bauernhofkäse aus Schaf-, Ziegen- oder Kuhmilch von 30 bis 50 g Gewicht. In Blätter eingewikkelt oder in Trester, Wein oder Schnaps eingelegt.

Rollot, französischer Rotschmierekäse, rund oder in Herzform, aus Kuhmilch (45 % Fett i. Tr.), mit einer rötlichen Rinde und in Gewichten von 200 bis 300 g, in der Picardie hergestellt. Beste Zeit: November bis Juni.

Romadur, Weichkäse mit Schmiere. 48, *65*, 187, 188, **189** ff., *191, 273, 303*

Romanello, extraharter fettarmer Hartkäse (Italien) aus Kuhmilch. Die 4 bis 5,5 kg schweren Laibe haben einen gelben Teig mit geringer Lochung. Im ausgereiften Zustand entwickelt er einen pikanten Geschmack und eignet sich dann auch vorzüglich als Reibkäse.

Romano, harter Schafkäse (Italien), auch in Kanada und USA.

Roomkaas, (Rahmkäse) kleiner, milder und fettreicher Gouda (Holland). 124

Roquefort, Innenschimmelkäse aus Schafmilch, der in den Höhlen des Combalou in Südfrankreich gereift wird. 26, 143, **144** ff., *149, 153, 245*

Rotschmiere, Bakterienkultur auf Schmierkäse.

Rouy, Weichkäse mit Schmiere (Frankreich).

Royalp, Schweizer Tilsiter aus Rohmilch. *79,* 114, **127,** *301*

Rundkäse, ältere, nicht mehr gebräuchliche Bezeichnung für Emmentaler.

Runesten, dem Herrgårdost nahestehender Hartkäse (Dänemark). In USA als Manor-Cheese bezeichnet.

Saanen, Hart- und Reibkäse (Schweiz). 84, **97** ff. *98,*

Sage Derby, s. Derby-Sage. 31

Saingorlon, halbfester Schnittkäse mit Innenschimmel (Frankreich). 159

Saint-Benoit, Weichkäse aus teilentrahmter Kuhmilch, 40 % Fett i. Tr., kleine, runde Laibe von ca. 400 g Gewicht, dem Coulommiers verwandt (Frankreich).

Saint-Bernard, belgischer Schnittkäse vom Gouda-Typ, 50 % Fett i. Tr.

Saint-Gildas (des Bois), überfetter Weichkäse mit Außenschimmel, 75 % Fett i. Tr., aus der Bretagne kommend.

Saint-Marcellin, Weichkäse mit Oberflächenschimmel aus Kuhmilch, gelegentlich noch mit Ziegenmilch (Frankreich). 214 f.

Saint-Nectaire, halbfester Schnittkäse (Frankreich). 144, **182** ff., *184.*

Saint-Paulin, halbfester Schnittkäse (Frankreich). **176** ff., *177, 179*

Saint-Rémy, Weichkäse mit Rotschmiere, dem Münster ähnlich.

Sainte-Maure, auch Saint-Maure, Weichkäse mit Oberflächenschimmel aus Ziegenmilch (Frankreich). **236** f., *237, 245*

Salamana, Schafkäse aus Griechenland, der auch in anderen europäischen Mittelmeerländern hergestellt wird. Der Käse wird in Beuteln gereift, hat einen weichen Teig, pikanten Geschmack und findet als Brotbelag ebenso wie in der Küche Verwendung.

Salami, großer Provolone in Wurstform. 99

Salamini, kleiner Provolone. 99

Salers (Haute Montagne), Schnittkäse (35 bis 45 % Fett i. Tr.), der aus der guten Milch der in über 850 m Höhe weidenden Kühe der Salers-Rasse in der Auvergne hergestellt wird. Meist als Fermier-Käse nach alten Rezepten und Verfahren gemacht. 136

Samsø, dänischer Schnittkäse mit runder Lochbildung. *133,* **133** f.

Sapsago, Bezeichnung für Schabzieger (Schweiz), auch in England und USA.

Sardo, s. Pecorino Sardo.

Sarrazin, Schnittkäse mit Innenschimmel aus einem Gemisch von Schaf-, Kuh- und Ziegenmilch (Schweiz).

Sassenage, ein dem Roquefort ähnlicher Blauschimmelkäse (Frankreich) aus Kuhmilch, der etwas Schafmilch beigemischt ist. Laibe von 5 bis 6 kg, 45 % Fett i. Tr. (s. Bleu de Gex).

Satzkäse, Variante des Olmützer Quargel in Sachsen.

Sauer, früher bei der Emmentalerkäserei anfallende stark gesäuerte Molke, die bei der Herstellung von Ziegerkäse verwendet wurde. 230

Sauerer Käse* 292 f.

Sauermilchkäse, aus Sauermilchquark hergestellter Käse (s. Handkäse u. a.). 22, 44, **224** ff.

Sauermilchquark, Ausgangsmaterial für Sauermilchkäse.

Säuerungskultur, s. Säurewecker.

Säurewecker, Bakterienkulturen, die die Milch säuern sollen. 44 f.

Savaron, Käse vom Typ des Saint-Nectaire, welcher außerhalb des definierten Herstellungsgebietes fabriziert wird. Aus pasteurisierter Kuhmilch, 45 % Fett i. Tr., Laibform. 183

Savièse, Bergkäse (Schweiz). 130

Savoia, italienischer halbfester Schnittkäse vom Italico.Typ. 173

Sbrinz, Extrahart- und Reibkäse (Schweiz). 26, 79, 84, **94** ff., *95, 96, 301*

Scamorza, Scamorze, der Mozarella ähnlicher Käse (Italien).

Scanno, italienischer Schafkäse aus den Abruzzen, mit dunkelgelbem Teig und schwarzer Rinde, sehr buttrig, dem Pecorino verwandt. Man ißt ihn gewöhnlich zusammen mit Obst.

Schabselkäse, wurde früher aus der abgeschabten Rinde des Roquefort hergestellt.

Schabzieger, Glarner Schabzieger, harter Molkenkäse mit Kräuterzusatz, Kräuterreibkäse (Schweiz). 26, 28, *79*, **230** f.

Schachtelkäse, frühere Bezeichnung für Mondseer (Österreich), Bezeichnung früher auch für andere

Weichkäse. 185

Schafkäse, 144 ff., *222*, 256 ff., 263, 265 ff.

Schamser, Hartkäse aus Graubünden.

Scheppkaas, Schmierenkäse (Belgien). 201

Schichtkäse, Frischkäse (Deutschland). 219

Schlalach-Käse, Sauermilchkäse aus Brandenburg. 225

Schloßkäse, Fantasiekäse in Deutschland, in Österreich ein dem Romadur ähnlicher Weichkäse. 191, 201

Schmelzkäse, durch Schmelzen unter Wärmeeinwirkung gewonnenes Produkt aus Käse und Schmelzsalzen. *65, 231,* **232** ff., *233, 273, 279*

Schmelzsalze, Salze der Phosphor-, Zitronen-, Wein- oder Milchsäure, die dem Schmelzgut bei der Schmelzkäseherstellung zugesetzt werden müssen.

Schmiere, s. Rotschmiere.

Schmierenkäse, a) Käse mit Schmierenbelag auf der Rinde, b) streichfähiger Käse.

Schmierkäse, Bezeichnung für gekörnten Frischkäse. 220

Schönland-Käse, Käse nach Art des Bel paese (Schweiz). 174

Schottensick, eingedickte Molke. 228

Schwäbische Lumpensuppe* 295 f.

Schwarzenberger, Weichkäse mit Schmierenbildung (Österreich). 188

Schweizerkäse, frühere Bezeichnung für Emmentaler.

Schwyzer Alpkäse, Bergkäse aus dem Kanton Schwyz. 78

Scottish Cheddar, s. Dunlop. 104

Sela-Käse, Firmenname für Schnittkäse (Deutschland).

Septmoncel, französischer Blauschimmelkäse, s. »Bleu«.

Serpa, Variante des Queijo da Serra. 261

Serra de Estrella, s. Queijo da Serra.

Siciliana, lokale Variante des Pecorino. 92

Siciliano Pepato, Pecorino mit Pfeffer, s. auch Pepato.

Siebenbürger, Bezeichnung für Liptauer. 221

Siebkäs, Bezeichnung für Quark im Raum Frankfurt/Main. 218

Sigriswiler Käse, Bergkäse (Schweiz). 78

Silomilch, Milch aus Bauernhöfen, die Silage an die Milchtiere füttern. Eignet sich nicht zur Herstellung von Emmentaler.

Simplon, Bergkäse (Schweiz). 130

Sirene, auch Bjalo Salamureno Sirene, bulgarischer Schafkäse. 222, *222*

Skuta, Molkenkäse (Jugoslawien). 262

Slipcote, s. Colwick-Cheese.

Somersetshire, Hartkäse (England).

Sorbais, Variante des Maroilles. 198

Soumaintrain, aus Soumaintrain und dem benachbarten Dorf Saint-Florentin (Département Yonne) stammender Weichkäse mit geschmierter Rinde, der als solcher dem Munster ähnelt, aber auch als Frischkäse angeboten wird. Ausgereift hat er ein volles, pikantes Aroma, ca. 500 g Gewicht und 45 % Fett i. Tr. Gut von September bis Mai.

Sovietski Syr, sowjetrussischer Hartkäse mit 50 % Fett i. Tr., der dem Emmentaler verwandt ist. Die Laibe wiegen 12 bis 16 kg, reifen 4 Monate und haben einen gelochten Teig.

Spalen, s. Sbrinz. **94** ff.

Spanntisch, etwas geneigter hölzener Tisch, auf dem zwischen Brettern die Bruchmasse zusammengepreßt wird.

Special, Schnittkäse vom Edamer-Typ (Jugoslawien). 262

Speisequark 218, **218** ff.

Spermyse Cheese, mittelalterlicher Käse (England). 31

Spitzkäse, besondere Form von Sauermilchkäse. 226 f.

Staititas, (altgriech.) Käsekuchen. 20

Stangenkäse, besondere Form von Sauermilchkäse. **224,** **226** f., *273*

Steinbuscher, halbfester Schnittkäse mit Schmiere (Deutschland). 65, 143, *162, 164,* **164** f.

Steppenkäse, Schnittkäse (Dänemark, Deutschland und andere Länder).

Steppeost, frühere Bezeichnung für Danbo (Dänemark). 133 f.

St. Galler Alpkäse, Bergkäse (Schweiz). 78

Stilton, englischer Blauschimmelkäse. 31, *105,* **106** ff., *107, 113,* 159

St. Nikolaus, Bezeichnung für einen Raclette-Käse. 132

Stockkumla, eine Art Stilton (Schweden). 255

Stolske Kaas, ursprüngliche Bezeichnung des Gouda. 115

Stolwijker Käse, s. Stolske Kaas.

St. Pierre, Bezeichnung für einen Raclette-Käse. 132

Stracchino, halbfester Schnittkäse aus Nord-Italien. 160, 171 f.

Streptokokken, Kettenbakterien, die auch im Säurewecker und in den Käsereikulturen enthalten sind. *45,* 45 f.

Suffolk, früher einfacher Käse von der Art des Cheddar (England). 31

Suisse, Frischkäse (Frankreich). **216** f.

Sulle Spalle, Bezeichnung für den Sbrinz im Tessin. 94

Suprême, Fantasienamen für Weichkäse aus der Normandie.

Sura-Käse, Sauermilchkäse (Österreich). 225, **227**

Sveitser, Hartkäse vom Emmentaler-Typ (Norwegen). 68

Svenskedam, milder Schnittkäse (Schweden). 254

Swiss Cheese, Bezeichnung für Emmentaler (englisch). 68

Tafelkäse, Sammelbezeichnung für Schnittkäse, auch Fantasienamen für Käse. 134

Taffelost, frühere Bezeichnung für Tybo.

Taleggio, halbfester Schnitt- bis Weichkäse (Italien). 26, *172,* **172** f.

Tamié, französischer Trappistenkäse aus dem Kloster Tamié in Savoyen, mit 40 bis 50 % Fett i. Tr. Ein Reblochon-Käse von größerem Format (1,2 kg).

Tanzenberger, Weichkäse mit Schmiere (Österreich). 188

Tarhó, Frischkäse auf Joghurtbasis (Ungarn). 262

Teig, Käsemasse unter der Rinde, langer Teig = elastischer Teig, kurzer Teig = krümeliger bis pastöser Teig.

Telemea, Lakekäse (Rumänien). 222, 263 f.

Telemes, Lakekäse (Griechenland). 264

Tenili, Filatakäse aus Kuh- oder Schafmilch in Georgien (UdSSR).

Tête de Moine, Mönchskopf-Bellelaykäse, Schnitt- bis Hartkäse mit Schmiere (Schweiz). *79,* 114, 127, **128** ff., *129, 130*

Thermen, Bergkäse (Schweiz). 130

Thermisieren, Erwärmen der Käsereimilch auf 68 bis 72 °C.

Thurgauer, Schweizer Tilsiter aus pasteurisierter Milch. 114, **127**

Tiefländer Käse, Hartkäse mit Lochbildung nach Emmentaler-Art (DDR). 83, 242

Tilci, Schnittkäse (Schweden). 255

Tilsiter, Schnittkäse mit Schmiere. 30, 60 f., *65,* 114, **124** ff., *125, 126, 279, 328*

Tiroler Graukäse, mit Schimmel durchwachsener Sauermilchkäse (Österreich). 225, **227**

Toast London Style* 290

Toast Prinzessin* 289 f.

Toggenburger Ploderkäse, Sauermilchkäse (Schweiz). 225

Tollenser, Schnittkäse vom Tilsiter-Typ (DDR). 242

Toman, Variante des Queijo da Serra (Portugal). 262

Tomme, auch Tome, Bezeichnung für weichere Käse aus Savoyen. **179** ff., 214

Tomme Boudane, Weichkäse aus Hoch-Savoyen. 180

Tomme d'Aligot, frischer Cantal. 137

Tomme de Bauges, Variante des Tomme de Savoie. 180

Tomme de Beaufort, Variante des Tomme de Savoie. 180

Tomme de Beaumont, andere Bezeichnung für Beaumont. 180

Tomme de Belleville, Variante des Tomme de Savoie.

Tomme de Bonneville, Variante des Tomme de Savoie. 180

Tomme de Brach, Weichkäse mit Innenschimmel aus Schafmilch. 179

Tomme de Chèvre, Ziegenkäse von der Art des Saint-Marcellin. 179

Tomme de Pelvoux, Variante des Tomme de Savoie. 180

Tomme de Romans, Weichkäse mit örtlicher Bedeutung. 179

Tomme des Allobroges, Variante des Tomme de Savoie. 180

Tomme de Savoie, halbfester Schnittkäse. 144, **179** f., *181*

Tomme Fraiche, Bezeichnung für ungereiften Cantal. 137, 179

Topfen, Bezeichnung für Quark in Österreich und in einigen Gegenden Bayerns. 218

Torten-Brie, Brie de Meaux.

Touloumisios, oder Tulumisios, Fetakäse (Griechenland).

Tourteau fromager, Käsekuchen aus frischem Ziegenkäse, Frankreich. 246

Tränen, Aminosäuren und Salze, die sich in den Löchern (Augen) altgelagerter Emmentalerkäse ablagern. Käse mit dieser Erscheinung werden vom Kenner geschätzt. 79

Trappistenkäse, halbfester Schnittkäse (Deutschland, Österreich, Frankreich), s. Port-Salut. *125,* 177

Triple Crème, Suisse mit mindestens 75 % Fett i. Tr.

Tulum peyniri, Weißkäse (Lakekäse) aus der Türkei. **265** ff.

Tunai, Käsezubereitung im alten Rom. 24

Turo, s. Tarhó.

Turunmaa, Schnittkäse (Finnland). 255

Twin, Bezeichnung für Cheddar bestimmter Größe (USA). 109

Tybo, Schnittkäse (Dänemark). 133, **134**

Tyroler Alpenkäse, Hartkäse (Österreich). 77

Tyros, griechisch: Käse. 22

Uova di Bufala, Form der Mozzarella (Büffeleier). 103

Urbino, Variante des Pecorino. 92

Urda, Molkenkäse (Jugoslawien). 262

Urner Alpkäse, Bergkäse (Schweiz). 78

Emmentaler und Edelpilzkäse harmonieren gut mit
einem deutschen Rotwein
(Foto: Deutsche Weininformation)

Anhang

Käse im Paragraphenwald
Gedankensplitter zum Käse

Käse im Paragraphenwald

In den meisten Käseländern der Welt gibt es Rechtsvorschriften, die die einzelnen Käsesorten definieren, Anweisungen für die Herstellung geben, Anforderungen an die Verarbeitungsmilch, an die Qualität und Zusammensetzung der Käse sowie deren Kennzeichnung und Verpackung stellen.

Eine internationale Übereinkunft über den Ursprungsschutz und den Namensschutz von Käse – Konvention von Stresa – unterzeichneten am 18. Juli 1951 die Länder Belgien, Dänemark, Frankreich, Italien, Niederlande, Norwegen, Österreich, Schweden und die Schweiz. Diese Konvention begründet einen Ursprungsschutz u. a. für den französischen Roquefort und für die italienischen Käse Gorgonzola, Parmigiano Reggiano und Pecorino Romano. Geschützt werden die Namen von 30 Käsesorten.

Auch in der Bundesrepublik Deutschland wurden Rechtsvorschriften zum Käse erlassen. Zunächst unterliegt das Lebensmittel Käse wie jedes andere Lebensmittel den Bestimmungen des Lebensmittel- und Bedarfsgegenständegesetzes. Diese Vorschriften sollen den Verbraucher ganz allgemein vor Schäden an der Gesundheit oder auch vor Übervorteilung beim Verzehr und Einkauf von Lebensmitteln schützen. Der Besonderheit des Lebensmittels Milch, auch als Rohmaterial für Käse, wurde im Milchgesetz entsprochen, das Vorschriften enthält, die die Anforderungen des Lebensmittel- und Bedarfsgegenständegesetzes noch verschärfen, um sicherzustellen, daß nur einwandfreie und gesunde Milch an den Verbraucher abgegeben oder verarbeitet wird. Schließlich regelt die Käseverordnung (Käse-VO), was Käse ist, wie die einzelnen Sorten beschaffen sein sollen und wie sie benannt werden müssen, welche fremden Stoffe Käse zugesetzt werden dürfen und wie die Qualität der Käse amtlicherseits geprüft wird.

Nach der Käseverordnung sind Käse frische oder in verschiedenen Graden der Reife befindliche Erzeugnisse, die aus dickgelegter Käsereimilch hergestellt sind. Als Käse gelten auch die aus Molke durch Wasserentzug gewonnenen Molkenkäse. Der Begriff »Erzeugnisse aus Käse« umfaßt Schmelzkäse sowie Zubereitungen aus Käse und Schmelzkäse. Diese Zubereitungen sind Lebensmittel, die aus Käse und anderen Lebensmitteln bestehen.

Genau geregelt wird, welche Stoffe bei der Herstellung von Käse verwendet werden dürfen, wie das Lab beschaffen sein soll und daß zur Färbung von Käsen nur Karotin verwendet werden darf. An weiteren Zusätzen sind erlaubt: Gewürze, Kochsalz, Calciumchlorid zur Förderung der Labfällung bei Hartkäse, Schnittkäse, halbfestem Schnittkäse und Weichkäse. Bei der Schnittkäseherstellung darf außerdem in geringer Menge Salpeter zugesetzt werden. Nur bei der Sauermilchherstellung dürfen Natrium-Hydrogen-Carbonat und Calcium-Carbonat zur Neutralisierung der Milchsäure eingesetzt werden. Zur Rindenbehandlung ist die Verwendung von Calcium-Sorbat bei Hartkäse, Schnittkäse und halbfestem Schnittkäse mit geschlossener Rinde erlaubt.

Alle diese zugesetzten Stoffe sind mit Ausnahme von Salpeter als völlig unbedenklich anzusehen. Bedauert wird lediglich, daß Calciumchlorid jetzt auch bei der Herstellung von Emmentalerkäse aus Rohmilch erlaubt worden ist. Ein Käser, der jedoch etwas auf sich hält, wird, obwohl es ihm erlaubt ist, Emmentaler ohne diesen Zusatz herstellen. Der Zusatz von Salpeter (Natrium- und Kaliumnitrat) bei Schnittkäsen mit höchstens 0,2 g auf ein Liter Kesselmilch ist sehr gering. Trotzdem muß man berücksichtigen, daß das Nitrat in Nitrit umgewandelt werden kann. Diesen Stoff lieben wir in Lebensmitteln nicht. Wir müssen jedoch bedenken, daß bei Wurst der zulässige Gehalt an Salpeter erheblich höher liegt.

Bei der Herstellung von Schmelzkäse ist es notwendig, sogenannte Schmelzsalze zuzusetzen. Die Käseverordnung erlaubt, daß entweder Salze der Milchsäure, der Zitronensäure oder der Phosphorsäuren zugesetzt werden. Als höchste zulässige Menge sind 40 g pro Kilogramm Käse erlaubt.

Sehr genau geregelt sind auch die Stoffe, die zur Beschichtung von Käse eingesetzt werden können, seien es Kunststoffe, Wachse oder Paraffine.

Die Käseverordnung teilt die Käse nach dem Wassergehalt in der fettfreien Käsemasse in Hartkäse, Schnittkäse, halbfeste Schnittkäse, Sauermilchkäse und Weichkäse ein.

Käsegruppe	Wassergehalt in der fettfreien Käsemasse
Hartkäse	56 % oder weniger
Schnittkäse	mehr als 54 % bis 63 %
Halbfeste Schnittkäse	mehr als 61 % bis 69 %
Sauermilchkäse	mehr als 60 % bis 73 %
Weichkäse	mehr als 67 % bis 73 %

Weiter schreibt die Käse-VO vor, daß die Käse nur in den folgenden Fettgehaltsstufen in den Verkehr gebracht werden dürfen:

Fettgehaltsstufe	Fettgehalt in der Trockenmasse
Doppelrahmstufe	höchstens 85 %
	mindestens 60 %
Rahmstufe	mindestens 50 %
Vollfettstufe	mindestens 45 %
Fettstufe	mindestens 40 %
Dreiviertelfettstufe	mindestens 30 %
Halbfettstufe	mindestens 20 %
Viertelfettstufe	mindestens 10 %
Magerstufe	weniger als 10 %

Genau geregelt ist auch, wann ein Käse die Gütebezeichnung »Markenkäse« tragen darf. Beim Emmentaler und Bergkäse muß jeder einzelne Laib amtlich geprüft werden, ob seine Eigenschaften denen von Markenkäse entsprechen. Sollen andere Käse die Bezeichnung »Markenkäse« tragen, dann müssen laufend Käseproben zur Überwachung eingesandt werden.

Wenn in Deutschland jemand Käse herstellen und verkaufen will, dann muß nicht nur die Einrichtung der Käserei strengen hygienischen Anforderungen entsprechen, das Personal laufend durch das Gesundheitsamt überwacht werden und sichergestellt sein, daß nur einwandfreies Wasser zur Verfügung steht, sondern er muß sich bei der Herstellung auch an ganz bestimmte, in der Käse-VO niedergelegte Regeln halten. Für die einzelnen Käsesorten ist vorgeschrieben, in welcher Fettstufe sie hergestellt werden dürfen, wie schwer sie sein sollen und wie lange sie mindestens gereift werden müssen. Die Käse-VO definiert aber auch die Beschaffenheit der Rinde, des Teiges sowie das Aroma der Käse. So ist z. B. für den Tilsiterkäse angegeben, daß sich auf der Rinde entweder eine gut angetrocknete Schmiere befinden soll, oder aber auch die Rinde nach abgeschlossener Reifung gewaschen werden darf. Sogar rindenlos (Folienkäse) darf der Tilsiter in Verkehr gebracht werden. Der Teig des Tilsiters soll elfenbeinfarbig bis hellgelb sein und Löcher von Schlitz- oder Gerstenkornform aufweisen. Daneben dürfen auch runde Löcher vorhanden sein. Der Teig soll geschmeidig, jedoch nicht kurz oder bröckelig sein. An Aroma wird erwartet, daß Geruch und Geschmack leicht herb bis pikant sind, aber auch leicht sauer.

Man kann sich darüber streiten, ob es sinnvoll ist, durch Verordnung Käseeigenschaften so genau zu definieren. Besteht nicht die Gefahr, daß hier der individuellen Gestaltungskraft der Käsehersteller künstliche Schranken auferlegt werden? Diese Bedenken bestehen sicherlich zu Unrecht, denn der Rahmen ist so weit gesteckt, daß die Individualität der Käse erhalten bleiben kann, daß zum anderen jedoch auch gewährleistet ist, daß die Käse ihren typischen Charakter erhalten.

Wenn der Verbraucher an der Käsetheke deutschen oder ausländischen Käse kauft, so darf er sicher sein, daß von staatlicher Seite alles getan wurde, damit er vor Schaden bewahrt wird. Trotzdem gilt als Selbstverständlichkeit, daß man beim Käsekauf die Augen offen halten sollte, um sich vor unangenehmen Überraschungen zu schützen.

Gedankensplitter zum Käse

»Der Käse ist der Biskuit der Säufer. Das versteht sich für die gesalzenen Käse, die, wie der Gruyère, der Roquefort, der Sassenage und der Gérardmer, den Durst reizen und auch einen mittelmäßigen Wein gut erscheinen lassen. Aber zwischen diesen und den Frischkäsen besteht ein solcher Unterschied, daß man es kaum für möglich hält, daß sie zur selben Familie gehören. Die vier genannten nehmen einen hervorragenden Platz unter den besten ein. Man kann ihnen noch die Käse vom Mont-Dore, von der Franche-Comté, von Maroilles und vor allem aus der Brie anschließen. Der Brie ist überhaupt einer der besten, den man zur Zeit in Paris zu essen bekommt. Der Käse aus Holland und zwei oder drei englische Sorten sind nicht ohne Meriten; den Parmesan kann man kaum anders als in Ragouts verwerten.«
Grimod de La Reynière, französischer Feinschmekker (1758 bis 1838)

»Käsefeinschmecker zu sein, darauf verzichten die Frauen, seitdem sie von der schrecklichen Neurose beherrscht werden, abzumagern.«
Colette, franz. Schriftstellerin (1873 bis 1954)

»Käse, den man genießen will, darf weder zu jung noch zu alt sein; ist er zu jung, dann ist er schwer und liegt drückend im Magen . . ., ist er zu alt, dann macht uns seine Schärfe zu schaffen, er riecht unangenehm und läßt den Magen träge werden . . .«
Alexandre Dumas, franz. Schriftsteller

»Es gibt kein Festessen ohne Käse
so wie es kein Loblied gibt ohne Wein.«
Maurice des Ombiaux
Belgischer Gastronom und Schriftsteller
(1868 bis 1943)

»Das ist der einzige König, den er nicht verraten wird.«
Kommentar eines Kongreßteilnehmers über Talleyrand, nachdem der Brie zum »König der Käse« gewählt war.

»Appenzeller Maidele,
Wia macht mer denn de Chäs?
– Den duet mer in a Chiebele

und druckt ma mit dem Fiedele,
Drum isch der Chäs so räß.«

Ein reicher, frommer Mann hatte zum Essen eingeladen. Später gefragt, was es denn so gegeben habe, antwortete ein Gast:
»Einen Backsteinkäse und einen Bibelspruch.«

Im 16. Jahrhundert werden in Südengland 5 Käsesorten erwähnt: Kentish, Essex, Banbury, Langtony und Suffolk. Während über die vier ersten keine literarischen Äußerungen vorliegen, wird über den Suffolk nur Trübes berichtet:
»Dogs bark at me, but can't eat me.«
(Die Hunde bellen mich an, essen können sie mich aber nicht.)
Zitiert nach
John Arlott in »English Cheeses of the South«

Joseph Harding of Marksbury, ein berühmter Hersteller von Cheddar-Käse im 19. Jahrhundert:
»Cheese is not made in the field, nor in the byre, nor even in the cow: it is made in the dairy.«
(Käse wird nicht auf der Weide, auch nicht im Kuhstall, noch gar in der Kuh gemacht, sondern in der Molkerei.)

Goethe (Briefe aus der Schweiz, 1779):
»Die Leute . . . haben kleine Vieh und machen gute Käse.«

Goethe am 13. November auf dem St. Gotthard:
»Es werden hier Käse gemacht, denen ich einen besonderen Vorzug gebe.«

Nulla fit sine caseo bona digestio.
(Keine gute Verdauung ohne Käse.)
(12. Jahrhundert)

Als Salvador Dali anläßlich seiner ersten Amerikareise von Journalisten gefragt wurde, welchen Eindruck New York auf ihn gemacht habe, antwortete der für seine exzentrischen Vergleiche bekannte spanische Maler:
»New York, das ist ein gotischer Roquefort!«

Tilsiter

(Foto: Deutsche Weininformation)

Auf die Frage, woran er beim Anblick San Franciscos denke, antwortete Salvador Dali: »An einen romanischen Camembert!«

»Ein Nachtisch ohne Käse ist wie eine schöne Frau, die nur ein Auge hat.« Brillat-Savarin

»Wenn ich einen Sohn zu verheiraten hätte, würde ich ihm sagen: sei mißtrauisch gegenüber einem Mädchen, das weder Wein, noch Trüffel, weder Käse noch Musik liebt.« Colette

»Ein Land, das 365 Sorten Käse herstellt, ist nicht regierbar.« Winston Churchill über Frankreich

»Für mich ist die Krönung eines großen Dinners erst mit einem Stilton und einem Glas Vintage Port erreicht.« Heinrich Villiger (Zigarrenfabrikant)

»Der starre Erzieher will Weichkäse in Stahl spannen.« (Japanisches Sprichwort)

»Mir ist ein Käse ohne Diner lieber als ein Diner ohne Käse.« (Französische Weisheit)

»Butter, Brot und Käse sind ein wahrer Schutzschild gegen den Tod.« (Französischer Aphorismus)

»Leg den Käse nicht ins Bett, er pinkelt.« Joseph Delteil

»Ein Dessert ohne Käse ist wie eine Schöne ohne Herz.« Gaston Derys

»Melke das stehende Schaf! Was willst du dem flüchtigen nachgehn?« (Theokrit)

328

Der Rabe und der Fuchs

Im Schnabel einen Käse haltend, hockt
auf einem Baumast Meister Rabe.
Von dieses Käses Duft herbeigelockt,
spricht Meister Fuchs, der schlaue Knabe:
»Ah! Herr von Rabe, Guten Tag!
Wie nett ihr seid und von wie feinem Schlag!
Entspricht dem glänzenden Gefieder
nun auch der Wohlklang Eurer Lieder,
dann seid der Phönix Ihr
in diesem Waldrevier.«
Dem Raben hüpft das Herz vor Lust.
Der Stimme Zier
zu künden, tut mit stolzem Sinn
er weit den Schnabel auf;
da fällt der Käse hin.
Der Fuchs nimmt ihn und spricht:
»Mein Freundchen, denkt an mich!
Ein jeder Schmeichler mästet sich
vom Fette des, der willig auf ihn hört.
Die Lehr' ist zweifellos wohl einen Käse wert!«

Je näher der Kuh,
desto besser der Käs.

Käs und Brot,
besser als der bittere Tod.

(Deutsche Sprichwörter)

Der Rabe, scham- und reuevoll,
schwört – etwas spät –
daß ihn niemand mehr fangen soll.
(Jean de La Fontaine: »Die Fabeln«
Ernst Vollmer Verlag, Wiesbaden)

Alles Käse?

Einen neuen Aspekt zum Thema Essensgewohnheiten hat der Verhaltensforscher Asperi geliefert: Nach den Untersuchungen des italienischen Wissenschaftlers sollen schlechte Nachrichten und niederschmetternde Ereignisse das Verlangen nach Fleisch fördern; Appetit auf Obst und Gemüse hingegen hätten die Menschen meist dann, wenn sie mit sich und der Welt zufrieden seien. Tauchen Sorgen und Probleme auf, so tendierten viele dahin, ihr seelisches Gleichgewicht durch Verzehr von Kuchen und Süßigkeiten wiederzufinden. So jedenfalls die Meinung Asperis. Er selber zählt sich zu den »typischen« Käse-Essern: Dies seien ausgeglichene Persönlichkeiten, die nur selten Stimmungsschwankungen unterlägen . . .   Gießen (ECHO).

Venezianisches Dialektsprichwort:

Sinque G vol el
formaio: grasso,
grosso, grado, greve
e gratis dato.

(Fünf G braucht der Käse: Fett
soll er sein, groß soll er sein,
genügend muß da sein, und schwer
und umsonst muß er sein.)

Anstelle eines Nachwortes

Verehrte Leser, Sie wissen jetzt alles oder doch vieles vom Käse. Da wird Sie die folgende Geschichte amüsieren über die Frage: Wo kommen die Löcher im Käse her? – Wissen Sie es noch? –:

Wo kommen die Löcher im Käse her –?

Das Werk zwingt schon durch die Gelehrsamkeit, die in ihm verkocht erscheint, Bewunderung ab, besonders einem Leser wie mir, dessen Bildung an Emmentaler-Käse erinnert, indem sie wie dieser größtenteils aus Lücken besteht. *Alfred Polgar*

Wenn abends wirklich einmal Gesellschaft ist, bekommen die Kinder vorher zu essen. Kinder brauchen nicht alles zu hören, was Erwachsene sprechen, und es schickt sich auch nicht, und billiger ist es auch. Es gibt belegte Brote; Mama nascht ein bißchen mit, Papa ist noch nicht da.

»Mama, Sonja hat gesagt, sie kann schon rauchen – sie kann doch noch gar nicht rauchen!« – »Du sollst bei Tisch nicht reden.« – »Mama, guck mal die Löcher in dem Käse!« – Zwei Kinderstimmen, gleichzeitig: »Tobby ist aber dumm! Im Käse sind doch immer Löcher!« Eine weinerliche Jungenstimme: »Na ja – aber warum? Mama? *Wo kommen die Löcher im Käse her?*« – »Du sollst bei Tisch nicht reden!« – »Ich möchte aber doch wissen, wo die Löcher im Käse herkommen!« – Pause. Mama: »Die Löcher ... also ein Käse hat immer Löcher, da haben die Mädchen ganz recht! ... ein Käse hat eben immer Löcher.« – »Mama! Aber dieser Käse hat doch keine Löcher! Warum hat der keine Löcher? Warum hat der Löcher?« – »Jetzt schweig und iß. Ich hab dir schon hundertmal gesagt, du sollst bei Tisch nicht reden! Iß!« »Bwww –! Ich möcht aber wissen, wo die Löcher im Käse ... aua, schubs doch nicht immer ...!« Geschrei. Eintritt Papa.

»Was ist denn hier los? Gun Ahmt!« – »Ach, der Junge ist wieder ungezogen!« – »Ich bin gahnich ungezogen! Ich will nur wissen, wo die Löcher im Käse herkommen. Der Käse da hat Löcher, und der hat keine –!« Papa: »Na, deswegen brauchst du

doch nicht so zu brüllen! Mama wird dir das erklären!« – Mama: »Jetzt gib du dem Jungen noch recht! Bei Tisch hat er zu essen und nicht zu reden!« – Papa: »Wenn ein Kind was fragt, kann man ihm das schließlich erklären! Finde ich.« – Mama: »Toujours en présence des enfants! Wenn ich es für richtig finde, ihm das zu erklären, werde ich ihm das schon erklären. Nu iß!« – »Papa, wo doch aber die Löcher im Käse herkommen, möcht ich doch aber wissen!« – Papa: »Also, die Löcher im Käse, das ist bei der Fabrikation; Käse macht man aus Butter und aus Milch, da wird er gegoren, und da wird er feucht; in der Schweiz machen sie das sehr schön – wenn du groß bist, darfst du auch mal mit in die Schweiz, da sind so hohe Berge, da liegt ewiger Schnee darauf – das ist schön, was?« – »Ja. Aber Papa, wo kommen denn die Löcher im Käse her?« – »Ich habs dir doch eben erklärt: die kommen, wenn man ihn herstellt, wenn man ihn macht.« – »Ja, aber ... wie kommen denn die da rein, die Löcher?« – »Junge, jetzt löcher mich nicht mit deinen Löchern und geh zu Bett! Marsch! Es ist spät!« – »Nein! Papa! Noch nicht! Erklär mir doch erst, wie die Löcher im Käse ...« Bumm. Katzenkopf. Ungeheuerliches Gebrüll. Klingel.

Onkel Adolf. »Guten Abend! Guten Abend, Margot – 'n Ahmt – na, wie gehts? Was machen die Kinder? Tobby, was schreist du denn so?« – »Ich will wissen ...« – »Sei still ...!« »Er will wissen ...« – »Also jetzt bring den Jungen ins Bett und laßt mich mit den Dummheiten in Ruhe! Komm, Adolf, wir gehen so lange ins Herrenzimmer; hier wird gedeckt!« – Onkel Adolf: »Gute Nacht! Gute Nacht! Alter Schreihals! Nu hör doch bloß mal ...! Was hat er denn?« – »Margot wird mit ihm nicht fertig – er will wissen, wo die Löcher im Käse herkommen, und sie hats ihm nicht erklärt.« – »Hast dus ihm denn erklärt?« – »Natürlich hab ichs ihm erklärt.« – »Danke, ich rauche jetzt nicht – sag mal, weißt *du* denn, wo die Löcher im Käse herkommen?« – »Na, das ist aber eine komische Frage! Natürlich weiß ich, wo die Löcher im Käse herkommen! Die entstehen bei der Fabrikation durch die Feuchtigkeit ... das ist doch ganz einfach!« – »Na, mein Lieber ... da hast du dem Jungen aber ein

schönes Zeugs erklärt! Das ist doch überhaupt keine Erklärung!« – »Na, nimm mirs nicht übel – du bist aber komisch! Kannst *du* mir denn erklären, wo die Löcher im Käse herkommen?« – »Gott sei Dank kann ich das.« – »Also bitte.«

»Also die Löcher im Käse entstehen durch das sogenannte Kaseïn, was in dem Käse drin ist.« – »Das ist doch Quatsch.« – »Das ist kein Quatsch.« – »Das ist wohl Quatsch; denn mit dem Kaseïn hat das überhaupt nichts zu . . . gun Ahmt, Martha, gun Ahmt, Oskar . . . bitte, nehmt Platz. Wie gehts? . . . überhaupt nichts zu tun!«

»Was streitet ihr euch denn da rum?« – Papa: »Nu bitt ich dich um alles in der Welt; Oskar! du hast doch studiert und bist Rechtsanwalt: haben die Löcher im Käse irgend etwas mit Kaseïn zu tun?« – Oskar: »Nein. Die Käse im Löcher . . . ich wollte sagen: die Löcher im Käse rühren daher . . . also die

kommen daher, daß sich der Käse durch die Wärme bei der Gärung zu schnell ausdehnt!« Hohngelächter der plötzlich verbündeten reisigen Helden Papa und Onkel Adolf: »Haha! Hahaha! Na, das ist eine ulkige Erklärung! Der Käse dehnt sich aus! Hast du das gehört? Haha . . .!«

Eintritt Onkel Siegismund, Tante Jenny, Dr. Guggenheimer und Direktor Flackeland. Großes »Guten Abend! Guten Abend! – . . . gehts? . . . unterhalten uns gerade . . . sogar riesig komisch . . . ausgerechnet Löcher im Käse! . . . es wird gleich gegessen . . . also bitte, dann erkläre *du* –!«

Onkel Siegismund: »Also – die Löcher im Käse kommen daher, daß sich der Käse bei der Gärung vor Kälte zusammenzieht!« Anschwellendes Rhabarber, Rumor, dann großer Ausbruch mit vollbesetztem Orchester: »Haha! Vor Kälte! Hast du schon mal kalten Käse gegessen? Gut, daß Sie keinen Käse machen, Herr Apolant! Vor Kälte! Hähä!« – Onkel Siegismund beleidigt ab in die Ecke.

Dr. Guggenheimer: »Bevor man diese Frage entscheiden kann, müssen Sie mir erst mal sagen, um welchen Käse es sich überhaupt handelt. Das kommt nämlich auf den Käse an!« Mama: »Um Emmenthaler! Wir haben ihn gestern gekauft ... Martha, ich kauf jetzt immer bei Danzel, mit Mischewski bin ich nicht mehr so zufrieden, er hat uns neulich Rosinen nach oben geschickt, die waren ganz ...« Dr. Guggenheimer: »Also, wenn es Emmenthaler war, dann ist die Sache ganz einfach. Emmenthaler hat Löcher, weil er ein Hartkäse ist. Alle Hartkäse haben Löcher.«

Direktor Flackeland: »Meine Herren, da muß wohl wieder mal ein Mann des praktischen Lebens kommen ... die Herren sind ja größtenteils Akademiker ...« (Niemand widerspricht.) »Also, die Löcher im Käse sind Zerfallsprodukte beim Gärungsprozeß. Ja. Der ... der Käse zerfällt, eben ... weil der Käse ...« Alle Daumen sind nach unten gerichtet, das Volk steht auf, der Sturm bricht los! »Pö! Das weiß ich auch! Mit chemischen Formeln ist die Sache nicht gemacht!«

Eine hohe Stimme: »Habt ihr denn kein Lexikon – ?«

Sturm auf die Bibliothek. Heyse, Schiller, Goethe, Boelsche, Thomas Mann, ein altes Poesiealbum – wo ist denn ... richtig!

GROBKALK BIS KERBTIERE

Kanzel, Kapital, Kapitalertragssteuer, Karbatsche, Kartätsche, Karwoche, *Käse* –! »Laß mich mal! Geh mal weg! Pardon! Also:

›Die blasige Beschaffenheit mancher Käsesorten rührt her von einer Kohlensäureentwicklung aus dem Zucker der eingeschlossenen Molke.‹« Alle, unisono: »Hast es. Was hab ich gesagt?« ...»›eingeschlossenen Molke und ist‹ ...wo geht denn das weiter? Margot, hast du hier eine Seite aus dem Lexikon rausgeschnitten? Na, das ist doch unerhört – wer war hier am Bücherschrank? Sind die Kinder ...? Warum schließt du denn den Bücherschrank nicht ab?« – »›Warum schließt du den Bücherschrank nicht ab‹ ist gut – hundertmal hab ich dir gesagt, schließ du ihn ab –« »Nu laß doch mal: also wie war das? Ihre Erklärung war falsch. Meine Erklärung war richtig.« – »Sie haben gesagt, der

Käse kühlt sich ab!« – »*Sie* haben gesagt, der Käse kühlt sich ab – ich hab gesagt, daß sich der Käse erhitzt!« – »Na also, dann haben Sie doch nichts von der kohlensauren Zuckermolke gesagt, wie da drin steht!« – »Was du gesagt hast, war überhaupt Blödsinn!« – »Was verstehst du von Käse? Du kannst ja nicht mal Bolles Ziegenkäse von einem alten Holländer unterscheiden!« – »Ich hab vielleicht mehr alten Holländer in meinem Leben gegessen wie du!« – »Spuck nicht, wenn du mit mir sprichst!« Nun reden alle mit einem Mal. – Man hört:

– »Betrag dich gefälligst anständig, wenn du bei mir zu Gast bist ...!« »saurige Beschaffenheit der Muckerzolke ...« »mir überhaupt keine Vorschriften zu machen!« ...»Bei Schweizer Käse – ja! Bei Emmenthaler Käse – nein! ...« »Du bist hier nicht bei dir zu Hause! hier sind anständige Leute ...« – »Wo denn –? Das nimmst du zurück! Das nimmst du sofort zurück! Ich lasse nicht in meinem Hause meine Gäste beleidigen – ich lasse in meinem Hause meine Gäste nicht beleidigen! Du gehst mir sofort aus dem Haus!« – »Ich bin froh, wenn ich raus bin – Deinen Fraß brauche ich nicht!« »Du betrittst mir nicht mehr meine Schwelle!« – »Meine Herren, aber das ist doch ...!« – »Sie halten überhaupt den Mund – Sie gehören nicht zur Familie! ...« – »Na, das *hab* ich noch nicht gefrühstückt!« – »Ich als Kaufmann ...!« –)Nu hören Sie doch mal zu: Wir hatten im Kriege einen Käse –« – »Das war keine Versöhnung! Es ist mir ganz egal, und wenn du platzt: Ihr habt uns betrogen, und wenn ich mal sterbe, betrittst du nicht mein Haus!« – »Erbschleicher!« – »Hast du das –!« – »Und ich sage es ganz laut, damit es alle hören: Erbschleicher! So! Und nu geh hin und verklag mich!« – »Lümmel! Ein ganz fauler Lümmel, kein Wunder bei dem Vater!« – »Und deine? Wer ist denn deine? Wo hast du denn deine Frau her?« – »Raus! Lümmel!« – »Wo ist mein Hut? In so einem Haus muß man ja auf seine Sachen aufpassen!« – »Das wird noch ein juristisches Nachspiel haben! Lümmel! ...« – »Sie mir auch –!«

In der Türöffnung erscheint Emma, aus Gumbinnen, und spricht: »Jnädje Frau, es is anjerichtet –!«

4 Privatbeleidigungsklagen. 2 umgestoßene Testamente. 1 aufgelöster Soziusvertrag. 3 gekündigte

Hypotheken. 3 Klagen um bewegliche Vermögensobjekte: ein gemeinsames Theaterabonnement, einen Schaukelstuhl, ein elektrisch heizbares Bidet. 1 Räumungsklage des Wirts.

Auf dem Schauplatz bleiben zurück ein trauriger Emmenthaler und ein kleiner Junge, der die dicken Arme zum Himmel hebt und, den Kosmos anklagend, weithinhallend ruft:

»Mama! Wo kommen die Löcher im Käse her –?«

(1928)

(Quelle: Kurt Tucholsky: »Zwischen Gestern und Morgen«, Hamburg 1952.)

Ausgewählte Bibliographie

Androuët, Pierre: Guide du fromage. Paris: Editions Stock, 1971.

Anton, K.: Geschichte der teutschen Landwirtschaft bis in das 15. Jahrhundert. Görlitz 1799.

Arlott, John: English Cheeses of the South and West. G. G. Harrap Co Ltd. Ohne Jahresangabe.

Aschenbrenner, Erich: Von der Milch zur Käsetheke. Eine kleine Käsekunde. Lindenberg im Allgäu: Kraft.

Balthasar, Alexandre / Grimod de la Reynière, Laurent / Coste d'Arnobat, Charles Pierre: Almanach des Gourmands. Par un vieil amateur. Paris: Chez Maradan, Libraire, 1804³.

Bérard, Léone: Guide des fromages et de leurs à-côtés; Editions de la Courtille, Paris 1978.

Carlos Compairé, Fernandez: Quesos – Tecnologia y Control de Calidad. Madrid 1969.

Cheeke, Val: Cheese Varieties and Descriptions. Washington D. C. 1969.

Columella: 12 Bücher von der Landwirtschaft. Ins Deutsche übersetzt von Michael Conrad Curtius. Hamburg und Berlin: Johann-Hinrich Cramer, 1769.

Columella: Das Ackerwerk – Lucij Columelle und Palladij zweyer hocherfahrener Römer. Verteütschet durch Michael Herzen / liebhabern der freien künsten und artznei. Straßburg: Wendel Rihel, Druckerei, 1538.

Cremer, H. D.: Die große Nährwerttabelle. München: Gräfe und Unzer Verlag, 1978.

Davidis-Holle, Henriette: Praktisches Kochbuch für die gewöhnliche und feinere Küche. Neubearbeitet und herausgegeben von Luise Holle (1891). Bielefeld und Leipzig: Verlag von Velhagen und Klasing, 1906⁴².

Dumay, Raymond: Guide du Vin. Paris: Stock et Raymond Dumay, Livre de poche, 1967.

Eekhof-Stork, Nancy: The World Atlas of Cheese. New York und London: Paddington Press Ltd., 1976.

Fischer-Fabian, S.: Die ersten Deutschen. Locarno: Droemer-Knaur-Verlag Schoeller & Co., 1975.

Fleischmann, W.: Die Bereitung von Backsteinkäsen. Berlin: Verlagsbuchhandlung Paul Paray, 1922.

Gault et Millau: Guide Gourmand de la France. Paris: Librairie Hachette, 1970.

Goethe, Johann Wolfgang von: Werke. Stuttgart: Deutscher Bücherbund, 1973.

Guides Verts. La France en 19 Guides. Clermont-Ferrand: Michelin et Cie.

Hartl-Kretschmer: Europäische Käsesorten. Glaubendorf/Niederösterreich: Selbstverlag, 1967.

Herm, Gerhard: Die Kelten. Düsseldorf: Econ Verlag, 1975.

Kleinstück, Hans / Müller, Siegfried (Hrsg.): Dichtung der Antike. 12 Bände. Hamburg: Standard Verlag, 1958.

Klenze, von: Handbuch der Käsereitechnik. Bremen: Verlag M. Heinsius, 1884.

Klever, Ulrich: Feinschmeckers Fonduebuch. München: Gräfe und Unzer Verlag.

Köster, Werner: Käselexikon – Rund um den Käse der ganzen Welt. Hildesheim: Heinrichs Verlag, 1976.

Larousse des Fromages. Paris 1973.

Layton, T. A.: The Cheese Handbook. New York: Dover Publications, Inc., 1973.

Lindon, Raymond: Le livre de l'amateur de fromage.

Löbe, W.: Milchwirtschaft und Käsebereitung. Berlin: Verlag Paul Parey, 1889.

Lützen, J.: Die Herstellung der französischen Weichkäse. Bremen: M. Heinsius Nachf., Druckerei und Verlag, 1890.

Mair-Waldburg, Heinrich: Handbuch der Käse. Kempten: Volkswirtschaftlicher Verlag GmbH, 1974.

Marth, E. H.: The early history of cheese-making. In: The Butter, Cheese and Milk Products Journal. Milwaukee: Olsen Publication, 1953.

Meyer, Paul: Rinderrassen und Käsefabrikation in Frankreich. Bremen: M. Heinsius Verlag Nachf., 1897.

Ministerio de Agricultura, Madrid: Catalogo de Quesos Españoles.

Müller, H. P.: Frankfurter Küch und Sprüch. Frankfurt am Main: Eigenverlag, 1975.

Neuhaus, U.: Des Lebens weiße Quellen. Berlin: Dietrich Reimer Verlag, 1954.

Platon: Politeia. Hamburg: Rowohlts Klassiker, 1958.

Plume, Christian: Le livre du fromage. Paris: Editions des Deux Coqs d'Or, 1977.

Pourrat, Henri: L'Aventure du Roquefort. Roquefort: Société Anonyme des Caves.

Renner, E.: Milch und Milchprodukte in der Ernährung des Menschen. Kempten und Hildesheim: Arbeitsgemeinschaft für das Milchwirtschaftliche Fachbuch, 1974.

Riedel, W.: Handbuch der Käserei. Hildesheim: Milchwirtschaftlicher Verlag Karl Mann, 1952.

Sanders, George P.: Cheese Varieties and Descriptions. Washington: U.S. Department of Agriculture, Agr. Handbook No. 54, 1953.

Schormüller, J. (Gesamtredaktion): Handbuch der Lebensmittelchemie. Band III, Tierische Lebensmittel. Berlin-Heidelberg-New York: Springer-Verlag, 1968.

Stieger, W.: Anleitung zur Quarkbereitung und zur Handkäsefabrikation. Berlin: Paul Parey Verlag, 1929.

Vergil: Virgil in two volumes with an English translation by H. Ruhston Fairclough. Bearbeitete Ausgabe. London: William Heinemann Ltd., Cambridge/Massachusetts: Harvard University Press, 1960.

Weigmann, H.: Handbuch der praktischen Käserei. Berlin: Verlag Paul Parey, 1933⁴.

Foto: Thomas Zabel

Foto: Thomas Zabel

Gerhard Kielwein, geboren 1930 in Heilbronn. 1950 bis 1955 Studium der Veterinärmedizin an der Justus-Liebig-Universität Gießen. 1956 Promotion zum Dr. med. vet.

Von 1956 bis 1970 Tätigkeit an den Tierärztlichen Untersuchungsämtern des Landes Baden-Württemberg, zuletzt als Oberregierungsveterinärrat und Leiter der Milchabteilung des Staatlichen Tierärztlichen Untersuchungsamtes Aulendorf. 1970 Habilitation für die Fachgebiete Bakteriologie und Lebensmittelhygiene. Seit 1970 Professor für Milchkunde an der Justus-Liebig-Universität Gießen.

Autor und Mitautor verschiedener Fachbücher sowie Autor zahlreicher Fachartikel zur Mikrobiologie der Milch und der Käse. Langjährige Forschungsarbeiten zur Qualität von Käse.

Hans Kurt Luh, geboren 1934 in Leihgestern/Oberhessen, ist der engagierte Kulturkundler und Liebhaber der gastronomischen Seite der Thematik.

Während des Studiums der Romanistik und Anglistik an der Universität Marburg in der Europabewegung und als politischer Kommentator tätig, arbeitet der Neuphilologe seit 1961 in der Schule, seit 1975 als Koordinator.

Aus der intensiven Pflege seines Hobbys – Stadtgeschichte von Paris und Kulturgeschichte der Gastronomie – erwuchs die Sachkompetenz für dieses Grundsatzwerk.

Frühere Veröffentlichungen: Reportagen, Reiseberichte und ein sozialkundliches Quellenbuch. Bearbeiter eines Wörterbuches der französischen Gastronomie.

An unsere Leser!

Gourmets und Gourmands, Käseliebhaber und Kalorienbewußte vermissen allzu oft in greifbarer Nähe ein gut sortiertes Käsefachgeschäft, das durch fachkundige Beratung, sachgemäße Lagerung und ein Spezialitätenangebot über den Durchschnitt herausragt.

Um Ihnen den Einkauf zu erleichtern, haben wir für Sie einen »Wegweiser zum guten Käsekauf« – eine kritische Auswahl als vorläufiges Ergebnis unserer Recherchen, ohne Anspruch auf Vollständigkeit – zusammengestellt.

Bitte, fordern Sie vom Seewald Verlag, Postfach 6, 7000 Stuttgart 70, die kostenlose Lieferung des »Wegweisers zum guten Käsekauf« an. Wir freuen uns über jeden Vorschlag, jede Anregung und jede Ergänzung, die Sie uns zu diesem Wegweiser schicken.

Die Autoren